D1392968

Collection «Formation des maîtres»
dirigée par Jacques Heynemand

Ouvrages déjà parus dans cette collection
aux mêmes Éditions

Devenir enseignant,
Tome I: À la conquête de son identité professionnelle.
Collectif sous la direction de
Patricia Holborn, Marvin Wideen et Ian Andrews,
publié originellement en langue anglaise par
Kagan and Woo Limited, Toronto, 1988
sous le titre:
BECOMING A TEACHER.
Traduit et adapté par Jacques Heynemand et Dolorès Gagnon.

Devenir enseignant,
Tome II: D'une expérience de survie
à la conquête d'une maîtrise professionnelle.
Collectif sous la direction de
Patricia Holborn, Marvin Wideen et Ian Andrews,
publié originellement en langue anglaise par
Kagan and Woo Limited, Toronto, 1988
sous le titre:
BECOMING A TEACHER.
Traduit et adapté par Jacques Heynemand et Dolorès Gagnon.

Keith A. ACHESON et Meredith Damien GALL
University of Oregon

LA SUPERVISION PÉDAGOGIQUE

Méthodes et secrets
d'un superviseur clinicien

Traduit et adapté par
Jacques Heynemand et Dolorès Gagnon

Les Éditions
LOGIQUES

Les Éditions Logiques
Case postale 10, Succursale «D»
Montréal (Québec) H3K 3B9
Téléphone : (514) 933-2225
Télécopieur : (514) 933-2182

Les Éditions LOGIQUES sont reconnues par le Conseil des arts du Canada, le ministère des Communications du Canada et le ministère de la Culture du Québec. À ce titre, la maison d'éditions publie certains de ses ouvrages grâce à la collaboration de ces organismes.

Dans cet ouvrage, l'utilisation du masculin pour désigner des personnes a comme seul but d'alléger le texte et d'identifier sans discrimination les individus des deux sexes.

Publié originellement en langue anglaise par
Longman Publishing Group, New York & London, 1992
sous le titre :
TECHNIQUES IN THE CLINICAL SUPERVISION OF TEACHERS
Preservice and Inservice Applications

Mise en pages : Jean Yves Collette
Couverture : Manon André

LA SUPERVISION PÉDAGOGIQUE
Méthodes et secrets d'un superviseur clinicien

© Les Éditions Logiques inc., 1993
Dépôt légal : quatrième trimestre 1993
Bibliothèque nationale du Québec
Bibliothèque nationale du Canada

ISBN : 2-89381-150-7
LX-175

TABLE DES MATIÈRES

LISTE DES TECHNIQUES D'OBSERVATION EN CLASSE 17

LISTE DES TABLEAUX 19

LISTE DES FIGURES 21

AVANT-PROPOS, par Jacques HEYNEMAND,
    directeur de la collection «Formation des maîtres» 23

Remerciements 29
    Troisième édition en langue anglaise 29
    Deuxième édition en langue anglaise 29
    Première édition en langue anglaise 30
Au formateur 33
Au lecteur 37

PREMIÈRE PARTIE
INTRODUCTION À LA SUPERVISION CLINICO-PÉDAGOGIQUE 43
    Sommaire 43
    Objectifs 44

Chapitre 1
NATURE DE LA SUPERVISION CLINICO-PÉDAGOGIQUE 45
    Un exemple 46
    La supervision de l'enseignant, un problème 51
        Caractéristiques essentielles et postulats... 59
        Buts de la supervision clinico-pédagogique 61
    Autres types de supervision 64
    Supervision clinico-pédagogique et évaluation des enseignants 66

À quoi bon la supervision clinique 69

Le superviseur clinicien 70

La supervision clinique est-elle efficace? 72

Références 79

Chapitre 2
SUPERVISION CLINICO-PÉDAGOGIQUE ET ENSEIGNEMENT
EFFICACE 81

Caractéristiques d'un bon enseignant 82

Premier courant de recherche: enseignement efficace
de connaissances et d'habiletés 84

Neuf traits caractéristiques associés à l'amélioration des succès
académiques des élèves 85

L'enseignement directif et non directif 86

Le modèle d'*enseignement de précision*..........................87

Les six éléments qui composent le modèle d'enseignement de
précision 87

Enseigner efficacement les habiletés de la pensée 91

L'utilisation efficace du temps dans l'enseignement 95

Deuxième courant de recherche: développer chez les élèves des
attitudes et des motivations à apprendre 97

Troisième courant de recherche: l'efficacité de l'enseignant sensible
aux différences intellectuelles, culturelles et de sexe des élèves 103

Efficacité de l'enseignement qui s'adresse à des élèves qui se
distinguent par leur niveau de rendement 103

Différences de comportement de l'enseignant envers les élèves
qui réussissent et envers les derniers de classe 104

Efficacité de l'enseignement qui s'adresse à des élèves
d'origines ethniques ou raciales différentes 106

L'enseignement efficace qui s'adresse aux garçons et aux filles .. 109

Quatrième courant de recherche: gestion de classe efficace 111

Cinquième courant de recherche: planification efficace et prise de
décision 115

8

Sixième courant de recherche: implantation efficace des changements
de programme 118
Vers une définition de l'enseignement efficace 122
Commentaire final 123
Références 124

Chapitre 3
SUPERVISION CLINICO-PÉDAGOGIQUE ET ÉVALUATION
DES ENSEIGNANTS 129

Tension entre la nécessité d'être crédible et le développement
de l'acte professionnel d'enseigner 131
L'évaluation, une menace 132
Consistance de l'évaluation avec les composantes
de la supervision clinico-pédagogique 133
Supervision clinico-pédagogique et évaluation des enseignants 135
Les standards des commissions scolaires 135
Un exemple 137
Standards de compétence d'un district scolaire 137
Descriptions de tâche 143
Description de poste 145
Objectifs de réussite 147
Évaluations formelles 150
Plans d'aide 150
Entretiens postévaluation 151
Activités postcongédiement 151
Conclusion 153
Références 153

Chapitre 4
ANALYSE DE L'ENSEIGNEMENT 155

Définition de l'analyse de l'enseignement 157
Cadres de référence pour analyser l'enseignement 158

L'analyse de l'enseignement et le cycle de la supervision
clinico-pédagogique 162
    L'entretien de planification 163
    La séance d'observation 164
    L'entretien *feedback* 165
Styles de leadership et de rôles 174
    Rôle de l'analyste comme évaluateur 176
    Rôle de l'analyste comme critique 179
    Rôle de l'analyste comme *coach* 181
    Rôle de l'analyste comme éducateur 181
Une analyse située dans une organisation scolaire 182
    Exemples de formes d'organisation 187
    Effets de la forme d'organisation sur le rôle du leader 188
Les styles d'enseignement 189
    Classification des styles d'enseignement 190
Stratégies d'enseignement 194
Habiletés 196
Conclusion 196
Références 199
    Exercices 199
    Items à choix multiples 199
Problèmes 201

DEUXIÈME PARTIE
TECHNIQUES D'ÉLABORATION DES OBJECTIFS
DE SUPERVISION ET PLANIFICATION DES OBSERVATIONS
EN CLASSE 205

    Sommaire 205
    Objectifs 205

CHAPITRE 5
ÉLABORER DES OBJECTIFS DE SUPERVISION 207

Technique 1: Préciser les préoccupations de l'enseignant
au sujet de son enseignement 208
    Enseignants-débutants: soucis par rapport à eux-mêmes 209
    Préoccupations tardives: soucis envers l'élève 210
Technique 2: Savoir traduire les inquiétudes de l'enseignant en
comportements observables 211
    Comportements-repères caractérisant l'enthousiasme 214
Technique 3: Identifier les processus d'amélioration de
l'enseignement du maître 215
Technique 4: Aider l'enseignant à élaborer ses propres
objectifs d'auto-amélioration 218
Références 219

CHAPITRE 6
L'ENTRETIEN DE PLANIFICATION DES SÉANCES
D'OBSERVATION EN CLASSE 221

Technique 5: Convenir d'un horaire pour la séance d'observation
en classe 223
Technique 6: Choix d'un instrument d'observation et de
comportements à noter 224
Technique 7: Clarifier le contexte d'enseignement où sont
recueillies les données de l'observation 226
    Des contraintes 228
    Comment commencer 228
Références 228
Exercices de la deuxième partie 229
    Questions à choix multiples 229
Problèmes...231

TROISIÈME PARTIE
TECHNIQUES D'OBSERVATION EN CLASSE 235

Aperçu général...235
Objectifs 236

Sommaire des méthodes d'observation de pratiques
d'enseignement efficace 236
    Pratiques d'enseignement efficace et méthodes pour
    les observer 237

CHAPITRE 7
TRANSCRIPTION SÉLECTIVE DU MOT À MOT 239

    Technique 8: Questions posées par l'enseignant 242
        La technique 243
        Analyse des données 246
        Niveau cognitif de la question 246
        Quantité d'information 247
        Réorientation des questions 247
        Questions d'exploration 248
        Questions à répétition 249
    Technique 9: Le *feedback* de l'enseignant à ses élèves 250
        Technique 251
        Analyse des données 253
        Quantité 253
        Variété 254
        Spécificité 255
    Valorisation efficace..255
    Valorisation inefficace 256
    Technique 10: Articulations d'une leçon et gestion de classe 257
        Technique 259
        Analyse des données 261
Références 263

CHAPITRE 8
UN PERSONNIGRAMME POUR NOTER LES OBSERVATIONS 265

    Technique 11: Application à la tâche 266
        Technique 269
        Exemple 272

Analyse des données 273

Technique 12: Observation du débit verbal 276

Technique 278

Exemple 281

Analyse des données 281

Technique 13: Modèles de déplacements en classe 284

Technique 286

Exemple 290

Analyse des données 290

Références 292

CHAPITRE 9
LES TECHNIQUES «OBJECTIF GRAND ANGULAIRE» 293

Technique 14: Dossiers anecdotiques et scénarios 294

Technique du scénario ou du dossier anecdotique 296

Exemple 298

Technique 15: Enregistrements audio et vidéo. 302

Technique 303

Exemple 305

Technique 16: Journal de bord 311

Technique 312

Exemple 314

Références 316

CHAPITRE 10
LISTES DE VÉRIFICATION ET GRILLES DE POINTAGE MINUTÉ ..319

Listes de vérification effectuées par les élèves....................................319

Technique 17: Sondage-observation par les élèves 320

Technique 18: Questionnaire IDEA H...322

Listes de vérification effectuées par le superviseur 324

Technique 19: Enseignement par questions et réponses 324

Technique 20: Enseignement magistral 329

Autres listes de vérification 331

13

Technique 21: Le système d'*Analyse des interactions*
développé par Flanders 332

Technique 22: Pointage de l'emploi minuté du temps 338

Technique 23: Le Système d'observation de Stallings 343

Technique 24: Échelles de classement en évaluation des
enseignants 350

Références 354

Exercices pour cette troisième partie 356

Items des questions à choix multiples 356

Problèmes 358

QUATRIÈME PARTIE
ENTRETIENS FONDÉS SUR DES DONNÉES OBJECTIVES 363

Sommaire 363

Objectifs 363

CHAPITRE 11
L'ENTRETIEN *FEEDBACK* 365

Technique 25: Présenter à l'enseignant un *feedback* fondé
sur des données objectives provenant d'observation en classe 367

Amorce de l'entretien *feedback* 368

Technique 26: Amener l'enseignant à tirer ses propres
conclusions et à exprimer ses opinions et ses sentiments 371

Technique 27: Encourager les enseignants à envisager d'autres
objectifs, d'autres méthodes et d'autres motifs 377

Technique 28: Donner à l'enseignant des occasions de
comparer et la chance de pratiquer ce qu'il a appris 380

Résumé 382

CHAPITRE 12
STYLE DIRECTIF ET NON DIRECTIF DE SUPERVISION 385

Technique 29: Écouter davantage, parler moins 388

Technique 30: Reconnaître, paraphraser et se servir de ce que
dit l'enseignant 388

Technique 31: Poser des questions de clarification............................389

Technique 32: Féliciter de façon spécifique les réussites des
enseignants et le développement de leur acte
professionnel d'enseigner..391

Technique 33: Éviter de donner des conseils trop directs 392

Technique 34: Donner du support verbal 392

Technique 35: Reconnaître ce que la personne ressent et
se servir de cette donnée 398

Conseiller 400

Quelques notes sur le leadership: deux extrêmes 402

Gestion 403

Références 405

CHAPITRE 13
NOUVEAUX RÔLES POUR ENSEIGNANTS, SUPERVISEURS
ET ADMINISTRATEURS 407

Sources de tension 408

Un problème qui persiste..411

Notre prise de position 412

Nouveaux rôles pour les enseignants 413

Comportements du leader en enseignement 417

Rôle de perfectionnement du personnel...422

Diriger un groupe d'enseignants 423

Nouvelles définitions de rôle 426

Directeurs de département 433

Collègues dans l'enseignement..435

Autres sources de leadership en enseignement 436

Rôle du directeur d'école 438

Conclusion 440

Formation et pratique 442

Références 443

15

Exercices 445

Problèmes 446

Réponses aux questions à choix multiples 448

Réponses aux problèmes 449

INDEX 457

LISTE DES TECHNIQUES D'OBSERVATION EN CLASSE

Technique 1   Préciser les préoccupations de l'enseignant au sujet
                de son enseignement 208

Technique 2   Savoir traduire les inquiétudes de l'enseignant en
                comportements observables 211

Technique 3   Identifier les processus pouvant aider l'enseignant à
                améliorer son enseignement 215

Technique 4   Aider l'enseignant à élaborer ses propres objectifs
                d'auto-amélioration 218

Technique 5   Convenir d'un horaire pour la séance d'observation
                en classe 223

Technique 6   Choix d'un instrument d'observation et de
                comportements à noter 224

Technique 7   Clarifier le contexte d'enseignement où sont recueillies
                les données de l'observation 226

Technique 8   Questions posées par l'enseignant 242

Technique 9   Le *feedback* de l'enseignant à ses élèves 250

Technique 10   Articulations d'une leçon et gestion de classe 257

Technique 11   Application à la tâche 266

Technique 12   Observation du débit verbal..276

Technique 13   Modèles de déplacements en classe 284

Technique 14   Dossiers anecdotiques et scénarios 294

Technique 15   Enregistrements audio et vidéo 302

Technique 16   Journal de bord..311

Technique 17   Sondage-observation par les élèves 320

Technique 18   Questionnaire IDEA H 322

Technique 19   Enseignement par questions et réponses 324

Technique 20   Enseignement magistral 329

Technique 21   Le système d'*Analyse des interactions* développé par
Flanders 332

Technique 22   Pointage de l'emploi minuté du temps 338

Technique 23   Le Système d'observation de Stallings 343

Technique 24   Échelles de classement en évaluation des enseignants 350

Technique 25   Présenter à l'enseignant un *feedback* fondé sur des
données objectives provenant d'observations en classe...367

Technique 26   Amener l'enseignant à tirer ses propres conclusions
et à exprimer ses opinions et ses sentiments 371

Technique 27   Encourager les enseignants à envisager d'autres
objectifs, d'autres méthodes et d'autres motifs 377

Technique 28   Donner à l'enseignant des occasions de comparer et la
chance de pratiquer ce qu'il a appris 380

Technique 29   Écouter davantage, parler moins 388

Technique 30   Reconnaître, paraphraser et se servir de ce que dit
l'enseignant 388

Technique 31   Poser des questions de clarification 389

Technique 32   Féliciter de façon spécifique les réussites des
enseignants et le développement de leur acte
professionnel d'enseigner 391

Technique 33   Éviter de donner des conseils trop directs 392

Technique 34   Donner du support verbal 392

Technique 35   Reconnaître ce que la personne ressent et se servir
de cette donnée 398

LISTE DES TABLEAUX

Tableau 2   Stades d'intérêt relatifs à la mise en oeuvre d'un changement de programme 121

Tableau 4   Caractéristiques de sept sortes d'organisation 185

Tableau 7.1   Mot à mot sélectif de questions posées par deux enseignants de cinquième année du primaire 245

Tableau 7.2   Mot à mot sélectif du *feedback* d'un enseignant 252

Tableau 7.3   Exemple de phrases relatives aux articulations de la leçon, à des consignes et au rappel des règles de discipline en classe 260

Tableau 9.1   Échantillon d'un protocole 301

Tableau 9.2   Transcription de l'enregistrement audio d'une micro-leçon de type magistral. 306

Tableau 9.3   Évaluation d'une micro-leçon de type magistral 309

Tableau 10.1   Évaluation de l'enseignement par des élèves 321

Tableau 10.2   Réactions d'élèves à un cours et à un enseignant selon le formulaire «H» de IDEA 323

Tableau 10.3   Liste de vérification dans une situation de «Questions-Réponses» 326

Tableau 10.4   Liste de vérification lors d'un enseignement magistral ... 331

Tableau 10.5   Catégories d'*Analyse des interactions* (Flanders) 334

Tableau 10.6   Grilles de pointage minuté des catégories d'interactions verbales en classe 339

Tableau 10.7   Profil d'observation de vues instantanées d'une leçon en classe 345

Tableau 10.8   Interactions durant cinq minutes à intervalles
de cinq secondes 349

LISTE DES FIGURES

Figure 1.1   Mot à mot sélectif et relevé d'observations sur un personnigramme 47

Figure 1.2   Comportements actuel et idéal d'enseignants tels que les jugent des directeurs d'école spécialement formés à la supervision (lignes brisées) et non formés (lignes continues) 48

Figure 1.3   Comportement du superviseur à l'heure actuelle et à l'avenir tel que le perçoivent des enseignants (lignes continues); comportement actuel et idéal d'un superviseur tel que le perçoivent des superviseurs (lignes brisées) 49

Figure 1.4   La supervision clinique – une définition 54

Figure 1.5   Les trois phases du cycle de la supervision clinique 58

Figure 3.1   Le processus d'évaluation de l'enseignant 136

Figure 3.2   Plan des objectifs d'un éducateur 149

Figure 4.1   Trois ensembles dc bcsoins par ordre d'importance ascendant selon Abraham Maslow 177

Figure 4.2   Diagramme de Gregorc 191

Figure 4.3   Fonction continue de la variable «style personnel» 192

Figure 8.1   Observations de l'application des élèves à la tâche notées sur un personnigramme 268

Figure 8.2   Sommaire des données sur «l'application à la tâche» pour analyser la Figure 8.1 274

Figure 8.3   Deux façons de noter les interactions verbales 279

Figure 8.4   Débit verbal noté sur un personnigramme 282

Figure 8.5   Plan des déplacements en classe 287

Figure 8.6   Déplacements en classe notés sur un personnigramme ...288

Figure 10.8   Grille de pointage des comportements selon Stallings 347

Figure III.a   Graphique du débit verbal 359

AVANT-PROPOS

> *La pédagogie revient aux pédagogues qui peuvent s'aider de sciences auxiliaires sans accepter de devenir des psychologues ou des sociologues scolaires. La formation, à tous les niveaux, dessine les voies de l'avenir. Le XXIe siècle sera probablement celui de la pédagogie.*
>
> Les traducteurs

La supervision pédagogique.
Méthodes et secrets d'un superviseur clinicien.
Voilà enfin un volume qui traite spécifiquement et de manière pratique de la supervision clinico-pédagogique des enseignants*. Ce troisième volume de la «Collection formation des maîtres» est particulièrement bienvenu. Il complète et poursuit de manière heureuse le contenu des deux volumes qui l'ont précédé – dont le premier tirage s'est épuisé en deux mois: *Devenir enseignant*, Tome I: À la conquête de l'identité professionnelle, et *Devenir enseignant*, Tome II: D'une expérience de survie à la maîtrise d'une pratique professionnelle. Nous avons traduit la troisième édition de l'ouvrage *La supervision pédagogique*. C'est dire l'intérêt qu'il a suscité et l'influence qu'il continue d'exercer.

---

* NdT : La supervision pédagogique présentée dans ces pages est d'inspiration clinique, si on entend par là qu'elle suggère l'idée d'une relation interindividuelle entre l'enseignant et le superviseur, et d'une intervention centrée sur le comportement actuel de l'enseignant en classe. Parfois, nous allégeons le texte en écrivant indifféremment «supervision», «supervision pédagogique» ou supervision clinique, étant entendu qu'il s'agit chaque fois pour les auteurs, d'une supervision de nature pédagogique d'inspiration clinique au sens que nous venons d'évoquer. Voir page 54.

23

À la différence de beaucoup d'ouvrages qui traitent de pédagogie à partir des enseignements de la psychologie, cet ouvrage,
La supervision pédagogique, est nettement d'inspiration pédagogique. Il montre de manière pratique comment assister, éclairer et
soutenir les professionnels de l'enseignement, en présentant la
supervision pédagogique sous l'angle de techniques d'observation
en classe, validées auprès d'un grand nombre de pédagogues. C'est
dire assez la valeur et l'intérêt d'un tel ouvrage pour ceux et celles
qui s'occupent de pédagogie.

Les étudiants en formation initiale des maîtres découvriront,
dans cet ouvrage, une mine de renseignements utiles sur la pratique
de l'enseignement. En particulier, ils y trouveront la formulation de
questions qu'ils se posent touchant la gestion de la classe, la façon
de contrôler un groupe d'élèves, plusieurs stratégies d'enseignement, tel l'art de poser des questions, d'écouter les réponses des
élèves et de les mettre à profit, de développer un regard périphérique
en classe, d'articuler leurs leçons autour de phrases clés, et bien
d'autres stratégies encore. Ils se verront instrumentés d'un référentiel
pédagogique hautement instructif et précieux qui aura l'heur d'enrichir leurs premières pratiques d'enseignement et les séminaires
qui les accompagnent. Ils apprendront à poser des questions très
précises à leurs superviseurs en déterminant ce qu'ils souhaiteraient
voir observer durant leurs stages d'enseignement. Cela ne pourra
que contribuer à leur donner une sécurité et un début de compétence
pédagogique qu'ils sauront apprécier.

Les enseignants expérimentés trouveront aussi dans ces pages
une occasion unique de revoir leur propre pratique professionnelle
de l'enseignement. Plusieurs découvriront avec plaisir qu'ils mettent déjà en œuvre ce que d'autres ont pris plusieurs années à
formuler. Ils se sentiront confirmés dans leur profession. Qui plus
est, ils éprouveront un sentiment de satisfaction en prenant connaissance d'expériences d'enseignement dont ils ont moins entendu
parler. À cet égard, ce volume contient à leur intention une somme

de renseignements pédagogiques de haute qualité. Il arrivera aussi que certains enseignants – vieux routiers de la profession – voudront goûter aux bienfaits d'une supervision qualifiée, précise et très proche de leurs préoccupations pédagogiques. Certains autres, tentés par le décrochage professionnel, trouveront peut-être en ces pages un second souffle d'inspiration pédagogique.

Quant aux chercheurs en éducation, ils s'attarderont probablement au deuxième chapitre de cet ouvrage où l'on présente une revue des recherches sur l'enseignement efficace. Les six courants de recherche qui y sont recensés méritent d'être examinés de manière approfondie. Cette recension de recherches servira d'inspiration à plus d'un chercheur en éducation, désireux de développer des pistes de recherches en pédagogie, articulées autour de théories éclairantes provenant de pratiques pédagogiques déjà éprouvées. Ces chercheurs apprendront comment des auteurs ont su traduire sous forme de techniques d'observation les résultats de la recherche en pédagogie, en sauvegardant la priorité accordée au développement de l'acte professionnel d'enseigner.

Une des richesses les plus convoitées de cet ouvrage, c'est un ensemble de suggestions impressionnantes sur la façon de contribuer à la formation des professionnels de la supervision pédagogique. Cet ouvrage, à cet égard, constitue une ressource indispensable. Que de fois n'avons-nous pas entendu des formateurs se plaindre du manque d'instruments ou de support pédagogique qui leur permettraient d'assurer cette formation d'une importance capitale pour le corps enseignant tout entier? Ce volume vient combler ici une lacune importante et il sera accueilli avec beaucoup de satisfaction par tous ceux que préoccupe la formation à la supervision pédagogique. Les 35 techniques d'observation en classe qu'on y propose représentent une instrumentation d'autant plus valable qu'elles ont fait l'objet de nombreuses expérimentations en classe et de nombreux séminaires de formation à la supervision pédagogique. En particulier, le modèle de supervision clinico-pédagogique retiendra l'attention. Il se compose d'un cycle de trois phases qui se suivent et s'articulent autour des observations relevées en classe par le superviseur, après entente avec l'enseignant, le probaniste ou le stagiaire. La première phase, c'est l'entretien de planification des observations en classe qui permet au superviseur et à l'enseignant d'arrêter un plan de la séance d'observation en classe, après avoir eu soin de définir ensemble les objectifs de la supervision; la seconde phase, c'est la séance d'observation en classe où le superviseur s'aide, pour la cueillette des observations, de l'une ou l'autre des 35 techniques développées dans cet ouvrage; et la troisième, c'est l'entretien feedback où le superviseur et l'enseignant examinent les données objectives, recueillies au cours de la séance d'observation en classe. Et le cycle se poursuit lors de l'entretien feedback où se prépare une nouvelle séance d'observation en classe, et ainsi de suite. Ce modèle est puissant, simple et expliqué par des superviseurs qualifiés et bien instrumentés qui parlent d'expérience.

Les responsables de programmes de formation des maîtres trouveront aussi leur compte dans cet ouvrage. Certains voudront se servir des indications et des suggestions qui y sont contenues pour revoir le contenu de certaines parties du programme de formation des maîtres. D'autres désireront repenser toute l'organisation des stages, en commençant par la formation des superviseurs. D'autres encore souhaiteront s'inspirer des 35 techniques que propose cet ouvrage pour expérimenter de véritables laboratoires de pédagogie dont la pertinence n'est plus à démontrer, et que tant d'étudiants en formation des maîtres appellent de tous leurs vœux.

Les décideurs seront étonnés, à la lecture de ce volume, de découvrir les possibilités inouïes auxquelles il ouvre la voie. En particulier, certains y trouveront une nouvelle conception de la pédagogie, suivant laquelle l'enseignant d'aujourd'hui ne peut plus être isolé ou confiné seul à sa classe, s'il ne veut pas être tenté par le décrochage professionnel, en raison des défis nouveaux que représente l'enseignement. L'enseignant, au dire de plusieurs, a besoin aujourd'hui d'un accompagnateur qui, à l'occasion et à sa demande, lui offre le support de séances d'observation en classe, destinées à l'éclairer sur sa propre pratique, soit pour la consolider, soit pour la clarifier à ses propres yeux, soit enfin pour lui apporter des corrections qui s'imposent. D'autres verront dans la supervision pédagogique l'élément d'un véritable renouvellement par l'intérieur même de la profession, du corps enseignant lui-même, en faisant appel, non pas à des experts formés dans d'autres domaines que la pédagogie, mais à des enseignants chevronnés, capables de s'entraider entre eux d'une manière très efficace, à condition qu'on leur en fournisse les moyens et la possibilité. À ce chapitre, plusieurs se réjouiront en constatant que les auteurs opèrent une nette distinction entre la supervision pédagogique, destinée à l'amélioration de l'acte professionnel d'enseigner, et l'évaluation, dont les buts sont tout autres, à savoir l'examen des exigences reliées aux programmes, aux définitions de tâches et au plan de carrière.

L'adaptation française de ce volume rédigé en anglais a imposé certains choix de traduction. Ainsi, nous avons conservé des expressions anglaises acceptées en français telles que enseignant *coach* (celui qui fait office d'entraîneur en faisant pratiquer des exercices scolaires évalués sur-le-champ), le *leader* en enseignement, le *leadership*, le *feedback*, le *stress* et l'*interview*.

On a dit du XXe siècle qu'il a été celui de la technologie, des communications et de l'accélération des processus de changement sociaux. Certains pensent que le XXIe siècle sera celui de la pédagogie. Chose certaine, le rôle des professionnels de l'enseignement a changé de façon considérable au cours des dernières décennies, et appelle de nouvelles définitions des responsabilités. La préoccupation de la formation, et ce, dans tous les domaines, s'insère au cœur même des esprits qui se soucient de notre avenir à tous.

Nous remercions la maison d'édition Longman qui a bien voulu agréer notre demande de traduire et d'adapter en français la troisième édition du volume de Keith A. Acheson et Meredith Damien Gall, *Techniques in the Clinical Supervision of Teachers.*

Nous espérons que ce troisième volume de la collection «Formation des maîtres» contribuera, pour sa part, à une culture de la formation des maîtres.

Jacques HEYNEMAND

Directeur de la
collection «Formation des maîtres»

REMERCIEMENTS

Troisième édition en langue anglaise

Dans cette troisième édition, nous avons procédé à une mise à jour de nos rapports de recherche; nous avons ajouté un chapitre consacré à l'analyse de l'enseignement. Certaines parties du livre ont été adaptées à l'intention d'un nombre croissant de personnes qui utilisent maintenant les techniques de la supervision clinique dans d'autres rôles que ceux qui étaient prévus initialement: mentor, *enseignant coach**, consultants auprès de pairs. Des applications de ces techniques se dessinent dans une foule de situations et d'institutions diverses; par exemple, dans les collèges communautaires, dans des écoles de médecine, dans des universités en Asie. Plus de 15 années se sont écoulées depuis le début de ce travail à *Orcas Island* et tout près de là, dans des îles amies. Nous pleurons la disparition de notre ami, Walter Borg qui, à plus d'un titre, a inspiré ce travail.

Deuxième édition en langue anglaise

Depuis la publication de la première édition de ce livre, les auteurs, des étudiants et des collègues ont poursuivi leurs recherches, continuant à intervenir en milieu scolaire avec les personnes en place et à examiner soigneusement les grands courants théoriques traitant de la supervision. Nous assistons à l'heure actuelle – non

---

* N.D.T. : *Enseignant coach.* Professeur spécialement reconnu pour ses habiletés d'accompagnateur des élèves dans leurs apprentissages, sorte de meneur de jeu spécialement doué pour enseigner des stratégies d'apprentissage et les faire pratiquer soit individuellement, soit en groupe, comme on le voit dans les sports. On pourrait presque parler d'un type d'enseignant.

seulement aux États-Unis mais aussi dans d'autres pays – à une orientation vers le type de processus que nous avions décrit dans la première édition. Dans cette seconde édition, nous avons ajouté du matériel destiné à l'évaluation des enseignants, à l'observation au niveau des collèges, à la recherche et à d'autres aspects de la supervision qui prennent de plus en plus d'importance.

Nous remercions les gens avec qui nous avons travaillé: au Canada, en Alberta, en Colombie-Britannique, au Manitoba et en Saskatchewan ; en Australie, à Guam; au Japon, au Mexique, en Arabie Saoudite, à Singapour, et en Corée du Sud; en Alaska; et dans le district de Colombia, au Kansas, au Montana, en Oregon et dans l'État de Washington.

Le nombre de personnes à qui nous devons adresser des remerciements a augmenté de façon géométrique; le nombre d'ateliers annuels présentés à *Orcas Island* dans l'État de Washington a progressé de façon exponentielle depuis le moment où ces pages ont vu le jour. Les participants ont apporté leur contribution; ils ont enrichi et perfectionné des idées qui se sont grandement répandues.

Première édition en langue anglaise

C'est à l'Université de Stanford, au cours des années soixante, que l'on a développé certaines idées contenues dans ce livre, de même que certaines techniques d'enregistrement-vidéo et d'autres types de *feedback* utilisés au cours de la formation initiale des enseignants et de la formation des maîtres en exercice. Parmi les personnes engagées dans ce projet et qui ont contribué aux idées, à la recherche et à ses applications, soulignons les noms de Robert Bush, Dwight Allen, Fred McDonald, Norman Boyan, Horace Aubertine, Bill Johnson, Jim Olivero, Frank MacGraw, Al Robertson et Jimmy Fortune.

Les deux auteurs de ce livre, ainsi que John Hansen, avaient déjà travaillé sur les premières versions des techniques que l'on présente ici. Le projet était alors parrainé par le *Far West Laboratory for Educational Research and Development.* Le soutien et les suggestions de Walter Borg et de Ned Flanders ont été particulièrement utiles. Le matériel élaboré pour la mise en œuvre de ce projet a fait l'objet de plusieurs ateliers et a été publié par l'*Association of California School Administrators* , et plus tard par la *Florida State University.* Ed Beaubier et Art Thayer, tout comme Ray Hull, ont grandement contribué à cette phase de développement du matériel.

Au cours de la dernière décennie, la recherche effectuée à l'Université de l'Oregon par les auteurs, leurs collègues et les étudiants a influencé les attitudes et les recommandations qui se reflètent dans ce livre. Nous remercions Peter Titze, Wes Tolliver, Michael Carl, Colin Yarham, Gary Martin, Jim Shinn, Judy Aubrecht, John Suttle et Kathy Lowell. Plusieurs associations professionnelles et départements d'éducation dans les universités d'État ont contribué au développement et à la propagation des idées et procédures exposées ici. Nous désirons exprimer notre gratitude à la *Confederation of Oregon School Administrators* et à Ozzie Rose, à l'*Oregon State Department of Education* et à Ron Burge, à la *Nevada Association of School Administrators*, aux *Principals and Superintendents Associations* de l'État de Washington et de la Colombie-Britannique, à la *Nebraska Association for Supervision and Curriculum Development*, au ministère de l'Éducation de la Colombie-Britannique et à Russ Leskiw, à la *National Academy of School Executives* ct aux nombreux districts scolaires qui ont utilisé notre matériel et notre personnel au cours d'ateliers et de conférences.

La recherche de Dale Bolton de l'Université de Washington et de Rob Spaulding de l'Université San Jose State a marqué nos conclusions. Une conférence écrite en collaboration avec Paul Tucker et Cal Zigler décrivant les résultats de notre travail a été présentée lors de deux congrès de l'*American Educational Research Association* et, plus récemment, lors d'un symposium des membres du *Teacher Corps Research Adaptation Cluster.* Nous remercions également les administrateurs et les enseignants qui nous

31

ont fait connaître leurs réactions aux premières ébauches du matériel au cours de trois ateliers annuels qui ont eu lieu à *Orcas Island,* dans l'État de Washington.

AU FORMATEUR

chargé de la préparation du superviseur clinicien

On peut utiliser différentes formules pour enseigner le contenu de ce livre. Nous recommandons d'aborder les *techniques d'observation* le plus tôt possible (Troisième partie de l'ouvrage), pour donner aux participants la chance de les pratiquer dans un environnement réel dès que possible et de partager leurs expériences et leurs observations avec les autres membres de la classe. On peut introduire le thème de *L'entretien de planification des séances d'observation en classe* (Chapitre 6) à titre de sujet relié à l'essai de différentes stratégies d'observation. L'analyse d'une *planification d'entretien avec un stagiaire* peut constituer une tâche fort appropriée. Les maîtres-hôtes devraient être choisis dans la mesure où ils sont disposés à laisser les observateurs pratiquer leurs habiletés. Les maîtres-hôtes à qui l'on a confié la supervision d'étudiants-maîtres et les directeurs d'école qui ont la chance d'y travailler ne devraient avoir aucune difficulté à trouver des occasions de mettre en application leurs nouvelles habiletés. Après avoir examiné le thème de l'*entretien feedback consécutif à l'observation en classe* et en avoir discuté, les étudiants devraient avoir la chance de travailler et de compléter avec un enseignant plusieurs cycles des trois phases de la supervision clinique.

Lors de courtes leçons enseignées par des collègues à leurs pairs, on pourra simuler des situations pour permettre aux participants de pratiquer leur sens de l'observation. Les participants peuvent également développer leurs habiletés concernant la conduite d'un entretien au cours de sessions où ils joueront le rôle de communicateur avec leurs collègues de classe, en utilisant les données fournies par le professeur; un observateur attitré à chaque paire d'étudiants qui travaillent un jeu de rôle, pourra susciter des séances de questions et de discussions subséquentes. L'enregistrement d'entretiens sur cassette sera utile pour en analyser les processus. Cependant, notre expérience pratique révèle que plusieurs enseignants sont réticents à cet égard, à moins qu'on leur fasse comprendre clairement quel usage on en fera, et qu'on réussisse à les convaincre qu'ils ne seront pas gênés par cet enregistrement et que celui-ci ne servira d'aucune manière à les évaluer.

On peut utiliser plusieurs types d'activités, d'exercices et de travaux conjointement avec le matériel écrit et les présentations du professeur. Le fait de noter ce que les membres de la classe croient être les compétences primordiales de l'enseignement stimulera l'intérêt qu'ils portent à l'efficacité de l'enseignement dont il sera question au deuxième chapitre.

L'enregistrement vidéo des séries *Another Set of Eyes* (Une autre paire d'yeux), produites par *The Association for Supervision and Curriculum Development* (ASCD), présente des épisodes clés en classe qui ont le mérite d'illustrer six des techniques d'observations décrites dans ce livre.

Les enregistrements sur cassette des interactions verbales en classe peuvent être utilisés pour procéder à l'écriture intégrale de commentaires, de questions ou de réponses sélectionnées. Les films ou les vidéocassettes démontrant les comportements non verbaux peuvent aussi être utiles. La cassette préparée (ou psychodrame) d'un entretien de planification ou d'un entretien *feedback* donne aux membres de la classe quelque chose de tangible à quoi ils peuvent réagir lors de l'étude des techniques d'entretien. Des acétates de personnigrammes* ou d'autres instruments d'observation peuvent

---

* N.D.T. : Nous employons le terme «personnigramme», de préférence à plan de classe. Le plan de classe sert surtout à prendre les présences. Le terme «personnigramme» a l'avantage de représenter, non seulement la disposition des pupitres dans la salle de classe, mais aussi le nom des élèves. Le personnigramme, c'est le plan de classe «personnalisé».

servir de mises au point à l'occasion d'analyses ou de discussions.

Enseigner les habiletés de codage des interactions requiert une certaine pratique structurée. Nous suggérons d'utiliser une cassette soigneusement codée par un expert, de sorte que les membres de la classe puissent recevoir du *feedback* tout en pratiquant.

Les exposés du professeur sur des sujets tels que la recherche sur l'enseignement, la supervision ou l'évaluation des enseignants, permettront d'enrichir le matériel traitant de ces sujets dans ce livre. Nous tenons à le souligner: les discussions par petits groupes au cours desquelles les participants partagent leurs expériences, leurs observations et leurs opinions ont contribué de manière significative à étoffer la substance de nos cours.

AU LECTEUR

Ce livre traite de la supervision pédagogique des enseignants sous un angle clinique. De nombreux textes sur ce thème ont été publiés au cours des quinze dernières années mais, en général, ils portaient sur la théorie et la recherche en supervision clinique. Notre livre aborde ce sujet d'une manière pratique. Nous insistons sur les techniques de la supervision clinique en mettant les *points sur les i* en ce qui concerne la façon dont on peut aider des enseignants à améliorer leur acte professionnel d'enseignement.

Nous avons préparé ce livre en nous fixant un ensemble d'objectifs qui vous aideront, vous, les superviseurs cliniciens, à développer:

• votre compréhension des trois phases du cycle de la supervision clinique: planifier avec le stagiaire ou l'enseignant la séance d'observation en classe, planifier vos activités d'observation en classe, et planifier l'entretien *feedback* consécutif à vos observations en classe;

• votre connaissance et votre habileté à utiliser des techniques précises au cours de vos entretiens avec des enseignants et au cours de vos observations de leur enseignement;

• votre compréhension des différentes questions et des problèmes que soulève la supervision clinique;

• votre compréhension des différents rôles que joue un superviseur clinicien: facilitateur, évaluateur, conseiller et consultant au niveau des programmes d'enseignement;

• une attitude positive envers la supervision clinique en tant que méthode cherchant à promouvoir et à aider l'enseignant à se développer tant sur le plan personnel que professionnel;

• des intuitions relatives aux rôles que peuvent jouer les enseignants et les directeurs d'école qui utilisent les techniques de la supervision clinique.

La facture de ce livre a été conçue pour vous faire acquérir des connaissances et vous faire comprendre des objectifs reliés aux habiletés requises par la supervision pédagogique, plutôt que dans le but de vous faire atteindre ces objectifs. Si vous êtes comme la plupart des éducateurs, vous n'avez pas appris comment enseigner en lisant des livres. Vous l'avez appris en pratiquant l'acte d'enseigner dans des situations scolaires *réelles*. (Espérons que vous avez eu un bon superviseur pour vous aider!) Les livres ont peut-être contribué à faciliter vos processus d'apprentissage de l'acte d'enseigner en vous suggérant d'expérimenter des techniques précises.

Le même principe s'applique lorsqu'il s'agit d'acquérir des habiletés de superviseur clinicien. Nous aimerions croire que ce livre est suffisant pour vous aider à devenir un superviseur hautement qualifié. Notre expérience ne nous le permet malheureusement pas. Afin d'incorporer dans votre répertoire ces habiletés de superviseur clinicien, vous devrez les pratiquer en classe et recevoir du *feedback* sur votre pratique de la supervision, à la suite de chacun des exposés de ce livre et sur chacune des techniques d'observation qui y sont contenues. Si vous avez la chance d'observer des superviseurs experts qui utilisent ces techniques, cela vous aidera grandement.

Superviser des stagiaires, des probanistes ou des enseignants peut faire partie des tâches de directeurs d'école, de certains personnels d'une commission scolaire, et de formateurs de maîtres dans les universités. Ces éducateurs professionnels doivent être qualifiés eu égard aux processus de supervision clinique des enseignants. Si vous supervisez des stagiaires ou des enseignants actuellement, ou si vous en avez l'intention, dites-vous que ce livre a été écrit en pensant à vous.

Ce livre se divise en quatre parties. La première partie présente les fondements sur lesquels reposent les techniques de la supervision clinico-pédagogique. La seconde traite de la manière de fixer des objectifs reliés à des séries d'observations et de planifier des observations individuelles. Dans la troisième partie, on décrit des techniques spécifiques qui permette de colliger des observations. Enfin, dans la quatrième partie, on examine différentes façons de conduire des entretiens *feedback* et d'émettre des hypothèses relatives aux futurs rôles des directeurs d'école et des enseignants à titre de leaders en enseignement, d'observateurs en classe ou de personnes ressources capables de donner un *feedback* constructif.

PREMIÈRE PARTIE

Introduction
à la supervision clinico-pédagogique

Première partie

INTRODUCTION
À LA SUPERVISION CLINICO-PÉDAGOGIQUE

Sommaire

La supervision pédagogique d'inspiration clinique vise à favoriser le développement professionnel des enseignants, en mettant l'accent sur l'amélioration de leurs compétences professionnelles en classe. Dans le premier chapitre, il sera question des caractéristiques fondamentales de la supervision clinique; on la comparera aux autres formules de supervision des enseignants. Comme on se propose en supervision clinique de contribuer au développement d'un enseignement efficace, on aborde, dans le deuxième chapitre, la question des critères d'identification d'un enseignement efficace que proposent des éducateurs et des enseignants chevronnés. Superviseurs et enseignants peuvent utiliser ces critères pour définir eux-mêmes en quoi consiste un «enseignement efficace»[1]. Dans le troisième chapitre, on examine la question des relations qui existent entre la supervision clinique et l'évaluation des enseignants. Enfin, on traite, dans le quatrième chapitre, la notion relative aux autres usages que l'on peut faire de la supervision clinico-pédagogique telle l'analyse de l'enseignement avec le support des pairs, au moyen d'une auto-analyse et d'exercices réflexifs, et à travers l'optique de divers analystes.

Objectifs

Dans cette première partie de l'ouvrage, on cherche à développer chez vous la compréhension des questions suivantes:

- les processus de base et les objectifs de la supervision clinico-pédagogique;

- pourquoi les enseignants se sont-ils montrés traditionnellement réfractaires à la supervision;

- en quoi la supervision clinico-pédagogique diffère des autres formes de supervision des enseignants;

- la relation qui existe entre cette supervision et l'évaluation des enseignants;

- la connaissance de l'état actuel de la recherche sur l'efficacité de la supervision clinico-pédagogique;

- les différentes perspectives à partir desquelles on peut définir l'enseignement efficace et les recherches qui s'y rapportent;

- les critères de l'enseignement efficace découverts grâce à la recherche;

- ce que signifie l'enseignement efficace;

- où se situe la supervision clinico-pédagogique dans un système d'évaluation formative et sommative;

- les applications possibles des techniques de supervision clinico-pédagogique à d'autres rôles tels ceux de mentor[*], d'enseignant *coach*, de consultant auprès de collègues.

---

[*] N.D.T. : Mentor: nom d'un personnage de l'*Odyssée*, popularisé par le *Télémaque* de Fénelon. Le mentor, c'est le conseiller sage et expérimenté.

Chapitre 1

NATURE DE LA SUPERVISION CLINICO-PÉDAGOGIQUE

> *Ce qui me choque dans cette supposée supervision, c'est que le directeur de l'école ne vient dans ma classe qu'une fois par année durant environ une heure. C'est une expérience désagréable qui me jette dans l'insécurité. Je ne serais pas ennuyé si j'étais supervisé par quelqu'un qui a réussi dans l'enseignement; mais il s'agit habituellement d'un enseignant médiocre qu'on a propulsé vers un poste administratif; et comble de malheur, cette personne n'a habituellement eu aucune formation en supervision.*
>
> Extrait d'une conversation avec un enseignant de sixième année

Il n'est pas facile d'écrire sur papier ce qui constitue l'esprit de la supervision pédagogique d'inspiration clinique. Celle-ci consiste en un processus; il s'agit d'un style très particulier d'interaction avec des enseignants. L'efficacité de ce processus dépend en grande partie de l'accord harmonieux que l'on retrouve chez le superviseur entre son esprit, ses émotions et ses actions; de cette intégration réussie vont dépendre les résultats attendus de cette entreprise: le développement professionnel des étudiants-maîtres en formation initiale ou des enseignants en exercice.

Bien que nous reconnaissions le caractère global de la supervision clinique, notre livre est d'abord analytique. Nous tentons de décortiquer et de décrire les diverses composantes et les techniques de la supervision clinique. Cette approche analytique représente un outil d'éducation utile d'initiation à la pratique de la supervision; mais cette démarche comporte le défaut d'en masquer le caractère unifié dans un tout homogène. Pour remédier à cet inconvénient, nous présentons un épisode tiré d'un cas réel d'une supervision clinique.

Un exemple

On a confié à Arthur Harris, un superviseur universitaire, la tâche de superviser Jim, un stagiaire dans une école secondaire locale. Harris a eu une première rencontre avec Jim afin de faire connaissance, de discuter de leurs rôles respectifs et de répondre à des questions. Par la suite, il rencontra les deux maîtres-hôtes de Jim et le directeur de l'école. Les deux maîtres-hôtes ont donné plusieurs semaines à Jim pour lui permettre de faire des observations dans leurs classes, de faire connaissance avec les élèves et de préparer plusieurs séquences d'enseignement dans le domaine des sciences sociales.

Harris a estimé que son rôle initial consistait à offrir à Jim du soutien et de l'encouragement. Dès que celui-ci eut trouvé le thème de ses leçons, Harris lui expliqua les procédures de la supervision clinique et amorça ainsi une séquence de supervision en demandant au stagiaire de lui présenter son plan de cours sur l'Afrique. Il superviserait la leçon au cours de la semaine. Jim imagina le plan suivant: organiser son groupe-classe en trois sous-groupes en demandant à chacun des élèves de ces sous-groupes de lire un article différent sur le Zimbabwe. Il voulait que les élèves de chacun de ces sous-groupes disent à toute la classe ce qu'ils avaient appris en lisant cet article et qu'ils répondent aux questions qui leur seraient posées.

Figure 1.1

Mot à mot sélectif de l'enseignant (Ens.) et des élèves (Él.)
et relevé des observations sur un
personnigramme.

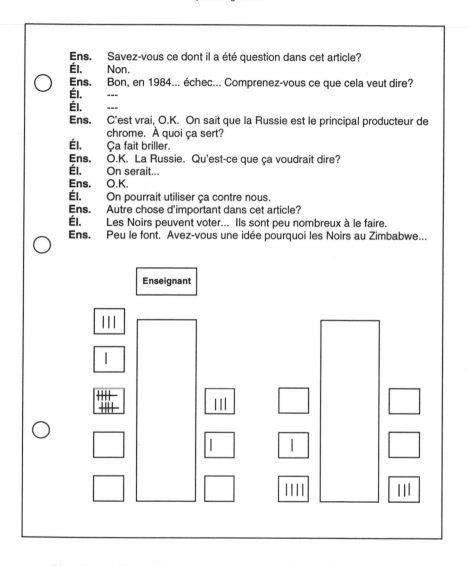

Harris et Jim, d'un commun accord, arrêtèrent la stratégie suivante: recueillir des données sur la structure des interactions verbales enseignant-élèves au cours de la leçon. Ils identifièrent

deux domaines spécifiques sur lesquels ils se pencheraient:
(1) comment Jim répond aux questions posées par les élèves et aux
idées qu'ils expriment, tandis que Harris les enregistrerait en utilisant la technique du mot à mot sélectif (technique 9), et (2) la
répartition des échanges des élèves entre eux durant la leçon, ce qui
serait colligé par le superviseur sur une fiche de débit verbal
(technique 12).

Figure 1.2

Comportements actuel et idéal tels que les jugent des enseignants
sous la responsabilité de directeurs d'école formés à la supervision
(lignes brisées) et non formés (lignes continues).
Tiré de
James L.Shinn, *Teacher Perceptions of Ideal and Actual Supervisory Procedures
Used by California Elementary Principals.* Ph. D. diss.,
University of Oregon, 1976, p. 52.

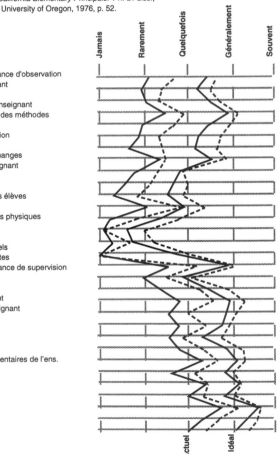

1. Rencontre l'enseignant avant la séance d'observation
2. Découvre les objectifs de l'enseignant
3. Découvre les attentes des élèves
4. Découvre les préoccupations de l'enseignant
5. Implique l'enseignant dans le choix des méthodes
6. Identifie le comportement attendu
7. Suggère des techniques d'observation
8. Suggère l'auto-supervision
9. Prend en note le mot à mot des échanges
10. Écrit les questions que pose l'enseignant
11. Écrit les réponses des élèves
12. Enregistre l'analyse de la tâche
13. Fait un graphique des réponses des élèves
14. Enregistre une cassette-audio
15. Fait un graphique des déplacements physiques
16. Enregistre une cassette-vidéo
17. Observe l'élève difficile
18. Enregistre ses sentiments personnels
19. Demeure en classe durant 30 minutes
20. Rencontre l'enseignant après la séance de supervision
21. Donne des avis directifs
22. Donne ses opinions
23. Note les perceptions de l'enseignant
24. Encourage les inférences de l'enseignant
25. Clarifie à l'aide de questions
26. Encourage les alternatives
27. Facilite les priorités de l'enseignant
28. Écoute plus qu'il ne parle
29. Accorde de l'importance aux commentaires de l'ens.
30. Félicite et encourage
31. Recommande des ressources

La Figure 1.1 donne un échantillon des données recueillies par Arthur Harris à l'aide de deux techniques. Lorsque Jim et Harris se rencontrèrent au cours de la semaine suivante pour un «*entretien feedback*», Jim fut capable d'utiliser ces données pour exprimer ses propres conclusions sur la façon dont la leçon s'était déroulée. Le superviseur Harris amorça ce processus en posant la question:

Figure 1.3

Comportement du superviseur actuellement ou dans l'avenir
tel que le perçoivent des enseignants (lignes continues);
comportement actuel et idéal du superviseur
tel que le perçoivent des superviseurs (lignes brisées).
Tiré de Saad Adwani, *The Relationship between Teacher and Supervisor as Perceived
by Teachers, Supervisors and Principals in Secondary Schools in Saoudi Arabia.*
Ph. D. diss., University of Oregon, 1985, p. 159.

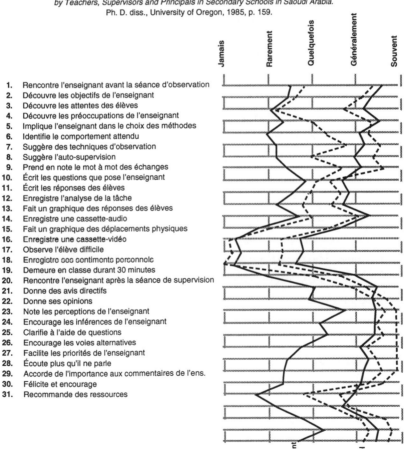

1. Rencontre l'enseignant avant la séance d'observation
2. Découvre les objectifs de l'enseignant
3. Découvre les attentes des élèves
4. Découvre les préoccupations de l'enseignant
5. Implique l'enseignant dans le choix des méthodes
6. Identifie le comportement attendu
7. Suggère des techniques d'observation
8. Suggère l'auto-supervision
9. Prend en note le mot à mot des échanges
10. Écrit les questions que pose l'enseignant
11. Écrit les réponses des élèves
12. Enregistre l'analyse de la tâche
13. Fait un graphique des réponses des élèves
14. Enregistre une cassette-audio
15. Fait un graphique des déplacements physiques
16. Enregistre une cassette-vidéo
17. Observe l'élève difficile
18. Enregistre ses sentiments personnels
19. Demeure en classe durant 30 minutes
20. Rencontre l'enseignant après la séance de supervision
21. Donne des avis directifs
22. Donne ses opinions
23. Note les perceptions de l'enseignant
24. Encourage les inférences de l'enseignant
25. Clarifie à l'aide de questions
26. Encourage les voies alternatives
27. Facilite les priorités de l'enseignant
28. Écoute plus qu'il ne parle
29. Accorde de l'importance aux commentaires de l'ens.
30. Félicite et encourage
31. Recommande des ressources

49

«Qu'est-ce que ces données te révèlent sur ton enseignement?» (technique 26). Jim réalisa qu'il n'avait pas félicité ses élèves ou tenté de développer leurs idées, mais qu'il s'était contenté de les reconnaître. De plus, Jim réalisa qu'il avait réussi à susciter les échanges, mais que leur répartition était mal équilibrée: les élèves qui se trouvaient plus près de l'enseignant, et l'un d'eux en particulier, avaient monopolisé à eux seuls à peu près tous les échanges.

Lors de cet *entretien feedback*, Harris fit un pas de plus en demandant à Jim de lui expliquer pourquoi, selon lui, cette répartition inégale des échanges verbaux s'était produite (technique 27). Jim répondit qu'effectivement, lors de ses cours sur les méthodes d'enseignement, on lui avait appris l'importance de répondre de manière constructive aux idées exprimées par les élèves, mais que, jusqu'ici, il n'avait pas fait de lien avec son propre comportement d'enseignant. Quant au déséquilibre de la répartition des échanges, Jim admit qu'il ne s'était pas rendu compte du phénomène. Il réalisa alors qu'il avait donné la parole le plus souvent à certains élèves qui parlaient davantage probablement parce qu'il pouvait compter sur eux pour donner les bonnes réponses.

Harris demanda à Jim comment il pourrait mettre à profit ces observations (technique 28). Jim répondit qu'au cours de ses prochaines leçons, il s'appliquerait à valoriser les idées exprimées par les élèves et qu'il tâcherait de donner la parole à plusieurs d'entre eux. Harris suggéra à Jim plusieurs façons d'accorder de l'importance aux idées des élèves et comment exploiter cette ressource au cours de la leçon. Enfin, le superviseur émit l'hypothèse qu'un réaménagement des bureaux – peut-être en demi-cercle ou en cercle – pourrait encourager les élèves à exprimer plus d'idées encore et à engager entre eux des discussions.

Ce bref exemple illustre les trois phases du cycle que forme la supervision clinique: planifier la séance d'observation en classe, la séance elle-même des observations en classe et l'*entretien feedback*. Il montre bien, de plus, que le superviseur clinicien se concentre sur le comportement actuel de l'enseignant en classe, et qu'une telle supervision nécessite que celui-ci participe activement à ce processus. Pour en savoir davantage sur les attentes des enseignants au sujet de la supervision, reportez-vous aux Figures 1.2 et 1.3.

La supervision de l'enseignant, un problème

La plupart des enseignants n'aiment pas être supervisés, même s'il s'agit là d'une conséquence inhérente à leur formation et à leur travail professionnel. Ils y réagissent défensivement et ne la trouvent pas vraiment utile.

Cette généralisation comporte sûrement des exceptions. Certains enseignants tirent profit de la supervision, et certains superviseurs particulièrement doués sont populaires et efficaces auprès des enseignants. Mais il est évident que cette généralisation correspond à la réalité. Dans une étude portant sur un échantillon de 2 500 enseignants, Wiles découvrit qu'une infime partie des répondants (1,5 %) reconnaissait que le superviseur avait représenté pour eux une source de nouvelles idées[1]. Morris Cogan a mené plusieurs recherches sur la supervision et il conclut que, psychologiquement parlant, «la supervision est perçue inévitablement comme une menace active à l'endroit de l'enseignant, mettant éventuellement en danger son statut professionnel et allant même jusqu'à miner sa confiance en lui-même[2]». Blumberg révisa ses propres études sur la supervision des enseignants et celles qu'ont menées d'autres chercheurs. Il découvrit que les enseignants considèrent la supervision «comme faisant partie du système mais qu'elle ne joue pas un rôle important dans leur vie professionnelle; elle est comme une sorte de rituel qui n'a plus sa raison d'être[3]».

L'hostilité qui prévaut chez les enseignants au sujet de la supervision semble suggérer l'idée que l'école devrait l'abandonner complètement. Une conclusion plus encourageante serait que les enseignants sont hostiles, non pas à la supervision, mais plutôt au style de supervision qu'ils subissent. *Les enseignants réagiraient probablement de façon plus positive à un style de supervision qui réponde davantage à leurs préoccupations et à leurs aspirations.* La supervision clinique est basée sur cette hypothèse.

Avant de décrire ce qu'est la supervision clinique, examinons quelques pratiques de supervision auxquelles les enseignants réagissent de façon négative. Au cours de la supervision traditionnelle des enseignants en exercice, le superviseur – habituellement le directeur d'école – amorce le processus de supervision dans le but d'évaluer la performance de l'enseignant. Cette fonction d'évaluation peut émaner d'un mandat défini ou bien par la loi d'un État, comme en Californie, en Oregon et à Washington, ou encore par une commission scolaire locale, ou enfin par les ministres de l'Éducation. D'entrée de jeu, cette situation crée deux problèmes. Tout d'abord, on confond supervision et évaluation. Les gens ont tendance à devenir anxieux en apprenant qu'ils vont être évalués, particulièrement lorsqu'une évaluation négative risque de mettre leur emploi en péril. Il ne faut pas se surprendre si, dans de telles conditions, les enseignants réagissent de façon négative à la supervision. Le second problème, c'est que la supervision répond alors à un besoin du superviseur et non pas à celui que ressent l'enseignant lui-même.

La supervision traditionnelle étant habituellement à l'origine d'une expérience désagréable, on essaie d'éviter ou de minimiser au maximum l'interaction entre le superviseur et l'enseignant. Malheureusement, ceci ne fait que compliquer le problème. Le superviseur peut se présenter en classe sans préavis et observer ce qui s'y passe. L'enseignant ne sait pas ce que le superviseur observe et ce sur quoi il sera évalué. Le superviseur s'intéresse-t-il à la propreté de la classe, à l'intérêt apparent que les élèves portent à leur travail, aux objectifs et aux stratégies d'enseignement qu'adopte l'enseignant, ou encore, à la discipline qui règne en classe? Quant au superviseur, il n'aura peut-être pas planifié ce qu'il doit observer et évaluer. Il s'ensuit que les faits observés en classe ne seront probablement pas relevés d'une manière systématique, mais plutôt d'une manière fortement subjective et vague. Le suivi de la visite en classe ne va guère améliorer la situation. Il est d'usage que le superviseur remplisse une grille d'évaluation toute préparée comportant une longue liste de points, et rédige un rapport d'évaluation sur la performance de l'enseignant. Celui-ci n'aura peut-être pas l'occasion de rencontrer le superviseur, ni de commenter les faits observés ou les critères qui doivent servir à rédiger un rapport d'évaluation, même si ce rapport peut être utilisé à l'appui de décisions importantes concernant sa promotion et l'obtention d'une sécurité d'emploi.

Cette formule de supervision fortement *directive* reflète le rôle historique d'*inspecteur* qu'on a attribué au superviseur. Dès le XVIIIᵉ siècle à Boston, des comités laïcs étaient chargés d'inspecter périodiquement les écoles. Le but de l'inspection était de déterminer si les standards d'enseignement étaient maintenus. L'inspection des écoles par des comités laïcs se poursuivit jusqu'à ce que le nombre grandissant d'élèves impose l'obligation d'affecter plus d'*un* enseignant par école. La fonction d'inspecteur devint la responsabilité d'un des enseignants, désigné alors *enseignant principal*. Par la suite, on abrégea ce titre qui devint tout simplement le *principal* d'école. Bien que d'autres modèles de supervision se soient développés ces dernières années, plusieurs *principaux* croient probablement que leur rôle s'identifie encore à celui d'inspecteur.

On peut représenter graphiquement un autre malentendu relatif au rôle du superviseur, quand ce rôle prend l'allure d'un dialogue de sourds au cours duquel le SUPERviseur émet de sages avis qui tombent dans l'oreille d'un sourd, soit en passant tout droit, soit en rebondissant sur un bouclier invisible qui protège l'enseignant (i.e. attitude défensive). Il existe un meilleur modèle que ce schéma *face à face*: une version *côte à côte* où les deux participants regardent dans la même direction, examinent les faits réels, les analysent, les interprètent, et prennent des décisions en se traitant comme des collègues plutôt qu'en adversaires. (Voir Figure 1.4).

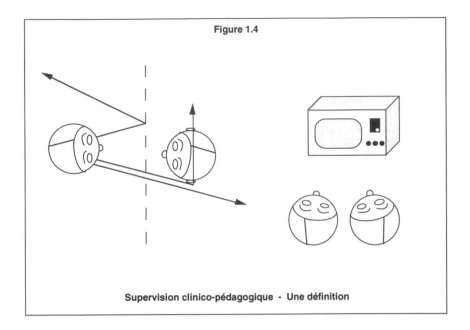

Figure 1.4

Supervision clinico-pédagogique - Une définition

La description précédente de la supervision est peut-être quelque peu caricaturale, mais elle caractérise néanmoins ce que font parfois certains superviseurs. Dans la mesure où le portrait que l'on a tracé correspond à la réalité, il rend compte du sentiment diffus et négatif qu'engendre l'idée de supervision chez les enseignants. Nous voulons proposer un modèle de supervision ouvrant une voie alternative qui soit interactive plutôt que directive, démocratique plutôt qu'autoritaire, centrée sur l'enseignant plutôt que sur le superviseur. Ce style de supervision, nous l'appelons *supervision clinique*.

On utilise l'expression *supervision clinique* parce que le modèle présenté ici est fondé directement sur les méthodes développées dans les années soixante par Morris Cogan, Robert Goldhammer et d'autres au *Harvard School of Education*[4]. Le terme *clinique* cherche à suggérer à la fois l'idée d'une relation interindividuelle entre l'enseignant et le superviseur, et d'une intervention centrée sur le comportement actuel de l'enseignant en classe. Comme le dit Goldhammer, «le terme *clinique* est particulièrement approprié si l'on songe qu'il signifie un ensemble d'éléments tels les observations relevées sur le vif, des faits observés de manière bien détaillée, des interactions interindividuelles entre le superviseur et l'enseignant, et l'intensité du caractère réciproque liant les deux acteurs, superviseur et stagiaire ou enseignant, dans une relation professionnelle personnalisante[5]».

On peut également associer le mot «clinique» à pathologie: une connotation qu'on ne devrait pas appliquer au modèle de supervision des enseignants présenté ici. Nous ne voulons surtout pas insinuer que la supervision clinique est toujours un «remède» prescrit par le superviseur clinicien à un enseignant par suite de l'observation chez lui, d'un comportement déviant ou malsain. Pour éviter ce sous-entendu, nous avons été tentés d'utiliser l'expression *supervision centrée sur l'enseignant*. Fait intéressant, cette appellation aurait eu le mérite d'établir une correspondance avec la méthode thérapeutique rendue populaire par Carl Rogers qui préconise des interventions centrées sur les émotions et les sentiments de la personne[6], méthode avec laquelle la supervision clinique possède plusieurs points en commun. Par contre, notre choix s'est arrêté sur le terme plus descriptif de *supervision clinique* parce qu'il perpétue la tradition du groupe de Harvard d'où provient ce modèle de supervision.

À vrai dire, la supervision clinique reconnaît que l'évaluation des enseignants est nécessaire, à condition que l'enseignant participe à ce processus avec le superviseur. Cependant – il faut le souligner – le but principal de la supervision clinique, c'est le développement professionnel de l'enseignant. *Par ce type de supervision, on cherche à aider l'enseignant à améliorer la performance de son acte d'enseigner.*

Comment peut-on atteindre ce but? Le superviseur clinicien amorce le processus de supervision en ayant, avec l'enseignant, un entretien de planification de la séance d'observation en classe. Au cours de cet entretien, on donne à l'enseignant l'occasion d'exprimer ses préoccupations, ses besoins et ses aspirations personnels.

Le rôle du superviseur consiste à aider l'enseignant à clarifier ses perceptions, afin que les deux puissent avoir une image précise du type d'enseignement dispensé actuellement par l'enseignant versus celui qu'il croit être l'enseignement idéal, et qu'ensemble, ils puissent discerner s'il existe une différence entre les deux. Par la suite, le superviseur et l'enseignant explorent de nouvelles techniques que l'enseignant pourrait mettre en œuvre pour se rapprocher d'un enseignement idéal.

Cette première phase de supervision, si elle est effectuée de façon appropriée, peut aider grandement l'enseignant. L'enseignement est, d'une certaine façon, un acte professionnel solitaire. La plupart des enseignants (*i.e.* ceux qui ne travaillent pas en collaboration avec d'autres enseignants comme c'est le cas dans le *team-teaching*) n'ont pas accès à leurs collègues avec lesquels ils pourraient partager leurs perceptions. La supervision peut satisfaire ce besoin important ressenti par les enseignants.

L'entretien de planification initiale offre également aux enseignants l'occasion de réfléchir sur leur enseignement. La plupart des enseignants éprouvent une sorte d'anxiété assez diffuse, relative à l'efficacité de leur enseignement. Ils ne savent pas s'ils font un bon travail, s'ils peuvent réussir à mieux aider un *élève-problème*, ou améliorer leur enseignement. Les enseignants ont rarement l'occasion d'observer les performances en classe des autres enseignants, ce qui aurait l'heur de leur fournir un sujet de réflexion sur leur propre enseignement. Les superviseurs peuvent combler ce besoin en utilisant différentes approches: aider l'enseignant à clarifier ses objectifs, colliger des données d'observation sur les événements qui surviennent en classe et analyser ces données pour en faire ressortir les aspects positifs et négatifs. Ce processus de supervision peut devenir un guide utile, surtout dans les cas où les enseignants ne possèdent pas une conscience nette des buts qu'ils poursuivent ou ne savent pas comment ils en viendront à bout.

L'entretien de planification de la séance d'observation en classe (première phase de supervision) aboutit souvent à une décision réciproque prise par le superviseur clinicien et l'enseignant touchant la collecte des données d'observation (seconde phase du cycle de supervision). Par exemple, un enseignant que nous connaissons avait le sentiment vague qu'il ne réussissait pas à capter l'attention des élèves plus brillants. Au cours de l'entretien de planification, il émit l'hypothèse qu'il passait peut-être la majeure partie de son temps en classe avec les élèves plus lents, négligeant par la même occasion les besoins des élèves plus brillants. Celui-ci et le superviseur décidèrent d'un commun accord qu'il serait peut-être utile de faire une analyse du débit verbal de l'enseignant (technique 12) au cours des discussions en classe. Cette analyse suppose l'observation des élèves avec qui l'enseignant amorce une interaction et comment il est sensible aux idées de chaque élève. L'enseignant et le superviseur décidèrent également qu'il serait profitable pour l'enseignant d'examiner les travaux effectués en classe au cours d'une période de deux semaines, afin de déterminer leur niveau de difficulté et le défi qu'ils représentent.

Il est étonnant de constater combien se fait rare l'habitude de colliger des données relatives aux différents aspects de la performance d'un enseignant en classe. En comparaison, dans le domaine des sports, l'athlète surveille de près les statistiques faisant état de ses performances: nombre de coups de circuit au baseball, pourcentage de passes complétées au football, temps intermédiaire et final sur les pistes de course, et ainsi de suite. De plus, les athlètes sont constamment confrontés aux reprises-vidéos de leurs performances, de sorte qu'ils peuvent perfectionner leurs techniques. Dans des professions comme celles de la médecine, des affaires et du droit, le praticien a accès à certains indicateurs qui reflètent directement la qualité de sa performance: nombre de vies sauvées, salaires fondés sur des honoraires, des organigrammes faisant état des hauts et des bas dans les ventes. De plus, ces professionnels entendent régulièrement des expressions de satisfaction ou d'insatisfaction de la part de leurs clients. Nous devons offrir à nos enseignants des indicateurs de performance semblables provenant de l'observation directe ou indirecte.

Figure 1.5

Les trois phases du cycle de la supervision clinico-pédagogique

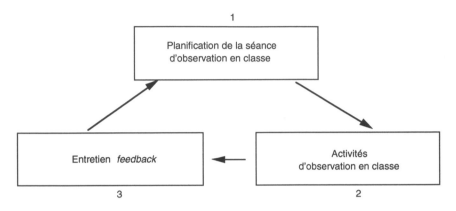

Le but de la dernière phase de la supervision clinique est de permettre à l'enseignant et au superviseur de participer à un *entretien feedback*. Ils révisent ensemble les données d'observation recueillies, le superviseur encourageant l'enseignant à tirer ses propres conclusions sur l'efficacité de son enseignement. Par exemple, en visualisant un vidéo de leurs performances, des enseignants remarquent qu'ils pourraient améliorer un certain nombre de secteurs dans leurs interventions éducatives. Certains se rendent compte tout à coup qu'ils n'avaient jamais remarqué jusqu'à quel point ils parlaient beaucoup pendant les cours, qu'ils avaient tendance à ignorer les commentaires des élèves ou à ne pas les mettre en valeur, qu'ils ne parlaient pas assez fort ou de façon suffisamment énergique, et ainsi de suite. Au fur et à mesure que l'enseignant révise les données d'observation, l'*entretien feedback* se transforme souvent en entretien de planification de la prochaine séance d'observation en classe. Superviseur et enseignant en viennent souvent à une décision réciproque visant à accumuler d'autres données d'observation ou de planifier un programme d'auto-perfectionnement.

Bref, la supervision clinique est un modèle de supervision qui comporte un cycle de trois phases: l'entretien de planification, les observations en classe, et l'*entretien feedback*. Ce modèle est représenté dans la Figure 1.5. Les caractéristiques les plus distinctives de la supervision clinique sont: l'accent primordial placé sur l'interaction directe enseignant-superviseur, et le développement de l'acte professionnel d'enseigner.

Richard Weller définit formellement la supervision clinique en ces termes: «On peut définir la supervision clinique comme celle qui se concentre sur l'amélioration de l'acte d'enseigner au moyen de cycles systématiques faits de planification, d'observation et d'analyse intellectuelle intensive des performances actuelles dans l'enseignement, en vue de promouvoir une modification rationnelle[7].» En plus d'offrir cette définition concise mais exacte, Weller isole les caractéristiques essentielles et les postulats de base de la supervision clinique tels qu'on les décrit dans la littérature. On présente ci-dessous une adaptation de cette liste de caractéristiques et de postulats. Les caractéristiques sont «opérationnalisées» dans l'ensemble des techniques d'entretien et d'observation présentées aux chapitres 4 à 11.

Caractéristiques essentielles et postulats de la supervision clinique[8]

1. Pour perfectionner leur enseignement, les enseignants doivent apprendre des habiletés intellectuelles et comportementales spécifiques.

2. Le superviseur clinicien devrait avoir la responsabilité d'aider les enseignants à développer:

   • des habiletés relatives à l'analyse du processus d'enseignement à partir de données systématiques;

• des habiletés relatives à l'expérimentation, l'adaptation et la modification du programme d'enseignement;

• un plus grand répertoire d'habiletés et de techniques d'enseignement.

3. Le superviseur fait ressortir ce que les enseignants enseignent et comment ils le font, cherchant à améliorer leur enseignement et non à modifier la personnalité de l'enseignant.

4. La planification et l'analyse sont centrées sur l'établissement et la vérification d'hypothèses sur l'enseignement fondées sur des motifs découlant des observations.

5. Les entretiens traitent de quelques points importants concernant l'enseignement, pertinents pour l'enseignant, et sensibles au changement.

6. L'*entretien feedback* se concentre sur l'analyse constructive et le renforcement des schémas d'intervention qui réussissent, plutôt que sur la condamnation de ceux qui ne fonctionnent pas.

7. Elle se fonde sur des données observées et non sur des jugements de valeur non fondés.

8. Le cycle que constituent la planification, l'observation et l'analyse est continu et cumulatif.

9. La supervision est un processus dynamique comportant des concessions mutuelles dans lequel les superviseurs et les enseignants se considèrent comme des collègues à la recherche d'une compréhension mutuelle de l'éducation.

10. Le processus de supervision est d'abord centré sur l'analyse de l'enseignement.

11. L'enseignant a la liberté et la responsabilité d'être à l'origine des questions, d'analyser et d'améliorer son enseignement, et de développer son style personnel d'enseignement.

12. La supervision peut être perçue, analysée et améliorée de la même façon que l'enseignement.

13. Le superviseur a à la fois la liberté et la responsabilité d'analyser et d'évaluer sa propre supervision de la même façon que l'enseignant analyse et évalue son enseignement.

Buts de la supervision clinique

Planifier des entretiens de supervision, se consacrer à des observations en classe et planifier des *entretiens feedback*: telles sont les principales activités de la supervision clinique. Elle se propose, comme but principal, d'aider les enseignants à améliorer leur acte d'enseigner. En ce sens, la supervision clinique est une technique clé de promotion du développement professionnel des enseignants.

On peut analyser la supervision clinique à la lumière d'objectifs plus précis tels ceux-ci:

Donner aux enseignants un feedback objectif sur l'état actuel de leur enseignement

La supervision clinique, sous sa forme la plus fondamentale, consiste à tenir un miroir devant les enseignants de manière qu'ils puissent voir sur le champ ce qu'ils font lorsqu'ils enseignent. Ce que les enseignants font est parfois fort différent de ce qu'ils croient faire. Par exemple, plusieurs enseignants croient qu'ils excellent dans l'art d'encourager les élèves à exprimer leurs idées jusqu'à ce qu'ils écoutent l'enregistrement de leurs cours. Ils découvrent alors jusqu'à quel point ils sont dominateurs. En règle général, les deux tiers du temps consacré aux discussions sont l'apanage des enseignants. Recevoir un feedback objectif suffit souvent aux enseignants à amorcer un processus d'autoperfectionnement.

Diagnostiquer et résoudre des problèmes d'enseignement

Les superviseurs cliniques utilisent des techniques d'entretien et des enregistrements en classe pour aider les enseignants à toucher du doigt ce qu'il y a d'incompatible entre ce qu'ils font et ce qu'ils devraient faire. Il arrive parfois que les enseignants soient capables de diagnostiquer par eux-mêmes ces incompatibilités. Dans certains cas, l'intervention qualifiée d'un superviseur s'apparaît nécessaire. Une situation semblable existe en regard de l'enseignement en classe. Certains élèves peuvent parfois autodiagnostiquer un problème qu'ils rencontrent dans leurs apprentissages et utiliser cette information pour s'autocorriger. D'autres élèves sont bloqués par leur inaptitude à apprendre tel sujet d'étude; l'intervention de l'enseignant s'impose alors pour diagnostiquer le problème et travailler à y remédier.

Aider les enseignants à développer des habiletés relatives aux stratégies d'enseignement

Si la supervision clinique ne se proposait que d'aider l'enseignant à résoudre des problèmes immédiats et des crises, sa valeur serait sérieusement limitée. On aurait besoin du superviseur chaque fois que l'enseignant a un feu de brousse à éteindre. Ceci ne correspond pas à la réalité. Le superviseur qualifié utilise l'entretien clinique et les données de l'observation directe en classe pour aider l'enseignant à développer des schémas durables d'intervention – ce qu'on appelle des *stratégies d'enseignement*. Ces stratégies consistent à intervenir de manière efficace pour susciter l'apprentissage, pour motiver les élèves et pour favoriser une saine gestion de classe. Les techniques d'observation présentées aux chapitres 6-9 et les critères de l'enseignement efficace exposés dans le chapitre 2 traitent des stratégies d'enseignement que la plupart des éducateurs estiment efficaces. Les enseignants peuvent s'appliquer à mettre en œuvre ces stratégies et bénéficier, grâce au superviseur, de données objectives sur leurs progrès.

Évaluer les enseignants en vue d'une promotion,
de l'obtention d'une permanence et d'autres décisions
reliées à leur carrière

Il s'agit ici de la fonction la plus controversée de la supervision clinique. Certains superviseurs évitent entièrement l'évaluation, mais la plupart des commissions scolaires et des facultés d'éducation exigent que les superviseurs évaluent la compétence des enseignants, normalement à la fin du cycle de supervision. Bien que la supervision clinique se concentre sur le développement professionnel des enseignants, les données objectives colligées grâce à l'observation systématique en classe, fournissent une base à l'évaluation des compétences des enseignants. Comme nous le verrons plus loin dans ce chapitre, l'effet d'*écharde* que produit souvent l'évaluation peut être atténué si le superviseur, au cours du processus de supervision clinique, élabore avec l'enseignant les critères et les standards utilisés dans la rédaction d'un rapport d'évaluation.

Aider les enseignants à développer une attitude positive
envers le développement professionnel continu

Un des objectifs principaux de la supervision clinique est d'aider l'enseignant à réaliser que sa formation ne s'arrête pas avec l'obtention de son autorisation légale d'enseigner. Les enseignants doivent se considérer comme des professionnels, ce qui signifie, entre autres, qu'ils s'engagent dans une carrière où le développement personnel et la formation des compétences professionnelles se traduisent en efforts constants tout au long de la carrière. En un sens, le superviseur clinicien peut devenir un professeur modèle en démontrant sa volonté d'acquérir lui-même de nouvelles habiletés en supervision.

Autres types de supervision des enseignants

On peut clarifier davantage l'intention sous-jacente à la supervision *clinique* en la comparant avec d'autres types de supervision des enseignants.

Fonction de consultant

Plusieurs enseignants – en particulier les étudiants-maîtres et les débutants – manifestent ouvertement de l'anxiété et de l'insécurité à propos de leur habileté à réussir dans l'enseignement. Certains enseignants peuvent aussi vivre des situations de crise temporaires dans leur vie personnelle, situations qui nuisent à leur performance en classe. D'autres peuvent souffrir de problèmes émotionnels chroniques (ex.: dépression ou crises de colère non provoquées) qui nuisent à l'efficacité de leur enseignement.

Les superviseurs sensibles à ce genre de problème réagissent à cette anxiété et à cette insécurité des enseignants en leur offrant un soutien émotionnel et une certaine sécurité. Ils peuvent également s'efforcer de traiter des problèmes plus sérieux, ou référer un enseignant à des spécialistes appropriés. Le superviseur qui exerce ces fonctions joue ainsi un rôle de consultant. La supervision clinique peut aussi exercer ces fonctions, mais son intention première est plutôt de se centrer sur la performance de l'enseignant dans son acte d'enseigner plutôt que sur les problèmes personnels qu'il peut éprouver.

Un autre problème qui surgit en supervision des enseignants touche des décisions de carrière. Certains étudiants-maîtres se demandent souvent s'ils ont ce qu'il faut pour devenir enseignants. Ils demanderont peut-être qu'on les aide à se trouver un emploi, ou bien s'ils devraient poursuivre des études supérieures. Des enseignants d'expérience peuvent se demander s'ils doivent persister dans cette profession, s'ils devraient demander un transfert dans une autre école, ou s'ils devraient enseigner une autre matière ou à un autre niveau. Le superviseur qui conseille un enseignant sur de tels problèmes exerce une fonction de consultant plutôt qu'une fonction de superviseur clinicien.

Soutien relatif au programme d'enseignement

Les enseignants demandent parfois à leurs superviseurs des conseils sur le matériel pédagogique qu'ils utilisent. Le matériel est-il pertinent? Comment devrait-il être utilisé? Peut-on trouver une autre possibilité que celle de s'en tenir au matériel suggéré? Un enseignant peut se sentir préoccupé par d'autres aspects reliés au programme d'enseignement: nombre d'heures réservées à chaque thème du programme, procédures relatives à la planification pédagogique, ou nouveaux programmes et guides pédagogiques dans une commission scolaire.

La supervision, sous cette forme de soutien au programme d'enseignement, peut grandement aider l'enseignant, mais il ne faudrait pas confondre cette forme de soutien avec la supervision clinique. Celle-ci se propose d'intervenir directement sur *les événements observables au cours de l'enseignement*. Au contraire, le soutien apporté au programme d'enseignement se concentre sur le matériel, les objectifs et le rationnel qui sous-tendent l'enseignement. Tout cela influence grandement l'enseignement, mais ne porte pas sur l'acte d'enseigner.

Mise en garde

Les fonctions de consultant et de soutien au programme d'enseignement constituent des éléments légitimes et importants dans la supervision des enseignants. Ceux-ci éprouvent des problèmes émotionnels et des préoccupations relatives au programme d'enseignement qui peuvent nuire à l'efficacité de leur enseignement. Néanmoins, il peut arriver qu'un enseignant utilise ces problèmes et ces préoccupations pour éviter d'affronter les difficultés que l'on rencontre dans l'acte d'enseigner. Par exemple, un enseignant peut se sentir mal à l'aise devant le fait que ses élèves sont plutôt turbulents. Justement, il peut ne pas vouloir faire face à ce problème et souhaite surtout que le superviseur ne s'en aperçoive pas. Pour ce faire, il oriente l'entretien de supervision vers la discussion de problèmes et d'événements qui existent à l'extérieur de sa classe. (Nous avons des exemples d'enseignants et de superviseurs qui utilisent cette période de temps pour discuter des problèmes que rencontrent les autres enseignants de l'école.) Lorsque de telles situations se produisent, le superviseur clinicien devrait écouter avec toute son intelligence et sa sensibilité les commentaires de l'enseignant. Toutefois, il doit s'appliquer avec tact à revenir au thème spécifique de cet entretien: le propre comportement de l'enseignant en classe.

Supervision pédagogique et évaluation des enseignants

Les superviseurs se voient confrontés à un conflit qu'engendrent les deux rôles qu'ils jouent: ceux d'évaluateur et de facilitateur. Il arrivera à un superviseur de se demander: «Comment puis-je aider des enseignants à développer leur acte professionnel d'enseigner alors qu'ils savent pertinemment que je devrai faire une évaluation écrite de l'efficacité de leur enseignement?» Comme nous le verrons au chapitre 5, ce conflit revêt une telle importance à leurs yeux que certains éducateurs voudraient séparer ces deux rôles. Ainsi, certains superviseurs évalueraient la performance des enseignants à la façon de l'inspecteur traditionnel, alors que d'autres se consacreraient à leur développement professionnel.

Les enseignants eux-mêmes ressentent également ce conflit. Ils ne savent pas s'ils peuvent compter sur le soutien du superviseur ou s'ils doivent l'éviter de peur d'être critiqués.

Ce livre est fortement axé sur le rôle de facilitateur que joue le superviseur. Cependant, nous sommes conscients du fait que la plupart des superviseurs doivent aussi évaluer les enseignants. Les étudiants-maîtres sont habituellement évalués au cours de leur expérience de stage par un superviseur de l'université et par des maîtres-hôtes. Ces évaluations sont placées en filière et se concrétisent dans des recommandations écrites; elles influencent les chances d'obtenir un poste dans l'enseignement. Les rapports d'évaluation des enseignants en exercice peuvent justifier des augmentations de salaire, des promotions et l'obtention d'un poste permanent.

Nous n'avons pas de solution magique au problème suscité par ce double rôle du superviseur, celui de facilitateur et celui d'évaluateur. Cependant, l'observation qui suit pourra peut-être vous aider, vous et les enseignants que vous supervisez, à résoudre ce problème de manière originale.

Le défi que représente ce double rôle de facilitateur et d'évaluateur n'est pas propre à la supervision des enseignants; on le retrouve dans toutes les sphères d'emploi et dans toutes les professions. Les enseignants eux-mêmes doivent exercer cette double responsabilité d'évaluateur et de facilitateur. Ils doivent aider les élèves à apprendre, mais ils doivent également évaluer leur niveau d'apprentissage les uns par rapport aux autres[9].

N'oubliez pas qu'un superviseur qualifié peut minimiser l'effet d'*écharde* de son évaluation. Les enseignants se sentent surtout menacés lorsqu'ils ne connaissent pas les critères qu'on utilisera pour les évaluer, et qu'ils n'ont pas confiance d'être traités en toute équité par l'évaluateur. On peut atténuer ces inquiétudes en associant l'enseignant au processus d'évaluation: par exemple, en établissant avec lui les critères d'évaluation avant d'y procéder, et en la faisant reposer sur des données observées en classe, facilement contrôlables par l'enseignant lui-même. Ce processus d'échange réciproque devrait conduire, idéalement parlant, à une forme de coopération entre l'enseignant et le superviseur plutôt qu'à des affrontements.

L'expérience de nos collègues dans la profession d'enseignant et notre propre expérience nous indiquent que la grande majorité des enseignants sont efficaces et qu'ils peuvent s'améliorer grâce à la supervision et à des exercices de formation. Les enseignants moins efficaces quittent habituellement la profession d'eux-mêmes au cours de leur formation initiale, ou dès les premières années d'enseignement. Dès qu'ils réalisent que les probabilités jouent en leur faveur, c'est-à-dire qu'il est plus probable qu'ils seront évalués positivement que négativement, ils acceptent la fonction évaluative de la supervision.

Finalement, nous vous rappelons le vieil adage voulant que nos erreurs nous apprennent souvent davantage que nos réussites. Même une évaluation négative peut être à l'origine d'une expérience de croissance personnelle. Une évaluation négative de la performance de l'enseignant peut constituer une expérience pénible, non seulement pour l'enseignant mais aussi pour le superviseur, surtout dans le cas où un enseignant en arrive ainsi à quitter la profession. On peut espérer que l'enseignant considérera ceci comme une expérience positive et libératrice qui lui permettra d'explorer les avenues d'une autre profession où il pourra connaître du succès.

Nous parlerons davantage des rôles de la supervision clinique dans l'évaluation des enseignants au chapitre troisième. Les techniques qui s'y trouvent exposées peuvent être utilisées pour promouvoir la croissance personnelle des enseignants; on pourra les appliquer à l'évaluation. Les entretiens de planification de la supervision et de feedback peuvent servir à identifier des critères d'évaluation. Les données observées en classe peuvent être utilisées non seulement comme feedback par l'enseignant mais aussi comme une base objective d'évaluation de la performance de l'enseignant. On trouvera, dans la Figure 3.1, une illustration montrant la façon dont les entretiens de planification des observations en classe, la période d'observation en classe et l'*entretien feedback* forment un tout intégré et interactif du processus d'évaluation des enseignants tel que cela est exigé par l'État. Dans les quatrième et treizième chapitres, on aborde l'examen des autres rôles que peuvent jouer les techniques de supervision clinique.

À quoi bon la supervision clinique?

Est-il nécessaire d'offrir le service d'une supervision clinique aux enseignants? Il vaut la peine de se poser la question puisque les résultats des recherches laissent planer un doute sur la valeur d'une telle supervision.

On peut défendre la nécessité de la supervision clinique en se posant une autre question: «Les élèves ont-ils besoin des enseignants?» La plupart des éducateurs répondront par l'affirmative. Tous les élèves ont besoin de l'assistance d'un enseignant à un moment ou un autre; certains en ont plus besoin que d'autres. Aucun n'est même suffisamment autonome pour pouvoir entreprendre seul l'étude d'un programme.

Les enseignants sont dans la même situation. Eux aussi apprennent. Ils apprennent la profession d'enseignant. Ils auront besoin du support qualifié d'un superviseur clinicien à différents stades de leur développement professionnel s'ils veulent progresser.

En plusieurs circonstances, les interventions du superviseur clinicien ont affecté de façon significative la croissance personnelle des enseignants. Nous nous souvenons de cette étudiante-maître: tout le monde s'accordait à dire qu'elle ne survivrait pas dans la carrière d'enseignant. La supervision assidue de sa performance en classe et les consultations avec le personnel de l'école l'aidèrent à surmonter ses insécurités et à assimiler les comportements relatifs à son rôle d'enseignante.

La supervision clinique peut également faire toute la différence pour un enseignant en exercice. Nous nous souvenons de cet enseignant mis en probation à cause de ses faibles notes dans l'évaluation de l'efficacité de son enseignement. Un superviseur sympathique aida cet enseignant à passer à travers cette période difficile; son nom fut retiré de la liste des enseignants en probation. Il est peu probable que l'enseignant aurait réussi à s'en tirer par lui-même. L'intervention du superviseur marqua un point tournant.

Un cas moins sérieux est celui d'une enseignante du primaire qui, malgré sa longue expérience d'enseignement en deuxième année, rencontra des difficultés à partir du moment où elle accepta d'enseigner à une classe de sixième année. Le superviseur qui lui fut assigné réalisa rapidement qu'elle essayait d'enseigner en sixième année de la même façon qu'en deuxième année. Il l'observa et colligea des données qui lui permirent de se rendre compte que ses plans de cours et ses comportements verbaux étaient trop simplistes dans cette nouvelle situation d'enseignement. Aidée du superviseur, l'enseignante ajusta son style d'enseignement de sorte que sa classe et elle-même en retirèrent les meilleurs résultats.

Le superviseur clinicien

Tout éducateur responsable du développement professionnel des enseignants peut utiliser les techniques de supervision clinique: les didacticiens, les superviseurs de stages, les maîtres-hôtes[10] et les directions d'école, tous guident, à différents degrés, le développement des enseignants en formation initiale. Tous ces éducateurs peuvent utiliser les techniques de supervision clinique.

On estime qu'au moins un quart de million de personnes aux États-Unis sont engagées dans la formation initiale des enseignants, à temps plein ou à temps partiel[11]. Ces éducateurs comptent 80 000 personnes reliées à la formation des maîtres à titre de professeurs, de superviseurs et ou de consultants; 100 000 directeurs d'école et directeurs adjoints; et peut-être 50 000 autres personnes font partie du personnel de soutien dont des professeurs de lecture, des experts dans les médias, et des spécialistes de la santé psychique. Chacun de ces professionnels peut, à un moment ou l'autre, s'entretenir avec des enseignants pris individuellement ou les visiter dans leurs classes dans le but de les observer. Toute personne en interaction avec les enseignants dans ces contextes peut trouver utile ou nécessaire d'employer les techniques de supervision clinique.

Les techniques propres à la supervision clinique sont-elles utiles à ceux dont la responsabilité principale ou unique concerne l'évaluation des enseignants? La réponse est oui, mais à certaines conditions. Si l'évaluateur a l'intention d'utiliser les faits observés en classe comme base d'évaluation, les techniques d'observation présentées aux chapitres 6 à 9 lui seront utiles. Si l'évaluateur veut associer l'enseignant dans la détermination des critères d'évaluation, les techniques d'entretien présentées aux chapitres 4 et 5 lui faciliteront la tâche.

Nous semblons peut-être insinuer que la supervision clinique peut être utilisée comme une panacée par tous les superviseurs avec tous les enseignants. C'est vrai jusqu'à un certain point. Au fur et à mesure que vous vous familiariserez avec les techniques de supervision clinique, vous découvrirez qu'elles comportent des processus fondamentaux – parler, écouter, influencer, observer – qui caractérisent toute supervision authentique. La supervision clinique, trouvant ses assises dans ces processus fondamentaux, revêt une certaine universalité. Mais ce ne sont pas tous les superviseurs qui utiliseront le modèle intégral de la supervision clinique, et certains n'y auront recours qu'à certaines conditions. Maints superviseurs, estimant que leur rôle se résume principalement à celui de consultant ou de spécialiste de programmes d'enseignement, se prévaudront de seulement quelques-unes des techniques du modèle propre à la supervision clinique.

La supervision clinico-pédagogique est-elle efficace?

Les éducateurs posent trois questions importantes sur l'efficacité de la supervision clinico-pédagogique:

1. Les enseignants et les superviseurs adoptent-ils une *attitude* positive à l'égard du modèle de supervision clinique? Aiment-ils ce modèle? Correspond-il à ce qu'ils veulent?

2. La supervision clinique conduit-elle à l'amélioration de l'enseignement de l'enseignant supervisé?

3. La supervision clinique influence-t-elle positivement l'apprentissage des élèves de l'enseignant supervisé?

Nous passons ici brièvement en revue les recherches relatives à chacune de ces trois questions. La discussion sera nécessairement brève puisque peu de recherches existent sur la supervision des enseignants. Richard Weller caractérise la recherche disponible en ce domaine comme étant «non systématique, non reliée à d'autres recherches, globalement de nature évaluative, et conduite à des fins très limitées[12]».

Attitudes à l'égard de la supervision clinico-pédagogique

Arthur Blumberg et Edmund Amidon ont étudié chez un groupe d'enseignants en exercice leurs réactions aux entretiens de supervision qu'ils ont eus avec leur directeur d'école[13]. Plus précisément, ils se sont intéressés à la façon dont ces enseignants perçoivent le type de comportement qu'adoptent les superviseurs: l'utilisation de propos *directifs* (ex.: donner de l'information, des directives, des ordres ou faire des observations critiques) et de propos *non directifs* (ex.: accepter des réactions émotives, des sentiments et des idées, louanger et stimuler, poser des questions)[*].

---

[*] N.D.T.: On pourrait traduire *comportement non directif* par *comportement empathique*, si on entend par là une relation faite d'intelligence et de sensibilité envers soi-même et envers les autres. Est empathique, celui qui

Ces chercheurs voulaient savoir s'il existe chez le même enseignant une relation entre sa perception de propos directifs et non directifs et sa façon de coter un questionnaire d'enquête destiné à évaluer l'efficacité des entretiens de supervision.

Les résultats de cette recherche de Blumberg et Amidon parlent par eux-mêmes: lorsqu'on demande à des enseignants de juger l'efficacité des entretiens de supervision, ils attribuent une cote supérieure aux superviseurs qui privilégient des propos non directifs (empathiques). Les enseignants valorisent les entretiens de supervision de type *empathique.* Ces propos empathiques semblent constituer un élément majeur de la supervision clinique; par voie de conséquence, nous retenons dès lors l'hypothèse que les enseignants sont favorables à ce modèle de supervision (voir le chapitre 2 qui traite des techniques de communication *non directive*).

Au cours de ses recherches, James Shinn demanda à un groupe d'enseignants en exercice de coter la fréquence idéale d'utilisation, par les directeurs d'école, de différentes techniques de supervision clinique, et la fréquence réelle d'une telle utilisation (voir la figure 1.2)[14]. Le résultat le plus significatif est que les enseignants croient que toutes les techniques de supervision clinique ont de la valeur; ils attribuèrent une cote favorable à chacune de ces techniques comme méritant d'être utilisée occasionnellement ou fréquemment. De plus, ces données confirment les résultats obtenus par Blumberg et Amidon: plusieurs techniques hautement cotées (ex.: 29, 30, 31) correspondent à des propos non directifs (empathiques) de supervision.

---

sait reconnaître chaleureusement les sentiments et les émotions qui se dégagent de ce qui est dit, selon Carl Rogers. À noter que celui-ci a abandonné, dans ses écrits ultérieurs, les termes «directif» et «non-directif» en leur préférant l'expression: intervention centrée sur la personne, pour éviter toute méprise sur sa technique qui consiste à refléter – et non pas à répéter – ce qui est exprimé par quelqu'un, tant sur le plan des idées que des pratiques, des émotions et des sentiments.

Une étude effectuée par Gary Martin apporte de nouveaux arguments à l'appui de l'hypothèse que les enseignants acceptent le modèle de supervision clinique[15]. Martin administra un questionnaire à un échantillonnage d'enseignants en exercice et à des superviseurs spécialement formés à la pratique des techniques d'observation systématique (voir les chapitres 6-9). Un groupe témoin d'enseignants et de superviseurs n'avait pas reçu cette formation. La comparaison entre ces deux groupes démontra que les enseignants supervisés estimaient que leur évaluation annuelle leur était plus utile que les enseignants non supervisés. De plus, les enseignants supervisés étaient plus portés que les autres à accepter le fait que les promotions et les décisions touchant leur sécurité d'emploi soient fondées sur l'évaluation. À vrai dire, la recherche de Martin concernait l'évaluation des enseignants; mais les résultats indiquent que ceux-ci auraient aussi une attitude positive face à la composante «observation» que comporte la supervision clinique.

Jusqu'à quel point les superviseurs aiment-ils s'adonner à la supervision clinique? Dans deux recherches effectuées en Arabie Saoudite (où on utilisait tout récemment encore un style *inspecteur* de supervision) on a demandé aux superviseurs quelles techniques de supervision *étaient* utilisées et *devraient* être utilisées (à l'avenir ou idéalement; voir la Figure 1.3)[16]. Lors d'une autre recherche (menée en Oregon), on demanda aux évaluateurs (administrateurs) de faire deux comptes rendus: l'un relatif aux techniques qu'ils utilisaient *avant* et *après* la mise en application de la nouvelle loi de l'État leur confiant le mandat de définir des objectifs, de procéder à des observations et à d'autres aspects de la supervision clinique; et l'autre, *avant* et *après* qu'une brève formation leur soit offerte par le district scolaire. Une recherche plus récente conduite dans ce même district scolaire démontre que le seul facteur qui ait changé de manière significative au cours des années est la confiance des enseignants dans les programmes de soutien (baisse de confiance) par opposition à ceux des administrateurs scolaires (augmentation de la confiance).

Notre expérience et celle de nos collègues qui ont animé des ateliers sur la supervision clinique démontrent que ces ateliers ont été bien reçus par des milliers de directeurs d'école, d'éducateurs-enseignants et d'autres personnes qui y ont participé. Plusieurs études ont mis en lumière le fait que les superviseurs disent ce qu'ils font. Quant au niveau de satisfaction dans l'exercice de cette fonction, il varie d'un district scolaire à l'autre; ce à quoi il fallait s'attendre étant donné la variété des programmes. Les programmes les plus prometteurs qu'il nous ait été donné d'étudier sont ceux qui mettent en cause des collègues observateurs impartiaux.

Impact de la supervision clinique sur l'enseignement

La supervision clinique aide-t-elle les enseignants à améliorer leur performance en classe? Norman Boyan et Willis Copeland ont développé un programme complet de formation destiné aux superviseurs en se basant sur le modèle de supervision clinique[17]. Ils ont découvert que les superviseurs bien formés dans l'utilisation de ce modèle aidaient les enseignants de manière significative à améliorer une foule de comportements en classe.

Dans une recherche citée plus haut, Blumberg et Amidon ont signalé qu'il existe une relation entre la perception que se fait l'enseignant du caractère directif ou non directif de ses entretiens avec le superviseur, et la perception qu'il a des résultats obtenus par ses élèves[18]. Ces chercheurs ont fait une découverte fort intéressante: les enseignants ont le sentiment qu'ils apprennent à se connaître davantage en tant qu'enseignants et sur le plan de leur vie personnelle grâce à des entretiens de supervision fortement empathiques *et* directifs.

Dans la littérature concernant la recherche sur le micro-enseignement, on trouve des arguments extrinsèques à l'appui de l'efficacité de la supervision clinique; le micro-enseignement est un ensemble de techniques fort utilisées dans la formation des enseignants. On peut en effet établir un parallèle entre les techniques de micro-enseignement et les techniques clés qu'utilise la supervision clinique. Par exemple, dans le micro-enseignement, l'enseignant cherche à perfectionner des habiletés d'enseignement spécifiques et définies de manière opérationnelle; en supervision clinique, le superviseur aide l'enseignant à traduire ses préoccupations générales en comportements spécifiques et observables (technique 2). Voici un autre élément clé du micro-enseignement: l'enseignant présente une leçon au cours de laquelle il pratique plusieurs habiletés d'enseignement. Cette leçon est enregistrée sur audio ou vidéocassette; on fait rejouer la cassette de sorte que l'enseignant puisse recevoir du feedback sur sa performance dans l'enseignement. La pratique et les techniques de feedback en micro-enseignement s'apparentent aux activités d'observation en classe (techniques 8-21) et aux entretiens feedback (techniques 22-25) propres à la supervision clinique. Plusieurs recherches ont démontré que le micro-enseignement constitue une méthode efficace de formation et qu'il aide les enseignants à améliorer des habiletés d'enseignement spécifiques. Il semble raisonnable d'en déduire que si le superviseur clinicien utilise des techniques qui s'apparentent à celles du micro-enseignement, il en résultera, au niveau de la qualité de l'enseignement, des effets comparables à ceux qu'on observe en micro-enseignement.

Effets de la supervision clinico-pédagogique sur les élèves

La supervision clinico-pédagogique devrait ultimement améliorer les résultats scolaires des élèves. Le superviseur clinicien croit que s'il peut contribuer aux progrès des enseignants dans leur acte d'enseigner, l'enseignant, à son tour, pourra voir s'améliorer les résultats scolaires de ses élèves. Si la supervision clinique est efficace, nous devrions être capables d'en observer les effets auprès des élèves des enseignants supervisés. Ces effets escomptés peuvent se traduire par une amélioration des attitudes des élèves, du comportement de la classe et des réussites scolaires.

Nous n'avons malheureusement pas trouvé de recherches significatives traitant des effets de la supervision clinique sur les résultats scolaires des élèves bien que nos études et celles de nos étudiants démontrent clairement qu'il existe une relation positive entre ces deux variables. Qu'il existe si peu de recherches sur ce sujet, cela est peut-être l'indice du fort investissement en temps qu'exigerait l'observation de tels effets. Une telle recherche commencerait avec un groupe de superviseurs qui utiliseraient le modèle de supervision clinique auprès d'un groupe d'enseignants. Après une certaine période de temps de supervision, le chercheur chercherait à savoir si l'enseignant s'est amélioré dans son acte d'enseigner. Après une autre période de temps, le chercheur étudierait les améliorations possibles des résultats scolaires des élèves. Cette recherche exigerait des coûts élevés, mais sur le plan de la méthodologie, elle est faisable.

Ces arguments extrinsèques font qu'une bonne supervision clinique se traduit par une meilleure réussite scolaire des élèves. Le chapitre 2 traite des techniques d'enseignement que les chercheurs estiment être en relation avec l'apprentissage des élèves. Par exemple, les élèves dont les enseignants affichaient des comportements empathiques au cours de leur enseignement, tels l'encouragement et les félicitations, ont tendance à apprendre davantage que les élèves ayant eu des enseignants plutôt ouverts à la critique et aux réprimandes. Si la supervision clinique se concentre sur ces techniques, et si les enseignants se perfectionnent dans leur utilisation, nous avons alors toutes les raisons de croire que les élèves, eux aussi, en bénéficieront.

Bref, les liens entre la supervision clinique et l'amélioration de l'acte d'enseigner chez les enseignants, et ceux qu'on pourrait observer entre la supervision clinique et la réussite scolaire des élèves, n'ont pas encore été démontrés de façon convaincante. Des arguments extrinsèques contribuent à l'existence de ces liens, mais il faut de toute évidence encourager la recherche fortement axée sur les processus de supervision clinique.

Une des voies de recherche les plus prometteuses relatives aux techniques de supervision clinique réside dans son application à de nouvelles situations ou dans des cadres différents. Par exemple, au cours d'une période s'échelonnant sur six ans, nous avons suivi de près le développement et l'implantation de programmes de consultation menés par des pairs dans les provinces de l'Ouest canadien et dans les États du Nord-Ouest américain. Les entrevues et les enquêtes auprès des enseignants qui ont contribué à ces programmes activement et sur une base volontaire (ils exigent une formation et des exercices si l'on veut développer des habiletés efficaces) indiquent un taux de satisfaction inhabituel et font état d'attitudes positives envers ces programmes. Le «Programme pour la Qualité de l'enseignement» patronné par la Fédération des enseignants de la Colombie-Britannique a obtenu des résultats frappants avec les enseignants qui pratiquent «la consultation des pairs dans l'enseignement» après avoir appris les techniques d'observation et de feedback. La consultation des pairs est moins contraignante que la plupart des programmes d'assistance par les pairs. Les enseignants fixent leurs propres buts et le consultant ne joue pas un rôle directif.

D'autres exemples d'applications nouvelles et différentes des techniques que décrivent les chapitre 2, 3 et 4 se trouvent dans les collèges, dans les écoles de médecine et dans d'autres formes d'enseignement. Les modifications du cycle de la supervision clinique peuvent avoir des effets bénéfiques lorsqu'on les utilise de manière collégiale dans les écoles primaires et secondaires. Des études s'attaquant au problème du mitan dans la carrière des enseignants, des écoles restructurées ou fondées sur la collaboration, et des programmes d'assistance intensive aux enseignants en difficulté, parlent toutes des applications fructueuses de ces techniques. Elles mettent aussi en évidence les cas où ces techniques n'ont pas été appliquées de manière appropriée.

Les sommaires et les synthèses que l'on trouve dans la littérature[19] de même que les divers points de vue exprimés par plusieurs auteurs[20] appellent de toute évidence un changement substantiel dans la façon dont la supervision se fait dans les écoles et dans les programmes de formation initiale des maîtres.

Références

1. Kimball Wiles, *Supervision for Better Schools*, 3ᵉ éd. (Englewood Cliffs, NJ, Prentice-Hall, 1967).

2. Morris L. Cogan, *Supervision at the Harvard-Newton Summer School* (Cambridge, MA; Harvard Graduate School of Education, 1961).

3. Arthur Blumberg, *Supervisors and Teachers: A Private Cold War* (Berkeley, CA, McCutchan, 1974).

4. Leurs travaux sont décrits dans plusieurs livres: Robert Goldhammer, *Clinical Supervision* (New York, Holt, Rinehart and Winston, 1969); Ralph L. Mosher & David E.?, *Supervision: The Reluctant Profession* (Boston, Houghton Mifflin, 1972); Morris L. Cogan, *Clinical Supervision* (Boston: Houghton Mifflin, 1973).

5. Goldhammer, *Clinical Supervision*, p. 54.

6. Carl R. Rogers, *Client-Centered Therapy* (Boston, Houghton Mifflin, 1951).

7. Richard H. Weller, *Verbal Communication in Instructional Supervision* (New York, Teachers College Press, 1971).

8. Adaptation, ibid., pp. 19-20. La liste a été reformulée et les points concernant la supervision clinique de groupes ont été omis.

9. Une description saisissante des conflits occasionnés par le double rôle de l'enseignant est présentée par Susan Edgerton dans «Teacher in Role Conflict: The Hidden Dilemma», *Phi Delta Kappan* 59 (1977): 120-22.

10. *Maître-hôte* réfère à l'enseignant qui supervise un stagiaire en formation initiale ou un maître en exercice.

11. Bruce R. Joyce & al, *Inservice Teacher Education Report 1 Issues to Face* (Palo Alto, Stanford Center for Research and Development in Teaching, 1967).

12. Weller, *Verbal Communication*, p. 20.

13. Arthur Blumberg & Edmund Amidon, «Teacher Perceptions of Supervisor-Teacher Interaction», *Administrators Notebook* 14 (1965): 1-8.

14. James L. Shinn, «Teacher Perceptions of Ideal and Actual Supervisory Procedures Used by California Elementary Principals: The Effects of Supervisory Training Programs Sponsored by the Association of California School Administrators» (Ph.D. diss., University of Oregon, 1976).

15. Gary S. Martin, «Teacher and Administrator Attitudes toward Evaluation and Systematic Classroom Observation» (Ph.D. diss., University of Oregon, 1975).

16. Saad, Adwani, «The Relationship between Teacher and Supervisor as Perceived by Teachers, Supervisors and Principals in Secondary Schools in Saudi Arabia» (Ph.D. diss., University of Oregon, 1981). Saleh Al-Tuwaijri, «The Relationship between Ideal and Actual Supervisory Practice as Perceived by Supervisors in Saudi Arabia» (Ph.D. diss., University of Oregon, 1985).

17. Norman J. Boyan & Willis D. Copeland, «A Training Program for Supervisors: Anatomy of an Educational Development», *Journal of Educational Research* 68 (1974): 100-116.

18. Blumberg & Amidon, «Teacher Perceptions».

19. Nous recommandons à ceux qui cherchent des références supplémentaires de se reporter aux bibliographies et aux synthèses produites par ERIC – Clearinghouse on Educational Management de l'Université de l'Oregon, en collaboration avec le North Central Regional Educational Laboratory, 1987. Les bibliographies annotées sont intitulées: *Models of Instructional Leadership; Teacher Evaluation; The Social and Organizational Context of Teaching*. Les articles de synthèse sont: *Instructional Leadership: A Composite Working Model; Teacher Evaluation as a Strategy for Improving Instruction; From Isolation to Collaboration; Improving the Work Environment of Teaching*.

20. Plusieurs auteurs réputés ont commencé à mettre en évidence la nécessité de varier les types de supervision en les fondant sur les besoins individuels: Carl Glickman, Alan Glatthorn, Thomas Sergiovanni, John Smyth, Noreen Garman. D'autres ont prôné la nécessité de fonder la crédibilité des enseignants sur l'évaluation: Richard Mannatt, Ronald Hyman, Daniel Duke et Richard Stiggens, Thomas McGreal. Une foule d'articles et de livres sur la pratique réflexive, la restructuration, la collaboration, la coopération, la collégialité, et d'autres sujets qui s'y rapportent, s'ajoutent aux connaissances de base qui peuvent mettre en lumière la conception personnelle qu'on se fait de la supervision clinique.

Chapitre 2

SUPERVISION CLINICO-PÉDAGOGIQUE ET ENSEIGNEMENT EFFICACE

*Au cours des dernières années, notre compréhension
de la réussite dans l'enseignement s'est développée
considérablement.*

Barak Rosenshine et Robert Stevens

Dans le premier chapitre, nous avons passé en revue différents modèles de supervision. Un des éléments qui leur sont communs, c'est leur prétention d'aider les enseignants à devenir efficaces. Mais que veut-on dire par «efficace»?

Les résultats de la recherche ne permettent pas de donner une réponse simple à cette question. Peu s'en faut! Les chercheurs ont découvert qu'il s'agit là d'une question complexe parce que la notion d'enseignement efficace fait appel à plusieurs dimensions. Nous allons les décrire dans le but de vous aider à clarifier vos notions relatives à l'enseignement efficace. À votre tour, vous pourrez aider les personnes que vous supervisez à développer les leurs. En fin de compte, il s'agit d'acquérir une philosophie personnelle de l'enseignement et de la mettre au service des buts que l'on cherche à atteindre par la supervision.

Certains éducateurs soutiennent qu'on ne peut définir l'enseignement efficace car les critères changent dans chaque situation d'enseignement et pour chaque enseignant. Nous sommes sensibles à cet argument, mais notre expérience nous enseigne que les enseignants et les superviseurs peuvent définir l'enseignement efficace d'une manière susceptible d'orienter le processus de supervision.

Pour démontrer cela, nous vous suggérons d'énumérer cinq caractéristiques d'un «bon» enseignant au primaire, au secondaire, ou au collégial. (Vous pouvez compléter votre liste en énumérant des caractéristiques propres à un enseignant inefficace). La plupart des éducateurs trouvent que cette tâche est plutôt facile. De plus, ils approuvent généralement les listes des uns et des autres. Il est plutôt rare de se trouver en présence d'une caractéristique controversée, comme celle que certains éducateurs croient représentative d'un bon enseignement alors que d'autres estiment le contraire. Les désaccords, s'il s'en trouve, portent plutôt sur le degré d'importance qu'on accorde à ces caractéristiques.

Voici une liste de caractéristiques d'un bon enseignant; elles proviennent d'un atelier sur la supervision des enseignants. Jusqu'à quel point ces caractéristiques ressemblent-elles aux vôtres? Changeriez-vous l'ordre de cette énumération?

Caractéristiques d'un bon enseignant:

- il a une relation positive avec les élèves;
- il compose avec les émotions des élèves;
- il maintient la discipline et le contrôle;
- il crée un environnement favorable à l'apprentissage;
- il reconnaît et comprend les différences individuelles;
- il apprécie de travailler avec les élèves;
- il réussit à faire participer les élèves dans l'apprentissage;
- il est créateur et innovateur;
- il met l'accent sur l'enseignement de la lecture;
- il donne aux élèves une bonne image de soi;
- il prend part aux activités de développement professionnel;
- il connaît sa matière en profondeur;
- il est flexible;
- il est consistant;
- il est honnête et équitable.

Avant de procéder à la mise au point finale de vos propres critères de ce qu'est un bon enseignement, nous vous recommandons de lire les résultats de recherche que l'on présente dans ce chapitre. Cependant, pour comprendre le sens de ces recherches, vous devez savoir comment les chercheurs conduisent leurs études. Le procédé le plus répandu consiste à comparer les pratiques d'enseignement des enseignants les plus efficaces avec celles des enseignants qui le sont moins. Ce type d'enquête est habituellement qualifié de recherche causale ou de corrélation. Une autre méthodologie consiste à demander à un groupe d'enseignants de se livrer à une pratique particulière d'enseignement (groupe expérimental). On demande à un autre groupe d'enseignants (groupe contrôle) de poursuivre leur pratique habituelle de l'enseignement ou un autre type de pratique d'enseignement. Si la méthode expérimentale produit des résultats supérieurs, on la considère comme efficace. Il s'agit là d'une recherche de type expérimental.

Dans une recherche de corrélation, il faut identifier le critère qui permet de discerner les enseignants plus efficaces et ceux qui le sont moins puisqu'on veut comparer leurs pratiques d'enseignement. De la même façon, dans la recherche expérimentale, il faut définir le critère qui permet de déterminer l'efficacité relative du groupe expérimental et du groupe contrôle.

Pour conduire leurs études, les chercheurs ont utilisé différents critères. Ceux-ci représentent autant de perspectives distinctes relatives, ce que l'on considère comme important dans l'éducation scolaire. Si vous n'êtes pas d'accord avec les critères dont se servent les chercheurs, il est probable que vous n'accepterez pas non plus leurs conclusions concernant l'enseignement efficace. Compte tenu de l'importance de ces critères dans la compréhension de la recherche, nous avons organisé autour de six thèmes une revue de littérature correspondant à autant de critères de l'enseignement efficace[*].

---

[*] Ces six courants de recherche sur l'efficacité de l'enseignement dont il est question dans la suite de cet exposé sont: l'enseignement de connaissances

Premier courant de recherche

Enseignement efficace
de connaissances et d'habiletés scolaires

Plusieurs éducateurs et le public en général estiment que le but principal de l'école consiste à aider les élèves à acquérir des connaissances et des habiletés touchant la lecture, les mathématiques, l'histoire, la géographie, la musique, les arts, les langues étrangères et d'autres matières qu'on enseigne depuis la maternelle jusqu'au collégial. Dans cette perspective, ce sont les succès scolaires des élèves qui mesurent l'efficacité d'un enseignant.

La méthode habituelle de recherche servant à déterminer le niveau d'assimilation de la matière par les élèves consiste à administrer une épreuve de rendement standardisée à son groupe-classe, avant et après une certaine période d'enseignement (habituellement en début et en fin d'année scolaire). Les enseignants dont les élèves voient leurs résultats au test progresser de manière substantielle sont considérés comme étant plus efficaces que ceux dont les élèves obtiennent des résultats moins élevés.

La signification de l'efficacité de l'enseignant dans ce type de recherche dépend évidemment des rendements aux tests ou des tests que l'on utilise. Si les élèves obtiennent des notes très élevées en lecture, on peut conclure que l'enseignant enseigne la lecture de manière efficace, mais cela ne veut pas dire que son enseignement est aussi efficace en mathématiques. Il faudrait administrer un test de rendement en mathématiques pour en arriver à cette conclusion.

Les tests de rendement scolaire utilisés en recherche limitent la généralisation des données sur l'efficacité des méthodes d'enseignement. Les enseignants qui excellent à enseigner la lecture en se

---

et d'habiletés scolaires; les attitudes et la motivation à apprendre; la sensibilité aux différences intellectuelles, culturelles et de sexe; la gestion de classe; la capacité à planifier et à prendre des décisions; la capacité d'implanter de nouveaux programmes d'études.

servant de la «méthode A» sont peut-être redevables davantage à la qualité de la méthode que d'autres enseignants qui enseignent la même matière. Cela ne veut pas dire que la «méthode A» est aussi efficace pour enseigner une autre matière comme les mathématiques. L'efficacité générale d'une méthode d'enseignement ne peut se démontrer que si l'on examine les progrès des élèves à la lumière de leurs résultats dans plusieurs tests de rendement. Dans la revue de littérature qui suit, nous mettons l'accent sur les méthodes d'enseignement qui se sont révélées efficaces dans plus d'une matière scolaire.

Neuf traits caractéristiques d'un enseignant associés à l'amélioration des succès académiques des élèves

Barak Rosenshine and Norma Furst ont fait un bilan des recherches qui ont été menées jusqu'en 1970 environ, sur l'efficacité des enseignants[1]. Ils ont identifié neuf traits caractéristiques des enseignants dont les élèves obtiennent des succès académiques supérieurs à ceux des autres enseignants:

1. clarté;

2. variété du matériel et des méthodes d'enseignement;

3. enthousiasme;

4. application à la tâche scolaire, à la façon dont l'homme d'affaires gère ses activités;

5. absence de critiques désagréables;

6. style empathique d'enseignement;

7. insistance sur l'enseignement des contenus en fonction des critères de réussite dans des tests de rendement;

8. utilisation d'énoncés structurés donnant une vue d'ensemble de ce qui va se passer ou de ce qui est arrivé;

9.   utilisation de questions faisant appel à plusieurs niveaux d'apprentissage cognitif.

Les recherches effectuées après 1970 continuent de démontrer l'efficacité de ces traits caractéristiques, aptes à promouvoir l'apprentissage scolaire. On décrit, dans la quatrième partie de cet ouvrage, les procédés d'observation de chacune de ces caractéristiques.

L'enseignement directif et non directif

Au cours des années soixante[2], Ned Flanders a été à l'origine d'un courant de recherche important sur l'enseignement efficace. Il identifia deux styles d'enseignement qui contrastent considérablement l'un avec l'autre: l'enseignement directif et l'enseignement non directif (empathique). Dans l'enseignement directif, l'enseignant fait confiance:

1.   au cours magistral;
2.   à la critique;
3.   à la justification de l'autorité;
4.   aux consignes.

Dans l'enseignement non directif, l'enseignant se fie au fait de:

1.   poser des questions;
2.   reconnaître les sentiments et les émotions des élèves;
3.   valoriser les idées des élèves;
4.   féliciter et encourager.

Plusieurs recherches ont démontré que les élèves qui ont bénéficié d'un enseignement non directif (empathique) apprennent davantage et affichent de meilleures attitudes envers l'apprentissage que ceux qui ont reçu un enseignement directif[3].

Cependant, Flanders croit que ces *deux* types de comportement, directif et non directif, se retrouvent nécessairement dans un bon enseignement. Par exemple, des enseignants peuvent employer une stratégie d'enseignement directif, comme un cours magistral ou une démonstration, pour clarifier un sujet particulièrement difficile du programme. Néanmoins, même dans cette situation, l'enseignant peut très bien rendre son enseignement magistral et sa démonstration moins directifs en posant occasionnellement des questions pour savoir si ses élèves suivent bien son exposé. Il s'ensuit dès lors que le style d'enseignement efficace laisse sous-entendre que l'on puisse faire appel de manière appropriée aux techniques de l'enseignement non directif, mais sans leur faire une confiance totale ou absolue.

Le modèle d'*enseignement de précision*

Ces dernières années, les chercheurs se sont concertés pour identifier chez l'enseignant les comportements qui ont pour effet de faciliter l'apprentissage des élèves dans un secteur particulier d'un programme.

Barak Rosenshine a fait le bilan des découvertes de cet ensemble de recherches sous forme d'un modèle d'enseignement qu'il appelle l'*enseignement de précision*[4]. L'enseignement est dit *de précision* parce que ses buts et ses étapes sont prévisibles, et qu'il peut être analysé et décrit clairement.

Nous énumérons, ci-après, les six parties qui composent l'enseignement de précision. Vous remarquerez que les cinq premières composantes du modèle correspondent à peu près à un plan de leçon quotidienne. La sixième composante – la révision – s'incorpore dans le plan de la leçon à des intervalles périodiques.

Les six éléments qui composent le modèle d'enseignement de précision

1. *Révision.* Chaque jour, commencez la leçon par la correction des travaux faits à la maison le jour précédent et révisez ce qui a été enseigné récemment aux élèves.

2. *Exposé*. Exposez aux élèves les buts que vous vous proposez d'atteindre dans la leçon d'aujourd'hui. Puis, donnez de nouvelles informations, peu à la fois, suggérant une structure de la marche à suivre, donnant des exemples clairs, et vérifiant souvent si les élèves ont compris.

3. *Travaux pratiques guidés*. Offrez aux élèves l'opportunité de faire des travaux pratiques, en utilisant la nouvelle information sous la direction de l'enseignant; posez plusieurs questions dans le but de pousser les élèves à répéter correctement ou à expliquer la marche à suivre ou le concept qui a été enseigné. La participation des élèves devrait être active jusqu'à ce que tous puissent répondre correctement.

4. *Correction et feedback*. Durant la période des travaux pratiques, donnez aux élèves beaucoup de feedback. Quand les élèves ne donnent pas la bonne réponse, reprenez votre enseignement si cela s'impose. Quand ils répondent correctement, expliquez pourquoi la réponse est bonne. Il est important que le feedback soit immédiat et minutieux.

5. *Travaux pratiques autonomes*. Ensuite, donnez aux élèves la possibilité de faire par eux-mêmes des travaux pratiques en utilisant la nouvelle information. L'enseignant doit être disponible pour répondre brièvement aux questions des élèves, et il doit permettre à ses élèves de s'aider les uns les autres.

6. Révisions hebdomadaire et mensuelle. Au début de chaque semaine, l'enseignant fait une révision des leçons de la semaine précédente. À la fin du mois, l'enseignant révise avec ses élèves ce qu'il leur a enseigné au cours des quatre semaines précédentes. Il est important que les élèves retiennent les leçons apprises lorsqu'ils abordent de nouvelles matières[5].

Il existe à vrai dire une correspondance intéressante entre le modèle d'enseignement de précision et le modèle d'enseignement efficace développé par Madeline Hunter[6]. Son modèle, appelé quelquefois *Instructional Theory into Practice* (ITIP)* a eu, durant plusieurs décennies, une influence majeure sur l'éducation américaine. Les sept composantes de ce modèle et leur contrepartie dans le modèle d'enseignement de précision (entre parenthèses) se présentent comme suit:

1. mise en situation (révision);

2. exposé des objectifs (exposé);

3. apport d'information (exposé);

4. marche à suivre (exposé);

5. contrôle de la compréhension (exposé; correction et feedback);

6. travaux pratiques guidés et autonomes (travaux pratiques);

7. conclusion (révision hebdomadaire et mensuelle).

Hunter a créé son modèle en le basant sur la connaissance d'une recherche différente et plus ancienne que ne l'a fait Rosenshine, bien qu'ils en arrivent à des conclusions semblables relatives aux éléments d'un enseignement efficace.

Rosenshine prétend que le modèle d'enseignement de précision peut s'appliquer dans tous les cas de matière scolaire structurée, comme les mathématiques et le calcul, décoder la lecture, la marche à suivre en lecture tel distinguer les faits des opinions, les faits scientifiques des concepts, les faits des concepts dans les études sociales, lire des plans, les concepts grammaticaux des règles, le vocabulaire de la grammaire en langue seconde[7]. Ces exemples représentent ce qu'on nomme généralement des objectifs cognitifs plus élémentaires. L'enseignement efficace d'objectifs cognitifs supérieurs exige des méthodes différentes qu'on examinera à partir du prochain sous-titre.

---

*   On pourrait traduire *La théorie dans la pratique de l'enseignement*.

Rosenshine a circonscrit les situations dans lesquelles le modèle d'enseignement de précision est efficace:

> Ce serait une erreur de penser que cette approche *à petits pas* peut s'appliquer à tous les élèves et dans toutes les situations. Elle convient surtout aux jeunes élèves, à ceux qui apprennent lentement, et à tous les élèves lorsque la matière est nouvelle, difficile ou fortement hiérarchisée. Dans ces situations, des exposés relativement courts sont suivis de travaux pratiques. Cependant, lorsqu'on enseigne à des élèves plus âgés ou plus brillants, ou bien qu'on est rendu au milieu d'un module d'enseignement, les pas sont plus grands, c'est-à-dire que les exposés prennent plus de place, on passe moins de temps à vérifier si on a compris ou à surveiller des travaux pratiques guidés, et on peut donner plus de travaux pratiques autonomes à faire comme des devoirs, parce que ces élèves ont moins besoin d'aide et de supervision[8].

Ces qualités requises dans l'utilisation du modèle d'enseignement de précision ont des implications importantes lorsqu'il s'agit de superviser des enseignants. En particulier, elles indiquent qu'un superviseur ne devrait pas utiliser le modèle d'enseignement de précision ou tout autre modèle d'enseignement comme un ensemble de critères absolus pour évaluer un enseignant ou pour fixer des buts à l'amélioration de son enseignement. Au contraire, le superviseur doit d'abord établir clairement le contexte d'enseignement lors d'un entretien de planification (voir la deuxième partie de cet ouvrage). À cette occasion, le superviseur et l'enseignant peuvent discuter des méthodes d'enseignement appropriées à ce contexte spécifique. Cet échange, à son tour, fournit une base pour identifier les aspects du comportement de l'enseignant qu'il faudra enregistrer durant la phase d'observation du cycle de supervision.

Enseigner efficacement les habiletés de la pensée

On distingue souvent dans les effets de l'apprentissage ceux qui manifestent l'exercice d'habiletés cognitives élémentaires et d'autres, l'exercice d'habiletés cognitives supérieures. Dans la taxonomie de Bloom[9], par exemple, on distingue six niveaux d'apprentissage cognitif. Les niveaux de «connaissance», de «compréhension» et «d'utilisation pratique» des connaissances sont généralement considérés comme résultant d'apprentissages cognitifs élémentaires, alors que les activités d'analyse, de synthèse et d'évaluation se rattachent à des apprentissages cognitifs supérieurs (on appelle souvent ces apprentissages des «habiletés cognitives»). Plusieurs éducateurs se préoccupent de développer chez leurs élèves ces habiletés cognitives en plus de leur maîtrise du programme scolaire de base.

Nancy Cole, vice-présidente du Service des tests d'évaluation, a fait remarquer récemment que les objectifs du programme de niveau cognitif élémentaire ou supérieur reflètent différentes théories d'apprentissage et différentes approches en mesure et évaluation[10]. Elle écrit, à propos des apprentissages de niveau cognitif élémentaire:

> Au cours des années soixante, la psychologie behaviorale a dominé les conceptions de l'apprentissage en psychologie et en éducation. Toute une génération d'éducateurs a grandi sous l'influence de ces théories de l'apprentissage. Celles-ci reposaient principalement sur des études effectuées chez des animaux et s'appliquaient à des apprentissages spécifiques, à des habiletés isolées décrites avec précision, à des comportements bien délimités...
>
> Ces théories issues de la psychologie behaviorale correspondaient bien à des préoccupations politiques du temps à un moment où on se rendait compte que les enfants n'apprenaient ni à lire, ni à écrire, ni non plus à maîtriser les opérations arithmétiques élémentaires. On était aussi préoccupé alors de ce que les élèves n'apprenaient pas l'information factuelle de base. La conséquence de cette orientation théorique et politi-

que fut une décennie (les années 70) au cours de laquelle la conception fortement dominante des rendements scolaires dans les discussion publiques s'est traduite en termes d'habiletés et de faits spécifiques et isolés[11].

Plusieurs des recherches qui ont conduit au développement du modèle d'enseignement de précision proviennent de cette conception de l'apprentissage.

Cole a également fait remarquer que, récemment, on a mis en évidence une autre théorie de l'apprentissage:

> À côté de cette conception de la réussite ou de la maîtrise des habiletés de base et de la connaissance des faits, et souvent en compétition avec elle, on trouve une autre conception de la réussite scolaire qui se trouve tout à fait à l'opposé. Cette théorie se caractérise par l'insistance qu'elle met à situer cette réussite à un niveau beaucoup plus complexe – la réussite faisant appel à des habiletés d'un ordre plus élevé (habiletés exprimées par des termes tels la *pensée critique* ou la *résolution de problèmes*) et à une connaissance avancée des matières (exprimé par des mots tels que *compréhension* ou *expertise*)[12].

L'importance d'apprendre les habiletés de la pensée repose sur les progrès récents de la psychologie. De plus, les experts en évaluation travaillent actuellement à l'élaboration de tests qui évaluent chez les élèves l'apprentissage de ces habiletés. Ces tests sont complètement différents de ceux à choix multiples qu'on utilisait traditionnellement pour évaluer le rendement des élèves[13].

Si vous et la personne que vous supervisez accordez de la valeur à l'enseignement des habiletés de la pensée, vous devrez décider des pratiques d'enseignement et des techniques d'évaluation appropriées à ces exigences. La recherche sur ce problème est encore fragmentaire, mais elle fournit des indications générales.

Susciter des échanges constitue, aujourd'hui, la meilleure méthode validée pour promouvoir l'apprentissage d'habiletés cognitives supérieures[14]. Cependant, la plupart de ces recherches ont été menées auprès d'étudiants de niveau collégial ou d'adultes. Il n'y a aucune raison de penser que des élèves plus jeunes ne profiteraient pas d'un enseignement fondé sur des échanges, mais cela nécessiterait la création de conditions plus difficiles à réaliser. Par exemple, Meredith Gall et Joyce Gall ont établi que les conditions essentielles d'un échange sont, d'une part, de petits groupes (6 à 8 élèves) et, d'autre part, le fait que les élèves échangent entre eux et non avec l'enseignant[15]. Celui-ci peut poser un problème, mais par la suite il ne doit plus intervenir qu'à titre de modérateur ou de facilitateur des interactions entre les élèves. Nous-mêmes et d'autres chercheurs avons trouvé qu'il était possible de former, même chez de jeunes élèves, des habiletés à échanger et d'obtenir qu'ils s'organisent en petits groupes.

On peut utiliser une autre pratique d'enseignement pour promouvoir le développement des habiletés de la pensée; elle consiste à poser des questions dont les réponses exigent la mise en exercice de niveaux cognitifs supérieurs. Ces questions peuvent être posées dans des contextes d'enseignement très variés: discussions, initiation à la recherche, révision de ce qui a été lu (récitation traditionnelle) ou même enseigné de manière parsemée au cours d'un exposé ou d'une démonstration.

Les chercheurs, à vrai dire, n'ont pas encore réussi à établir de manière certaine le degré d'efficacité des questions relatives à des niveaux cognitifs supérieurs. Au terme d'une revue de la recherche sur ce sujet, Philip Winne conclut que cela ne fait pas de différence qu'un enseignant pose des questions de niveaux cognitifs élémentaire ou supérieur. Doris Redfield et Élaine Rousseau ont examiné les mêmes recherches et en déduisent que les enseignants qui posent des questions de niveau cognitif supérieur favorisent davantage les apprentissages. Pour compliquer les choses encore plus, Barak Rosenshine, en suivant la même démarche d'examen des recherches mais de celles qui ont été effectuées dans trois grands domaines d'études en classe, en arrive à la conclusion que les questions de niveau cognitif élémentaire étaient plus efficaces[16]. Un autre élément vient alimenter le débat un peu plus: la plupart des études relatives à l'examen des recherches sur le degré d'efficacité des questions de niveau cognitif supérieur n'ont pas réussi à montrer la différence des effets que produisent les questions de niveau cognitif supérieur sur le développement des habiletés de la pensée et sur les résultats de l'apprentissage des habiletés de niveau cognitif élémentaire.

Notre point de vue sur cet état du sujet est que les questions de niveau cognitif supérieur sont probablement nécessaires, mais non suffisantes, pour développer les habiletés des élèves à penser. Les questions de niveau cognitif supérieur indiquent aux élèves qu'on s'attend, et c'est important, à ce qu'ils pensent. Cependant, ces questions peuvent rester inefficaces si les élèves sont incapables de répondre de manière appropriée. Par exemple, les trois études examinées par Rosenshine furent effectuées au niveau primaire dans des écoles urbaines auprès d'enfants dont les résultats scolaires sont peu élevés. Des questions de niveau cognitif supérieur, en l'absence d'autres interventions, ont très bien pu ne pas avoir d'effet du tout sur ces enfants, si ce n'est de provoquer la frustration. Au contraire, Christian Hamaker a découvert, en examinant les recherches, que les questions de niveau cognitif supérieur insérées dans des passages de lecture produisent de manière consistante des effets positifs sur les habiletés de la pensée chez les élèves[17]. Les recherches qu'il a révisées ont surtout été effectuées auprès d'élèves de niveau collégial, représentant une population qui serait capable de rencontrer le niveau d'exigence des questions de niveau cognitif supérieur.

Quant aux élèves plus jeunes, nous pensons que les enseignants, d'une manière habituelle, devraient leur poser des questions de niveau cognitif supérieur; mais aussi, ils devraient leur donner un enseignement approprié et poser les conditions qui permettent d'y répondre. Cela veut dire, par exemple, qu'on prenne soin de présenter une démarche cognitive structurée, ce qui peut se faire en pensant tout haut devant les élèves. De plus, à la différence de l'enseignement de précision, l'enseignant doit donner à ses élèves la chance de s'exprimer (plutôt que de définir soigneusement les tâches), de mener des projets substantiels et d'accomplir des travaux (plutôt que des exercices écrits de type répétitif) et fournir des *feedback* élaborés et ouverts (plutôt que des *feedback* du type bonne ou mauvaise réponse).

L'implication du débat précédent sur la supervision clinique est que le superviseur et l'enseignant, préoccupés par le développement de la pensée et de ses habiletés propres, ont besoin d'analyser minutieusement la tâche d'enseignement. Ils doivent examiner, non seulement le niveau cognitif des questions posées par l'enseignant, mais aussi l'utilisation qu'il fait de pratiques d'enseignement qui font voir et encouragent la mise en activité des habiletés de la pensée.

L'utilisation efficace du temps dans l'enseignement

On ne dispose que d'une certaine période de temps pour l'enseignement. Les recherches ont démontré que cette utilisation du temps joue un rôle majeur relatif à la qualité d'assimilation du programme par les élèves.

Un des aspects de cette utilisation est le temps attribué pour l'enseignement de chacune des matières ou des sujets d'étude. David Berliner et ses collègues ont trouvé que des enseignants du primaire passaient aussi peu que 16 minutes par jour en moyenne pour l'enseignement des mathématiques, tandis que d'autres y consacraient en moyenne plus 50 minutes par jour. Le temps alloué se distribuait de manière plus étendue dans l'enseignement de la lecture: au bas de l'échelle, 45 minutes en moyenne par jour et en haut de l'échelle, plus de deux heures en moyenne par jour. Walter Borg, après avoir examiné les recherches sur le temps attribué à l'enseignement en arrive à la conclusion que plus un enseignant consacre de temps dans une matière d'enseignement, plus les élèves apprennent dans ce domaine[18].

Si le facteur temps devient un élément de la supervision, le superviseur et l'enseignant peuvent examiner, dans les plans de leçon, le temps prévu pour chaque matière au cours d'une journée typique d'école. Dans l'enseignement au secondaire, cette sorte de planification n'est pas pertinente puisqu'on y fixe la durée des périodes de classe et des sujets traités. Cependant, il arrive que les enseignants à l'ordre secondaire soient assez discrets sur le temps qu'ils passent à enseigner tel ou tel contenu particulier du programme. Par exemple, dans l'histoire des États-Unis, combien de temps passe-t-on sur la guerre civile versus la période de reconstruction qui a suivi? De même, l'enseignant peut se faire discret sur le temps qu'il alloue à l'enseignement des faits historiques versus le temps qu'il met à élucider les concepts historiques. Le superviseur et l'enseignant peuvent discuter d'alternatives aux maquettes horaires et de leurs mérites respectifs.

Il est rare que les élèves soient attentifs durant toute la durée d'une leçon. On appelle parfois la période de temps durant laquelle les élèves sont attentifs, le *temps réel,* le *temps vécu* ou les *temps forts,* opposés au temps objectif et mesurable consacré à une activité en classe. Walter Borg concluait, à la suite de son examen de la recherche mentionnée plus haut que les classes où le pourcentage des *temps forts* est élevé ont un meilleur rendement académique que celles où ce pourcentage est plutôt bas. C'est pour cette raison que le *temps fort* est souvent objet de supervision clinique. Dans les chapitres 8 et 10, on trouvera des façons de colliger des données d'observation sur cette variable importante de l'enseignement.

Si les temps forts se situent à un bas niveau, le superviseur et l'enseignant devraient s'appliquer à trouver des moyens d'y remédier. Un des moyens dont l'enseignant dispose pour y parvenir consiste à multiplier des *interactions soutenues* avec les élèves. (Une interaction soutenue se traduit par le fait d'expliquer des contenus aux élèves, de leur poser des questions, de donner du *feedback*, et de fournir du soutien durant les travaux écrits.) Nous faisons cette suggestion parce que Charles Fisher et ses collègues ont trouvé que les enseignants qui ont plus d'interactions soutenues avec leurs élèves obtenaient un pourcentage plus élevé de *temps forts* en classe[19]. Leur recherche portait sur l'enseignement au primaire, mais il semble raisonnable de croire qu'on établirait pareille relation au niveau secondaire.

Un taux élevé d'interactions soutenues ne s'impose peut-être pas auprès d'élèves plus motivés et possédant de bonnes habiletés d'apprentissage par eux-mêmes. Cependant, les élèves qui souffrent de carences à ce niveau peuvent facilement s'évader de leur tâche s'ils sont laissés à eux-mêmes durant de longues périodes de temps. Dans ces cas, comme cela se produit dans plusieurs situations d'enseignement, il peut arriver que des interactions soutenues ne soient pas nécessairement efficaces. Cela dépend des caractéristiques des élèves de l'enseignant.

Les devoirs à la maison prolongent la période de temps que les élèves consacrent à la maîtrise du programme d'enseignement. Harris Cooper a trouvé dans la littérature de recherche sur ce sujet que les devoirs à la maison produisent un effet plutôt mitigé sur le rendement scolaire des élèves du primaire, mais qu'il en allait tout autrement pour les élèves plus âgés[20]. Le superviseur et l'enseignant peuvent examiner ensemble la politique des devoirs à la maison pour déterminer s'ils sont pertinents pour les élèves; et si oui, la quantité et le type de travaux qui devraient être imposés, et comment ils devraient être révisés et notés en classe.

Deuxième courant de recherche

Développer chez les élèves des attitudes et des motivations à apprendre

Les attitudes et la motivation se rapportent au domaine affectif en éducation. Ce ne sont pas là des termes faciles à définir, mais il est facile d'en reconnaître les manifestations. On peut facilement s'apercevoir en observant les élèves s'ils s'engagent allègrement dans une activité d'apprentissage, s'ils semblent ennuyés ou s'ils en sont dégoûtés. De plus, la plupart des élèves – si on le leur demande – vous diront quels sont les sujets d'études qu'ils aiment et ceux qu'ils n'aiment pas.

Les chercheurs reconnaissent généralement trois composantes dans les attitudes: les croyances, les sentiments et les actions. Par exemple, un élève qui adopte une attitude positive envers les mathématiques peut *croire* qu'elles jouent un rôle important sur le marché du travail, éprouver des *sentiments* positifs en relevant le défi de résoudre des problèmes en mathématiques et décider d'*agir* en choisissant d'apprendre de nouveaux éléments de mathématiques plutôt que de s'engager dans d'autres activités. De ces trois éléments qui composent les attitudes, celui que l'on observe le plus facilement – et le plus important peut-être – est l'action. En portant attention aux situations dans lesquelles les élèves peuvent faire des choix, on peut très bien dire quelle sorte d'attitude – positive ou négative – ils ont envers un «objet » (une personne, un événement, un livre, une place en classe, etc.). L'attitude positive se manifeste dans le choix de cet «objet», alors que choisir de s'en éloigner, c'est l'indice d'une attitude négative.

Les attitudes vis-à-vis de la chose scolaire peuvent s'intérioriser à différents niveaux de la personnalité. À un niveau superficiel, l'élève n'est motivé à apprendre qu'en étant stimulé par l'enseignant. À un niveau plus profond, son attitude est devenue partie intégrante de sa personnalité. On peut dire qu'à ce niveau, elle est devenue une *valeur* parce qu'elle constitue un ressort inhérent à la personnalité hors de toute stimulation extérieure. D. Krathwohl et ses collègues ont développé une taxonomie qui décrit les divers niveaux d'intériorisation des attitudes[21].

Nous affichons tous différentes attitudes. En d'autres mots, nous avons des opinions ou nous éprouvons des sentiments envers à peu près tout ce qui nous touche. Eu égard à l'éducation, les élèves adoptent habituellement une attitude vis-à-vis de chacune des matières d'étude, des enseignants, de l'école, et aussi d'eux-mêmes (on appelle parfois ce dernier type d'attitude un *concept de soi scolaire* ou une *estime de soi scolaire*).

Développer une attitude positive envers l'école constitue un résultat important de l'enseignement. L'un des éducateurs les plus prestigieux, John Dewey, a apporté à cet égard des précisions qui n'ont pas été dépassées. Il écrit:

> Une des plus grandes erreurs en pédagogie est peut-être cette croyance qu'une personne apprend uniquement ce qu'elle est précisément en train d'étudier. Il s'opère un apprentissage concomitant en cours de formation: il consiste à développer des sympathies ou des antipathies envers un objet d'étude; cet apprentissage concomitant peut être et est souvent plus important que le fait d'apprendre les rudiments de l'épellation, de la géographie ou de l'histoire. Car ce sont fondamentalement ces attitudes qui comptent et engagent l'avenir[22].

Dans les programmes des écoles publiques, on accorde plus d'importance aux connaissances et aux habiletés qu'aux attitudes, encore qu'on puisse y trouver des enseignements qui comprennent des attitudes. Ceux qui enseignent les sciences sociales veulent habituellement que leurs élèves développent des croyances bien fondées à propos de questions importantes et qu'ils agissent comme des citoyens responsables. Les professeurs de langues secondes espèrent normalement que leurs élèves apprécient les cultures de ceux qui parlent la langue qu'ils enseignent. Et ceux qui enseignent des disciplines scientifiques comptent que leurs élèves fassent grand cas des recherches en science et qu'ils estiment le monde de la nature.

Quelles sont les méthodes d'enseignement particulièrement efficaces qui auraient l'heur de développer chez les élèves ces attitudes ou d'autres du même genre? Des recherches permettent de répondre à cette question, mais leurs résultats ne sont pas tellement concluants ou bien fondés sur des attitudes suffisamment bien définies. Par conséquent, le superviseur clinicien ne devrait utiliser qu'avec certaines réserves les résultats dont on fait état plus loin, en raison de leur caractère encore exploratoire.

Plusieurs chercheurs ont étudié les effets de l'enthousiasme de l'enseignant sur les attitudes de ses élèves. A. Guy Larkins et ses collègues, après avoir examiné ces recherches, concluent qu'enseigner avec enthousiasme contribue généralement au développement d'attitudes positives chez les élèves[23]. On décrit, au chapitre 9, des façons d'observer le niveau d'enthousiasme de l'enseignant.

On a étudié aussi un autre comportement de l'enseignant – l'art de féliciter – en se demandant quel effet cela produisait sur les attitudes des élèves. N. L. Gage, après avoir passé en revue ces recherches, conclut que ce comportement produit un effet positif sur les attitudes des élèves. Des recherches plus récentes suggèrent que l'efficacité des félicitations de l'enseignant dépend de leur contenu et de leur contexte[24]. Dans le chapitre 7, on présente un guide pour s'adonner efficacement à l'art de féliciter.

Wilbert McKeachie et James Kulik ont passé en revue les recherches effectuées au niveau collégial dont l'objet consiste à comparer l'impact de l'enseignement magistral et de l'enseignement qui fait appel à des échanges sur le changement des attitudes. Leur conclusion, c'est que faire appel à des échanges est plus efficace pour modifier les attitudes des élèves. Dans une revue des recherches auprès d'élèves plus jeunes, Joyce et Meredith Gall ont également découvert que la méthode d'enseignement consistant à faire appel à des échanges produit des effets positifs sur les attitudes des élèves des niveaux tant primaire que secondaire[25]. Les deux Gall soutiennent que le caractère distinctif des échanges tient à l'importance qu'on accorde aux interactions entre élèves, ce qui n'existe pas dans les cours magistraux ni dans d'autres situations comme les récitations et les travaux pratiques individuels.

Bien qu'on doive reconnaître que les échanges produisent des effets positifs sur les attitudes, il faut en même temps avouer qu'on peut en faire un mauvais usage. Par exemple, un échange peut modifier les attitudes d'un élève en le mettant en présence d'une information qui altère son système de croyances (une des composantes des attitudes). Il faut donc veiller à ce que les élèves n'apprennent pas des connaissances inexactes. Un autre écueil doit être évité: celui de renforcer des attitudes négatives, comme des préjugés raciaux, lorsque tous les élèves du groupe sont d'accord à propos d'un sujet de discussion[26]. On évite en général ce genre de situation en formant des groupes hétérogènes.

Ces dernières années, l'enseignement coopératif est devenu populaire. Cette méthode ressemble à celle qui est basée sur des échanges où les élèves contribuent aux apprentissages les uns des autres en travaillant ensemble en petits groupes. Cependant, ce qui distingue cette méthode d'enseignement coopératif de la méthode fondée sur les échanges, c'est que celle-là exige habituellement la réalisation d'une tâche académique spécifique – comme une liste d'idées, la présentation visuelle d'un objet ou la solution d'un problème – que l'on peut évaluer et noter. Au contraire, il est difficile d'évaluer un échange en raison de son caractère intangible; tout ce qu'on demande alors aux élèves, c'est d'éviter les attaques personnelles et d'écouter attentivement lorsqu'un autre parle.

Les recherches sur l'enseignement coopératif ont démontré son efficacité à la fois pour améliorer le rendement académique des élèves et développer chez eux des attitudes sociales importantes. Robert Slavin, après avoir passé en revue cet ensemble de recherches, note que les effets de cette forme d'enseignement sur les attitudes comprennent l'accroissement des sentiments de sympathie et de respect parmi les élèves appartenant à des cultures ou à des races différentes, l'acceptation sociale par leurs pairs des élèves qui s'identifient à des courants à la mode, une plus grande amitié entre les élèves, des gains réalisés au niveau de l'estime de soi, et une bonne opinion de l'école et des sujets qu'on y discute[27].

Quant à la motivation des élèves envers l'apprentissage scolaire, c'est tout autre chose qu'une attitude, bien qu'on puisse y trouver des similitudes. Quels sentiments les élèves éprouvent-ils à l'idée de s'instruire? Voilà ce qui caractérise la motivation. Une attitude, c'est plutôt le sentiment qu'on éprouve à la suite d'un enseignement.

101

Jere Brophy a identifié plusieurs méthodes d'enseignement qui peuvent augmenter la motivation à apprendre. Ces méthodes font appel à deux principes fondamentaux:

> Pour motiver leurs élèves à apprendre, les enseignants doivent les aider à apprécier la valeur des activités académiques et les assurer qu'ils peuvent les réussir s'ils font raisonnablement ce qui est en leur pouvoir pour ce faire[28].

Par exemple, si les élèves ont le sentiment qu'ils vont échouer leur cours de sciences générales, ils auront beau chercher à faire des efforts, ils vont manquer de motivation et développer une attitude négative envers les sciences en général. De plus, si les élèves ne voient pas l'importance des sciences dans leur vie ou s'ils ne savent pas évaluer les avantages qu'ils retireraient en obtenant de bons résultats dans leur cours (le succès, l'appréciation des parents), ils ne se sentiront pas motivés à apprendre. Les méthodes d'enseignement qui font réussir les élèves ou qui leur montrent l'importance du sujet étudié vont vraisemblablement être efficaces pour les motiver à apprendre.

Bref, différentes méthodes d'enseignement peuvent contribuer à améliorer chez les élèves leurs attitudes positives et leur motivation à apprendre. Les conséquences pour la supervision clinique sont claires. Si l'enseignant est sensible au développement d'attitudes positives chez ses élèves et cherche à les motiver à apprendre, le superviseur clinicien et l'enseignant, d'un commun accord, mettront au programme de colliger des données d'observation relatives à l'utilisation des pratiques décrites ci-haut – un style d'enseignement enthousiaste, l'art de féliciter, valoriser les échanges et l'apprentissage coopératif, offrir la chance de réussir à l'école, et aider les élèves à voir la pertinence et la valeur de l'apprentissage. Ce que toutes ces pratiques d'enseignement ont en commun, c'est le développement d'un climat de classe positif faisant appel à tous les participants: l'enseignant avec ses élèves, et les élèves les uns par rapport aux autres.

Troisième courant de recherche

L'efficacité de l'enseignant sensible aux différences intellectuelles, culturelles et de sexe des élèves

Le critère d'efficacité d'un enseignant tel qu'on le trouve dans des recherches typiques, se ramène à cette question: qu'est-ce que cet enseignant a réussi à faire apprendre à sa classe, *prise dans son ensemble*, durant telle période de temps? Cela signifie que la moyenne des résultats de la classe à un test de rendement peut rendre compte de progrès, mais il peut bien arriver que ce progrès provienne d'élèves peu nombreux qui ont bénéficié de l'enseignement, tandis que d'autres ont appris relativement peu ou rien du tout.

Certains chercheurs se sont attaqués à ce problème en tâchant de savoir si les enseignants adoptaient des comportements différents envers divers groupes d'élèves. D'autres recherches ont porté sur les effets que produisent différentes pratiques d'enseignement sur ces différents groupes d'élèves. Par exemple, la méthode d'enseignement «A» peut être efficace auprès des étudiants et la méthode «B», auprès des étudiantes.

Dans l'examen de ce courant de recherche, nous passons en revue brièvement les résultats des recherches sur l'enseignement efficace auprès de différents groupes d'élèves présents dans une classe typique.

Efficacité de l'enseignement qui s'adresse à des élèves qui se distinguent par leur niveau de rendement

Thomas Good a passé récemment en revue les recherches portant sur la façon dont l'enseignant traite les élèves qui obtiennent des résultats scolaires élevés et ceux qui connaissent de pauvres résultats. Il identifia 17 pratiques d'enseignement utilisées à des fréquences différentes auprès de ces deux groupes d'élèves. On trouvera plus loin l'énumération de ces pratiques[29]. On remarquera que les attentes de l'enseignant diminuent à l'égard des habiletés d'apprentissage des derniers de classe, et peut-être aussi vis-à-vis de leur valeur personnelle comme élèves.

Différences de comportement de l'enseignant envers les élèves qui réussissent et envers les derniers de classe

1. Il laisse moins de temps aux derniers de classe pour répondre aux questions.

2. Il donne la réponse aux derniers de classe ou passe à un autre élève plutôt que de les aider à améliorer leurs réponses en donnant des indices ou en utilisant d'autres techniques d'enseignement.

3. Il récompense des comportements inappropriés ou de mauvaises réponses chez les derniers de classe.

4. Il critique les derniers de classe plus souvent pour leurs échecs.

5. Il félicite moins fréquemment les derniers de classe que les premiers pour leur succès.

6. Il n'arrive pas à donner du *feedback* aux réponses publiques des derniers de classe.

7. Il prête moins attention aux derniers de classe ou interagit avec eux moins fréquemment.

8. Il demande moins souvent aux derniers de classe de répondre aux questions, ou leur pose des questions plus faciles qui ne font pas appel à des niveaux analytiques.

9. Il fait asseoir les derniers de classe plus loin de lui.

10. Il exige moins des derniers de classe.

11. Il entre en interaction avec les derniers de classe en privé plutôt que publiquement, et il surveille et structure leurs activités de plus près.

12. Il note les tests ou les devoirs d'une manière différente, de façon que les premiers de classe profitent du bénéfice du doute dans les cas frontières, mais non les derniers de classe.

13. Ses interactions avec les derniers de classe sont moins amicales, incluant moins de sourires, moins d'échanges chaleureux et plus de tons de voix anxieux.

14. Il offre des *feedback* plus brefs et moins porteurs d'informations aux questions posées par les derniers de classe.

15. Dans ses interactions avec les derniers de classe, il offre moins de contacts des yeux ou moins d'autres communications non verbales d'attention ou de sollicitude.

16. Avec les derniers de classe, lorsque le temps est limité, il utilise moins souvent, parmi les méthodes d'enseignement efficace, celles qui consomment beaucoup de temps.

17. Il met moins en valeur et accepte moins les idées des derniers de classe.

On sait que le rendement académique correspond étroitement aux classes sociales, c'est-à-dire que les derniers de classe appartiennent généralement aux milieux défavorisés alors que les meilleurs élèves viennent de milieux mieux nantis. Par conséquent, les pratiques des enseignants envers les derniers de classe telles que Good les énumère donnent à penser qu'on se trouve en présence d'une forme de discrimination fondée sur l'origine sociale des élèves et sur leur niveau de rendement scolaire.

Si les données basées sur des observations révèlent que l'enseignant traite différemment les meilleurs élèves et les derniers de classe, le superviseur clinicien peut l'aider à identifier ce schéma de comportement et à adopter des schémas différents fondés sur l'équité et l'efficacité. Par exemple, supposons qu'un enseignant se rende compte qu'il laisse moins de temps pour répondre aux derniers de classe qu'aux meilleurs élèves. Cet enseignant pourrait se fixer comme but de laisser aux derniers de classe au moins autant de temps pour répondre qu'aux autres élèves, et peut-être plus de temps, s'ils en ont besoin. Des objectifs similaires pourraient être fixés pour les 16 autres types de comportements identifiés de manière à traiter plus équitablement les élèves des milieux sociaux défavorisés socialement ou moins talentueux.

Efficacité de l'enseignement qui s'adresse à des élèves d'origines ethniques ou raciales différentes

Il semble acquis que certains enseignants agissent différemment envers leurs élèves selon leur origine ethnique ou raciale. Une étude importante de ce phénomène a été effectuée par Gregg Jackson et Cecilia Cosca. Elle a été subventionnée par la Commission sur les droits civils des États-Unis pour déterminer si les enseignants du Sud-Ouest américain employaient un langage différent envers les élèves d'origine américaine et ceux d'origine mexicaine[30]. On confia à des observateurs la tâche d'enregistrer dans 52 écoles, des comportements verbaux en classe de quatrième année du primaire, puis de secondaire 2, de secondaire 4 et à l'équivalent de la première année de cégep. Ensuite, on utilisa une forme modifiée du système d'analyse des interactions mise au point par Flanders (voir chapitre 10) pour classifier chacune de ces interactions verbales, en prenant soin de noter si elles s'adressaient à des élèves d'origine américaine ou mexicaine, ou si l'initiative de ces paroles appartenait à l'un ou l'autre groupe.

Jackson et Cosca ont découvert que les enseignants s'adressaient plus souvent aux élèves américains qu'aux élèves mexicains, et ce, d'une manière significative. Les résultats les plus frappants sont que les enseignants félicitent et encouragent les élèves américains 35 % plus qu'ils ne le font pour les élèves mexicains, acceptent et se servent des idées des élèves américains 40 % plus qu'ils ne le font pour les élèves mexicains, et posent 21 % plus de questions aux élèves américains qu'aux élèves mexicains. Les chercheurs ont aussi découvert que les élèves américains prenaient l'initiative de comportements verbaux en classe beaucoup plus souvent que les élèves mexicains. Une revue des recherches semblables faite par Meredith et Joyce Gall démontre que les élèves noirs participent moins aux discussions que les élèves blancs[31].

Les recherches qu'on vient de mentionner datent déjà; elles ne représentent pas forcément le courant des pratiques actuelles. Cependant, en raison de l'importante présence des ethnies à l'école dans certaines régions et des problèmes raciaux qui pourraient en résulter, les superviseurs cliniciens devraient se demander si les enseignants accordent aux élèves qui appartiennent aux minorités visibles autant de chances d'apprendre qu'aux autres, et s'ils savent mettre à profit les ressources des programmes eu égard à l'éducation interculturelle. Il n'existe pas de consensus sur les pratiques d'enseignement efficaces en ce domaine. Les différences d'opinions reflètent les diverses philosophies de l'éducation interculturelle ou multiculturelle. James Banks distingue trois philosophies typiques à cet égard[32]. En voici les grandes lignes:

1. Pluralisme culturel: le but du programme est d'aider les élèves à fonctionner efficacement dans la culture propre de leur origine ethnique et à les libérer de toute oppression ethnique.

2. Théorie de l'assimilation: le but du programme est d'aider les élèves à développer leur engagement envers la culture commune et envers ses valeurs.

3. Théorie de la multiethnicité: le but du programme est d'aider les élèves à apprendre comment fonctionner de manière efficace à l'intérieur d'une culture commune, de leur propre culture ethnique et des autres cultures ethniques.

Il est important que les enseignants soient renseignés sur ces philosophies ou sur d'autres semblables qui inspirent leur enseignement. Autrement, ils courent le risque d'ignorer les aspects interculturels de l'enseignement, ou pire encore, de succomber à leurs préjugés, privant ainsi certains élèves de l'égalité des chances d'apprendre.

Margaret Pusch et ses collègues ont passé en revue la littérature sur les pratiques d'enseignement multiculturel efficaces et les caractéristiques des enseignants[33]. Ils en viennent aux conclusions suivantes sur les enseignants efficaces:

1. ils sont ouverts aux idées et aux expériences nouvelles;

2. ils sont empathiques envers les gens des autres cultures;

3. ils saisissent clairement les similitudes et les différences entre la culture de leurs élèves et la leur;

4. ils savent décrire le comportement des élèves sans le juger;

5. ils ne souffrent pas d'ethnocentrisme;

6. ils respectent et regardent positivement tous les élèves au moyen de contacts du regard, de position spatiale en classe et de la tonalité de la voix;

7. ils reconnaissent les contributions des groupes minoritaires en Amérique et dans le monde;

8. ils utilisent du matériel de nature multiculturelle en classe;

9. ils reconnaissent et acceptent à la fois la langue parlée à la maison et la langue officielle;

10. ils aident les élèves à développer la fierté d'appartenir à leur origine culturelle et à s'y identifier.

Ce sont là probablement des pratiques et des qualités de l'enseignement efficace indépendantes de toute philosophie de l'éducation multiculturelle ou interculturelle. L'image qui ressort de cette énumération est celle d'un enseignant qui respecte *tous* les élèves et qui prend la responsabilité de connaître leurs origines culturelles et d'utiliser cette connaissance dans son enseignement.

L'enseignement efficace
qui s'adresse aux garçons et aux filles

Les faits indiquent clairement que certains enseignants traitent différemment les garçons des filles au cours de leur enseignement. Par exemple, Jere Brophy a découvert que les enseignants interagissent plus fréquemment avec les garçons, qu'ils leur donnent plus souvent du feedback et qu'ils les critiquent ou les félicitent plus souvent[34]. Ces différences peuvent être plus prononcées encore dans les matières – telles les mathématiques – traditionnellement réputées comme étant l'apanage des garçons. Dans une recherche effectuée dans des classes de mathématiques de quatrième année du primaire, Elizabeth Fennema et Penelope Peterson découvraient que les enseignants:

1. étaient à l'origine de plus d'interactions avec les garçons aux fins de créer un bon climat de classe et une bonne gestion de classe;

2. recevaient et acceptaient davantage les appels à l'aide des garçons que des filles;

3. lors d'exercices de résolution de problèmes, ils demandaient plus souvent aux garçons qu'aux filles à la fois les réponses et la façon dont ils les avaient découvertes[35].

Ces découvertes indiquent que les enseignants ont tendance à mieux traiter les garçons que les filles. Si le superviseur clinicien observait un tel comportement chez l'enseignant, il pourrait l'aider à modifier son cadre de référence de manière à traiter les filles plus équitablement. Dans le cas des matières traditionnellement réputées comme étant surtout l'apanage des garçons, des changements plus radicaux pourraient s'imposer. Fennema et Peterson ont découvert que des jeux de compétition en mathématiques avaient tendance à aider les garçons à apprendre des habiletés de base mais que cela devenait nuisible pour les filles. Par contre, dans les cas d'activités d'apprentissage basées sur des échanges, ce sont les filles, et non les garçons, qui apprenaient davantage les habiletés à résoudre des problèmes. Ces découvertes suggèrent que les enseignants doivent apprendre à maintenir en classe un équilibre délicat entre les activités de compétition et d'échanges, de manière à fournir tant aux filles qu'aux garçons la chance de faire appel aux styles d'apprentissage qui leur convient le mieux.

Fenneman et Peterson font aussi cette recommandation:

> La chose la plus importante pour les enseignants est peut-être de laisser les filles travailler de manière plus indépendante. Ils devraient les encourager à s'engager dans des activités qui font appel à un style d'apprentissage indépendant, et les féliciter chaque fois qu'elles participent à des exercices de mathématiques qui exigent un haut niveau intellectuel ou qu'elles réussissent bien dans ce domaine[36].

Ce type d'encouragement n'est peut-être pas nécessaire pour les garçons en général, chez qui l'indépendance et la résolution de problèmes sont conçues comme des éléments faisant partie de leur identité et du rôle qu'ils ont à jouer.

Même si les recommandations de Fennema et Peterson portent essentiellement sur les activités en mathématiques, on peut les considérer comme appropriées chaque fois qu'interviennent des stéréotypes dans la façon de considérer les matières d'enseignement tels les sciences et les travaux mécaniques.

Quatrième courant de recherche

Gestion de classe efficace

Daniel Duke définit ainsi la gestion de classe: c'est un ensemble de *dispositions et de règles indispensables à la création et au maintien d'un environnement qui permet d'enseigner et d'apprendre*[37]. Cette définition laisse entendre que la gestion de classe n'est pas de l'enseignement, mais qu'elle en est la condition préalable nécessaire.

Comme on pouvait s'y attendre, les chercheurs ont découvert que la réussite scolaire des élèves est plus élevée dans les classes mieux gérées[38]. Cela est probablement dû au fait que, dans ces classes, les élèves sont davantage centrés sur leur tâche et que, par là, ils savent mieux organiser leurs processus d'apprentissage.

Plusieurs enseignants, qu'il s'agisse d'étudiants-maîtres ou d'enseignants en exercice, éprouvent des difficultés à gérer leur classe. Cette difficulté se manifeste habituellement de deux façons: (1) le déroulement des activités en classe est souvent désorganisé ou interrompu, et (2) plusieurs élèves font toute autre chose que l'activité scolaire exigée. Lorsque de tels problèmes surgissent, les enseignants et les superviseurs cliniciens deviennent habituellement angoissés. C'est pourquoi, les superviseurs doivent être bien au fait des pratiques de gestion de classe efficaces qui aideront l'enseignant à contrôler sa classe.

Carolyn Evertson a présenté récemment un sommaire des recherches qu'elle a effectuées avec des collègues et d'autres chercheurs sur la gestion de classe[39]. Après avoir observé d'excellents enseignants qui gèrent leur classe de manière efficace, elle a identifié plusieurs pratiques qu'ils mettent en œuvre pour réussir cette gestion:

1. Ils prennent soin d'analyser soigneusement avec les élèves les règles de conduite et la marche à suivre dans le déroulement des activités, de sorte que les élèves peuvent apprendre efficacement dans de telles conditions.

111

2.   Ils énoncent ces règles et la marche à suivre des activités dans un langage simple et clair, de façon à ce que les élèves puissent les comprendre facilement.

3.   Ils procèdent à une étude systématique de ces règles et de ces procédures au début de l'année scolaire, ou lorsqu'ils amorcent une nouvelle leçon avec de nouveaux élèves.

4.   Ils surveillent continuellement le respect des règles et de la marche à suivre dans le déroulement des activités, et enregistrent et conservent soigneusement les notes accordées à toutes les réalisations scolaires des élèves.

Ces pratiques de gestion efficace de la classe ont été identifiées dans des recherches conduites dans des classes du primaire et du premier cycle du secondaire, mais il semble qu'on puisse les appliquer également au deuxième cycle du secondaire et plus tard.

Une formulation soigneuse des règles de conduite en classe et de la marche à suivre dans les activités sont au cœur d'un bon système de gestion de classe. L'enseignant doit analyser son enseignement dans toute sa complexité, et formuler des règles ou des procédures qui correspondent à chaque situation. Les travaux d'analyse très poussés de la gestion de classe menés par Walter Doyle suggèrent que l'établissement de règles de conduite et de consignes claires et précises sont nécessaires dans les tâches ou les situations suivantes:

1.   où s'asseoir en classe;

2.   début et fin de la classe (par exemple, soyez assis et prêts à travailler dès que la cloche sonne);

3.   distribution des tâches, du matériel, etc.;

4.   activités permises lorsqu'un élève termine son travail avant les autres;

5.   quitter la classe en plein milieu d'une activité;

6. règles pour le rangement et la propreté de son bureau, pour ses cahiers, pour ses tâches, etc.;

7. fournitures et matériels qu'il faut apporter en classe;

8. les signaux d'appel d'aide ou indiquant son désir de répondre à une question que l'enseignant pose à toute la classe;

9. le niveau de bruit acceptable en classe;

10. le niveau d'acceptation de l'agression verbale ou physique;

11. autorisation de circuler en classe pour aller tailler son crayon, prendre du matériel, faire du rangement;

12. rangement du matériel, des tuques, des bottes, etc. dans la classe;

13. la consommation de nourriture en classe, la gomme à mâcher;

14. le choix des élèves autorisés à aider les autres;

15. les retards dans la remise des travaux et les motifs de ces retards[40].

Cette énumération fait voir la complexité des processus qui comporte la gestion de classe. Elle démontre aussi combien une classe peut facilement devenir incontrôlable si les élèves ne disposent pas de règles et de consignes claires dans la marche à suivre au cours du déroulement des activités.

En plus de ces règles et de ces consignes, les enseignants doivent aussi prendre en considération les caractéristiques physiques de la classe. Carolyn Evertson a découvert que les enseignants qui gèrent leur classe de manière efficace procèdent à son organisation matérielle en respectant trois principes fondamentaux:

1. *Visibilité*. Les élèves doivent tous voir la présentation qui accompagne l'enseignement. L'enseignant doit voir clairement l'ensemble de sa classe, les endroits où travaillent les

élèves, les centres d'apprentissage qu'il crée dans sa classe, de manière à pouvoir surveiller facilement ses élèves.

2. *Accessibilité.* Les espaces réservés aux déplacements fréquents (endroit réservé à des travaux de groupe, lieu où se trouve le taille-crayon, la porte qui donne dans le couloir) doivent être toujours libres et séparés les uns des autres.

3. *Mesures de soutien de l'attention.* L'enseignant doit minimiser au maximum tout arrangement de sa classe qui peut entrer en compétition avec l'attention qu'il exige de ses élèves durant son enseignement, comme faire asseoir les élèves devant une fenêtre qui donne sur un terrain de jeu, ou face à la porte de la classe, ou placer loin de l'enseignant les bureaux des élèves qui se font face[41].

Un bon gestionnaire de classe s'assure aussi qu'il a suffisamment de fournitures et de livres de classe pour tous ses élèves.

Un autre aspect important de la gestion de classe est la façon dont l'enseignant s'y prend dans le cas de *comportements indésirables.* Les cas les plus fréquents de ces comportements sont le retard, couper la parole, défaut d'apporter en classe ses livres ou son matériel scolaire, inattention, bruit, cris, agression verbale ou physique. Même les enseignants efficaces ne sont pas à l'abri de tels comportements en classe, mais ils se comportent eux-mêmes d'une façon différente de celle des enseignants moins efficaces. L'une de leurs premières techniques consiste à intervenir très tôt avant que le comportement ne prenne des proportions importantes. Une autre technique consiste à intervenir de façon à faire cesser cette sorte de comportement sans nuire au déroulement de l'enseignement. Le contact des yeux, la proximité physique de l'élève perturbateur ou le regard fixé sont des exemples de telles interventions. Comme disait Walter Doyle, *les interventions réussies sont brèves et individualisées et n'interrompent pas le déroulement des activités en classe*[42].

114

Il existe d'autres techniques efficaces pour gérer les comportements indésirables en classe. La discussion de ces techniques de même que la présentation de divers modèles de discipline en classe dépassent le but de ce volume; on peut les trouver dans d'autres sources[43].

Cinquième courant de recherche

Planification efficace et prise de décision

Madeline Hunter, une formatrice de maîtres très influente, définit l'enseignement comme le processus qui consiste à *prendre des décisions et à les mettre à exécution, avant, durant et après l'enseignement, en vue d'accroître la probabilité de l'apprentissage*[44]. Si c'est vrai, le superviseur clinicien doit aider les enseignants à prendre les décisions les plus efficaces possible.

Les décisions que prennent les enseignants avant et après leur enseignement réfèrent habituellement aux activités de planification. Celles-ci sont importantes pour cette raison évidente qu'elles affectent l'enseignement qui sera donné aux élèves. Par exemple, Christopher Clark et Penelope Peterson ont découvert, en passant en revue la littérature de recherche, que les plans de leçons des enseignants influencent le contenu de l'enseignement, l'ordre dans lequel les sujets sont enseignés et le temps alloué aux divers sujets de même qu'aux différentes matières[45].

Christopher Clark et Robert Yinger ont effectué une recherche dans laquelle ils ont découvert que les enseignants procèdent à pas moins de huit différents types de planification au cours d'une même année scolaire[46].Deux de ces types – la planification d'une partie de la matière ou d'une leçon – concernent le contenu de l'enseignement. Les six autres types s'occupent de mesurer le temps alloué à l'enseignement: planifier une journée d'enseignement, ou une semaine, un enseignement à court terme ou à long terme, une session ou une année scolaire complète. Clark et Yinger ont noté aussi que planifier n'est pas un processus linéaire et que cela ne se produit pas en un seul moment. Au contraire, les enseignants développent leurs plans de leçons de manière progressive, en commençant par des idées générales et en les élaborant graduellement. Le développement de leur planification se ressent de leurs réflexions sur leurs plans antérieurs et de leur expérience en classe. Clark et Yinger ont mené leurs études auprès d'enseignants du primaire, mais leurs découvertes semblent valables pour des ordres d'enseignement plus élevés.

Les superviseurs cliniciens trouvent que si certains enseignants éprouvent de la difficulté dans leur enseignement, c'est qu'ils ne savent pas le planifier de manière efficace. Une des façons d'aider ces enseignants consiste à leur demander de mettre par écrit leurs plans de leçons. Cependant, la recherche dont il vient d'être question suggère que cette approche est trop simpliste, parce qu'alors on ne tient pas compte du caractère progressif et de la nature cyclique de la planification d'une leçon, ou qu'un autre type de planification peut être plus utile à tel enseignant (par exemple, planifier une partie de la matière, ou une semaine d'enseignement). La planification de leçons bien structurées peut constituer un bon point de départ dans l'acquisition d'habiletés à planifier, mais cela ne devrait probablement pas retenir toute l'attention ni laisser pour compte d'autres exercices.

Les chercheurs n'ont pas établi qu'un type particulier de planification était plus efficace qu'un autre pour susciter l'apprentissage chez les élèves. Cependant, il est vraisemblable que les enseignants les plus efficaces s'engagent sérieusement et de manière réfléchie dans des activités de planification, alors que les enseignants moins efficaces planifient peu ou de manière sporadique. Un superviseur clinicien qui est d'accord avec cette hypothèse exigera que l'enseignant consacre plus de temps à la planification, et qu'il mette en œuvre les différents types de planification dont il vient d'être question.

Passons maintenant aux décisions que l'enseignant prend au cours de son enseignement. Ces décisions – appelées parfois décisions interactives – concernent le choix délibéré d'agir d'une certaine façon en enseignant. Après avoir passé en revue la littérature de recherche, Clark et Peterson ont constaté que *les enseignants* en moyenne *prennent une décision interactive toutes les deux minutes*[47]. Cette conclusion de la recherche vient appuyer l'hypothèse de Madeline Hunter qui caractérise l'enseignement comme un processus de prise de décision.

Les chercheurs ont découvert plusieurs principes qui sous-tendent la prise de décision efficace[48]. Une de leurs découvertes concerne les décisions interactives que les enseignants prennent lorsque survient un comportement inacceptable en classe. Les enseignants qui sont enclins à envisager des stratégies alternatives d'enseignement pour traiter ce genre de problème, mais qui décident de ne pas les exécuter, ont des classes qui réussissent moins bien.

Les enseignants qui n'envisagent pas d'adopter une alternative à leur enseignement font montre souvent d'un style d'enseignement rigide. Les superviseurs doivent les aider à apprendre comment changer en pleine action leurs stratégies d'enseignement pour les accommoder aux comportements idiosyncratiques* de nature circonstancielle de certains élèves en classe.

Une autre découverte met en évidence le fait que les décisions prises en classe par les enseignants plus efficaces sont mieux fondées intellectuellement, plus rapides et plus simples que celles des enseignants moins efficaces. Cela suggère que les superviseurs cliniciens devraient recommander à certains enseignants d'apprendre un modèle ou des modèles d'enseignement. L'examen des suggestions contenues dans ce chapitre pourrait constituer un bon point de départ pour ce faire. De plus, le superviseur peut recom-

---

* N.D.T.: *Idiosyncrasie:* disposition personnelle particulière, généralement innée, à réagir à l'action des agents extérieurs.

117

mander à certains enseignants de participer à des programmes de perfectionnement où ils pourraient apprendre le modèle développé par Madeline Hunter (voir note [6]) nommé *La théorie dans la pratique de l'enseignement* (Instructional Theory into Practice (ITIP) ou d'autres modèles d'enseignement. Il est raisonnable de penser que la connaissance de ces modèles facilitera la prise de décision: ils simplifient les réflexions des enseignants en attirant leur attention sur les faits saillants en enseignement; cette simplification, à son tour, favorise des décisions rapides et des modifications de l'action sans porter atteinte au déroulement des activités d'enseignement.

Sixième courant de recherche
Implantation efficace des changements de programme

Les programmes d'enseignement changent constamment. Ceux dont on va parler maintenant représentent quelques exemples d'innovations dans les programmes introduits actuellement dans plusieurs écoles: l'enseignement de la langue prise dans sa totalité; l'enseignement de la résolution de problèmes en mathématiques; l'enseignement des habilités relatives à l'étude; des études globales; l'enseignement des habiletés à penser; introduction à la recherche en utilisant le logiciel *HyperCard*. Même les programmes traditionnels changent lorsqu'on adopte de nouveaux manuels scolaires. On ajoute certains thèmes ou on les développe davantage, tandis que d'autres sont éliminés ou tout simplement moins accentués. On révise aussi les programmes pour s'adapter aux nouvelles réalités relatives à l'ethnicité, au sexe ou à d'autres aspects de la société.

La manière dont un enseignant implante les changements de programme affecte l'apprentissage des élèves. Par exemple, supposons qu'un district scolaire change son programme de mathématiques pour donner une plus grande place à la résolution de problèmes.

Les enseignants qui se donnent la peine d'introduire tous les changements proposés vont donner à leurs élèves plus d'occasions d'apprendre les habiletés requises pour résoudre des problèmes que les professeurs qui ne le font qu'à moitié, à contrecœur ou pas du tout. Comme il fallait s'y attendre, les chercheurs ont découvert que les occasions qu'on donne aux élèves d'apprendre le contenu d'un programme sont en relation directe avec l'apprentissage qu'ils font effectivement du contenu de ce programme[49].

L'analyse qui précède démontre que l'un des aspects de l'enseignement efficace tient à la mise en œuvre des changements de programme. Les superviseurs cliniciens devraient être sensibles à cet aspect du travail des enseignants et venir en aide à ceux qui éprouvent des difficultés en ce domaine. Pour ce faire, les superviseurs doivent être bien au fait des processus de mise en œuvre de changements dans les programmes et des facteurs qui l'affectent. La discussion qui suit met l'accent sur les traits particuliers des enseignants qui influencent cette mise en œuvre. On pourra se référer à d'autres sources pour étudier d'autres facteurs mis en évidence à ce sujet[50].

L'une des premières tâches du superviseur consiste à évaluer le niveau de mise en œuvre des changements de programme. Gene Hall et ses collègues ont conduit une recherche qui correspond bien à cette tâche. Ils ont découvert l'existence de huit niveaux de mise en œuvre dans les changements de programmes:

Niveau 0 - Aucun changement. L'enseignant ne connaît pas ces changements et n'y prend pas part.

Niveau 1 - Orientation. L'enseignant prend connaissance du nouveau programme.

Niveau 2 - Préparation. L'enseignant se prépare à utiliser le nouveau programme pour la première fois.

Niveau 3 - Utilisation machinale. L'enseignant s'efforce de maîtriser les bases du nouveau programme.

119

Niveau 4 A - Routine. L'emploi du nouveau programme se stabilise chez l'enseignant.

Niveau 4B - Raffinement. L'enseignant varie l'utilisation du nouveau programme pour accroître son impact sur les élèves.

Niveau 5 - Intégration. L'enseignant coordonne ses efforts avec ceux de ses collègues pour maximiser chez ses élèves les avantages du nouveau programme.

Niveau 6 - Renouvellement. L'enseignant modifie le nouveau programme de façon majeure, cherche à l'adapter et fixe d'autres buts dans l'espoir de mieux aider ses élèves.

Ce modèle de mise en œuvre est éventuellement applicable pour tout changement de programme. Hall et ses collègues ont mis au point une procédure générale d'entrevue dont les superviseurs peuvent se servir pour évaluer le niveau de mise en oeuvre des changements de programme chez l'enseignant[51].

Le superviseur ne se contentera pas de connaître chez l'enseignant le niveau de mise en œuvre des changements de programme; il voudra de plus savoir jusqu'à quel point l'enseignant se sent concerné par ces changements. Hall a découvert que les intérêts de l'enseignant à ce sujet progressent de manière prévisible suivant des stades identifiables[52]. Le Tableau 2 fait état de ces stades. Les trois premiers stades manifestent un certain égocentrisme et sont typiques des enseignants qui se trouvent aux niveaux 0 (aucun changement) et 1 (orientation). Les intérêts de gestion caractérisent les enseignants des niveaux 2 (préparation) et 3 (utilisation machinale). Finalement, l'intérêt porté à l'impact des changements sur les élèves sont typiques des enseignants qui se situent aux niveaux 4B (raffinement), 5 (intégration) et 6 (renouvellement).

Le superviseur peut évaluer les intérêts de l'enseignant au cours de l'entretien initial du cycle de supervision. Une autre approche consisterait à administrer le questionnaire des Stades d'intérêt, une simple feuille de papier contenant 35 items à coter[53] (non traduit en français).

120

Tableau 2

Stades d'intérêt relatifs à la mise en œuvre d'un changement de programme

Stades d'intérêt	Expressions typiques de ces intérêts
Intérêts portés sur soi	
0. Prise de conscience	Je ne me sens pas concerné par ce changement de programme.
1. Renseignements	J'aimerais en savoir davantage au sujet de ce changement.
2. Personnel	Comment ce changement va-t-il m'affecter?
Intérêts centrés sur la tâche	
3. Gestion	J'ai l'impression de passer tout mon temps à préparer du matériel.
Impact	
4. Conséquences	Comment ces changements affectent-ils les élèves?
5. Collaboration	Je me sens obligé de confronter mes pratiques à celles de mes collègues.
6. Réévaluation	Je crois avoir découvert des choses qui pourraient aller encore mieux.

Walter Doyle et Gerald Ponder ont identifié d'autres préoccupations qui affectent les enseignants lorsqu'ils mettent en œuvre des changements de programme. Ils ont découvert que les enseignants suivent des règles d'éthique pratiques dans leur engagement à mettre en application ces changements. Cela veut dire que les enseignants jugent que les changements de programmes sont pratiques dans la mesure où (1) ils sont énoncés clairement et de manière spécifique, (2) dans la mesure où ils correspondent à leurs croyances et à leurs pratiques, et (3) dans la mesure où les avantages qu'en retireront les élèves valent la dépense en énergie qu'ils doivent investir. Les recherches de Georgea Mohlman, Theodore Coladarci et N. L. Gage confirment l'importance de ce jugement pratique pour déterminer jusqu'à quel point les enseignants mettent en œuvre ces changements[54].

Bref, l'un des indicateurs d'un enseignant efficace est sa capacité à mettre en œuvre des changements de programme. Les enseignants efficaces atteignent un haut niveau de mise en œuvre (niveaux 4B, 5 et 6 du modèle de Hall), tandis que les enseignants moins efficaces restent fixés à des niveaux inférieurs. Leur fixation peut les conduire à penser que ces changements ne sont pas pratiques, en raison d'un défaut de résolution des intérêts ou des perceptions personnelles. La supervision peut aider ces enseignants en les introduisant dans le cycle des diverses phases de la supervision clinique.

Vers une définition de l'enseignement efficace

Les recherches récentes sur l'enseignement suggèrent la définition suivante: un enseignant efficace est celui qui accomplit chacune des tâches de l'enseignement à un niveau jugé au moins satisfaisant. Ces tâches comprennent: (1) enseigner les matières scolaires et les habiletés connexes; (2) créer un climat d'enseignement qui aide les élèves à développer des attitudes positives envers l'école et envers eux-mêmes; (3) adapter l'enseignement en réponse à leurs habiletés, à la composition ethnique du groupe-classe, au niveau social des parents et au sexe; (4) gérer la classe de manière à ce que les conditions d'apprentissage soient assurées; (5) prendre des décisions et planifier sur des bases solides; et (6) mettre en œuvre les changements de programme.

Les éducateurs sont généralement d'accord avec cette énumération des grandes tâches d'enseignement. L'importance relative de ces tâches et les standards de satisfaction sont beaucoup moins clairs. On examinera ce problème et les solutions possibles à ces questions dans le prochain chapitre.

Nous avons passé en revue, dans ce chapitre, un nombre substantiel de recherches. Elles démontrent qu'on assiste actuellement à la croissance d'un ensemble de connaissances basées sur des recherches relatives aux pratiques d'enseignement, et que ce *corpus* de connaissances peut améliorer la performance des enseignants dans leurs tâches d'enseignement. Les superviseurs et les enseignants devraient se tenir au courant des futurs développements dans ce champ de recherche. Cela ne veut pas dire, cependant, que l'enseignant doit abandonner son style d'enseignement pour adopter des pratiques validées par la recherche. Au contraire, ces pratiques devraient être considérées comme des alternatives possibles à ses propres pratiques d'enseignement. Cette prise de position rejoint notre postulat de base que la supervision clinique est un processus par lequel on cherche à aider un enseignant à réfléchir sur des observations factuelles de son propre enseignement et sur d'autres renseignements (incluant la connaissance de la recherche) de manière à prendre de meilleures décisions en enseignant et à les exécuter plus efficacement.

Commentaire final

Nous reviendrons, dans la troisième partie de cet ouvrage, sur les pratiques d'enseignement efficaces présentées dans ce chapitre. Dans la vue d'ensemble de cette troisième partie, on trouvera une énumération sommaire de chacune de ces pratiques et une méthode d'observation appropriée pour savoir si on les utilise bien et selon quelle fréquence on y recourt. Nous discuterons en détail de chacune des méthodes d'observation dans les chapitres 7 à 10.

Références

1. Barak V. Rosenshine et Norma Furst, «The Use of Direct Observation to Study Teaching» dans *Handbook of Research on Teaching*, 2ᵉ éd., Robert M. W. Travers (Chicago: Rand MacNally, 1973), pp. 122-183.

2. Ned A. Flanders, *Analyzing Teaching Behavior* (Reading, MA: Addison-Wesley, 1970).

3. Ces études ont été revues dans N. L. Gage, *The Scientific Basis of the Art of Teaching* (New York: Teachers College Press, 1978).

4. Barak V. Rosenshine, «Synthesis of Research on Explicit Teaching», *Educational Leadership* 43, No. 7 (1986): 60-68.

5. Liste adaptée de Rosenshine, «Synthesis», pp. 60-68.

6. Madeline Hunter, «Knowing, Teaching, and Supervising», dans *Using What We Know about Teaching*, éd. Philip L. Hosford (Alexandria, VA: Association for Supervision and Curriculum Development, 1984), pp. 169-192.

7. Rosenshine, «Synthesis», p. 60.

8. *Ibid.*, p. 62.

9. Benjamin S. Bloom (éd.), *Taxonomy of Educational Objectives: The Classification of Educational Goal. Handbook I: Cognitive Domain* (New York: Longman, 1956).

10. Nancy S. Cole, «Conceptions of Educational Achievement» *Educational Researcher* 3 (1990): 2-7.

11. *Ibid.*, p. 2.

12. *Ibid.*, p. 3.

13. Voyez, par exemple, Richard J. Shavelson, Neil B. Carey et Noreen M. Webb, «Indicators of Science Achievement: Options for a Powerful Policy Instrument», *Phi Delta Kappan* 71 (1990): 692-97.

14. Joyce P. Gall et Meredith D. Gall, «Outcomes of the Discussion Method», dans *Teaching and Learning through Discussion*, éd. William W. Wilen (Springfield, Ill: Charles C. Thomas, 1990).

15. Meredith D. Gall et Joyce P. Gall, «The Discussion Method», dans *The Psychology of Teaching Methods: The Seventy-Fifth Yearbook of the National Society for the Study of Education*, éd. N. L. Gage (Chicago: University of Chicago Press, 1976), pp. 166-216.

16. Philip H. Winne, «Experiments Relating Teachers' Use of Higher Cognitive Questions to Student Achievement», *Review of Educational Research* 49 (1979): 13-49; Doris L. Redfield et Élaine W. Rousseau, «A Meta-analysis of Experimental Research on Teacher Questioning Behavior», *Review of Educational Research* 51 (1981): 237-45; Barak V. Rosenshine, «Classroom Instruction», dans *The Psychology of Teaching Methods: The Seventy-Fifth Yearbook of the National Society for the Study of Education*, éd. N. L. Gage (Chicago: University of Chicago Press, 1976), pp. 335-71.

17. Christian Hamaker, «The Effects of Adjunct Questions on Prose Learning», *Review of Educational Resarch* 56 (1986): 211-42.

18. David C. Berliner, «Knowledge Is Power: A Talk to Teachers about a Revolution in the Teaching Profession», dans *Talks to Teachers*, éd. David C. Berliner and Barak V. Rosenshine (New York: Random House, 1987), pp. 3-33; Walter R. Borg, «Time and School Learning», dans *Time to Learn*, éd. Carolyn Denham et Ann Lieberman (Washington, DC: U.S. Department of Education, 1980), pp. 33-72.

19. Charles W. Fisher, David C. Berliner, Nicola N. Filby, Richard Marliave, Leonard S. Cahen et Marilyn M. Dishaw, «Teaching Behaviors, Academic Learning Time, and Student Achievement: An Overview», dans *Time to Learn*, éd. Carolyn Denham et Ann Lieberman (Washington, DC: U.S. Department of Education, 1980), pp. 7-32.

20. Harris Cooper, *Homework* (New York: Longman, 1989).

21. David R. Krathwohl, Benjamin, S. Bloom, et B. B. Masia, *Taxonomy of Educational Objectives. Handbook II: Affective Domain* (New York: McKay, 1964).

22. John Dewey, *Experience and Education* (New York: Collier, 1938), p. 48.

23. A. Guy Larkins, C. Warren McKinney, Sally Oldham-Buss et Allison C. Gilmore, *Teacher Enthusiasm: A Critical Review* (Hattiesburg, MS: Educational and Psychological Research, University of Southern Mississippi, 1985).

24. Gage N. L., *The Scientific Basis of the Art of Teaching;* Jere Brophy, «Teacher Praise: A Functional Analysis», *Review of Educational Research* 51 (1981): 5-32.

25. Wilbert J. McKeachie et James A. Kulik, «Effective College Teaching», dans *Review of Educational Research*, vol. 3, éd. Frederick N. Kerlinger (Itasca, Il: Peabody, 1975), pp. 165-209; J. P. Gall et M. D. Gall, «Outcomes of the Discussion Method.»

26. Ce phénomène fut observé dans l'étude suivante: Leonard, L. Mitnick et Elliott McGinnies, «Influencing Ethnocentrism in Small Discussion Groups through a Film Communication», *Journal of Abnormal and Social Psychology* 56 (1958): 82-90.

27. Robert E. Slavin, «Research on Cooperative Learning: Consensus and Controversy», *Education Leadership* 47, No. 4 (1989/1990): 52-54.

28. Jere E. Brophy, «On Motivating Students», dans *Talks to Teachers*, éd. David C. Berliner et Barak V. Rosenshine (New York: Random House, 1987), pp. 201-45; *ibid.*, p. 207.

29. Thomas L. Good, «Two Decades of Research on Teacher Expectations: Findings and Future Directions», *Journal of Teacher Education* 38 (1987): 32-47.

30. Gregg Jackson et Cecilia Cosca, «The Inequality of Educational Opportunity in the Southwest: An Observational Study of Ethnically Mixed Classrooms», *American Educational Research Journal II* (1974): 219-29. Le rapport de l'étude de Jackson et Cosca a utilisé le terme *Anglo* en référence aux personnes de race blanche n'étant pas d'un milieu parlant espagnol. Le terme *Chicano* fut utilisé en référence aux Mexicains-Américains.

31. Jackson et Cosca, «Inequality of Educational Opportunity in the Southwest», p. 227; Gall et Gall, «Outcomes of the Discussion Method».

32. James A. Banks, *Multiethnic Education: Theory and Practice*, 2ᵉ éd. (Boston: Allyn and Bacon, 1988).

33. Margaret D. Pusch, H. Ned Seelye et Jacqueline H. Wasilewski, «Training for Multicultural Education Competencies», dans *Multicultural Education: A Cross-cultural Training Approach*, éd. Margaret D. Pusch (Chicago: Intercultural Network, 1981).

34. Jere E. Brophy, «Interactions of Male and Female Students with Male and Female Teachers», dans *Gender Influences in Classroom Interaction*, éd. Louise Cherry Wilkinson et Cora B. Marrett (Orlando, Fla: Academic, 1985), pp. 115-42.

35. Elizabeth Fennema et Penelope L. Peterson, «Effective Teaching for Boys and Girls: The Same or Different?» dans *Talks to Teachers*, éd. David C. Berliner et Barak V. Rosenshine (New York: Random House, 1987), pp. 111-25.

36 *Ibid.*, p. 124.

37. Daniel L. Duke, «Editor's Preface», dans *Classroom Management: The Seventy-Eighth Yearbook of the National Society for the Study of Education, Part 2*, éd. Daniel L. Duke (Chicago: University of Chicago Press, 1979), xi-xv.

38. Cette recherche est revue dans Thomas Good, «Teacher Effectiveness in the Elementary School: What We Know about It Now» *Journal of Teacher Education* 30 (1979): 52-64.

39. Carolyn M. Evertson, «Managing Classrooms: A Framework for Teachers», dans *Talks to Teachers,* éd. David C. Berliner et Barak V. Rosenshine (New York: Random House, 1987), 52-74.

40. Walter Doyle, «Classroom Organization and Management», dans *Handbook of Research on Teaching*, 3ᵉ éd., éd. Merlin C. Wittrock (New York: Macmillan, 1986), 392-431.

41. M. C. Evertson, «Managing Classrooms», p. 59.

42. W. Doyle, «Classroom Organization and Management», p. 421.

43. Les exemples de telles sources sont: Carol Cummings, *Managing to Teach* (Edmonds, WA: Teaching Inc., 1983); C. M. Charles, *Building Classroom discipline*, 3ᵉ éd. (New York: Longman, 1988).

44. Madeline Hunter, «Teaching Is Decision Making», *Educational Leadership* 37, no. 1 (1979): 62-67.

45. Christopher M. Clark et Penelope L. Peterson, «Teachers' Thought Processes», dans *Handbook of Research on Teaching*, 3ᵉ éd., éd. Merlin C. Wittrock (New York: Macmillan, 1986), 255-96.

46. Christopher M. Clark et Robert J. Yinger, *Three Studies of Teacher Planning* (East Lansing: Michigan State University, 1979, Research Series No. 55).

47. M. C. Clark et P. L. Peterson, «Teachers' Thought Processes», p. 274.

48. Walter Doyle, «Learning the Classroom Environment: An Ecological Analysis» *Journal of Teacher Education* 28 (1977): 51-55; Greta Morine et E. Vallance, *Special Study B: A Study of Teacher and Pupil Perceptions of Classroom Interaction* (San Francisco: Far West Laboratory, 1975, Tech Rep. no. 75-11-6); Penelope L. Peterson et Christopher M. Clark, «Teachers' Reports of Their Cognitive Processes During Teaching», *American Educational Research Journal* 15 (1978): 555-65.

49. B. V. Rosenshine et N. Furst, «The Use of Direct Observation to Study Teaching».

50. Michael Fullan, *The Meaning of Educational Change* (New York: Teachers College Press, 1982).

51. Gene E. Hall, Susan F. Loucks, William L. Rutherford, et B. Newlove, «Levels of Use of the Innovation: A Framework for Analyzing Innovation Adoption», *Journal of Teacher Education* 24 (1975): 52-56.

52. Gene E. Hall, «The Concerns-based Approach for Facilitating Change», *Educational Horizons* 57 (1979): 202-8.

53. Le *SoCQ* et les procédures *(feuilles) de pointage* sont reproduites en pp. 47-51 de Shirley M. Hord, William L. Rutherford, Leslie Huling-Austin et Gene E. Hall, *Taking Charge of Change* (Alexandria, VA: Association for Supervision and Curriculum Development, 1987) p. 31.

54. Walter Doyle et Gerald Ponder, «The Practicality Ethic and Teacher Decision-making», *Interchange* 8, No. 3 (1977): 1-12; Georgea G. Mohlman, Theodore Coladarci et N. L. Gage, «Comprehension and Attitude as Predictors of Implementation of Teacher Training», *Journal of Teacher Education* 32 (1982): 31-36.

Chapitre 3

SUPERVISION CLINICO-PÉDAGOGIQUE ET ÉVALUATION DES ENSEIGNANTS

Dans le chapitre premier, il a été question de l'*écharde* que représente l'évaluation. Dix ans après la publication de cette affirmation (en 1980), l'évaluation des enseignants garde encore son mordant. Durant ces années d'intervention, on observe un progrès peu perceptible de la relation entre nos techniques de supervision clinique (qui visent la croissance de l'enseignant et son développement) et les exigences légales d'évaluation des enseignants.

Une étude menée au Canada par Keith Acheson décrit des programmes appliqués dans chacune des quatre provinces de l'Ouest canadien qui font appel à des observateurs de niveau collégial aussi bien qu'à des membres du Bureau de développement du personnel[1]. Certains de ces programmes opèrent une très nette distinction entre l'évaluation sommative et l'évaluation formative ou des activités de formation. Nous nous rallions à cette distinction; cependant, la plupart du temps, ceux qui ont la responsabilité de faire appel aux techniques du superviseur clinicien sont aussi chargés de participer à une forme ou à une autre de l'évaluation sommative. Par conséquent, nous traiterons simultanément de ces deux préoccupations dans ce chapitre.

Une autre tendance historique relative à la préparation initiale des enseignants, au développement des enseignants en exercice et à l'évaluation périodique des enseignants nous est venue d'Allemagne par un collègue qui a suivi successivement le développement du micro-enseignement à l'Université de Stanford au début des années soixante, les expérimentations de mini-cours au *Far West Laboratory* à la fin des années soixante, l'accent mis au cours des années soixante-dix sur une formation des enseignants et des étudiants-maîtres à partir d'un modèle axé sur les compétences, le virage qui s'est opéré de la recherche quantitative vers la recherche qualitative durant les années quatre-vingt, ainsi que le mouvement vers l'organisation d'écoles basées sur la collaboration au cours des années quatre-vingt-dix. De toutes ces tentatives, un observateur impartial peut retirer une masse de renseignements utiles aux formateurs et aux décideurs qui sont aux prises avec leurs interprétations subjectives des activités quotidiennes, un peu comme un observateur venu d'un autre pays peut voir la forêt, là où, pour d'autres, les arbres cachent la forêt. Nous entrevoyons pour les enseignants (grâce à notre ami allemand), l'avènement d'un courant de libération de cet isolement ou de ce sentiment d'impuissance qu'ils ont souvent ressenti. La venue de techniques et d'activités de développement professionnel éclairantes donne enfin aux enseignants l'occasion d'analyser et d'améliorer ce qu'ils font.

Si les superviseurs peuvent développer de telles intuitions tout en évaluant (c'est-à-dire enregistrer des observations au dossier, promouvoir, renouveler, congédier, réprimander, accorder la permanence, récompenser, punir), alors allons de l'avant. Si les enseignants sont mieux servis par leurs pairs, leurs collègues et des collaborateurs, alors continuons d'expérimenter, de faire passer des tests, et d'améliorer ces aménagements. Entre temps, nous continuerons d'inclure les trois phases que forment la planification des séances d'observation en classe, les observations en classe et les entretiens *feedback* propres à la supervision clinique, dans le cycle de l'évaluation sommative. Nous enrichirons notre conception de ce cycle de supervision dans l'analyse de l'enseignement, pour intégrer des paramètres plus larges relatifs au cadre d'analyse, à la situation de classe, à la structure organisationnelle et au style d'enseignement. Dans le chapitre 4, nous envisagerons l'impact de certaines de ces variables sur la façon dont l'évaluateur-superviseur analyse l'acte d'enseigner.

Tension entre la nécessité d'être crédible et le développement de l'acte professionnel d'enseigner

Dans le langage courant, l'évaluation, la supervision et d'autres fonctions reliées à l'analyse de l'enseignement se confondent aisément. Des différences importantes existent pourtant entre ces fonctions si l'on considère ceux qui les exercent et les raisons pour lesquelles ils le font. Un évaluateur peut accorder plus ou moins de valeur à tel ou tel aspect de l'enseignement. Un superviseur peut surveiller, vérifier et examiner ce qui ne va pas, ou bien avoir une *super vision* qui lui permettra de percevoir ce qui va améliorer les choses ou les rendre encore meilleures. L'essentiel de la supervision réside dans l'analyse de ce que font les enseignants. Cette analyse est également essentielle dans les cas d'évaluation de l'enseignant, d'un pair faisant office d'enseignant-coach, de l'observation de nature collégiale et de la consultation entre pairs.

De nombreux rôles se développent actuellement en éducation qui correspondent au titre général de maîtres-guides. Ceux qu'on a appelés traditionnellement superviseurs, spécialement les superviseurs cliniciens tels que nous les avons définis, en font partie. Ceux qui évaluent les enseignants méritent aussi ce titre; bien que – nous l'avons signalé – l'évaluation introduise un *aiguillon* dans l'exercice de la supervision. Disons-le d'une façon plus saisissante, le fait de lier l'évaluation et la supervision, c'est l'ingrédient qui vient gâter toute la sauce. Néanmoins, la nécessité pour l'enseignant de développer sa propre crédibilité à titre de professionnel de l'enseignement coexiste avec le développement de son acte professionnel d'enseigner.

Dans ce chapitre et dans le suivant, nous examinerons les liens qui unissent la supervision clinique à ces autres rôles qui lui sont dévolus, et nous plaiderons en faveur de l'utilisation des techniques décrites dans les parties 2, 3 et 4 de ce volume pour jouer ces divers rôles. Définir les buts de la supervision, planifier les séances d'observation en classe, les activités d'observation et l'entretien *feedback* sont autant de fonctions rattachées à ces différents rôles.

Notre solution à ce problème consiste à placer l'entretien de planification de la séance d'observation, les activités d'observations proprement dites et l'entretien *feedback* dans un schéma étendu qui inclut les points suivants: les standards de compétence élaborés par les divers districts scolaires (critères de l'enseignement efficace), les descriptions de tâches (considérations de la situation réelle), la définition des objectifs, l'évaluation formelle (rapport écrit), les programmes d'assistance aux enseignants en difficulté, et les congédiements, ce qui exige l'examen des contrats, les griefs, l'arbitrage, les auditions et les litiges. Avant de décrire ce schéma, nous devons examiner deux débats qui surgissent à propos du lien qui unit la nécessité de rendre compte, dans une évaluation, des activités professionnelles de l'enseignant, et les objectifs de croissance professionnelle qu'on se propose d'atteindre par la supervision clinique.

L'évaluation, une menace

Nous avons mentionné l'effet d'*aiguillon* que produit l'évaluation lorsqu'on l'associe à la supervision. Il existe bien des façons d'envisager ce problème. L'une consiste à l'exagérer. Ceux parmi nous qui sont assez âgés pour se rappeler que les premiers soins donnés aux coupures consistaient à appliquer de l'iode, se souviendront aussi combien les parents croyaient alors que les médicaments qui ne font pas mal, ne goûtent pas mauvais ou ne causent pas des haut-le-cœur sont inefficaces. Quelqu'un peut bien utiliser l'approche de l'iode pour évaluer l'enseignement. Plusieurs évaluateurs croient que la peur produit un excellent effet de motivation chez les enseignants.

Une autre façon de s'attaquer à cette écharde consiste à l'enlever. Nous avons travaillé avec des groupes d'enseignants qui s'observaient l'un l'autre en classe et ne se donnaient que des *feedback* positifs. Un regard positif inconditionnel est ce que nous avons tous recherché depuis que nos mères nous ont jetés hors du nid. Savoir que quelqu'un d'autre porte sur nous ce regard peut devenir une motivation puissante.

Une alternative consiste à utiliser les deux sources de motivation dont il vient d'être question dans un menu de renforcement intermittent. C'est probablement ce qui attire les parieurs dans les casinos aussi bien que dans les salles de classe.

De nombreux témoignages provenant de nos recherches, de celles de collègues, d'étudiants et d'autres personnes le disent avec éloquence: la menace que crée la perspective de l'évaluation peut détruire le potentiel inhérent aux techniques de supervision clinique dont le but est de favoriser chez l'enseignant l'auto-analyse, la réflexion et la croissance. Néanmoins, dans un avenir prévisible, il nous faudra sans doute nous résigner à gérer simultanément ces deux aspects au cours du cycle de la supervision – planifier les séances d'observation en classe, activités d'observations directes en classe et entretien *feedback*.

Notre meilleure solution, à l'heure actuelle, consiste à conjuguer les observations de l'évaluateur-superviseur des enseignants en formation initiale ou en exercice, à celles que feraient des pairs (d'autres enseignants dont les données ne seraient pas utilisées à des fins menaçantes de décision). Les techniques dont ces deux sortes d'observateurs peuvent se servir sont décrites dans le prochain chapitre. Leur différence tient aux résultats recherchés et au degré de confiance que l'enseignant observé est prêt à leur accorder.

Consistance de l'évaluation avec les composantes de la supervision clinico-pédagogique

Comme nous l'avons noté dans le chapitre premier, la supervision clinique est formée de trois composantes qui se répètent plusieurs fois durant l'année. Un observateur bien formé (1) rencontre un enseignant et planifie les prochaines observations à faire; (2) il observe une leçon de manière systématique (sans porter de jugement négatif) et enregistre l'information relative aux objectifs qui ont été fixés lors de la séance de planification des observations; et (3) il discute avec l'enseignant pour (a) analyser (ensemble) les données recueillies par l'observateur, (b) interpréter leur signification du point de vue de l'enseignant, et (c) en arriver à des décisions sur les prochaines étapes.

La législation concernant l'évaluation des enseignants exige souvent un entretien où l'on définit les objectifs, de multiples observations (ce qui veut dire deux ou plusieurs évaluateurs) et un entretien consécutif à l'évaluation.

Certaines autorités, croyant qu'il suffit aux superviseurs d'observer en classe et d'échanger par la suite avec les enseignants, plaident en faveur de l'élimination de l'entretien de planification des séances d'observation. À notre avis, la nature même des observations de l'enseignement que peut faire un expert exige d'en planifier les éléments avec l'enseignant. Voici pourquoi: le but des observations, c'est le *feedback* – une information qui est utile, pertinente, objective, précise et compréhensible. Le but du *feedback,* c'est l'analyse, l'interprétation, et la prise de décision par l'enseignant, avec l'aide de l'observateur. S'il faut atteindre ces objectifs, l'enseignant et l'observateur doivent planifier ensemble la séance d'observation.

La planification (quand elle se conjugue avec l'évaluation formelle) doit être consistante eu égard aux standards officiels et aux critères établis; pour les enseignants en exercice, elle doit correspondre à la description de leurs tâches. La séance d'observation, la cueillette des données et le *feedback* doivent être cohérents avec la planification. Si tel est le cas, et que plusieurs séances d'observation sont prévues, l'évaluateur doit être capable de rédiger un compte rendu raisonnable et sommatif à la fin de chacun des cycles de la supervision.

Supervision clinico-pédagogique et évaluation des enseignants

Bien que le but principal de la supervision clinico-pédagogique soit d'aider les enseignants à se développer et à se perfectionner grâce à une planification de la collaboration, à l'observation et au *feed-back*, elle fait partie d'un système beaucoup plus large qui inclut des décisions concernant la sécurité d'emploi, la promotion, le maintien en poste et le congédiement. Nous décrivons, dans ce chapitre, les composantes supplémentaires qui sont compatibles avec les principes de la supervision pédagogique. Ces composantes sont les suivantes: les standards établis par les commissions scolaires, les descriptions de tâches, l'établissement des objectifs, les plans d'aide, les évaluations formelles, les entretiens consécutifs à l'évaluation, et les activités qui suivent un congédiement. La figure 3.1 représente graphiquement la relation entre ces diverses composantes.

Les standards des commissions scolaires

L'enseignant doit connaître les critères utilisés dans l'évaluation de sa performance. Ceux-ci comprennent les critères spécifiques à une situation particulière pour un enseignant donné, et les critères généraux ou standards qu'on utilise pour tous les enseignants du district scolaire. Ces critères généraux sont d'abord développés par un comité formé d'enseignants, d'administrateurs et d'autres personnes. Par la suite, la direction du district scolaire les adopte pour en faire une politique officielle. Dès lors, on fait circuler des copies de cette politique parmi tous les enseignants.

On doit contrôler le nombre total de standards. Pour y arriver, on peut identifier entre 15 et 20 standards généraux, énonçant pour chacun d'eux entre trois et cinq «indicateurs» de comportement plus explicites.

Figure 3.1

Le processus d'évaluation de l'enseignant
(Notez que les cases 4, 5 et 6 réfèrent à la Figure 1.5).
Adapté de Keith A. Acheson, *Techniques in the Evaluation of Teachers*
(Salem, OR: Confederation of Oregon School Administrators, 1982)

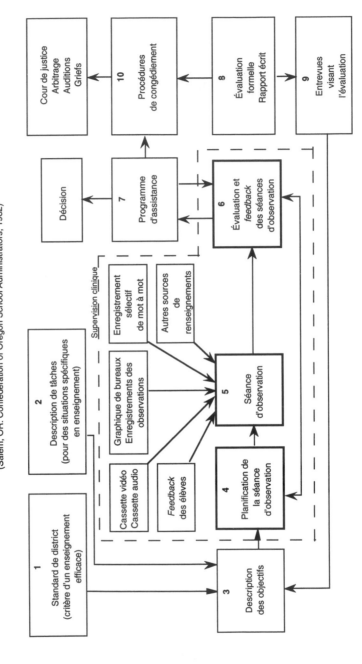

Un exemple

Nous reproduisons ci-après un exemple de standards développés au moyen de ce processus (sur une période couvrant plusieurs années[2]). Notez que le comité a structuré ses standards en utilisant le modèle de ce qu'un enseignant compétent devrait faire avant d'enseigner, pendant qu'il enseigne et après son enseignement. La logique de cette séquence est intéressante: connaître les étudiants, définir des objectifs en fonction de cette connaissance, planifier l'enseignement en se basant sur ces objectifs et enseigner selon les plans définis. Tous les groupes d'éducateurs reconnaissent l'importance de maîtriser les matières enseignées et la gestion de classe. L'évaluation des élèves et la communication de l'enseignant avec ses pairs et avec les parents sont quelques-unes des compétences qui s'exercent après l'enseignement ou à l'extérieur de la classe.

Standards de compétence d'un district scolaire

Les standards se composent de trois parties: (1) un énoncé qui établit un comportement général, (2) une liste d'indicateurs qui permettent d'identifier ce comportement, et (3) le jugement d'un directeur d'école à propos du niveau de performance dans cette compétence. Cet énoncé et ces indicateurs sont énumérés pour chacun des standards. Le niveau de performance attendue de ces compétences est déterminé par le jugement professionnel du directeur d'école. Ce jugement repose sur l'affectation de l'enseignant, le nombre d'élèves, l'expérience et les ressources disponibles. Pour déterminer si les standards ont été atteints, on doit considérer le comportement général de l'enseignant, tous les indicateurs et le niveau de sa performance.

SECTION I - DÉVELOPPEMENT DE L'ENSEIGNEMENT

Domaine: diagnostiquer

Standard 1   L'enseignant compétent s'emploie à trouver les moyens de colliger des données. Pour ce faire:
a. il mène à bien un diagnostic pour chacun des élèves;

b. il utilise des outils de diagnostic cohérents avec les objectifs qu'il poursuit;

c. il utilise des instruments et des techniques variés de diagnostic;

d. il demande l'aide des autres, lorsque requis, pour compléter un diagnostic.

Standard 2   L'enseignant compétent sait interpréter les données du diagnostic pour identifier les besoins et les attentes des individus et ceux du groupe. Pour ce faire:

a. il sait identifier le niveau de réussite scolaire de chacun des élèves;

b. il peut expliquer la signification du niveau de réussite diagnostiqué.

Domaine: intervenir

Standard 3   L'enseignant compétent se sert des données qui ressortent du diagnostic pour définir des objectifs d'enseignement et il sait faire le lien entre ces objectifs et les besoins individuels. Pour ce faire:

a. il écrit ses objectifs d'enseignement;

b. il prépare ses objectifs de manière à démontrer que les données recueillies dans le diagnostic sont utilisées;

c. il prépare des objectifs reliés à la performance des élèves;

d. il prépare des objectifs mesurables;

e. il prépare des objectifs à court et à long termes pour chaque classe qui lui est confiée.

Standard 4   L'enseignant compétent planifie ses leçons de manière à pouvoir répondre aux besoins individuels et à ceux du groupe. Pour ce faire:

a. il planifie des leçons en concordance avec les objectifs;

b. il planifie des leçons qui comprennent des activités appropriées aux besoins individuels et à ceux du groupe;

c. il s'arrange pour utiliser les ressources matérielles appropriées aux objectifs d'enseignement;
d. il prévoit des voies alternatives pour répondre aux besoins individuels des élèves;
e. il accepte et utilise les *feedback* des élèves pour planifier son enseignement.

Domaine: faciliter

Standard 5   L'enseignant compétent met en œuvre ses connaissances des disciplines d'enseignement. Pour ce faire:
a. il emploie des mots et des contenus appropriés à la matière et aux habiletés des élèves;
b. il sait utiliser les médias de manière efficace;
c. il demande et utilise le matériel et les équipements basés sur ses objectifs d'enseignement;
d. il connaît et utilise les services communautaires, les groupes et les individus pour soutenir son programme d'éducation.

Standard 6   L'enseignant compétent sait mettre en œuvre les techniques de gestion de classe efficaces. Pour ce faire:
a. il manifeste du respect pour les élèves;
b. il crée une atmosphère qui favorise l'application des élèves à leurs tâches;
c. il fait montre de consistance lorsqu'il fait face à des problèmes de comportement;
d. il exerce une influence verbale et non verbale positive sur les élèves.

Standard 7   L'enseignant compétent met en œuvre ses théories de l'apprentissage. Pour ce faire:
a. il utilise et base ses interventions sur les intérêts et les connaissances des élèves;
b. il sait donner du *feedback* aux élèves au fur et à mesure qu'ils progressent vers les objectifs;
c. il sait conserver un équilibre entre l'assimilation de l'information et l'expression d'idées par les élèves;

d. il propose des activités aux individus dans le but de développer des attitudes, des jugements et des valeurs.

Standard 8   L'enseignant compétent sait utiliser des techniques d'enseignement variées et appropriées aux besoins des élèves. Pour ce faire:
a. il donne des consignes claires et précises;
b. il formule ses questions de manière à ce que les élèves puissent y répondre avec à-propos;
c. il emploie des stratégies qui poussent les élèves à utiliser des niveaux de pensée plus élevés;
d. il sait espacer les activités d'une leçon selon les besoins des élèves.

Domaine: évaluer la performance des élèves

Standard 9   L'enseignant compétent sait définir les procédures d'évaluation de la performance de ses élèves. Pour ce faire:
a. il choisit les méthodes d'évaluation qui correspondent à ses objectifs;
b. il planifie les types de mesure en évaluation à des fins spécifiques;
c. il utilise des méthodes d'évaluation qui donnent aux élèves un *feedback* sur leur performance;
d. il sait présenter une information qui indique que les élèves ont été évalués.

Standard 10   L'enseignant compétent interprète les résultats de l'évaluation de la performance de ses élèves. Pour ce faire:
a. il identifie les raisons pour lesquelles ses élèves ont atteint ou non les objectifs de performance.

Standard 11   L'enseignant compétent sait utiliser les résultats de l'évaluation de la performance de ses élèves. Pour ce faire:

a. il utilise des données objectives pour en arriver à identifier un degré ou un indicateur du progrès de l'élève qu'il peut ensuite remettre aux parents;

b. il donne du feedback qui facilite chez l'élève l'atteinte des objectifs;

c. il planifie des changements dans ses stratégies d'enseignement, basées sur les résultats de l'évaluation.

SECTION II - DÉVELOPPEMENT PROFESSIONNEL

Domaine: communication

Standard 12   L'enseignant compétent communique efficacement avec ses élèves. Pour ce faire:

a. il écoute et prend en considération les commentaires et les suggestions de ses élèves;

b. il est ouvert aux suggestions dans la façon de présenter le matériel;

c. il favorise une attitude qui facilite la participation aux activités.

Standard 13   L'enseignant compétent communique efficacement avec ses collègues et la direction. Pour ce faire:

a. il participe aux discussions qui conduisent à des prises de décision;

b. il écoute et prend en considération les recommandations de la direction;

c. il partage ses idées et ses ressources avec les autres.

Standard 14   L'enseignant compétent communique au public de manière responsable le sens des programmes d'enseignement. Pour ce faire:

a. il répond aux demandes des parents promptement, honnêtement et discrètement;

b. il prend l'initiative de communiquer avec les parents lorsqu'il le juge nécessaire;

c. il met à sa disposition et sait trouver l'information requise pour faire part à son entourage de la philosophie adoptée par le district scolaire.

Domaine: relations avec l'école

Standard 15 L'enseignant compétent adopte une attitude consistante et professionnelle pour l'atteinte des objectifs scolaires. Pour ce faire:
a. il contribue au processus de prise de décisions et reste fidèle aux décisions du groupe;
b. il accepte de partager des responsabilités en classe ou en dehors de la classe durant les jours d'école;
c. il tient de manière consistante les relevés de note tels qu'ils sont exigés par la direction et selon les règles administratives du district scolaire;
d. il utilise les programmes approuvés et ajuste ses objectifs de manière à les couvrir.

Standard 16 L'enseignant compétent adopte une attitude consistante et professionnelle pour l'atteinte des objectifs définis par le district scolaire. Pour ce faire:
a. il adhère aux règlements de l'école et à ceux de la direction, aux politiques définies par la direction et par le district scolaire, et aux règles de procédures administratives, et il les fait respecter ;
b. il adhère au code de conduite responsable de l'employé et aux exigences énoncées dans le *Vade mecum* de la direction.

Les buts que le district scolaire cherche à atteindre en établissant des standards sont fort diversifiés. Ils servent de cadre de référence pour décider du renouvellement de contrat, de la promotion et de la délivrance de la permanence. On les utilise aussi de manière prépondérante lors d'auditions dans les cas de congédiement, d'arbitrage ou de litige à propos de l'évaluation de l'enseignant.

Au cours des années, nos critères d'évaluation d'un bon enseignement ont changé considérablement. Dans les années cinquante, on s'attardait aux caractéristiques d'un bon enseignant: sa personnalité, ses qualités, et ainsi de suite. Au cours des années soixante, l'attention s'est tournée vers ce que les enseignants font ou devraient faire, comme une partie du processus d'enseignement. Ces comportements ont souvent été appelés des «compétences». Depuis les années soixante-dix, l'efficacité de l'enseignant s'est traduite en fonction de ce que les élèves sont capables de faire avant et après avoir travaillé avec un enseignant particulier.

Pour l'évaluation des enseignants, on a recouru, dans le passé, à plusieurs sources d'information. Une de ces sources, ce sont les observations du superviseur. Il en existe d'autres: l'évaluation des enseignants faite par les élèves; l'utilisation systématique d'instruments d'évaluation, conjuguée aux observations du superviseur; l'auto-évaluation; l'amélioration des résultats des élèves tels qu'on peut les mesurer par des tests de rendement, ou par d'autres critères; enfin, les scores à des tests standardisés destinés à mesurer l'efficacité de l'enseignement.

Malheureusement, la source d'information la plus généralement utilisée, ce sont les sentiments subjectifs de l'évaluateur. Il est facile de comprendre que celui-ci peut réagir à la personnalité de l'enseignant, à son style d'enseignement, à sa philosophie de l'enseignement (en relation avec celle de l'évaluateur), à ses relations avec la direction, aux modèles sociaux et à d'autres éléments encore: autant de facteurs importants sans doute, mais qui ne sont pas les plus cruciaux pour juger de l'efficacité de l'enseignement.

Descriptions de tâche

Les descriptions de tâche correspondent aux standards du district scolaire. Elles emploient le même vocabulaire et s'y rapportent de manière cohérente. De plus, elles explicitent les obligations et les responsabilités de l'enseignant. Les standards du district constituent le cadre qui permet de juger du caractère insuffisant d'une performance, tandis que la description de tâche sert de base pour juger de la négligence dans l'accomplissement des obligations.

À partir du moment où un district scolaire adopte un ensemble de standards tels ceux que l'on a examinés plus haut, il existe plusieurs façons de s'en servir dans le processus d'évaluation de l'enseignant. On peut accentuer certaines caractéristiques: propreté, ordre et participation; ou bien: créativité, enthousiasme, énergie. L'utilisation de traits personnels comme base d'évaluations sommatives a une longue tradition derrière elle, mais cela n'est pas très valable pour encourager les enseignants à changer ou inciter ceux qui ne changent pas à quitter la profession.

Une autre possibilité consiste à utiliser les processus d'évaluation comme des standards absolus: «L'enseignant encourage le comportement positif immédiatement et de façon explicite»; ou bien: «Il ne planifie pas ses leçons de manière à répondre aux besoins individuels des élèves.» Des enseignants débutants ou des enseignants qui souffrent d'insécurité peuvent accueillir à bras ouverts le réconfort inhérent à des attentes explicites. Il est fort possible que les enseignants les plus spectaculaires qu'il nous ait été donné de connaître se fichent éperdument de ces procédés techniques.

Une troisième façon de se servir de standards officiels est de mettre l'accent sur les résultats scolaires des élèves: «L'élève a fait, en moyenne, le gain d'une année dans sa compréhension en lecture.» La plupart des enseignants se méfient de cet accent exagéré que l'on met sur les réussites scolaires de leurs élèves: «On m'a donné pour classe cette année une bande de bons à rien.» Tel un entraîneur d'une équipe professionnelle de football qui refuse un poste dans un collège réputé en disant: «Je ne veux pas jouer ma carrière un samedi après-midi avec une bande d'adolescents.»

Une quatrième possibilité dans l'utilisation des standards consiste à emprunter une idée du monde des affaires ou de l'industrie en se fixant des buts à atteindre; on en vient à développer alors une gestion des objectifs. Pour réussir cela, il faut pouvoir décrire de manière explicite et irréfutable les éléments essentiels d'une profession particulière.

Une cinquième possibilité – celle que nous préconisons – est d'avoir recours à un ensemble de standards qui valent pour tous les enseignants et à des descriptions de tâche qui définissent les obligations et les responsabilités spécifiques d'enseignants engagés dans des domaines spécialisés des programmes scolaires. Il s'agit là, à titre d'exemples, de conseillers pédagogiques, d'enseignants en adaptation scolaire et professionnelle et de coordonnateurs de centres de ressources.

Les descriptions de tâche suivantes illustrent des postes qui peuvent être évalués sur la base de la définition des obligations et des responsabilités, conjuguée à des standards généraux, applicables à tous les enseignants.

Description de poste

POSTE : ENSEIGNANT

SUPÉRIEUR IMMÉDIAT: DIRECTEUR D'ÉCOLE (OU SON REPRÉSENTANT)

But du poste

Créer, superviser et maintenir un environnement d'apprentissage de haute qualité pour les élèves, selon un curriculum spécifique et les standards du district.

Nature et portée du poste

L'enseignant est un professionnel, responsable de l'implantation d'un programme d'enseignement. Cette responsabilité exige la connaissance des matières, les qualifications techniques, et des attitudes et un jugement professionnels.

L'enseignant doit pouvoir diagnostiquer les besoins des élèves et évaluer leur rendement. L'enseignant doit également être capable de mettre en œuvre des activités d'apprentissage appropriées selon les besoins des élèves et d'évaluer leurs activités de façon constructive. L'enseignant doit créer un climat optimal d'apprentissage grâce à l'utilisation appropriée et maximale de toutes les ressources disponibles et grâce à l'utilisation efficace des techniques d'enseignement et de gestion de classe.

Non seulement l'enseignant doit-il répondre aux exigences au plan des compétences techniques, mais il doit également afficher une attitude et maintenir une conduite compatibles avec la politique de conduite professionnelle prescrite par le district scolaire. L'enseignant s'engage à suivre le guide et la politique du district tels qu'ils apparaissent au procédurier.

Responsabilités élémentaires:

1. Il identifie les besoins des élèves en utilisant les procédures de diagnostic et relie les objectifs d'enseignement à ces besoins. Il planifie, prépare et exécute les cours appropriés, en utilisant les ressources et les activités appropriées.

2. Il tient à jour les dossiers des élèves tels que l'exige l'école.

3. Il fait connaître les progrès des élèves (comportement et rendement académique) aux parents, aux élèves et aux autres personnels professionnels.

4. Il respecte le programme d'enseignement prescrit par l'État, le district ou l'édifice.

5. Il offre à ses élèves des occasions d'apprentissage dans un environnement qui les facilite.

6. Il atteint en tout temps les standards de performance établis par le district.

7. Il suit les politiques, les procédures, les règlements et les termes du contrat établis par le district et l'école.

Les enseignants peuvent se référer aux standards et aux descriptions de tâche pour établir leurs objectifs annuels de perfectionnement, de développement personnel et d'avancement professionnel.

Les préoccupations que les enseignants traduisent en buts ou en objectifs à atteindre proviennent habituellement de sources variées. Autrefois, ceux qui évaluaient l'enseignement utilisaient plusieurs critères d'évaluation de l'enseignement comme des traits de personnalité, des compétences, et l'efficacité dans le but de savoir qui *sont* les enseignants, ce qu'ils *peuvent faire* et ce qu'ils *font*. Ici, nous allons considérer aussi la situation dans laquelle ils enseignent, et en particulier la nature de l'organisation de l'école. D'autres facteurs entrent en ligne de compte tels le contexte social dans lequel se trouve l'école, les conditions qui tiennent aux lois, au gouvernement et à la politique, l'environnement économique, et l'influence des diverses cultures qui s'implantent dans une région et font partie de la vie de l'école.

Les objectifs peuvent répondre à deux types de besoins chez les enseignants: les besoins relatifs à leur développement professionnel et les besoins correspondant à des insuffisances. Les enseignants en difficulté (tels qu'identifiés par les évaluations basées sur les standards ou les descriptions de tâche établies par les districts scolaires) doivent s'attaquer à leurs insuffisances avant de pouvoir se concentrer sur des objectifs de développement personnel. Même si bâtir sur des points forts représente une activité désirable, cela ne devrait pas empêcher l'enseignant de se départir de pratiques indésirables ou de cultiver de nouvelles pratiques appropriées.

Objectifs de réussite

S'il fallait évaluer un enseignant de façon objective à partir d'une liste complète de standards établis par un district scolaire, cela représenterait toute une entreprise. Une alternative consiste à se concentrer sur quelques points que l'enseignant (ou l'évaluateur) considère importants dans son cas et de s'entendre pour en faire des objectifs pour l'année. L'évaluation formelle est alors basée sur le progrès effectué dans la poursuite de ces objectifs. Si un enseignant se retrouve avec un problème sérieux en cours d'année, les objectifs devraient être modifiés afin de le résoudre.

147

Les enseignants ont tendance à se doter d'objectifs «sûrs» lorsqu'ils savent qu'ils seront évalués sur cette base. L'évaluateur doit posséder certaines habiletés s'il veut réussir à négocier (ou insister sur) la poursuite d'objectifs reconnus comme importants. Énoncer clairement des objectifs exige aussi une certaine habileté. Voici quelques questions à se poser concernant l'énoncé des objectifs:

- Le comportement attendu est-il (a) observable, (b) mesurable, (c) descriptible?

- Le niveau des critères de comportement est-il énoncé clairement ? (quel est le niveau de passage requis?)

- Dans quelles conditions le comportement va-t-il se manifester?

- Est-il lié aux standards ou à la description de tâche établis par le district?

- Est-il important?

- À quelles ressources faudra-t-il faire appel?

- Comment l'enseignant procédera-t-il pour atteindre l'objectif?

La figure 3.2 représente la formule utilisée dans un district scolaire pour enregistrer les objectifs poursuivis par des éducateurs (enseignants, administrateurs et autres) pour une année donnée.

Figure 3.2

Eugene Public School
School District No. 4J, Lane County
Eugene, Oregon

PLAN D'OBJECTIFS D'UN ÉDUCATEUR

Nom de l'éducateur _____

Affectation _____ Année _____ Immeuble _____

I. ÉNONCÉ DE L'OBJECTIF

Énumérer les activités / les comportements planifiés pour atteindre cet objectif.

II. À SURVEILLER

Énumérer les activités ou les procédures planifiées pour mesurer l'atteinte de l'objectif.

Approuvé par _____ (Signature du superviseur) Date _____

III. ANALYSER ET ÉVALUER

Éducateur: commenter le niveau d'attcinte de l'objectif et faire état des données utilisées pour en arriver à ce jugement.

Signature de l'éducateur _____Date _____

Superviseur: commenter le niveau d'atteinte de l'objectif.

Signature du superviseur _____Date _____

1984 - Formulaire EG-3
(on doit utiliser une feuille par objectif défini par ou pour l'éducateur)

Évaluations formelles

Certains enseignants ont parfois de la difficulté à mettre par écrit des objectifs précis, et des administrateurs ont parfois de la difficulté à écrire des évaluations formelles. Les évaluations écrites ont tendance à être euphémiques et peu explicites. Lorsqu'un enseignant est congédié après avoir été évalué pendant dix ans avec ces types d'évaluation vagues, il est difficile de lui constituer un dossier. Si l'un des buts de l'évaluation formelle est d'aider l'enseignant à progresser dans l'efficacité de son enseignement, alors un rapport composé de vagues généralités n'est pas très utile. Des objectifs énoncés de manière tranchée et des évaluations annuelles explicites pourraient être mis en mémoire sur ordinateur et servir de base de données dans les cas où s'imposent des décisions relatives au développement du personnel.

Plans d'aide

La justice la plus élémentaire exige qu'avant de congédier un enseignant en poste pour incompétence, on essaie de l'aider à remédier à ses déficiences. On pourra utiliser un plan d'aide officiel. La loi l'exige d'ailleurs dans certains États. Un des points litigieux soulevés lors des audiences devant un comité chargé d'étudier un dossier de congédiement consiste précisément à vérifier si un plan d'aide spécifique fut établi et appliqué correctement.

Lorsqu'un plan d'aide s'impose, le directeur d'école qui a mis l'enseignant en probation doit définir et diriger le programme. Lorsqu'il existe une tension entre le directeur et l'enseignant (et il y en a souvent une), il devient difficile de mener à bien un programme vraiment efficace. Nous recommandons alors la formation d'un petit comité qui assumera cette responsabilité. Un des membres de ce comité devrait être un administrateur neutre (objectif); un autre membre devrait être une personne choisie par l'enseignant qui plaiderait en sa faveur; un troisième membre pourrait être une personne qui possède, dans le ou les secteurs où l'enseignant éprouve des difficultés, des connaissances spécifiques, une expertise reconnue ou des habiletés particulières. En Oregon, la Loi de *Recours en cas de juste congédiement* prévoit que les enseignants détenant un poste régulier mais qui sont incapables de respecter les standards de compétence du district scolaire ont droit à un programme d'assistance.

Le comité devrait s'entendre sur le contenu du plan d'aide, sur sa durée, et sur les critères permettant de faire la preuve satisfaisante que la déficience a été corrigée. Le comité devrait pouvoir consulter d'autres personnes et faire appel à d'autres ressources pour mettre en œuvre les activités planifiées.

Entretiens postévaluation

L'enseignant et l'évaluateur devraient se rencontrer afin de discuter des résultats de l'évaluation formelle avant que ceux-ci ne soit placés dans le dossier du personnel. Dans le cas d'un désaccord profond, l'enseignant devrait pouvoir exercer par écrit un droit de réplique qui sera intégré au rapport d'évaluation. L'entretien postévaluation est aussi un excellent point de départ pour les enseignants; il leur permet de définir les objectifs de l'année suivante. Dans certains cas exceptionnels, cet entretien portera sur les considérants qui accompagnent un avis de congédiement.

Activités postcongédiement

Lorsque l'évaluation aboutit à un congédiement, s'ajoute presque toujours un ensemble d'activités qui prennent plusieurs formes: griefs, arbitrages, audiences et même poursuites légales. Dans de telles circonstances, les techniques de supervision clinique peuvent jouer plusieurs rôles. Imaginez un superviseur/évaluateur, interrogé par l'avocat de l'enseignant.

• «Sur quoi ces jugements sont-ils basés?» (Données d'observation systématique enregistrées dans la classe, chapitres 7 à 10.)

- «L'enseignant a-t-il reçu du *feedback* à la suite de ces observations?» (Entretiens *feedback*, chapitre 10.)

- «A-t-on fourni de l'aide à l'enseignant?» (Voir techniques 22 à 28.)

Plusieurs problèmes découlent de ces rapports. L'utilisation de données d'observation systématique en classe servant de preuve lors d'un congédiement peut ternir l'image des données objectives comme source de développement professionnel de l'enseignant. La nature des mesures d'intervention curatives, correctives ou négatives d'un plan d'aide peut diminuer l'éclat de ces mêmes techniques utilisées pour stimuler les points forts. Lorsqu'on associe observation et contrôle, que les données deviennent des preuves, et que le *feedback* équivaut à une critique, la relation de confiance si vitale à une bonne supervision est difficile à établir ou à rebâtir. Une des façons de sortir de ce dilemme est de séparer les activités formatives (de développement) de celles de l'évaluation sommative (qui porte des jugements) en faisant appel à des collègues dans le premier cas, et à des évaluateurs dans le second.

Nous avons étudié en détail environ 25 cas de congédiement en ce qui a trait à la préparation de témoignages par des experts. Plusieurs points devinrent évidents en lisant les dossiers du personnel et en écoutant les témoignages présentés lors des audiences. Si les administrateurs scolaires des districts font leur travail de façon consciencieuse et mettent en application tous les éléments décrits précédemment, et s'ils ont pris soin de rédiger des documents relatifs à tous les événements en cause, ils feront valoir leur point de vue. Si, par contre, ils ont été négligents, arbitraires ou capricieux, l'enseignant gagnera sa cause.

Conclusion

La supervision clinique est le cœur d'un bon système d'évaluation des enseignants. Le cycle de planification des séances d'observation, des activités d'observation en classe et de l'entretien *feedback* devrait se reproduire plusieurs fois de sorte que l'enseignant ait l'occasion d'évoluer et de se perfectionner en plus d'être évalué. Lorsque des plans d'aide sont nécessaires, le cycle clinique constitue à nouveau un outil essentiel, mais il est alors utilisé plus fréquemment et avec une plus grande intensité.

Les administrateurs scolaires nous disent que lorsqu'une aide intensive est appropriée, environ la moitié des enseignants réussissent, un quart remettent leur démission volontairement, et un quart sont congédiés (et contestent habituellement la décision). Dans le cas des enseignants congédiés et réintégrés dans leurs fonctions par un arbitre ou un comité, la raison de leur réintégration tient habituellement au fait que le district n'a pas réussi à faire la preuve qu'un programme d'aide satisfaisant a été appliqué. Voici quelques-unes des raisons pour lesquelles un programme d'aide est considéré comme insatisfaisant:

- on a fixé un nombre irréaliste d'objectifs pour l'enseignant;

- on n'a pas su ménager des entretiens *feedback* consécutifs aux observations;

- on a fait la preuve de préjugés ou d'esprit de vengeance;

- on n'a pas appliqué le programme assez longtemps pour qu'il porte fruit.

Références

1. Keith A. Acheson. «Teacher Evaluation Policies and Practices in Four Provinces and Four NorthWest States», report of a study supported by the Canadian Embassy, 1986.

Chapitre 4

ANALYSE DE L'ENSEIGNEMENT

Pourquoi quelqu'un voudrait-il procéder à une analyse de l'enseignement? L'un voudra peut-être s'y livrer comme à une partie du processus d'évaluation (chapitre 3), pour prendre des décisions relatives soit à la conservation d'un emploi, soit à une promotion ou à une augmentation de salaire. D'autres y verront l'occasion d'un développement personnel, de mesures curatives ou d'assistance intensive d'un enseignant en difficulté.

Une des bonnes raisons d'analyser l'enseignement est d'acquérir une connaissance approfondie de l'acte d'enseigner. Cette connaissance aide l'enseignant à maîtriser son enseignement grâce à une auto-analyse, qui se développe à son tour en ouvrant la voie au progrès.

Il s'agit là de raisons scientifiques et techniques. Nous étudions pour mieux connaître, et ainsi mieux comprendre. Quand on connaît les choses suffisamment pour prédire ce qui va se passer dans certaines conditions, on a le sentiment qu'on les contrôle. Les progrès accomplis dans la compréhension et le contrôle de diverses technologies – par exemple, les avions et autres objets volants ou l'électronique – sont prodigieux. Nos progrès concernant la compréhension, la capacité de faire des prédictions, le contrôle de l'enseignement et celui de l'apprentissage ont été bien moins spectaculaires.

Qui analyse l'enseignement? Les enseignants eux-mêmes s'engagent souvent dans l'auto-analyse, bien que ce ne soit pas d'une manière systématique. Les *mentors* tels ceux qui travaillent auprès d'enseignants débutants, doivent analyser les efforts de leurs protégés. Les collègues peuvent travailler ensemble à la consultation entre pairs. Les enseignants *coach*, dont les styles vont de celui de Vince Lombardi à Carl Rogers, sont des analystes. Les superviseurs ont traditionnellement été chargés d'analyser l'enseignement des autres à des fins formatives (de développement). Les évaluateurs (habituellement des administrateurs) s'engagent dans l'analyse de l'enseignement à des fins sommatives (rapports écrits).

Où se fait cette analyse? Traditionnellement, on a tenu pour acquis qu'elle se faisait dans un entretien qui suit la séance d'observation en classe entre l'enseignant et le superviseur. En pratique, il arrive souvent que cela se passe pendant qu'on roule en automobile, sous la douche, dehors dans la nature, partout où l'enseignant réfléchit à ce qui se passe dans son enseignement.

Quand cette analyse se fait-elle? Elle peut se faire pendant qu'on enseigne, avant un entretien, après un entretien, malgré un entretien. Elle se produit durant une séance de groupe ou peu après, lorsque plusieurs enseignants se rassemblent pour écouter ou visionner l'extrait d'un enregistrement et se donnent mutuellement un *feedback* constructif.

Comment se fait cette analyse? Lorsqu'il s'agit d'une auto-analyse, le processus peut très bien se faire au hasard. Dans un entretien structuré, elle adopte une voie séquentielle. Lors d'une consultation entre pairs, elle peut très bien être orchestrée et mise en scène par les participants eux-mêmes.

Si à l'analyse est associée une autre personne (par opposition à l'auto-analyse), on assiste à un processus qui met en œuvre une séquence logique. Cette autre personne, qu'il s'agisse du superviseur, d'un collègue ou d'un évaluateur, va faire quelques observations sur l'enseignement du professeur, partager ses observations avec lui, et puis, interpréter ses analyses, soit pour l'aider à s'améliorer, soit encore pour satisfaire les exigences de la supervision ou de l'évaluation.

Cette sorte d'analyse peut soutenir les enseignants en leur fournissant l'occasion de recevoir des *feedback* objectifs relatifs à leur enseignement. Cela peut les aider à diagnostiquer et à résoudre des problèmes d'enseignement, et contribuer ainsi à améliorer leurs stratégies d'enseignement.

Définition de l'analyse de l'enseignement

Comment pourrait-on dès lors définir l'analyse de l'enseignement? C'est une étude systématique et interactive des processus et des facteurs d'enseignement à l'aide de données convaincantes; on les compare avec des objectifs établis pour fournir à l'enseignant une information pertinente et qui l'aideront à prendre des décisions appropriées eu égard à différentes façons d'améliorer son enseignement. L'analyse systématique de l'enseignement peut aussi être définie comme le processus consistant à aider l'enseignant à réduire l'écart entre son comportement actuel dans l'enseignement et sa vision idéale de l'enseignement.

Nous définissons l'analyse de l'enseignement (dans ce chapitre) comme une activité dans laquelle les enseignants planifient délibérément (souvent avec l'aide d'un autre) de colliger et de rassembler des données à propos de leur enseignement dans le but de:

- décrire avec précision ce qui s'y passe;
- expliquer pourquoi cela se passe;
- prédire ce qui va se passer si on emploie des voies alternatives;
- choisir différentes voies alternatives;
- agir d'après ce choix;
- et alors, de répéter ce cycle à de nombreuses occasions.

Dans ce chapitre, nous présenterons en premier lieu différents cadres de référence pour aborder ce sujet; ensuite, nous examinerons l'analyse de l'enseignement dans le contexte du cycle de la supervision clinique; par la suite, l'analyse de l'enseignement sera étudiée dans la perspective des styles et des rôles du *leader* (ou de l'analyste), de l'influence des structures scolaires sur l'enseignement, et du besoin de recourir à différents styles et à diverses stratégies d'enseignement; finalement, diverses métaphores et quelques exemples serviront à mettre en lumière les caractéristiques de l'analyste.

Cadres de référence pour analyser l'enseignement

Tous conviennent que l'enseignement est une activité complexe; par conséquent, on peut l'analyser de différentes façons. Cependant, si quelqu'un veut analyser son propre enseignement ou celui des autres en vue de le mettre en valeur, de l'enrichir ou de l'améliorer, il doit utiliser un cadre de référence relativement simple permettant de mettre les idées en ordre et de classifier les renseignements obtenus grâce aux observations. Voici un exemple de cadre pratique de référence:

1. *Contexte*   Dans quels contextes culturel, économique, politique, gouvernemental, légal et social se fait l'enseignement?

2. *Conjoncture*   Quelle est la formation de l'enseignant relative aux exigences de son poste? Est-il un enseignant débutant, expérimenté mais nouveau dans cette école, ancien et «brûlé», solide, travaillant sous une nouvelle direction...?

3. *Milieu*   Dans quel milieu l'enseignant travaille-t-il? S'agit-il d'un milieu de type autoritaire, autocratique, moyenâgeux, ou bien d'un milieu où l'on favorise les efforts, la collaboration, l'autonomie, ou enfin d'un milieu où on laisse tout faire?

4. *Style*   Quel style d'apprentissage, de comportement et de rôle dans l'enseignement cet enseignant a-t-il adopté? S'il analyse son enseignement en demandant l'aide d'un collègue (ou en situation de conflit avec lui), comment le style propre à ce collègue influence-t-il les interactions entre les deux?

5. *Stratégies*   Quels modèles ou quelles façons d'enseigner l'enseignant a-t-il choisis pour atteindre ses objectifs?

> Si un collègue est concerné par cette analyse de l'enseignement, quelles sont ses stratégies au cours de ce travail de consultation?

6. *Habileté*   Quelles techniques explicites (comportements observables) l'enseignant utilise-t-il dans ses rapports avec ses élèves, et de quelles techniques un collègue éventuel se sert-il avec cet enseignant?

Un autre cadre – nous l'avons utilisé au début de ce chapitre et les journalistes aiment s'y référer – peut nous aider à décrire la scène. Il tient aux questions *qui, quoi, où, quand, pourquoi, et comment.*

Dans notre scénario, le *qui*, c'est l'enseignant; mais un autre *qui* se voit souvent mêlé au processus d'analyse de l'enseignement: c'est l'évaluateur, le superviseur, l'enseignant *coach,* le mentor, un collègue ou un ami. La façon dont ces personnes interviennent ou se comportent peut être analysée et modifiée au même titre que l'enseignement lui-même.

Un évaluateur peut très bien se contenter de vérifier si l'enseignant répond aux standards minimums ou aux critères établis pour juger d'un bon enseignement. Un superviseur peut chercher à savoir si l'enseignant a progressé dans la poursuite d'un but bien défini à l'avance. Un enseignant *coach* peut se préoccuper de voir si, par exemple, tel maniérisme contrariant de l'enseignant s'estompe . Un collègue jouant le rôle de critique amical ou de pair consultant peut s'intéresser aux interactions de l'enseignant en tâchant de les classifier en catégories: chaleureuses et sympathiques, ou bien organisées et précises, ou enfin stimulantes et créatrices. Un chercheur peut traiter l'enseignement comme une suite de comportements observables qu'il peut coder pour répondre à diverses questions: combien de questions ont été posées? quel pourcentage des questions était de niveau supérieur? quelles sortes de renforcements ont été utilisées? quel pourcentage de ces renforcements était positif ou négatif?

Le *quoi*, c'est l'enseignement, c'est-à-dire ce qui se passe entre l'enseignant et ses élèves par rapport à l'apprentissage et au contenu de l'enseignement. On a déjà décrit les principaux éléments d'un enseignement efficace dans le deuxième chapitre.

Le *où* se rapporte à ce que nous avons nommé le contexte, la conjoncture et le milieu, mais c'est aussi le lieu où se fait cette analyse de l'enseignement. Dans le passé, nous avons mis l'accent sur l'entretien *feedback* qui a lieu entre l'observateur et l'enseignant (après la séance d'observation); mais si nous traitons l'analyse de l'enseignement comme une activité réflexive, le *où* se trouve aussi dans la tête de l'enseignant et le *quand* peut se situer *durant* l'enseignement, *avant* l'entretien, *au cours* de l'entretien, *après* l'entretien, *malgré* l'entretien, *au* supermarché, *durant* le sommeil, *au cours* d'une réunion. On peut aussi considérer ces *où* comme des *quand*.

Un autre *quand* mérite d'être souligné; ce *quand* équivaut à *souvent*. Il est probable que l'on entende et que l'on voie beaucoup plus d'analyse systématique du football (hockey, ballon-panier, baseball) et de films (ballet, opéra, livres) que d'analyse de l'enseignement, et plus spécifiquement, de notre propre enseignement. On s'adonne aussi à l'analyse – non systématique à vrai dire – des expressions populaires telles que ouah! ou mon Dieu! («ça alors! c'était merveilleux», ou bien «oh là là! c'était affreux»), mais nous plaidons ici en faveur d'une analyse qui se produit trop rarement dans nos écoles et auprès des enseignants.

Évidemment, la raison fondamentale à l'appui de l'analyse de l'enseignement réfère au développement de l'acte professionnel que pose l'enseignant. Il peut consister dans le raffinement d'une habileté déjà acquise, l'acquisition et la pratique de nouvelles habiletés, l'expérimentation d'un répertoire élargi de stratégies, ou le fait de venir à bout d'un défaut gênant. Les raisons pour lesquelles on analyse l'enseignement peuvent inclure la prise de conscience, la croissance professionnelle, la crédibilité ou la recherche. On peut avoir recours à l'analyse de l'enseignement seulement pour donner du *feedback* à l'enseignant, ou bien pour prendre des décisions relatives à l'implantation d'un programme, au développement d'un programme ou à d'autres préoccupations qui ont trait à l'innovation.

Le *comment* de l'analyse touche plusieurs étapes dont chacune fait appel à des stratégies et à des habiletés variées. Ces étapes incluent la définition des objectifs, la planification des observations ou d'autres formes de collecte de données, l'observation et sa codification, l'entretien *feedback*, l'interprétation de ce qui se passe, la prise de décision au sujet de modifications souhaitables et, par la suite, l'action sur ces décisions. Ce processus obéit à un cycle continu. Les observations peuvent comprendre toutes sortes d'éléments: l'examen des travaux des élèves, des tests développés par l'enseignant, des plans de leçon et des plans cadre de cours. La nature des observations affecte l'analyse que l'on en fait. Par exemple, coder le mot à mot des questions posées par l'enseignant lui permet d'analyser leur niveau de correction du français et celui de son contenu cognitif. Un enregistrement sur cassette permet d'analyser le rythme du débit, la prononciation, les inflexions et le volume de la voix. Un enregistrement vidéo ouvre la voie à l'analyse des gestes, de l'expression du visage et des autres comportements non verbaux.

Il faut aussi compter dans le *comment* les comportements explicites et observables de l'enseignant et d'un collègue durant l'analyse elle-même de l'enseignement. Nous les appelons des *habiletés* ou des *techniques*, ce qui signifie qu'elles peuvent être apprises, pratiquées, améliorées et susceptibles de raffinement. Plusieurs de ces techniques se ramènent à des habiletés interpersonnelles, mais il y en a beaucoup plus: la connaissance du contenu et du contexte de l'enseignement, la compréhension qu'on a de la croissance et du développement, l'aisance que l'on manifeste par rapport à l'étendue des stratégies et des modèles d'enseignement, la capacité de s'auto-analyser, la disposition à prendre des risques, à expérimenter, à tolérer le style des autres et les tempéraments particuliers.

L'analyse de l'enseignement et
le cycle de la supervision clinico-pédagogique

Comme nous l'avons vu dans le premier chapitre, la supervision pédagogique d'inspiration clinique compte trois composantes majeures qui se répètent plusieurs fois durant l'année scolaire. Un observateur bien formé (1) rencontre un enseignant et planifie avec lui la séance d'observation qui suivra; le superviseur observe de manière systématique (sans porter de jugement) l'enseignement d'une leçon et enregistre les informations reliées aux objectifs fixés durant l'entretien de planification (2); et (3) le superviseur et l'enseignant procèdent à un entretien *feedback* au cours duquel (a) ils analysent ensemble les données recueillies par l'observateur, (b) ils interprètent la signification de cette observation en adoptant la perspective de l'enseignant et (c) en arrivent ensemble à des décisions qui tracent la voie aux prochaines étapes de supervision.

Bref, dans sa forme la plus simple, la supervision clinico-pédagogique se compose de trois parties:

- entretien de planification;

- observation et collecte des données;

- entretien *feedback*.

Certaines autorités croient que le superviseur peut se contenter de procéder à des observations et d'en conférer avec l'enseignant, éliminant ainsi l'entretien de planification des séances d'observation en classe. Ce n'est pas notre point de vue. Notre pratique démontre que l'observation de l'enseignement menée par des experts spécialement formés à cet effet nécessite de planifier avec l'enseignant la séance d'observation en classe. Voici pourquoi. Le but de l'observation, c'est l'entretien *feedback*, reposant sur une observation utile, pertinente, objective, précise et compréhensible. Le but du *feedback*, c'est l'analyse, l'interprétation et la prise de décision par l'enseignant, avec l'aide d'un observateur. Si l'on veut atteindre ces objectifs, il va de soi que l'enseignant et l'observateur planifient ensemble la séance d'observation.

L'entretien de planification

Si la prise de décision constitue la préoccupation principale de l'enseignant – et elle doit l'être puisqu'il s'agit d'améliorer l'enseignement et de l'élever à un niveau réflexif – et si l'enseignant s'intéresse à plus d'un modèle d'enseignement, il s'ensuit dès lors qu'un observateur doit savoir:

- quelle sorte de leçon fera l'objet de l'observation;

- quelles stratégies, quelles démarches et quels comportements l'enseignant entend mettre en œuvre durant la séance d'observation;

- quels comportements l'enseignant attend de ses élèves;

- les problèmes que l'enseignant rencontre dans son enseignement et qu'il désire élucider à l'aide des observations recueillies;

- quelles sortes de données d'observations seront les plus utiles.

Est-il possible d'analyser l'enseignant sans l'avoir au préalable observé? On pourrait, pour ce faire, utiliser des données qui ne proviennent pas de l'observation directe en classe: les observations provenant de l'examen de la préparation de classe, les impressions recueillies dans un corridor ou durant l'heure du petit déjeuner, les sentiments qu'on éprouve en écoutant parler l'enseignant ou en observant son allure générale, les opinions exprimées par les parents et l'appartenance à des organisations communautaires. Ces différentes sources, à vrai dire, constituent des mines de renseignements fort utiles, mais elles ne peuvent que conduire à une mesure indirecte de la qualité d'un enseignement.

Analyser l'enseignement exige un bon point de départ, un objet de préoccupation et un lieu de convergence. Nous pensons qu'il faut commencer par des données qui réfèrent à des réalités factuelles, précises, pertinentes et compréhensibles. Des inférences ou des opinions développées par un observateur *peuvent* être précises et intuitives; par ailleurs, elles peuvent être biaisées, déformées et inappropriées.

La séance d'observation

Un observateur peut recueillir six variétés d'observations:

- *le mot à mot sélectif*   la transcription sélective du mot à mot des paroles qui ont été prononcées (par l'enseignant ou les élèves) et que l'on peut écrire;

- *les échanges*   un relevé sur un schéma représentant les sièges en classe, de l'origine des échanges (qui a parlé, et d'une manière plus sophistiquée, combien de fois et à quel moment);

- *l'application à la tâche*   marquer le temps d'application des élèves aux tâches exigées par l'enseignant;

- *la circulation en classe*   notation des déplacements de l'enseignant et des élèves en classe;

- *l'analyse des interactions*   qui a dit quoi (sorte d'énoncé) à qui et à quel moment. Ces observations peuvent être codées sur un graphique de l'emploi du temps en utilisant des catégories telles que «expression de senti-

ments», «paroles de félicitations», «encouragements»,
«questions», «lecture», «consignes», «critiques», «antago-
nisme».

• *notes personnelles*   ce qui est arrivé (du point de vue
ou de l'avis de l'observateur) est
noté brièvement. Ces éléments
peuvent identifier les *qui*, les
quoi, les *où* et les *quand*. Les
inférences ou les *pourquoi* vont
au-delà de l'analyse et deviennent des jugements ou versent
dans l'évaluation.

Ces techniques et d'autres encore sont explicitées plus en
détail dans les chapitres suivants.

L'entretien *feedback*

Miser sur un bon point de départ. Parmi les six méthodes d'enregistrement des données d'observation dont on vient de faire état, la
transcription sélective du «*mot à mot*» à partir de l'enregistrement
d'une cassette représente certainement ce qu'il y a de plus objectif
et de moins sujet à controverse ou aux déformations par l'observateur. La méthode la plus exposée à la subjectivité est sans aucun
doute ce que nous avons nommé les «*notes personnelles*». Après tout,
c'est l'observateur qui choisit *quels* incidents il va noter, *comment*
il va les coder (en utilisant des termes tels que «chaotique»,
«manque de discipline», «manque de respect») et ce qu'il doit
passer sous silence. La «circulation en classe» et les «échanges
verbaux» exigent seulement que la notation soit précise et que l'on
se concentre sur qui circule ou parle et où il va. La notation des
moments de «centration sur la tâche» et «l'analyse des interactions»
nécessitent un bon jugement et une méthode de notation circons-

tanciée; cela ne fait habituellement pas problème et les enseignants acceptent généralement ces données à moins que l'observateur n'inspire pas confiance.

Miser sur un bon sujet de conversation. Les données d'observation constituent un bon point de départ de tout entretien. L'observateur avisé commencera en disant à l'enseignant: «Voici ce dont j'ai été témoin durant votre enseignement.» Notons qu'il ne dit pas *pourquoi* les choses se sont passées ainsi ou *ce qui aurait dû* se passer. Interpréter ce qui s'est passé exige une analyse faite par l'enseignant, des conjectures, des hypothèses et des prédictions – conduisant à des décisions qui engagent l'avenir.

Il n'est pas inhabituel de trouver des observateurs (surtout ceux qu'on appelle des superviseurs, un directeur d'école ou un évaluateur) qui procèdent à l'envers. Au lieu de partir des faits (les données d'observation), puis de les analyser et de les interpréter pour enfin aboutir à l'étape des décisions, ils préfèrent commencer par une conclusion ou une opinion préconçue, interpréter les faits à la lumière de préjugés et poursuivre en développant une hypothèse reposant sur le choix des seuls faits qui en prouvent la justesse. En voici un exemple. Ils commencent par dire: «Deux élèves étaient distraits durant la leçon», au lieu de signaler: «28 élèves étaient concentrés sur leur tâche durant la leçon». Jerome Bruner qualifie cette attitude de «fixation fonctionnelle» – consistant à raisonner à partir d'une seule hypothèse qui est erronée[1].

Plusieurs enseignants ont un concept de soi ou un niveau de confiance en soi assez fragile pour qu'une analyse à rebours, semblable à celle que l'on vient de signaler, produise des effets dévastateurs. Dans cette veine, une analogie littéraire extrême s'exprime dans le film *Gaslight* dans lequel un mari (joué par Charles Boyer) aliène l'esprit de son épouse (jouée par Ingrid Bergmann) en lui répétant qu'elle *s'imagine* que les lumières baissent alors qu'elles sont réellement éteintes (grâce aux efforts de la complice de l'époux, jouée par la jeune Angela Lansbury). Telle est du moins l'analogie à laquelle s'est référé un enseignant lors d'un arbitrage

166

sur son congédiement pour décrire le caractère déprimant du *feedback* négatif que lui ont servi un directeur d'école et son adjoint, à l'occasion d'un programme d'aide aux enseignants. Cet enseignant comptait déjà 18 années d'encouragements positifs à l'appui de ses efforts dans l'enseignement.

Un lieu de convergence. Admettons que des données d'observation d'une leçon soient problématiques, en dépit du fait qu'elles aient été recueillies par un observateur impartial, objectif et soucieux d'aider l'enseignant à s'améliorer au moyen d'une analyse fondée sur la réciprocité des points de vue. Comment s'y prendre pour procéder à une analyse de l'enseignement dans un tel cas?

La première chose à faire est de mettre sur table les données d'observation. Idéalement, ceci devrait se faire le plus tôt possible après la séance d'observation en donnant une copie des observations «brutes» à l'enseignant. On peut conserver une copie des observations. Si on possède une cassette enregistrée ou une vidéocassette, alors il serait heureux de la remettre à l'enseignant en lui demandant de l'écouter ou de la visionner, avant que l'observateur ne procède à l'entretien au cours duquel il va se livrer à des analyses avec l'enseignant.

L'étape suivante consiste à demander à l'enseignant ce que ces observations lui enseignent, en l'aidant à expliciter ses perceptions. «Si vous deviez répéter cette leçon, la feriez-vous exactement de la même façon?»: voilà une bonne question à poser pour commencer la discussion. Les enseignants trouvent généralement des éléments qui leur plaisent dans une cassette ou une vidéocassette. Les autres types d'enregistrement des données (notes prises sur un plan de l'emplacement des bureaux en classe, des transcriptions mot à mot, des modèles de déplacements en classe, des interactions minutées sur des formulaires préparés à cette fin, des notes personnelles) peuvent aussi servir à donner un renforcement positif, faisant état de l'atteinte de certains objectifs.

«Après avoir examiné ces observations, si vous deviez répéter cette leçon, qu'aimeriez-vous changer?»: cette question provoque

167

invariablement des réponses. Après avoir posé cette question un nombre incalculable de fois, il faut bien admettre que pas un seul enseignant a soutenu (ou a pensé) que son enseignement avait été parfait. Truman Capote, lors d'une interview, a affirmé avoir écrit une histoire parfaite. Même si c'était vrai, cet exploit serait complètement différent de celui qui consiste à atteindre des objectifs avec «30 réacteurs frétillants». Dans l'enseignement, l'équivalent d'une partie de quilles de 300 ou d'un score de 18 *sous le Par* au golf, c'est réussir à rejoindre «quelques personnes quelquefois», et non pas «toutes les personnes quelquefois», ou «quelques personnes en tout temps». Cette dernière éventualité équivaudrait à se moquer du monde, et non pas à enseigner.

Une troisième question qui peut aider un enseignant à analyser son enseignement à partir de ce qui se passe à l'intérieur de sa tête (par opposition à une analyse tout extérieure) se formule ainsi: «Si vous étiez un élève dans cette classe, que souhaiteriez-vous que l'enseignant change?» Le choix éventuel de tel élève qui répondrait à cette question peut déjà être utile et révélateur. Plusieurs enseignants insisteront sur les besoins individuels des élèves par rapport au niveau et au rythme avec lesquels les informations sont données. Une autre chose que les enseignants identifient est l'importance que des élèves accordent à l'organisation de la matière. Peu importe cet agencement, qu'il soit explicite, linéaire, séquentiel ou ordonné, certains élèves en veulent davantage. Quant aux limites imposées, qu'elles soient flexibles, variées, obéissant au hasard ou marquées par la tolérance, certains en veulent davantage.

Comment s'y prendre pour aboutir. Jusqu'ici, nous nous sommes contentés d'examiner des façons d'aider l'enseignant à analyser les données de l'observation (à cette exception près de l'approche *gaslight,* dont on a dit qu'elle n'était *pas* utile). Comment l'observateur peut-il s'y prendre pour aider l'enseignant autrement qu'en employant la méthode de questions, suivant la méthode heuristique?

Une des techniques consiste à organiser les données de telle manière que les démarches ou les phénomènes deviennent manifestes. Par exemple, on voit davantage de temps d'application des élèves à leur tâche lorsqu'on transforme une feuille indiquant l'emplacement des bureaux des élèves (technique 11) en un tableau horaire de l'utilisation du temps. Une telle prise de conscience peut conduire un enseignant à réaliser que telle tâche pourrait tout à fait s'effectuer en une demi-heure et à lui assigner à l'avenir ce temps limite. D'aucuns diront que c'est là une mince conséquence de l'analyse de l'enseignement, mais en y regardant de plus près on se rend compte que si un enseignant a pris deux fois plus de temps que nécessaire pour enseigner ses leçons, et ce, six heures par jour, 180 jours par année scolaire et pendant 25 ans, ce résultat prend soudainement une importance considérable. De même, l'analyse des types interactions (technique 22) est mise en évidence à partir d'un tableau faisant état de la gestion du temps en classe, alors qu'un tableau indiquant l'emplacement des bureaux des élèves est ici moins pertinent.

Une autre technique allant au-delà d'un simple portrait des observations pour les rendre parlantes par elles-mêmes consiste à commenter les faits d'une manière qui évite tout jugement de valeur. Par exemple, en se référant à l'item «Débit verbal» (technique 12) codé sur une fiche d'emplacement des bureaux en classe, l'observateur peut souligner le fait suivant: «J'ai remarqué qu'en traçant une diagonale depuis le coin supérieur gauche de la fiche jusqu'au coin inférieur droit, presque toutes les interactions se trouvent du même côté de la classe.» Cette remarque diffère grandement de celle-ci: «Vous ignorez la moitié de votre classe». Quant aux fiches de déplacements en classe (technique 13), la plupart des enseignants remarqueront en les examinant qu'ils ne se rendent jamais dans tel coin de la classe, ou qu'un élève a perdu cinq minutes de son temps à regarder inutilement un robinet dans un coin. Si un enseignant ne remarquait pas ces faits ou ne les commentait pas, l'observateur peut le faire, sans utiliser un ton accusateur ou un langage autoritaire. Il peut très bien arriver que l'enseignant ait des motifs valables d'agir comme il le fait ou pour éviter tel comportement.

Un lecteur sceptique peut se demander s'il est avisé de laisser un enseignant choisir ce qu'il va analyser ou interpréter parmi les faits que l'observateur lui met devant les yeux. À vrai dire, il faut bien se rappeler que l'évaluation de l'enseignement ne consiste pas à découvrir ce qui va mal, à réprimander ou à dévaloriser. On s'est tellement habitué à examiner un enseignant pour chercher ce qui ne va pas, que la notion de *feedback* constructif s'est presque évanouie, même si les districts scolaires mentionnent invariablement que l'amélioration de l'enseignement est la raison fondamentale de l'évaluation des enseignants et de leur supervision; les raisons relatives à leur crédibilité viennent en second lieu. Néanmoins, la menace que fait généralement peser l'évaluation met tellement les enseignants sur la défensive dès qu'il s'agit pour eux d'être observés par d'autres personnes que leurs élèves, que la valeur de l'analyse de l'enseignement comme facteur de développement professionnel est souvent sérieusement compromise.

Où allons-nous? On a considéré *ce qu'il* fallait discuter, *comment* en parler, et de quelles *façons* aboutir quelque part. Où exactement? L'objectif en vue, c'est la prise de décisions. Celles-ci concernent des voies alternatives, des changements, des résolutions relatives à de nouveaux efforts consentis par l'enseignant. Dès lors, c'est l'enseignant qui est le mieux placé pour prendre ces décisions (si elles sont raisonnables et réalisables). Seul l'enseignant peut travailler à modifier ses propres comportements. De plus, chacun est mieux préparé à agir sur ses propres décisions que sur celles qui lui sont imposées de l'extérieur.

Les enseignants sont capables de construire un large éventail de décisions possibles à partir d'observations systématiques et de *feedback* non autoritaires ou rigoureux. Voici, à titre d'exemple, diverses catégories de décisions que des enseignants prennent assez souvent.

À changer:	stratégies, tactiques, démarches, buts, objectifs, occupations (c'est-à-dire quitter l'enseignement pour d'autres cieux).
À renforcer:	habiletés, résolutions, techniques, connaissances.
À éliminer:	maniérisme, habitudes, manque de naturel, ce qui est inutile, ce qui manque d'à-propos.
À expérimenter:	nouvelles approches, différents matériels, regroupements variés.
À modifier:	techniques, attitudes, objectifs.
À apprendre:	de nouvelles matières, différentes méthodologies, la compréhension des implications de la recherche.

Comment s'y prendre. Il existe bien des façons de s'exercer à l'évaluation (la supervision et l'analyse de l'enseignement), tout comme il y a différentes sortes d'enseignants, divers types d'observateurs et des enseignements variés. Les quatre approches décrites ci-après mettent en scène un maître-hôte travaillant avec un étudiant-maître. À vous de décider quelle approche, à votre avis, sera la plus fructueuse pour l'étudiant-maître.

La première approche correspond à cette attitude: «J'ai raison; tu as tort.» Les données d'observation de ce maître-hôte se ramènent à des inférences ou à des conclusions plutôt qu'à l'enregistrement de comportements analysables et susceptibles d'interprétations conjointes par le maître-hôte et l'étudiant-maître, en vue d'en arriver à diverses options de changements. En choisissant la voie du raccourci, le maître-hôte élimine l'entretien de planification mettant à profit ses propres idées et celles de l'étudiant-maître, la cueillette systématique de données objectives, l'analyse de ce qui ressort des observations, et l'interprétation des causes ou des conséquences des comportements observés; au lieu de cela, il saute aux conclusions.

171

La progression naturelle de ce type de maître-hôte – ce «juge» ne donnant pas le droit de réplique – l'amène à se comporter avec l'étudiant-maître d'une manière concrète et séquentielle en utilisant un système d'autorité autocratique et des stratégies d'enseignement didactique (insistant pour que l'étudiant-maître se range à ces mêmes approches). Les relations maître-hôte et étudiant-maître ressembleront à celles des parents vis-à-vis de leur enfant; il s'ensuivra que le maître-hôte s'attendra de la part de l'étudiant-maître à un comportement immature, fondé sur le défaut d'expérience et exigeant la reconnaissance du néophyte, tandis que l'enseignant, lui, jouera le rôle de celui qui sait tout et qui est tout-puissant.

Une seconde approche possible est celle qui préconise des relations d'adulte à adulte; le contexte est alors celui de la participation et de la collégialité; la stratégie préférée d'apprentissage est celle de l'heuristique; l'autorité fait appel à la participation et sait déléguer; l'étudiant-maître est considéré comme une personne autonome, mûre, motivée et pleine de capacités. Les buts sont réciproques, réalistes et considérés comme importants.

Une troisième possibilité consiste à *vendre* à l'étudiant-maître une façon particulière de faire les choses. Cela peut conduire à proposer des modèles de comportement, à fournir des moyens à mettre en pratique, à féliciter lorsqu'ils sont utilisés comme il faut, à employer une théorie ou un rationnel qui justifie une approche, et à traiter le néophyte comme s'il voulait et était capable d'être l'émule magique d'un véritable mentor.

Voici une brève esquisse permettant de circonscrire les idées (ou les préjugés) avancées jusqu'ici au sujet de l'entretien *feedback*.

Le leader	dit quoi faire	au (le) disciple
L'enseignant	vend ses idées	à l'apprenant
Le superviseur	collabore avec	au (le) néophyte
L'observateur	sait déléguer ses tâches	au collègue
L'évaluateur		

DANS UNE STRUCTURE SCOLAIRE
QUI EST

autocratique
moyenâgeuse
motivante
soutenante
collégiale
autonome

IL UTILISE
UN MODÈLE
ou une
STRATÉGIE D'ENSEIGNEMENT
QUI EST DE L'ORDRE DE

la didactique (fais ce que je dis)
l'expérimentation
la maïeutique (aidant, favorisant)
l'heuristique (découverte)
la transcendance (systémique)

et un
STYLE PERSONNEL
qui est

concret-séquentiel
abstrait-séquentiel
concret-au hasard
abstrait-au hasard

POUR RÉPONDRE À
DES BESOINS DE

propreté et entretien des lieux
discipline
clarté
variété
entrain
(enthousiasme pour les élèves
et pour la matière enseignée)

et
IL ÉVALUE EN SE FONDANT
SUR DES

traits
standards
buts
préoccupations

Une quatrième option consiste à abdiquer toute responsabilité en laissant retourner l'enseignant en classe comme si rien ne s'était passé; la session peut alors devenir une partie de plaisirs ou l'occasion de fumer. C'est la méthode du «crois ou meurs». Le professeur Harold Hill, dans son volume *The Music Man*, l'appelle la méthode du *pensez-y bien:* fais seulement penser que tu aimerais jouer de ce cor que tu viens d'acheter. La méthode de l'*insouciance* en est une variante: emmenez vos élèves à la piscine et allez dormir au soleil pendant qu'ils essaient d'apprendre à nager par eux-mêmes (sous l'œil vigilant de quelqu'un d'autre)!

Styles de leadership et de rôles

Nous avons déjà noté précédemment qu'un des éléments de compréhension de l'analyse de l'enseignement consistait dans le style adopté par l'analyste. Cet élément se ramène aussi à la question *qui* proposée dans le second cadre de référence; les analystes observent l'enseignement et interagissent avec l'enseignant de différentes manières selon que l'analyste est orienté vers la tâche ou vers les relations interpersonnelles, que son attitude est autoritaire ou marquée par la collaboration, qu'il est intuitif ou logique (insistance sur les séquences d'enseignement), et ainsi de suite. Dès lors, il est utile d'examiner comment le style de l'analyste affecte son analyse.

Notre première remarque tourne autour du style de leadership. Paul Hersey et Kenneth Blanchard ont développé un diagramme montrant l'impact des relations interpersonnelles sur l'accomplissement des tâches et leur structure[2]. Les leaders qui obtiennent une cote élevée à l'item «tâches» et basse à l'item «relations interpersonnelles» ont tendance à *dire* à leurs disciples quoi faire. Les leaders dont la cote est également élevée à l'item «tâches» et à l'item «relations interpersonnelles» ont tendance à *vendre* à leurs disciples ce qu'ils devraient faire. Par contre, ceux qui obtiennent une cote plus basse à l'item «tâches et structures» et plus élevée à l'item «relations interpersonnelles» ont tendance à *participer* et à collaborer avec leurs groupes. Les personnes qui ne s'engagent vraiment ni dans leurs tâches ni dans leurs relations interpersonnelles vont se sentir plus à l'aise si elles *délèguent* leurs tâches à quelqu'un d'autre.

Pour saisir la portée des styles de leadership en vue de couvrir toute la panoplie des structures d'organisation de l'éducation dont nous parlerons plus loin, arrêtons-nous à la considération de ce qui se cache derrière les expressions *vendre* et *donner des consignes* (ordonner); on les situera sur un continuum de structures (de contrôle), leur but étant d'obtenir que les tâches demandées soit effectuées. Bien entendu, on pourrait en appeler ici aux cris (hurlements) et aux invectives, mais ce n'est pas convenable*. Une autre façon de passer de *vendre* (persuader) à *donner des consignes* (des ordres), et de *crier* (commander) à *invectiver* (dictature) consiste à se référer aux mots *directif* et *non directif*. On emploie aussi d'autres termes pour exprimer ces contrastes, tels que contrôler ou dominer comme s'opposant l'un à l'autre. Des organisations tels des écoles, des collèges, des partis politiques, des églises et des clubs peuvent se situer sur ce continuum.

À l'autre bout du continuum, un leader peut aller au-delà de la *participation* avec les enseignants en planifiant et en conduisant des séances de développement du personnel; il peut même dépasser la *délégation* des responsabilités. Lorsque la maturité, l'autonomie, l'esprit de liberté et la compétence sont manifestes chez les enseignants, les libérer de certains comportements ou rituels bureaucratiques peut s'imposer. Nous ne plaidons pas pour que le leader abdique ses responsabilités, encore que cela arrive – on en est tous témoins[3] – dans les écoles et les gouvernements.

Il existe une grande variété de termes pour dire les rôles que joue un leader dans une organisation:

---

*   N.D.T.: Les auteurs font ici un jeu de mots intraduisible. Ils opposent les mots *sell* (vendre), *tell* (donner des consignes), *yell* (crier) *et hell* (invectiver).

évaluateur	inspecteur	coach	enseignant	collaborateur
juge	arbitre	tuteur	pair	consultant
critique	superviseur	mentor	collègue	connaisseur

Voyons plus en détail quelques-uns de ces rôles de leadership.

Rôle de l'analyste comme évaluateur

Lors des Jeux olympiques concernant le patinage sur glace, les juges (analystes) possèdent une connaissance très précise de ce qu'ils sont en train d'évaluer: patinage de vitesse, patinage artistique ou joute de hockey. L'analyse de l'enseignement, ce n'est pas aussi évident. Il existe autant de différences entre l'enseignement directif, la recherche et les échanges en groupes, qu'il y en a entre le patinage de vitesse, le patinage artistique et le hockey.

Le genre d'événements qui se rapproche le plus de l'analyse de l'enseignement serait celui où l'athlète court en ski sur une certaine distance, tire au fusil sur une cible, saute sur une bicyclette, nage, court, saute, avant d'accomplir un saut périlleux. Nous possédons des critères pour le décathlon (dix épreuves). Considérons le pentathlon (multiples épreuves) de l'enseignement. Si on se réfère, comme à un modèle, à l'énumération hiérarchique des besoins de la personne humaine que fait Abraham Maslow[4] (besoins de nature physiologique, de sécurité, d'appartenance et d'amour, d'estime et d'actualisation de soi), choisissons arbitrairement notre hiérarchie des besoins relatifs à l'enseignement: propreté et entretien des lieux, contrôle, clarté, variété et entrain (voir Figure 4.1). Une telle hiérarchie existe au baseball: lancer, attraper, frapper, courir et glisser. Savoir glisser, c'est l'actualisation de soi, l'intérêt, la quintessence de la joute. Si vous pouvez glisser au second but en faisant échapper la balle des mains du receveur du second but, voler le troisième but de la même manière, puis voler finalement un point, alors vous pouvez compenser le fait que vos coéquipiers réussissent mal à lancer la balle, à l'attraper, à la frapper, à courir ou à glisser. Porter un jugement sur des joueurs comme Ty Cobb ou Willie Mays, c'est relativement facile. Vous n'avez qu'à analyser les statistiques sur les lancers, les attrapés, les coups sûrs ou de circuit, les courses au but et les glissades.

Figure 4.1

Trois ensembles de besoins par ordre ascendant d'importance
selon Abraham Maslow (1970). *Motivation and Personality.*
New York: Harper & Row, pp. 35-47

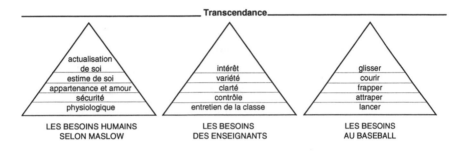

La hiérarchie des besoins de l'enseignant commence au niveau de la propreté et de l'entretien des lieux. Si vous n'arrivez pas à trouver la craie, le tableau, le papier, les livres, la porte, alors vous ne pouvez pas enseigner (à moins que vous soyez un professeur d'université!). Si vous ne pouvez contrôler votre groupe, au moins à un niveau minimum, alors enseigner devient impossible. Malheureusement, il arrive que plusieurs enseignants et administrateurs se contentent apparemment d'un niveau de propreté, d'entretien des lieux et de contrôle à peine passable.

L'autre niveau, celui qui obéit au critère de clarté (des explications, des consignes, des travaux à faire, des énoncés relatifs à la discipline et d'autres communications orales) peut conduire les élèves à apprendre puisque, par là, les enseignants facilitent la réussite (une partie du quatrième niveau de Maslow) grâce précisément à la clarté dont ils font preuve (le troisième niveau de notre hiérarchie). Une autre façon d'assurer le succès de l'enseignement,

177

c'est-à-dire de faire apprendre aux élèves, consiste à développer et à utiliser une grande variété de stratégies, d'activités et de techniques (habiletés).

Nous connaissons plusieurs centaines d'enseignants qui ont adopté la pratique de la consultation entre pairs en utilisant les techniques contenues dans ce livre; ils se sont appliqué à fixer des objectifs de la supervision, à planifier des observations, à observer et à procéder à des entretiens *feedback*. La plupart d'entre eux se sont servis de ces techniques pour enrichir leur répertoire de stratégies et d'habiletés. Un certain nombre d'entre eux en sont même venus à dépasser ce stade en s'employant à envisager le sens et à réfléchir sur les significations plus profondes de l'enseignement – une actualisation de soi qui conduit à la découverte d'intérêts supérieurs. D'autres enseignants ont mis à profit la consultation entre pairs pour trafiquer des stratégies et des habiletés, et quelques-uns se sont arrangés pour l'éviter et s'en éloigner même après avoir pris jusqu'à cinq journées d'entraînement et avoir bénéficié d'heures supplémentaires pour s'adonner à l'observation et à des entretiens.

Au-delà de ces hiérarchies, il y a place pour des besoins tout à fait transcendants (des méta-besoins!). Maslow en parle dans son écrit intitulé *The Farther Reaches of Human Nature**. Aspirer à atteindre une telle élévation à titre de leader dans l'enseignement peut paraître trop ambitieux à la plupart d'entre nous (nous avons peine à atteindre le niveau de l'actualisation de soi, la découverte des intérêts supérieurs et à *glisser!*). Toutefois, notons-le, de hauts niveaux d'attente sont généralement plus utiles que des niveaux inférieurs.

Le rôle qui se détache de toute cette discussion est celui du juge ou de l'évaluateur. Sa tâche essentielle consiste à appliquer des critères standardisés à un produit ou à des performances pour

---

* N.D.T.: On pourrait traduire ce titre par: *Les réalisations les plus élevées de la nature humaine*.

conclure à leur valeur relative. Les analystes de l'enseignement possèdent moins de critères standardisés et leurs mesures sont moins claires que celles, disons, des analystes du baseball. On peut cependant se livrer à des jugements d'ensemble de notre pentathlon de l'enseignement. Par exemple:

La propreté des lieux
peut s'échelonner de déplorable à louable.

Le contrôle
peut se marquer sur une échelle allant de chaotique à achevé.

La clarté
peut s'échelonner de «défaut total» à limpide.

La variété
peut s'échelonner de «manque totalement» à «abondante».

L'entrain
peut se marquer sur une échelle allant de «sans ressort» à «exubérant».

En plaçant ces éléments sur une échelle de 1 à 5, on pourrait créer une liste qui résoudrait le problème de l'évaluation sommative; mais cela ne servirait pas tellement à un enseignant qui cherche à peaufiner ses habiletés, à élargir son répertoire de stratégies ou à adapter ses styles d'enseignement pour répondre aux besoins individuels de ses élèves.

Rôle de l'analyste comme critique

L'observateur et celui qui est observé jouent chacun un rôle dans cette mise en scène où on planifie, on observe ou on est observé, on donne ou reçoit du *feedback* à partir des observations. L'étendue des rôles que peut jouer un observateur est décrite ici depuis la perspective du leader (en raison du point de vue traditionnel des superviseurs comme observateurs), bien qu'il soit possible et de beaucoup préférable que l'observateur soit un pair, un collègue, un collaborateur, un enseignant-*coach,* un consultant ou même un stagiaire.

179

On peut se demander, au départ, quelles sortes de notes, de critiques ou autres se retrouvent dans les analyses qu'effectuent d'autres professionnels. Les acteurs ont leur *coach*, leur directeur, leurs critiques et leurs commentateurs; ainsi en est-il des athlètes. Les médecins ont des professeurs de clinique, des collègues, des équipes de révision par les pairs. Les avocats ont leurs juges, des jurés, des arbitres, des panels, et d'autres spectateurs qui examinent leurs performances. Ils ont aussi des collègues qui fournissent du *feedback*. Les ingénieurs ont du *feedback* si leurs ponts tombent, si on achète ou non leurs plans, et ils présentent des soumissions pour offrir leurs services. Les chercheurs ne publient leurs travaux qu'après examen par un comité de lecture. Les auteurs voient leurs ouvrages relus avant publication. Notre expérience nous a démontré que les éditeurs, dans le monde de l'éducation, font souvent appel à d'autres auteurs (quelquefois des compétiteurs envieux, peu agréables et même déloyaux).

Ceci nous ramène à la révision par les pairs. Lorsqu'on en expurge les éléments malicieux, une révision authentique par les pairs constitue la meilleure forme de *feedback*. Si vous êtes raffiné par nature, vous ne désirez pas spécialement obtenir du *feedback* d'un grossier personnage; vous vous attendez à en recevoir d'une autre personne raffinée. Les auteurs ne voient leurs travaux examinés et critiqués dans des revues qu'*après* leur publication. La liste pourrait s'allonger: le ballet, l'opéra, la sculpture, la peinture et les autres formes d'art visuel ont leurs critiques, leurs commentateurs et leurs connaisseurs. Ces analystes séparent souvent les aspects techniques et artistiques de la performance – le patinage artistique en constitue un exemple très clair.

L'enseignement aussi possède ses aspects techniques dont on peut en mesurer et en quantifier un grand nombre. Il a aussi ses aspects artistiques; ces dimensions sont beaucoup plus difficiles à évaluer. L'image des juges aux Jeux olympiques de l'enseignement, tenant dans leurs mains un numéro pour les aspects techniques et artistiques, vient spontanément à l'esprit. Tant que les enseignants n'auront pas de telles tables rondes, ils doivent se contenter des observations provenant de l'analyse critique que leur donne le superviseur ou l'évaluateur. On a vu des cas où la compétence des critiques pour évaluer ce qui se passe en classe faisait problème.

Rôle de l'analyste comme *coach*

Qu'est-ce qu'un *coach* exceptionnel fait, mis à part le fait de coder une liste en cinq points? Commençons par une analogie. Voici Digby Duffer qui veut prendre une leçon de golf. Digby Duffer fait dévier ses balles, quitte des yeux sa balle en descendant les bras durant son élan, plie les coudes, baisse les épaules, n'imprime aucune rotation à ses hanches, etc. Peter Par, le pro, doit se concentrer sur ce dont Digby a le plus besoin pour commencer; il sait qu'il ne peut travailler sur tous les aspects à la fois. Des discussions sur les meilleures chaussures, les tees ou les bâtons de golf ne serviront à rien, pas plus qu'une leçon sur les mérites d'un coup en hauteur ou d'un coup roulé versus un coup frappé par dessous ou un effet de rotation donné à la balle. Duffer a besoin de commencer par frapper la balle (non le gazon) avec son bâton de golf (pas avec son sac de golf) sur son élan de descente (non de montée). Maintenant, si on compare cette leçon de golf avec l'enseignement, c'est du gâteau! Par exemple, arrêtez-vous à ce qui suit.

Rôle de l'analyste comme éducateur

L'objet sur lequel portent les intentions du golfeur repose là (sur un tee, sur le gazon ou sur le sable), immobile, inarticulé, ni coopératif ou provocant. Mais supposez que votre balle de golf puisse sauter en bas du tee au dernier instant, murmurer des remarques désobligeantes à propos de vos meilleurs efforts, s'en aller à la maison et rapporter à son père que vous avez abusé d'elle. Présumons qu'elle puisse être porteuse d'une faiblesse génétique de l'intelligence (en direction du vert), que ses parents, puissants au plan politique, refusent de reconnaître ou d'admettre. Eh bien alors, M. Peter Pro, remerciez vos bonnes étoiles. Imaginez que vous devez vous adresser à 30 de ces créatures à la fois!

La plupart des éducateurs ont affaire à des groupes d'individus dont la personnalité, le tempérament, les besoins, les talents et les intérêts varient considérablement. Les leaders dans l'enseignement doivent faire face à des différences individuelles parmi les enseignants tout comme les enseignants sont aux prises avec les différences individuelles de leurs élèves. On peut classer ces différences individuelles sur un continuum comme on l'a fait avec les styles de leadership. Mais nous devons d'abord reconnaître que l'on travaille dans des organisations scolaires qui ont leurs propres caractéristiques.

Une analyse située dans une organisation scolaire

La structure d'une organisation scolaire influence la conduite de ses membres. Dans le Tableau 4.1, on mentionne plusieurs facteurs qui se ressentent de la nature de l'organisation.

Commençons par lire dans la deuxième colonne de droite ce qu'on dit de la structure d'autorité autocratique en revenant vers la gauche: on peut voir les progrès historiques des diverses sortes de gouvernement, depuis ses formes despotiques jusqu'à l'avènement de la démocratie. Les modèles de communication se sont modifiés, passant d'un mouvement de bas en haut, à celui de haut en bas avant de devenir ensuite un modèle interindividuel. Prendre en considération les différences peut varier depuis le fait de ne pas les reconnaître jusqu'à celui de les traiter comme des données.

Analyser l'enseignement dans une école, un collège ou une université dont la direction est autocratique va différer d'une analyse qui s'opère dans un milieu de collaboration ou marqué par un esprit de collégialité. Les règles de conduite adoptées par la dircction vont se refléter dans la salle de classe. La portée des comportements de l'enseignant sera marquée par ce que l'administration scolaire autorise.

Dans l'organisation scolaire identifiée comme «groupe d'experts», tous les membres sont supérieurs en ce sens qu'ils se trouvent au niveau de l'actualisation de soi ou le dépassent. L'organisation repose alors sur la contribution d'individus qui construisent la société. Admettons que ce comité d'experts soit formé de membres dont chacun des leaders a obtenu un prix Nobel dans son champ respectif. Serait-il raisonnable de les faire pointer ou de les surveiller pour savoir s'ils travaillent?

Plutôt que de faire sentir le poids de son autorité, le rôle d'une direction consiste à fournir du soutien et des ressources pour seconder les initiatives de ses membres. Le rôle du membre est de se comporter comme un spécialiste particulier qui s'applique à sa tâche avec ce zèle et cet esprit créateur que l'on a reconnus chez lui au moment de retenir sa candidature pour ce poste. Le modèle de communication interindividuelle s'impose ici. On ne peut concevoir alors qu'un membre du comité d'experts parle à un collègue avec condescendance ou rapporte un problème à «l'autorité» supérieure. Il est intéressant de se livrer à des hypothèses pour savoir comment on traite les différences individuelles dans ces organisations. On pourrait s'attendre à ce que les problèmes non résolus ou les opinions contradictoires deviennent le sujet de livres rédigés par chacun des contestataires, dans lesquels on élargirait la question en cause en l'ouvrant sur une audience plus large.

Dans plusieurs regroupements à buts non lucratifs, on trouve le type d'organisation fondée sur la *motivation* dans laquelle on sert des intérêts sociaux de nature communautaire*. Cette sorte d'organisation fait appel à la coopération, aux affinités et à un leadership fondé sur la participation. On traite les différences selon des voies démocratiques – par des débats et des votes.

---

*　　N.D.T.: Organisations telles que les Chevaliers de Colomb.

Les organisations de nature *collégiale* existent beaucoup plus sur papier que dans les faits, du moins dans les administrations scolaires réelles. On serait porté à y voir bien davantage des regroupements fondés sur des affinités plutôt que sur une collégialité ou une collaboration authentiques. Il existe certainement à l'heure actuelle une tendance en ce sens au sein de l'organisation scolaire, mais un examen attentif nous met en présence d'une institution d'inspiration moyenâgeuse beaucoup plus qu'en face d'une institution dont on souligne les caractéristiques dans le Tableau 4.1.

Le type d'organisation scolaire *autonome* convient bien davantage à des comités d'experts en opposition avec la centralisation administrative que l'on observe généralement dans les écoles, les collèges et les universités, ou dans d'autres institutions scolaires qui nous sont familières.

Tableau 4

Caractéristiques de sept sortes d'organisation

	Libérer	Déléguer	Participer	Vendre	Diriger	Crier	Invectiver
Repose sur	Supérieur (Comité d'experts) Contribution individuelle à la société	Division du travail entre spécialiste Compétence spécialisée	Collégial Collaboration Coopération	Soutien Motivation Leadership	Conservateur Surveillance Ressources économiques	Autocratique Autoritaire Pouvoir	Compétitif Guerre froide Gagnant
Gestion fondée sur	Fournir des ressources et du support	Intégration	Ensemble	Soutien	Récompenses matérielles	Autorité	Vaine gloire
Statut de l'employé	Autonome	Expert	Responsabilité	Performance	Sécurité	Obéissance	Contestation
Effet sur la psychologie de l'employé	Actualisation de soi et altruisme	Centration sur la tâche	Auto-discipline	Participation	Dépendance vis-à-vis de l'organisation	Dépendance personnelle	Hostilité larvée
Satisfaction des besoins de l'employé	Voir les effets	Réussite	Réalisation de soi	Ordre supérieur	Surveillance	Survivance	Victoires
Comportement moral	Persévérance dans la tâche	Production	Loyauté à la tâche et aux collègues	Motivation	Satisfaction	Soumission	Ethnocentrisme
Rôles de base	Spécialiste unique	Pairs spécialisés	Collègues dans la tâche	Partenaires	Possesseur bienveillant Reconnaissant	Patron et subordonné	Compétiteurs
Habiletés de base	Créativité, intérêt, intuition	Spécialité et complémentarité	Spécialité, interdisciplinarité et collaboration	Modèle ou exemple pour les autres	Sagesse et jugement élevés Obéissance et soumission	Patron: gère, dirige et évalue. Subordonné: écoute, fait et se rapporte	Une seule personne discute, blâme et fait des compromis

(suite à la page suivante)

185

Tableau 4 * (suite)

	Libérer	Déléguer	Participer	Vendre	Diriger	Crier	Invectiver
Type de relations	Supérieur (Comité d'experts)	Division du travail entre spécialiste	Collégial Collaboration	Soutien Motivation	Conservateur Surveillance	Autocratique Autoritaire	Compétitif Guerre froide
	Respect mutuel	Politesse et respect	Ouverture, confiant, informel et personnel	Base d'entente	Noblesse oblige, paternalisme fidélité	Lié au statut formel impersonnel	Impersonnel Distant Défiant
Partage du pouvoir	Partage	Chef de nom seulement Pouvoir concentré dans son domaine	Chef de nom seulement Flexible selon les besoins de la tâche	Partage Délégation	Contrôlé Accordé	Fixé: le patron a tout pouvoir	Chef de nom utilisé Pouvoir utilisé pour contrer et éteindre les autres
Communication	Horizontale	Centrée sur la tâche Prudente	Mutuelle	Horizontale Amicale	Des hauts et des bas	Sens unique	Horizontale Hostile Déformée
Traitement des différences	Écrire un article ou un livre	Évitées Compartementalisées entre les diverses disciplines	Ouvert Utilisées comme données pour résoudre des problèmes	Négociées	Intervention par voie de médiation	Non reconnues	Combat et guerre indirecte au moyen de travaux

* Source: Ce Tableau 4.1 provient de plusieurs sources. Le cadre de référence est celui d'Abraham Maslow (1971) *The Farther Reaches of Human Nature*. New York: Viking Press, pp. 284-286; il repose à son tour sur les travaux de Keith Davis (1967), *Human Relations at Work*, 3d ed. New York: McGraw Hill, p. 480. La notion de compétition dégénérant en guerre froide dans une organisation a été suggérée lors d'un discours de Sherman Grinnel à Atlanta, c. 1976. Le terme «hostilité larvée» vient de Meyer Friedman et Ray H. Rosenman (1974). *A Behavior and Your Heart*. New York: Knopf. Une version plus ancienne de ce Tableau 4.1 apparaît dans Keith A. Acheson (1982). *Techniques in the Evaluation of Teachers*. Salem: Confederation of Oregon School Administrators; la version que nous reproduisons est due à Keith A. Acheson, Instructional Leaders for the 1990s: Improving the Analysis of Teaching, *Oregon School Study Concil Bulletin*, 33, No. 6, February 1990.

Exemples de formes d'organisation

Les diverses sortes d'organisation représentées dans le Tableau 4.1 peuvent prendre des formes fort variées. Un exemple de système autocratique qu'on pourrait étudier est celui de la Compagnie Ford au moment où le père, M. Henry Ford, était à la tête de l'organisation; ou encore, on pourrait analyser l'organisation actuelle chapeautée par la Famille Saud, en Arabie.

Le système de surveillance a fonctionné durant tout le Moyen Âge; il était fondé sur la possession de terres. De nos jours, en Chine, le mot féodal est utilisé pour décrire les citoyens les plus conservateurs. Les organisations de soutien ou fondées sur la motivation peuvent s'étudier à l'heure du lunch dans les clubs sociaux. Plusieurs organisations d'étudiants fonctionnent de cette manière.

Deux exemples sautent aux yeux lorsqu'il s'agit d'illustrer la division du travail entre des spécialistes: une clinique médicale et une université. Nombre de firmes électroniques modernes combinent la compartimentation des spécialistes suivant les tendances autocratiques des deux propriétaires qui ont inventé leur gadget dans un garage il y a quelques années.

La compétition mène à la guerre froide dans les organisations de spécialistes surtout là où ont lieu des compressions budgétaires conjuguées à une ruée sur des ressources qui se font rares. Plusieurs universités ont connu une quantité non négligeable d'expériences de cette nature.

La collaboration collégiale est la forme d'organisation que privilégient la plupart des auteurs en éducation qui ont étudié plus spécialement les organisations scolaires au cours des dernières années. Elle représente aussi ce que nombre d'auteurs voient comme l'évolution actuelle des relations que les enseignants cherchent avec leurs pairs et leurs collègues (à l'opposé du système de supervision et d'évaluation). Dans plusieurs de nos cours gradués et de nos ateliers, on a demandé à des enseignants en exercice et à des administrateurs s'ils connaissaient des organisations scolaires

187

œuvrant soit comme des institutions autocratiques, soit comme des organisations basées sur la surveillance, le soutien, les spécialistes, la compétition ou la collégialité. La réponse la plus générale, c'est que toutes ces catégories d'organisations scolaires existent.

Effets de la forme d'organisation sur le rôle du leader

Quel effet produit sur l'évaluateur ou le superviseur des enseignants le type d'organisation scolaire? Il est profond. Dans les programmes basés sur des orientations collégiales faisant appel à la collaboration, les directeurs d'école doivent modifier leur rôle de «patron» en devant des chefs d'équipe. Le modèle de communication change aussi de vertical à horizontal. La façon de faire face aux différences semble suivre les indications contenues dans le Tableau 4.1, c'est-à-dire que dans une organisation fondée sur la participation, on les traite comme des données de discussion, tandis que dans des structures autocratiques il n'existe pas de différences (le patron a toutes les réponses).

Les organisations autonomes semblent emporter l'assentiment de la plupart des enseignants. La fonction de la direction ne consiste pas alors à dire ce qu'il faut faire, mais plutôt à fournir un soutien à ces champions qui font le travail de l'organisation, c'est-à-dire l'enseignement. Si on fait un pas de plus au-delà de l'autonomie, on se retrouve évidemment avec l'anarchie. Ces différents points de vue entrent dans d'autres variables – les stratégies d'enseignement.

L'effet que produit cette variable – la nature de l'organisation scolaire – sur le contexte dans lequel se fait l'analyse de l'enseignement est important et inévitable. Enseigner à Summerhill, ce n'est pas la même chose qu'enseigner à Annapolis.

Discuter des différences comporte ses désagréments. Pouvoir différer d'opinion ce n'est pas forcément se montrer désagréable. Dans les organisations collégiales ou basées sur la collaboration, les personnes désagréables peuvent être aussi perturbatrices que dans n'importe laquelle des organisations. Un des traits particuliers de ces personnes, c'est qu'elles cherchent toujours ce qui ne va pas, au lieu de reconnaître ce qui va bien et ce qui est digne d'éloges.

Les leaders dans l'enseignement au cours des années quatre vingt-dix devront gérer les désaccords entre les enseignants, entre les enseignants et les leaders dans l'enseignement, et à l'intérieur du même individu (devenu désagréable en raison de conflits intérieurs). Ainsi, on en arrive à la conclusion qu'un leader dans l'enseignement doit être à ses heures un réconciliateur, un négociateur et un thérapeute. On examinera ci-après les effets que produit le style personnel d'enseignement dans ces différentes situations.

Les styles d'enseignement

Quand on commence à travailler avec un analyste de l'enseignement, il faut bien se rappeler l'adage: «Tel enseignant, tel enseignement[5].» Cela signifie qu'on ne parlera pas de ce que fait l'enseignant; on parle d'une personne: sa personnalité, son caractère, son corps et son esprit. Lorsqu'on travaille avec des élèves, on prête attention aux différences individuelles des styles d'apprentissage. Il est évident que certains apprennent mieux en voyant (diagrammes, graphiques, images, cinéma, démonstrations). D'autres apprennent mieux en écoutant (lectures, interactions, tintements, slogans, radio). D'autres enfin ont besoin d'expériences physiques et kinesthésiques (mains élevées, sorties, projets, chantiers, être élevés à la dure).

Certains répondent bien aux normes, aux règlements et à des activités bien ordonnées, structurées et organisées sous forme de démarches. D'autres se sentent plus stimulés par un professeur adoptant un style de percussionniste qui propose des options, différentes activités, une recherche indépendante, ouvert aux bonds intuitifs dans l'apprentissage et aux découvertes soudaines de la pensées. Par conséquent, les enseignants sont plus efficaces s'ils emploient des stratégies et des techniques variées. De même, les enseignants se différencient par leur style d'apprentissage de comportement. Les superviseurs et les autres analystes sont plus efficaces s'ils savent reconnaître ces différences et varier leurs stratégies en travaillant avec les enseignants.

Le style constitue une variable qui surplombe l'enseignement. Les individus qui se sentent à l'aise en étant effacés dans leur vie privée vont probablement être bagarreurs dans leurs activités professionnelles. Ceux qui ont des tendances autocratiques, dominantes et mesurées éprouvent des difficultés à utiliser des stratégies d'apprentissage de nature heuristique. Toutefois, en éducation comme dans l'écriture, il est possible de modifier certains éléments du style. Le merveilleux livre *The Elements of Style*[*] peut aider un écrivain à transformer ses phrases (et ses pensées) longues et tortueuses en d'autres plus courtes et plus directes[6]. De même, les enseignants qui ne savent pas communiquer leur enthousiasme peuvent s'y exercer grâce à un entraînement spécifique, à une pratique suivie et à du *feedback*. Il est fort probable que d'autres changements relatifs au style soient possibles.

Il existe bien des façons de classifier les différents styles d'enseignement. On fera allusion aux catégories qu'utilise Anthony Gregorc, Isabel Briggs Myers, Katharine C. Briggs[7], et plusieurs autres auteurs.

Classification des styles d'enseignement

Le style d'enseignement intervient dans l'analyse de l'enseignement à trois niveaux. S'il y a un observateur (superviseur, collègue, mentor, évaluateur), alors le style de cet analyste joue un rôle dans les observations. Il faut reconnaître aussi parmi les professeurs (et à l'intérieur du même individu) plusieurs variétés de style d'ensei-

---

[*]   N.D.T.: Ce livre anglais, *The Elements of Style*, trouve plusieurs correspondants en français. Par exemple, G. Lalire (1952). *La Rédaction et le Français*. La composition française par l'observation et par l'action. Paris: Fernand Nathan.

gnement. Enfin, il faut s'arrêter au style d'apprentissage des élèves qui se trouvent dans un contexte d'enseignement.

De nombreux schémas aident à catégoriser les styles personnels, les styles d'apprentissage et les styles de leadership. On prêtera attention à quelques-uns d'entre eux à propos de l'analyse de l'enseignement. On a déjà mentionné les catégories de Hersey et Blanchard, leur développement et leurs liens avec les différentes sortes d'organisations, toutes choses qui font partie du contexte d'enseignement[8].

Gregorc a suggéré et élaboré un diagramme structuré autour de quatre axes principaux[9]: concret et planifié, abstrait et planifié, concret et spontané, et abstrait et spontané. On peut les décrire à l'aide d'une matrice à double entrée (voir Figure 4.2), si l'on admet au départ que certains préfèrent communiquer l'information de manière concrète ou abstraite, et qu'ils le font principalement de manière organisée ou non planifiée.

Figure 4.2

Diagramme de Gregorc

	planifié	spontané
concret	CP	CS
abstrait	AP	AS

L'indicateur des types psychologiques développé par Myers-Briggs se tourne vers les quatre types de comportement[10]: extraversion et introversion, sensation et intuition, pensée et senti-

191

Figure 4.3

Fonction continue de la variable
«style personnel»

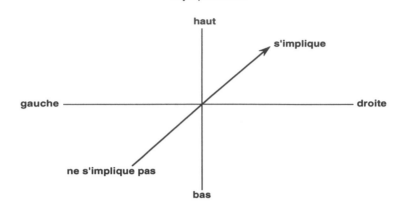

Source: Keith A. Acheson, Instructional Leaders for the 1990s;
Improving the Analysis of Teaching, *Oregon School Study Council
Bulletin* 33, No. 6 (February 1990): 16.

ment, et jugement et perception[*]. On peut se représenter ces catégories (fondées sur les travaux de Carl Jung) dans une matrice de quatre par quatre, soit de seize catégories.

Il est possible de concevoir graphiquement sur la fonction continue de plusieurs caractéristiques de style personnel (Figure 4.3). Nous avons choisi arbitrairement d'imaginer une première dimension touchant l'ordre et l'orthodoxie en la situant sur l'aile droite et l'aile gauche – comme on fait en politique et en religion – attribuant les valeurs d'autorité à droite et à gauche, les valeurs libérales, expérimentales et faisant appel à l'autonomie.

---

[*] N.D.T.: Introversion et extraversion correspondent aux façons d'appliquer son énergie; sensation et intuition, aux façons de donner et de percevoir l'information; pensée et sentiment, aux façons de prendre des décisions; jugement et perception, aux façons de réagir à son environnement. Voir Carolyn Mamchur «J'ai agi à ma façon, faites de même», dans Collectif, *Devenir enseignant.* À la conquête de l'identité professionnelle, tome I, sous la direction de Patricia Holborn, Marvin Wideen et Ian Andrews (1992), traduit par Jacques Heynemand et Dolorès Gagnon, collection Formation des maîtres, Montréal: Les Éditions Logiques, chap.6, p. 95-115

Une deuxième dimension que l'on peut marquer comme haute et basse (supérieure ou inférieure) s'étend depuis l'enthousiasme jusqu'à l'apathie.

La troisième dimension, aux fins que nous poursuivons, est relative au degré d'engagement de l'individu dans ses activités; elle va de «ne s'implique pas» à «s'implique».

Ainsi, dans le cas d'une nouvelle initiative en éducation tel l'enseignement par équipe (*team teaching*), la participation d'un enseignant-*coach* ou l'apprentissage à base d'échanges, un enseignant ou un directeur d'école peuvent s'impliquer de manière conservatrice, enthousiaste et modeste. Un autre pourrait manifester un enthousiasme supérieur et de nature libérale, mais en s'impliquant personnellement au minimum.

Essayons d'imaginer ces diverses dimensions de la façon suivante:

HAUT-BAS   idée suscitant l'enthousiasme

DROITE-GAUCHE   attitude envers le changement

S'IMPLIQUE-
NE S'IMPLIQUE PAS   degré d'implication directe

Il s'ensuit alors que, dans la configuration HAUT-GAUCHE-S'IMPLIQUE, les individus sont des leaders. Ceux qui préfèrent un style BAS-DROITE-NE S'IMPLIQUE PAS n'aident pas vraiment. Quant aux enseignants adoptant le style HAUT-GAUCHE-NE S'IMPLIQUE PAS, ils seront leaders seulement auprès des élèves déjà bien disposés, mais ils ne participent pas de manière substantielle à la profession.

Nous ne tenterons pas de décrire en détail comment ces différents styles impriment à la pratique de l'enseignement un caractère particulier; on laissera au lecteur averti le soin de tirer ses propres conclusions sur les différentes possibilités qui pourraient se greffer sur ce schéma présenté (Figure 4.3). Au niveau des habiletés, nous n'essaierons pas de montrer les correspondances qui s'établissent entre telle habileté (ou technique) et telle stratégie ou style particulier, parce que les techniques proposées dans ce livre peuvent être utilisées avec n'importe quelle stratégie ou dans tout style d'enseignement. Il est évident que certaines dimensions s'amalgament davantage. Par exemple, ceux qui aiment participer sont mieux disposés à écouter que ceux qui préfèrent parler. Ceux qui ont le goût de vendre ne seront pas portés à encourager les autres à essayer leurs propres solutions, alors que cela convient tout à fait à ceux qui se plaisent à déléguer.

Stratégies d'enseignement

Nous avons examiné jusqu'ici les différences de styles personnels en tant qu'ils affectent le comportement du leader, une structure d'organisation et les préférences individuelles. Une autre variable clé qui influence le comportement des enseignants qui œuvrent avec des élèves (et aussi les leaders travaillant avec les enseignants) est la stratégie (règles du jeu) qu'ils ont en tête. Ces stratégies portent plusieurs noms; par exemple, démonstration, découverte, didactique, heuristique. Nous allons continuer à utiliser le graphique de la variable continue en parlant de la gauche et de la droite pour situer les variations qu'on observe dans les stratégies, celles qui sont à droite correspondant à l'attitude directive, et à gauche, celle qui sont non directives.

Ceux qui préfèrent une approche structurée dans l'apprentissage se rallient spontanément à la didactique et aux stratégies directives. Ils se trouvent en harmonie particulière avec les enseignants qui préfèrent donner des consignes précises plutôt qu'avec ceux qui aiment déléguer. Il y a des moments et des situations où l'enseignement directif s'impose. Ceux qui plaident en faveur de l'enseignement directif ont tendance à traduire ces moments par «presque toujours», et ces situations par «le lot habituel». Par ailleurs, les tenants de l'approche heuristique ou de la découverte dans l'enseignement voient leurs stratégies préférées comme presque toujours utiles. À notre avis, il existe des moments où la didactique et les consignes précises s'imposent; en d'autre temps, favoriser un projet approprié pour apprendre quelque chose par soi-même (délégation), c'est de beaucoup préférable. Dans certains groupes, l'emploi de la maïeutique ou de procédés d'échanges (participation) convient tout à fait. Dans des circonstances parti-culières (surtout lorsque chacun des membres d'un groupe se situe sur le plan de l'actualisation de soi), l'approche heuristique, trans-cendante ou la vue d'ensemble viennent spontanément à l'esprit. Parfois, la persuasion (vendre) est appropriée.

Le nombre de permutations ou de combinaisons des variables que nous avons mentionnées jusqu'ici est vertigineux. Cependant, ces variables tendent à se fondre dans la structure du modèle que nous avons proposé. Ainsi, Jean préfère investiver; Charles favo-rise l'approche par la découverte; Jules donne des consignes claires; Hélène aime les procédés d'enquête; Madeleine réussit bien à «vendre». Le leader dans l'enseignement, à titre d'analyste, gagne-rait à être plus ouvert qu'il ne l'a été jusqu'ici, de manière à pouvoir apprécier à sa juste valeur une grande variété de modèles et beaucoup de différences au sein du corps enseignant.

Selon un auteur dont la carrière à titre d'analyste compte 60 années de pratique, ayant fait ses débuts comme observateur (étu-diant) dans une maternelle de type Montessori et poursuivi sa carrière pendant 40 ans comme enseignant dans des écoles, des collèges et des universités, il existe toute une panoplie d'analystes: des despotes, des patrons, des «fouineurs-viseurs», des consultants en affaires, des gourmets avides, des critiques mordants, des con-naisseurs suffisants, des *coach* complaisants, et des observateurs inflexibles. Il a dévoilé l'existence d'enseignants qui hurlent, bou-dent, cajolent, déprécient, implorent, explosent intérieurement, moulent, sautent et tamponnent, plaident et sont durs à la besogne. Si l'on se réfère à cette expérience, on comprendra qu'il est impossible de développer un modèle standardisé de l'analyste idéal, non plus que celui d'un enseignant accompli.

Lorsque ce livre a été rédigé la première fois, une chose était claire, et nous voulions la souligner – planifier une séance d'observation, observer et enregistrer les observations, puis donner du *feedback* à partir des observations – cela devenait de plus en plus complexe en raison des exigences persistantes des superviseurs: ils veulent une évaluation sommative de l'enseignement (pour en assurer la crédibilité) et aussi une source de renseignements de nature formative (en vue du développement, de la croissance et de l'analyse).

Notre façon de sortir de ce dilemme – on l'a fait dans le chapitre 3, a été de situer la planification des séances d'observation et l'entretien *feedback* dans un schéma étendu comprenant les concepts et les activités qui suivent: les standards (critères de l'enseignement efficace), les descriptions de tâche (considération de chaque situation particulière), la définition des objectifs, l'évaluation formelle (rapport écrit), les programmes de soutien aux enseignants qui se trouvent en difficulté, et la considération des contrats, des griefs, de l'arbitrage, des auditions et des litiges. L'élément clé ouvrant la porte de toutes ces activités, c'est le processus d'analyse de l'enseignement.

Habiletés

Les habiletés (techniques) nécessaires à l'analyse efficace de l'enseignement sont les mêmes que celles de la supervision clinique. On les décrit en les mettant en lumière dans les trois parties subséquentes de cet ouvrage.

Conclusion

La plupart des enseignants qui entreprennent librement un programme de perfectionnement en enseignement trouvent cette expérience utile et bénéfique, lorsqu'on y fait appel à l'observation par des pairs – des collègues formés de manière systématique aux techniques d'observation. Certains directeurs d'école sont capables de se comporter comme des collègues dans un programme d'observation par des pairs; d'autres n'arrivent pas à établir ce climat de confiance nécessaire pour que les enseignants les acceptent comme une aide utile. Selon les enseignants que nous avons interviewés, il existe de multiples raisons pour lesquelles cela se produit, et ces raisons varient suivant les individus. Quelques directeurs accentuent délibérément l'aspect évaluatif dans leurs jugements, oubliant les données d'observation enregistrées pour lesquelles on s'était mis d'accord. De plus, ils affichent une attitude dominatrice lors de l'entretien qui suit la séance d'observation. Quelques directeurs d'école réussissent à gagner la confiance à titre de collègues ou de collaborateurs. Deux des facteurs qui incitent les enseignants à donner leur confiance sont les suivants:

• une disposition à se voir observé durant son enseignement et à observer l'enseignement d'un autre;

• un style personnel accessible, empathique, qui prête son appui, enthousiaste et flexible.

Les enseignants nous ont aussi fait remarquer que certains directeurs d'école qui prêtent leur appui et sont enthousiastes au sujet du programme, font défection au moment de s'y engager. L'engagement personnel du leader en enseignement revêt une importance capitale aux yeux des enseignants qui désirent une évaluation réelle, et non pour la forme seulement. En un mot, l'analyse de l'enseignement constitue un sous-produit de l'entretien *feedback* propre à la supervision clinique: planifier, observer, donner du *feedback*. Dans cette perspective, on assume que l'observateur est disponible, ce qui, souvent, n'est pas le cas. Plusieurs enseignants sont rarement observés par une autre éducateur, et lorsqu'ils le sont, c'est beaucoup plus dans le but d'aboutir à une évaluation formelle de type «rituel» que dans la perspective d'une croissance personnelle et professionnelle.

L'enseignement mérite d'être analysé, spécialement par des enseignants. En s'y prêtant de préférence avec des collègues dignes

197

de confiance, respectés et compétents, on n'élimine pas le fait qu'on puisse se livrer à des auto-analyses, en adaptant les mêmes techniques qu'on utilise dans des situations marquées par la collaboration.

Nous admirons le rôle qu'un collègue peut jouer, mais nous considérons aussi l'auto-analyse comme une activité fort désirable. En présence ou en l'absence de l'enrichissement provenant de la perception par un pair, l'enseignant a besoin d'examiner, d'écouter et d'analyser ses activités, d'un but à atteindre et d'une façon d'y parvenir, c'est-à-dire d'une stratégie.

D'autres variables affectent l'analyse de l'enseignement:

- le climat, la situation et l'organisation (structure) dans lesquels l'enseignement se passe;

- le type de traitement de l'information propre à l'enseignant, spécialement dans la façon dont cela affecte les interactions avec les élèves et les collègues;

- le répertoire des stratégies, des méthodes et des techniques (habiletés) d'enseignement que peuvent utiliser à la fois les enseignants et les leaders;

- la variabilité des styles de leadership parmi les leaders et ceux qui les suivent telle qu'elle affecte les interactions entre l'enseignant et les élèves, entre les enseignants et les collègues, et entre les enseignants et les administrateurs.

Ces variables devront faire l'objet d'une étude minutieuse au cours de la prochaine décennie, conduite avec plus de vigueur et de compétence que par le passé. Dans le dernier chapitre de ce volume, nous nous arrêterons à nouveau sur les différents rôles que l'on peut envisager, après avoir pris soin d'examiner la définition des objectifs, la planification, l'observation et l'art de donner du *feedback*.

Références

1. Jerome S. Bruner, Some Theorems on Instruction, dans *Theories of Learning and Instruction*, ed. E.R. Hilgard (Chicago: National Society for the Study of Education, 1964).
2. Paul Hersey and Kenneth Blanchard, *Management of Organizational Behavior: Utilizing Human Resources* (Englewood Cliffs, NJ: Prentice-Hall, 1969).
3. Abraham Maslow, *Motivation and Personality* (New York: Harper & Row, 1970).
4. Abraham Maslow, *The Farther Reaches of Human Nature* (New York: Vicking Press, 1971).
5. Ted Aoki, personal communication.
6. William Strunk and E.B. White, *The Elements of Style* (New York: Macmillan, 1979).
7. A.F. Gregorc, *The Style Delineator* (Cambridge, MA: Gabriel Systems, 1982); I.B. Myers and M. H. McCaulley, *Manual: A Guide to the Development and Use of the Myers-Briggs Type Indicator* (Palo Alto, CA: Consulting Psychologists Press, 1985).
8. Hersey and Blanchard, *Management of Organizational Behavior.*
9. Gregorc, *Style Delineator.*
10. Myers and McCaulley, *Manual...*

Exercices

Items à choix multiples

Réponses à la page 448.

1. La supervision clinique comprend les étapes cycliques suivantes:
   a. entretien de planification, entretien *feedback*, observation en classe;
   b. observation en classe, entretien *feedback*, entretien de planification;
   c. entretien de planification, observation de la classe, entretien *feedback*;
   d. entretien de consultation, observation en classe, entretien *feedback*.

2. Les recherches démontrent que les enseignants:
   a. sont satisfaits de la supervision pratiquée actuellement;
   b. croient que la supervision joue un rôle important dans leur vie professionnelle;
   c. se tournent vers la supervision principalement dans le but d'obtenir du support émotionnel et de la sécurité;
   d. n'ont que peu de respect pour la supervision.

3. Selon les auteurs, le but principal de la supervision clinique est:
   a. d'améliorer l'enseignement des enseignants en classe;
   b. de fournir à l'enseignant du soutien au niveau du programme d'enseignement;
   c. de fournir à l'enseignant du support émotionnel et de la sécurité;
   d. (b) et (c).

4. Les techniques de supervision clinique:
   a. ne devraient jamais être utilisées dans l'évaluation des enseignants;
   b. peuvent être adaptées à l'évaluation des enseignants;
   c. peuvent être utilisées dans l'évaluation des enseignants, sauf les techniques d'entretien *feedback*;
   d. peuvent être utilisées dans l'évaluation des enseignants, sauf les techniques d'entretien de planification.

5. Laquelle des généralisations suivantes est la plus fondée sur les recherches disponibles?
   a. Les enseignants préfèrent un style indirect de supervision.
   b. Les enseignants préfèrent un style direct de supervision.
   c. La supervision clinique améliore les apprentissages des élèves.
   d. La supervision clinique aboutit à une plus grande persévérance des enseignants dans les districts scolaires.

6. Lequel des indicateurs suivants n'est pas relié à l'enseignement efficace suivant les preuves que nous possédons à l'heure actuelle?
   a. Chaleur de l'enseignant.
   b. Enthousiasme de l'enseignant.

    c. Expérience de l'enseignant.

    d. Clarté chez l'enseignant.

7. Parmi les perspectives d'observation de ce que font les enseignants, laquelle se rapproche le plus des objectifs de la supervision clinique?

    a. Observation de l'enseignant à l'extérieur de la classe.

    b. Observation des élèves de l'enseignant.

    c. Observation de la planification de l'enseignant.

    d. Observation du comportement de l'enseignant en classe.

8. Qu'indique le fait d'accepter les sentiments des élèves, de reconnaître leurs idées et de les encourager?

    a. L'orientation des «tâches» de l'enseignant.

    b. La clarté de l'enseignant.

    c. Le temps dédié à l'aspect académique.

    d. Le style non directif d'enseignement.

9. Lequel des éléments suivants peut être considéré comme un point important au cours d'une audience de congédiement?

    a. Les standards du district.

    b. Les entretiens *feedback*.

    c. Le plan d'aide.

    d. Toutes ces réponses.

    e. Aucune de ces réponses.

10. Lorsqu'un superviseur est aussi l'évaluateur, qu'est-ce qui peut être perdu?

    a. L'observation systématique.

    b. Le *feedback*.

    c. La confiance.

    d. L'évaluation formelle.

Problèmes

Les problèmes suivants n'ont pas de réponses uniques. Les réponses possibles sont à la page 449. Vos réponses peuvent être différentes des nôtres, tout aussi bonnes ou même meilleures.

1. À titre de superviseur clinicien, vous travaillez avec un enseignant pour l'aider à développer de nouvelles habiletés lors de son passage du deuxième cycle du secondaire au premier cycle du secondaire. Un jour, l'enseignante devient effrayée et dit qu'elle va quitter la profession. Que feriez-vous alors en tant que superviseur clinicien?

2. Vous êtes superviseur clinicien et on vous confie la supervision d'un enseignant débutant. Il commence la conversation en vous demandant: «Êtes-vous ici pour m'évaluer?» Comment devriez-vous répondre?

3. Certains éducateurs disent qu'être un bon enseignant, c'est inné et non le fruit d'un apprentissage. D'autres prétendent que l'enseignement ne peut pas être analysé parce que c'est un art, et non une science. Êtes-vous d'accord ou non avec ces propos? Pourquoi? Et pourquoi pas?

DEUXIÈME PARTIE

Techniques d'élaboration des objectifs de supervision et planification des observations en classe

Deuxième partie

TECHNIQUES D'ÉLABORATION DES OBJECTIFS DE SUPERVISION ET PLANIFICATION DES OBSERVATIONS EN CLASSE

Sommaire

Dans la première étape de la supervision clinique, deux thèmes majeurs imposent des rencontres de planification entre le superviseur et l'enseignant, à savoir : l'élaboration des objectifs de la supervision et la planification de la séance d'observation en classe. Dans le chapitre 5, nous traiterons des éléments essentiels d'un entretien efficace portant sur l'élaboration des objectifs à viser lors de la séance d'observation en classe; alors que dans le chapitre 6, nous décrirons les éléments qui entrent en ligne de compte lors d'un échange où le superviseur et l'enseignant planifient ce qui fera l'objet même de l'observation. On y trouvera la description des techniques spécifiques de ces entretiens et nous fournirons des exemples qui permettent à ces techniques de les rendre constructifs.

Objectifs

Le but que poursuit cette partie de l'ouvrage est de vous aider à développer :

- une compréhension des éléments fondamentaux qui composent une relation positive entre l'enseignant et le superviseur;

- des étapes précises pour mener à bien un entretien dans lequel l'enseignant et le superviseur s'accordent pour étudier certains problèmes, observer et enregistrer un comportement, et coopèrent dans le but d'améliorer l'enseignement;

- des techniques explicites visant à préparer les maîtres dans leur recherche d'un *feedback* capable de les aider à analyser, interpréter et modifier leurs efforts d'enseignants;

- une approche de supervision cohérente dans son style, sa stratégie et sa technique, suivant les buts proposés dans la première partie de cet ouvrage.

Chapitre 5

ÉLABORER DES OBJECTIFS DE SUPERVISION

> *Si vous n'êtes pas sûr de l'endroit où vous allez, il y a de fortes chances que vous vous retrouviez ailleurs.*
>
> Robert Mager

Dans ce chapitre, nous verrons de façon plus détaillée l'élaboration des objectifs que l'on se propose durant l'exercice de la supervision. Qu'il s'agisse de maîtres en exercice, de débutants ou de vieux «routiers», tous ont besoin de viser des buts tangibles, réalistes et importants. Ceux qui, parmi les enseignants, travaillent à des objectifs de croissance plutôt qu'à des objectifs de correction de déficiences, auront besoin d'entretiens préparatoires centrés sur le maître. Quant à ceux qui ont besoin d'aide, l'entretien qui a pour objet la définition des buts à atteindre pourra plutôt être centré sur l'évaluateur.

À la suite de ces rencontres dont le but consiste à préciser les objectifs visés par la supervision, plusieurs cycles de planification des observations et de *feedback* (voir les chapitres subséquents) auront lieu. Si ces échanges sont menés par l'évaluateur, ils donneront lieu à une documentation qui sera utilisée par la suite dans une évaluation formelle. S'ils se produisent entre collègues qui veulent s'entraider dans leurs pratiques de l'enseignement, on pourra laisser à la discrétion de l'enseignant, de l'évaluateur ou de l'observateur, le soin de décider si oui ou non les données colligées seront incluses dans l'évaluation.

Préciser les préoccupations de l'enseignant
au sujet de son enseignement (technique 1)

L'objet principal de la supervision clinique, c'est d'aider les enseignants à améliorer leur acte professionnel d'enseignement. Pour ce faire, l'une des rencontres prévues en vue d'élaborer des objectifs pourra servir à préciser les zones susceptibles d'amélioration. Le superviseur peut demander à brûle-pourpoint de quelle façon il ou elle veut s'améliorer, mais cela n'est généralement pas très efficace. Beaucoup n'ont jamais envisagé la possibilité de s'améliorer sur le plan professionnel et, conséquemment, se considèrent mis au pilori quand on leur pose une telle question. Une approche initiale plus utile consiste à aider l'enseignant à manifester ses craintes. Lorsqu'un enseignant réussit cette étape, il peut habituellement passer ensuite à l'étude objective de ses craintes et les résoudre.

Le superviseur peut poser des questions variées pour orienter l'enseignant vers l'examen de ses craintes. En voici des exemples: «Comment ça va dans votre enseignement? Avez-vous plus de succès dans certains domaines que dans d'autres? Notre but est de vous aider à fournir le meilleur enseignement possible; y a-t-il certains aspects de votre travail que nous pourrions examiner?»

Telle question n'est pas nécessairement meilleure qu'une autre. Le superviseur doit aider l'enseignant à exprimer ses inquiétudes sans qu'il ne se sente menacé. Sinon, il y a de forts risques qu'il se taise ou n'exprime que des soucis ne prêtant flanc à aucune critique. Par exemple, des enseignants nous ont dit que «l'individualisation de l'enseignement» constitue une observation sécuritaire mais que la discipline en classe est un sujet à éviter. L'enseignant qui parle de discipline risque d'être perçu comme incompétent, alors que celui qui évoque l'individualisation de l'enseignement a de bonnes chances d'être perçu comme s'acheminant vers la perfection.

Certains insistent sur l'absence absolue de problèmes; pour eux, tout va très bien. Dans bien des cas, cette perception de l'enseignant est tout à fait exacte; pourtant, nous estimons qu'il y a toujours de la place pour l'amélioration. Celui qui est bon peut devenir meilleur.

Quand un enseignant invoque l'absence de problèmes, le superviseur doit probablement accepter cette assertion à sa pleine valeur. Le superviseur peut aussi suggérer la technique d'observation «à lentille grand angulaire» comme on peut le faire dans un enregistrement-vidéo (voir le chapitre 9) pour mieux voir ensemble la séance d'observation. On peut habilement suggérer cela en posant la question suivante: «Que penseriez-vous de l'idée d'enregistrer l'une de vos leçons pour que nous voyions mieux ensemble quels aspects de votre enseignement vous plaisent le plus?» À la suite de l'enregistrement et du visionnement de la vidéocassette au cours de l'entretien *feedback*, l'enseignant peut prendre tout à coup conscience de zones susceptibles d'amélioration.

Certains enseignants trouvent utile d'examiner une liste de vérifications ou des instruments visant à évaluer leur performance. En montrant cette liste à l'enseignant, le superviseur peut demander: «Quels sont les domaines où vous pensez que vous excellez? Quels sont ceux que l'on pourrait regarder plus attentivement pour voir s'ils sont sujets à amélioration?»

Frances Fuller a produit à l'Université du Texas une série classique de recherches sur les préoccupations des enseignants au cours de leur formation initiale et tout au long de leur carrière professionnelle[1]. Chez les étudiants-maîtres et au cours de leur insertion professionnelle, les inquiétudes exprimées portaient sur eux-mêmes. Quant aux enseignants expérimentés, leurs inquiétudes portent sur leurs élèves. Cette auteure a résumé ses conclusions de la façon suivante:

Enseignants-débutants: soucis par rapport à eux-mêmes

Soucis voilés: quel est mon rôle? À ses débuts, l'étudiant-maître se demande: «Quel est mon rôle?» «Est-ce ma classe ou celle de mon

209

maître-hôte?» «Si un enfant se conduit mal dans le corridor, dois-je m'en occuper, l'ignorer ou avertir quelqu'un?» Ces inquiétudes sont rarement verbalisées ou écrites, sauf sur demande expresse.

Soucis avoués: Jusqu'à quel point suis-je adéquat? Ici, l'inquiétude porte sur le contrôle du groupe-classe. Ce n'est un secret pour personne. Elle est d'une évidence éclatante et persistante chez la majorité des débutants.

La capacité de contrôler la classe n'est cependant qu'un des aspects d'une préoccupation plus large chez les stagiaires à savoir s'il répond aux exigences de la profession. Cela signifie pour lui un questionnement sur son habileté à comprendre la matière à enseigner, à prévoir les bonnes réponses, à savoir dire: «Je ne sais pas», à se sentir libre de se tromper à l'occasion, à prévoir les problèmes, à mobiliser des ressources et à faire les modifications désirées quand des échecs surviennent. Cela inclut aussi la capacité de faire face à l'évaluation, c'est-à-dire de se mettre avec bienveillance à l'écoute des évaluateurs et de savoir décanter les préjugés.

Préoccupations tardives: soucis envers l'élève

Quand s'acquiert la maturité qui caractérise l'enseignant expérimenté, les inquiétudes se rapportent au progrès des élèves et à l'auto-évaluation, par opposition au gain personnel et à l'hétéro-évaluation. Nous avons observé des préoccupations spécifiques portant sur la capacité de comprendre les habiletés des élèves, de leur fournir des objectifs spécifiques, d'évaluer leurs progrès, d'attribuer la juste part de ses contributions personnelles aux difficultés et aux progrès des élèves, et de s'auto-évaluer en tenant compte de ces progrès[2].

La perspicacité de Frances Fuller l'a amenée à suggérer une certaine variété d'inquiétudes auxquelles l'enseignant peut être sujet et envers lesquelles le superviseur doit manifester de la délicatesse. Parfois, ces inquiétudes s'expriment spontanément; en d'autres cas, il faut les rechercher à l'aide d'un questionnement prudent.

Savoir traduire les inquiétudes de l'enseignant
en comportements observables (technique 2)

Parmi les techniques les plus importantes qu'utilise la supervision clinique, on retrouve celle qui consiste à aider l'enseignant à traduire ses inquiétudes en comportements observables. Prenons, à titre d'exemple, le cas d'un patient qui se présente au médecin avec le très vague symptôme de ne pas se sentir bien. La première tâche du praticien sera d'établir une image différenciée, c'est-à-dire plus précise, des symptômes. Il procédera donc par des questions du genre: «Depuis quand vous sentez-vous mal? Parlez-moi des problèmes particuliers que vous avez. Quel est le genre de malaise dont vous souffrez?» Ces questions font partie du processus diagnostique; elles servent d'abord à isoler le problème et ensuite à voir au traitement.

Le superviseur clinicien a justement besoin d'agir comme diagnostiqueur au cours de l'entretien. Supposons qu'un étudiant-maître dise: «Je doute d'avoir la confiance nécessaire pour devenir un enseignant». L'inquiétude exprimée ici est le manque de confiance, mais le superviseur doit préciser ce que cela veut réellement dire: le mot confiance n'a peut-être pas le même sens dans l'esprit de l'enseignant et dans celui du superviseur.

Dans l'utilisation de la technique de traduction des inquiétudes en comportements observables, le superviseur doit bien juger les mots et les phrases qu'emploie l'enseignant dans un sens abstrait, ambigu ou marqué par un haut niveau de généralisation. Il s'agit là d'un niveau fort éloigné du comportement observable. Voici des exemples de phrases qui contiennent des abstractions ou des mots ambigus:

«Je crains d'être un *dictateur.*»

«Selon moi, la chose la plus importante pour mes élèves, c'est qu'ils aient une *saine perception d'eux-mêmes.*»

«Il n'y a tout simplement pas suffisamment de temps pour passer à travers toute la matière *que je désire couvrir.*»

211

«Certains de mes élèves sont de véritables *bêtes sauvages.*»

«Je crains de ne pas dégager suffisamment de *chaleur.*»

«Je me demande si je ne suis pas trop *critique* vis-à-vis de mes élèves.»

«Comment puis-je *rejoindre* les élèves-*problèmes?*»

Quand un enseignant se réfère à un problème en employant de tels termes, votre tâche consiste à les clarifier pour les rendre observables. Voici des exemples de questions à poser, qui peuvent aider en ce sens:

«Connaissez-vous un enseignant qui dégage de la *chaleur?* Que fait-il?»

«Que faites-vous, selon vous, lorsque vous êtes trop *critique* envers vos élèves?»

«En quoi certains de vos élèves sont-ils des élèves-*problèmes?*»

«Qu'entendez-vous exactement par *rejoindre* vos élèves-*problèmes?*»

Ce ne sont pas là les seules questions utiles. Le superviseur doit se sentir libre de poser toute autre question ou d'employer toute autre technique permettant à l'enseignant de se concentrer sur les termes abstraits et de chercher à en clarifier le sens.

Un superviseur peut juger de son succès en ce domaine en répondant à la question: «Suis-je maintenant assez informé pour être en mesure de bien apprécier cette inquiétude de l'enseignant telle qu'il la ressent en classe?» Une autre bonne question serait la suivante: «Est-ce que l'enseignant et moi-même, nous parlons de la même chose quand nous utilisons tel ou tel mot?» Si vous avez confiance au oui que vous répondez, il y a de bonnes chances que vous sachiez utiliser correctement la technique que nous venons de décrire.

212

On a fait beaucoup de recherches à ce jour pour bien préciser le sens de certains concepts en enseignement. Ainsi, Andrew Bush, John Kennedy et Donald Cruickshank ont cherché à déterminer à quels comportements observables correspondait le terme «clarté[3]». Leur façon d'aborder le problème a été de demander aux élèves d'aligner cinq comportements de leur enseignant qui leur paraissaient les plus clairs. C'est ainsi qu'ils ont pu dégager, pour ce concept de clarté, les comportements observables suivants:

- Donne des exemples et explique.

- Répète ses questions et ses explications lorsqu'on ne comprend pas.

- Permet aux élèves de poser des questions.

- Une bonne élocution.

- Est très pertinent, ne s'éloigne pas du sujet.

- Utilise des termes courants.

- Écrit les idées importantes au tableau.

- Relie son enseignement à la vie réelle.

- S'enquiert auprès des élèves s'ils ont compris.

Cette liste est incomplète, bien entendu, mais elle aidera à la fois l'enseignant et le superviseur dans leurs efforts pour améliorer la qualité de l'enseignement du maître.

Même un concept aussi abstrait que l'enthousiasme de l'enseignant peut devenir, à la suite d'une analyse soignée, une donnée observable. Mary Collins a identifié des points de repères ou de référence à ce sujet en passant en revue certaines recherches antérieures sur ce thème, un y ajoutant sa propre analyse ou en consultant d'autres collègues enseignants et des éducateurs. Nous présentons ci-dessous cette liste de comportements observables que Collins a préparée. Grâce à l'utilisation de cette liste qui lui servit de guide, elle a pu entraîner un groupe d'étudiants-maîtres à améliorer considérablement leur niveau d'enthousiasme en classe[4].

Vous trouverez dans les chapitres 7 à 10 d'autres exemples de comportements-repères relatifs aux inquiétudes des enseignants; car ces chapitres sont consacrés à la présentation d'instruments d'observation destinés à recueillir des données à propos de ces diverses préoccupations des enseignants.

Comportements-repères caractérisant *l'enthousiasme*

1. Débit verbal: changements considérables et subits allant d'un discours à débit rapide et excité à un simple murmure; intonations variées de la voix, cadencées, enlevantes; fréquents changements dans le ton de la voix et sa hauteur.

2. Les yeux: vifs, brillants, éclairés, fréquemment ouverts à pleine grandeur avec élévation des sourcils, contact oculaire avec tout le groupe.

3. Les gestes: mouvements démonstratifs répétés du corps, de la tête, des bras, des mains et de la face; mouvements de balayage; claquement des mains et dodelinement rapide de la tête.

4. Mouvements: mouvements du corps à grande amplitude, c'est-à-dire virevolte, flexion, variation de fréquence des mouvements.

5. Expression faciale: paraître vibrant et démonstratif; exprimer par des mimiques différentes la surprise, la tristesse, la joie, la gentillesse, la stupéfaction et l'excitation.

6. Choix des mots: très descriptifs, beaucoup d'adjectifs, une grande variété.

7. Accueil des idées et sentiments: reçoit avec empressement, vigueur et beaucoup d'animation, les opinions et les sentiments exprimés; se tient prêt à accepter, féliciter, encourager ou clarifier de façon non menaçante; varie beaucoup ses réponses aux élèves.

8. Énergie d'ensemble: explosif, exubérant, beaucoup de vitalité, d'allant et d'ardeur pendant toute la durée de la leçon.

Identifier les processus d'amélioration
de l'enseignement du maître (technique 3)

Les deux techniques précédentes visaient à aider l'enseignant à préciser ses craintes et à les transformer en comportements observables. Et maintenant, que va-t-il se passer?

Lorsque l'enseignant a correctement précisé certaines de ses inquiétudes, on peut dès lors songer à modifier les comportements qui en découlent dans sa façon d'enseigner. Considérons, par exemple, un enseignant qui s'inquiète de passer pour ennuyeux ou d'être réputé sans enthousiasme. Pendant que le superviseur aide cet enseignant à identifier les comportements marqués par l'enthousiasme, celui-ci demandera probablement comment il en vint à manifester de telles qualités. Le superviseur facilitera alors le processus en tenant à haute voix des propos concernant les voies à choisir pour acquérir de nouveaux comportements.

Peut-être l'enseignant trouverait-il plus simple de pratiquer indépendamment chacun des comportements. Le superviseur pourrait faire la remarque suivante: «Pourquoi ne pas dresser la liste de ces comportements enthousiastes sur une fiche de 12 cm sur 20 et garder cette fiche près de vous pendant la leçon? Dans environ une semaine, je reviendrai faire un vidéo de votre activité; cela vous permettra de voir par vous-même votre comportement.»

Dans certains cas, les processus requis sont plus extensifs. Un enseignant peut parfois désirer utiliser plus efficacement les «coins d'apprentissage» dans sa classe. Comme cela exige tout un ensemble d'habiletés d'enseignement, l'enseignant peut se voir dans l'obligation de lire un peu sur ce sujet et de fréquenter quelques ateliers sur l'utilisation de ces «coins d'apprentissage».

Si le problème de l'enseignant se rapporte au changement de comportement chez ses élèves, il se peut qu'il soit obligé de passer par un processus qui compte plusieurs étapes. Admettons par exemple que l'enseignant se plaigne du manque d'attention de ses élèves pendant les discussions. Le superviseur commence par l'aider à traduire l'idée «attention» en un ensemble de comportements observables: répondre aux questions posées de manière réfléchie, écouter les autres élèves lorsqu'ils parlent, poser des questions, faire des commentaires pertinents, etc. L'enseignant se verra alors entraîné dans une démarche qui le conduira à préparer des façons de procéder pour susciter de tels comportements «attendus». Enfin, il s'agira pour lui de pratiquer ces processus jusqu'à ce qu'il les maîtrise. Voici donc, en résumé, les étapes qui conduisent au changement de comportement des élèves:

1. identifier avec précision les comportements des élèves que vous, l'enseignant, vous désirez voir se produire en classe;

2. rechercher les démarches à suivre pour aboutir à de tels résultats;

3. voir quelle stratégie il faut adopter pour apprendre et pratiquer une telle démarche.

Parvenir à modifier les comportements des élèves est probablement le but le plus difficile à atteindre, mais c'est aussi celui qui apporte le plus de satisfaction.

Voici des extraits d'un entretien préparatoire à la supervision où l'objectif était justement une modification de comportement chez des enfants de deuxième année du primaire:

L'enseignant Entrez et surveillez le comportement de Lucie et de Marc. Ils ne font que jouer et bavarder.

Le superviseur Lucie et Marc sont-ils les seuls que vous voulez que j'observe?

L'enseignant Non. J'ai réellement un groupe immature, cette année. Vous pourriez tout aussi bien les observer tous.

216

Le superviseur Qu'entendez-vous par immature?

L'enseignant Oh! La durée d'attention est très courte; ils n'ont pas appris à se calmer et ils parlent sans permission.

À ce stade de l'échange, enseignant et superviseur décident de se concentrer sur un point particulier: le bavardage. Leur dialogue se poursuit ainsi:

Le superviseur Pouvez-vous me donner un exemple de situation où ils parlent sans permission?

L'enseignant Par exemple, quand ils se forment en petits groupes de lecture et que je pose une question à l'un d'entre eux, n'importe qui répond s'il pense qu'il a la bonne réponse. Parfois, ils ne se donnent même pas la peine d'écouter la question; ils répondent n'importe quoi. Même s'il y en a déjà un qui parle, les autres l'ignorent et parlent tous ensemble.

Le superviseur Je commence à avoir une bonne idée de ce qui se produit. Selon vous, que faut-il faire pour que seul l'interpellé réponde, et comment s'y prendre pour faire comprendre à un autre enfant qui veut parler en même temps qu'il doit attendre son tour?

L'enseignant Je devrais peut-être lui montrer quelques règles de participation dans un groupe. Par exemple, lever la main avant de parler et demeurer tranquille quand un camarade parle.

L'enseignant et le superviseur s'employèrent dès lors à examiner les diverses méthodes d'enseignement de règles de participation propres à un groupe. L'enseignant prit des notes sur ces méthodes et accepta de les mettre en pratique la semaine suivante. Le superviseur suggéra de plus à l'enseignant d'encourager les élèves ou de renforcer positivement les comportements qui dénotent le respect des règles de participation dans le groupe de lecture. Le

217

superviseur découvrit, en faisant cette suggestion, que l'enseignant n'était pas très familiarisé avec les principes du renforcement en classe. Il suggéra donc à l'enseignant de s'inscrire à un atelier à venir où on allait justement discuter des principes qui doivent présider à la gestion de classe.

Cet exemple illustre les trois pas à faire pour modifier le comportement des élèves: (1) bien préciser quels comportements on désire voir s'instaurer (lever la main avant de parler); (2) examiner la démarche à suivre pour atteindre ces buts (montrer aux élèves quelles règles il faut suivre, et récompenser les conduites appropriées); et (3) choisir les stratégies qui permettent d'apprendre la démarche à entreprendre (pratiquer en classe et participer à un atelier).

Aider l'enseignant à élaborer ses propres objectifs d'auto-amélioration (technique 4)

Si le superviseur a bien utilisé les trois premières techniques, il devrait lui être facile d'amener l'enseignant à franchir l'étape suivante: se fixer des objectifs d'auto-amélioration de son enseignement. Certains superviseurs ou enseignants pourraient penser que cela est superflu. Lors de la présentation de la technique précédente, on a cité l'exemple de l'enseignant dont les élèves parlaient en désordre. Le superviseur a aidé l'enseignant à préciser chez les élèves plusieurs comportements observables qui traduisaient ce problème. Il nous a semblé évident que le but visé par l'enseignant était d'améliorer la participation verbale dans ses groupes de lecture. Une fois ce but devenu explicite, la supervision clinique s'en trouve facilitée. Enseignant et superviseur acquièrent alors une compréhension très claire de la direction où s'engage la supervision clinique. Cela prévient l'ambiguïté où pourrait se retrouver un enseignant qui pourrait se demander: «Je me demande ce que le superviseur attend de moi.»

Que ce but soit précisé par le superviseur ou par l'enseignant, il faut vérifier que l'autre a bien la même compréhension de ce but et accepte de le faire sien. Dans l'exemple cité, la formulation du but pourrait se traduire de la façon suivante:

Le superviseur   Bref, l'un des problèmes qui vous tracassent, c'est que les élèves ne parlent pas chacun à leur tour. Vous avez choisi un certain nombre de comportements que vous désirez voir se produire chez vos élèves. En partant de là, pourriez-vous vous fixer un but à vous-même?

L'enseignant   Oui. Mon premier but est de diminuer la fréquence d'un tel comportement. Je désire ensuite que mes élèves acquièrent des comportements plus positifs comme d'être à l'écoute de l'autre et lever la main quand ils ont quelque chose à dire.

Le superviseur   Ce sont là des buts très valables et je ferai tout ce que je peux pour vous aider à les atteindre.

Cet échange entre l'enseignant et son superviseur, s'il se fait de manière naturelle et honnête, donne à cet entretien préparatoire aux observations en classe, à la fois une structure et des éléments de précision.

Références

1. Frances F. Fuller, «Concerns of Teachers: A Developmental conceptualization», *American Educational Research Journal* 6 (1969): 207-26.

2. *Ibid.*, pp. 220-221.

3. Andrew J. Bush, John J. Kennedy and Donald R. Cruickshank, «An Empirical Investigation of Teacher Clarity», *Journal of Teacher Education* 28 (1977): 53-38.

4. Mary L. Collins, «Effects of Enthusiasm Training on Preservice Elementary Teachers», *Journal of Teacher Education* 29 (1978): 53-57. D'autres études confirment les résultats de Collins. Voir Edward Bettencourt, «Effects of Training Teachers in Enthusiasm on Student Achievement and Attitudes» (Ph.D. diss., Univeristy of Oregon, 1979); Maxwell Gillett, «Effects of Teacher Enthusiasm on At-Task Behavior of Students in Elementary Classes» (Ph.D. diss., University of Oregon, 1980).

Chapitre 6

L'ENTRETIEN DE PLANIFICATION
DES SÉANCES D'OBSERVATION EN CLASSE

> *Le lien le plus important qui existe entre un ensei-*
> *gnant et son superviseur, c'est une bonne communi-*
> *cation... Le directeur d'école, dès le départ, doit*
> *s'appliquer à établir des ponts. Les enseignants*
> *acceptent volontiers les programmes de supervision*
> *et d'évaluation, mais ils désirent en être des parte-*
> *naires à part entière.*
>
> Robert L. Herchberger & James M. Young, Jr.,
> «Teacher Perceptions of Supervision and Evaluation»

La planification des entretiens du superviseur avec l'enseignant donne le ton à une supervision clinique efficace. Elle leur permet à tous deux de bien voir quelles sont les préoccupations de l'enseignant et comment les traduire en comportements observables. Un des résultats de cet entretien: certaines décisions relatives aux données à recueillir durant les séances d'observation en classe, ce qui constitue l'une des phases du cycle de la supervision clinique.

L'entretien de planification des séances d'observation est mené selon un agenda comportant l'identification des préoccupations de l'enseignant, les solutions possibles envisagées et les techniques d'observation. Certains processus moins évidents mais non moins importants surviennent aussi au cours de l'entretien, comme, le degré de confiance à établir envers le superviseur. Cette confiance vient de la conviction que rien ne tient plus à cœur au superviseur que les intérêts mêmes de l'enseignant et qu'il n'utilisera pas à son détriment les données recueillies au cours de cet entretien. Quelque compétents que soient les superviseurs sur le plan technique, leur supervision sera inefficace s'ils ne réussissent pas à établir un climat de confiance. Nous en dirons plus long à ce propos aux chapitres 11 et 12.

L'un des buts fondamentaux de l'entretien de planification des séances d'observation est de fournir à l'enseignant l'occasion de communiquer à un collègue les détails de son style d'enseignement dans la situation propre à sa classe particulière. Plusieurs enseignants se sentent bien isolés du fait qu'ils enseignent habituellement seuls dans un local bien aménagé. À la suite des observations périodiques en classe, le superviseur ou le consultant partage avec l'enseignant un ensemble d'expériences communes sur lesquelles il peut échanger par la suite au cours d'entretiens planifiés. Ces rencontres sont particulièrement vitales dans le cas de l'étudiant-maître qui n'a souvent pas d'autres personnes ressources que son superviseur avec qui il peut partager ses inquiétudes et ses opinions.

Il n'est pas nécessaire d'allonger indûment ces entretiens. Disons que, à moins d'un problème particulièrement difficile à régler, le superviseur peut prévoir une durée de vingt à trente minutes pour la première rencontre. Les entretiens subséquents peuvent ensuite se limiter à cinq ou dix minutes, surtout si l'enseignant n'a pas modifié ses objectifs d'amélioration personnelle depuis le dernier entretien *feedback* du plus récent cycle de supervision clinique.

Les entretiens de planification des séances d'observation en classe doivent se tenir en terrain neutre (par exemple à la cafétéria de l'école, si c'est gratuit) ou dans la classe de l'enseignant. Devoir se rendre au bureau du superviseur pour un entretien peut être perçu comme une «citation à comparaître».

Nous présentons dans ce chapitre plusieurs techniques d'entretien. Dans leur ensemble, elles en constituent l'ordre du jour. Envisagez donc très concrètement de les utiliser dans l'ordre où elles sont présentées.

Bien que ces techniques soient importantes pour réussir un entretien, nous sommes conscients de leurs limites. Après usage, un superviseur pourrait rester sur son appétit parce qu'un élément quelconque y manque (par exemple, la confiance de l'enseignant). Certaines techniques vous auront peut-être échappé. Elles ne constituent pas des prescriptions très spécifiques. Vous devrez donc faire preuve de discernement en les incorporant à votre répertoire de superviseur et en les appliquant à un cas particulier. Notre seule ambition, en les présentant, c'est que leur usage sensé offre une excellente base de départ pour mener à bien un entretien portant sur la planification des séances d'observation en classe. L'élément critique du succès de cet entretien repose sur ce que vous y apporterez de créateur.

Convenir d'un horaire pour la séance d'observation en classe (technique 5)

Les quatre premières techniques touchaient l'établissement des buts de la supervision; l'objet des échanges enseignant-superviseur était l'enseignement tel que pratiqué par l'enseignant. Le temps est maintenant venu d'*observer* l'enseignant à l'œuvre dans sa classe.

Première étape: convenir d'un horaire mutuellement acceptable des visites du superviseur. Pour une raison ou pour une autre, il se peut que l'enseignant ne désire pas vous voir assister à certaines de ses leçons; en d'autres cas, le superviseur peut se trouver en face d'un conflit d'horaire. Le critère important dans cette étape, c'est que la leçon choisie permettra de rejoindre les préoccupations de l'enseignant et lui offrira des éléments de solutions. Si, par exemple, les problèmes de l'enseignant portent sur les réponses de ses élèves aux questions discutées, il devient dès lors inutile de choisir une leçon durant laquelle les élèves sont occupés à des projets d'étude autonome.

D'autres raisons militent pour qu'on tombe d'accord sur un horaire mutuellement acceptable. Les enseignants se sentiraient fortement contrariés en voyant un superviseur se pointer sans prévenir. Ils veulent se sentir respectés à titre de professionnels et souhaitent que les superviseurs les voient comme ceux qui détiennent une responsabilité de première main dans leurs classes respectives. Ils changeront d'air en apercevant un superviseur qui se présente sans préavis.

Bien qu'un accord mutuel sur un horaire soit important dans les rencontres avec les «vieux routiers» de l'enseignement, un tel arrangement est tout aussi important avec l'étudiant-maître. Son stress sera considérable s'il doit s'attendre à voir apparaître soudainement son superviseur en classe sans avertissement. Prévenu d'abord, il peut se préparer à la fois au niveau de ses émotions et de son enseignement. Il a aussi le sentiment de conserver un certain contrôle sur le processus de supervision. Dans un tel cas, il y a de bonnes chances pour que la supervision lui serve à s'améliorer, au lieu qu'il se sente utilisé par elle.

Choix d'un instrument d'observation
et de comportements à noter (technique 6)

Ce qui sert de base à l'entretien de planification des séances d'observation en classe, ce sont les *perceptions* qu'a l'enseignant de ce qui se produit dans sa classe. Ces perceptions peuvent être tout à fait justes ou être sensiblement différentes de ce qui se produit réellement. Les données obtenues grâce aux observations notées par le superviseur en classe permettent de bien vérifier s'il y a concordance entre ces deux points de vue; elles fournissent aussi l'occasion d'enregistrer des éléments reliés à la façon d'enseigner qui ont pu échapper à l'attention de l'enseignant. C'est pourquoi l'une des étapes importantes au cours de l'entretien de planification des séances d'observation consiste à décider quelles sont les données qui valent la peine d'être notées par le superviseur.

Nous présentons, dans la troisième partie de cet ouvrage, un choix assez étendu d'instruments d'observation. Vous devrez vous familiariser avec ces instruments pour aider l'enseignant à bien choisir celui qui lui convient le mieux.

Cet instrument d'observation doit correspondre de manière très appropriée aux préoccupations particulières de l'enseignant à propos de son enseignement. En effet, si un enseignant désire que l'on observe son comportement non verbal, il faudra probablement utiliser un enregistrement-vidéo (technique 15). S'il s'agit d'observer un «enfant-problème», on choisira de préférence l'enregistrement anecdotique des faits (technique 14); si, au contraire, le problème porte sur le niveau de brouhaha en classe, on désirera plutôt coder les divers déplacements des élèves durant les cours (technique 13).

Le choix d'un instrument d'observation permet de donner plus d'acuité aux pensées de l'enseignant en matière d'enseignement. En effet, si l'entretien du superviseur avec l'enseignant porte sur l'éducation en général, la conversation glisse souvent vers de vagues généralités et des concepts abstraits. Le choix d'un instrument d'observation force l'enseignant à être plus «terre à terre» en attirant son attention sur des réalités observables de son acte professionnel d'enseignement.

Le choix de l'un ou l'autre instrument d'observation approprié ou des comportements à enregistrer peut être l'apanage de l'enseignant ou du superviseur. Si l'enseignant est étranger aux méthodes d'observation, le superviseur pourra alors y aller de ses propres suggestions. Cependant, dès que les enseignants sont mis au courant de tout ce qui est disponible comme instrumentation, on doit les encourager à faire des suggestions.

En devisant avec les enseignants sur les instruments d'observation, vous voudrez peut-être souligner le fait qu'ils ne comportent pas d'éléments d'évaluation. Ils ont été préparés pour recueillir des données objectives sans aucune intention de s'en servir pour évaluer. Ces données sont examinées lors de l'entretien *feedback* et peuvent fournir à l'enseignant des éléments qui pourront lui servir à se former une opinion personnelle sur l'efficacité de son enseignement. Lors de l'entretien préparatoire à une séance d'observation en classe, l'enseignant devrait donner à son superviseur les indications suivantes:

1. décrire la leçon que le superviseur observera;

2. décrire ce qu'il ou elle fera pendant cette leçon;

3. décrire les comportements attendus chez les élèves;

4. prédire les problèmes, les «aspérités de la route», les inquiétudes;

5. s'entendre sur le rôle de l'observateur (qu'est-ce qui sera observé, et quelles données devraient être notées).

Au cours de l'entretien de planification de la séance d'observation en classe, l'équipe que forment «enseignant et superviseur» peut amener l'enseignant à décrire les objectifs de ses leçons (performance des élèves), à envisager un choix parmi deux ou plusieurs stratégies d'enseignement[1], et prévoir l'utilisation des techniques appropriées à la stratégie arrêtée. Cela aidera l'enseignant à préciser ses intentions; vous pourrez ainsi vous faire une meilleure idée de ce que vous prévoyez observer. À partir du moment où l'enseignant vous a fait part de ce que les élèves doivent retirer de la leçon, vous possédez un repère pour décider des interventions éducatives qui faciliteront l'apprentissage chez les élèves et pour choisir les méthodes appropriées d'observation.

Clarifier le contexte d'enseignement où sont recueillies les données de l'observation (technique 7)

Nous insistons tout au long de cet ouvrage sur l'importance de ne se concentrer à la fois que sur une ou deux zones de préoccupation de l'enseignant. Si on lui demande de prêter son attention à trop d'aspects de son enseignement en même temps, il en deviendra tout embrouillé. Vous pourriez vous limiter à observer soit l'enthousiasme de l'enseignant, soit sa manière de contrôler sa classe, soit encore ses interventions concernant le comportement des élèves. Il existe cependant un risque de simplifier à outrance l'enregistrement des données. En éducation, les comportements ne s'installent pas dans le vide; ils se situent dans un contexte et celui-ci doit être bien compris si on désire interpréter les comportements-cibles d'une manière réaliste.

Bref, le superviseur ne peut entrer dans une classe «froidement» et prétendre qu'il saisit d'emblée tout ce qui s'y passe. C'est pourquoi, une façon efficace de procéder consiste à poser quelques questions à l'enseignant sur le contexte des comportements qu'il veut que vous observiez. En règle générale, le contexte d'enseignement est celui d'une leçon que l'enseignant s'apprête à donner. Vous pourriez ainsi lui demander:

> «De quoi allez-vous traiter durant cette leçon que je m'apprête à observer?»

> «Qu'espérez-vous que les élèves apprennent au cours de cette leçon?»

> «Quelle stratégie avez-vous choisie pour donner cette leçon?»

> «Pendant que vous enseignerez, y a-t-il autre chose dont je dois être au courant?»

Vos questions vont montrer à l'enseignant que vous désirez comprendre son «monde» dans sa perspective à lui ou à elle. On vous tolérera ainsi beaucoup mieux en classe parce que vous partagerez une compréhension commune de la leçon prévue.

Pour franchir cette étape, il vous revient de connaître certaines techniques d'observation et d'autres moyens de recueillir des données. Au cours de l'entretien de planification de la séance d'observation en classe, c'est l'équipe «enseignant-superviseur» qui a apporté l'information et les idées visant à préciser ensemble ce qu'on cherche à dégager des observations, les modalités d'enregistrement de ce qui se produit en classe, le choix du moment et l'utilisation éventuelle des résultats de l'observation.

Des contraintes

On doit quand même être très réaliste sur le nombre de rencontres que vous pouvez avoir avec un enseignant. Si, par exemple, vous êtes limité à deux séances d'observation par mois, vous pourrez difficilement envisager la possibilité d'un cycle où observations et discussions prendront trois jours consécutifs. Avant de faire des projets, les types d'intervention et les intervalles possibles des entretiens doivent être bien compris tant du superviseur que de l'enseignant.

Comment commencer?

Comment trouver ce qu'on cherche à savoir? Une bonne façon consiste à utiliser la technique que nous avons nommée: «Traduire les inquiétudes en comportements observables», à moins que cela n'ait été déjà fait au moment de l'entretien portant sur les buts de la supervision. Cependant, au cours des premières rencontres avec l'enseignant, il est possible que vous ayez préféré faire porter votre attention sur des comportements concrets. C'est après quelques séances d'observations que l'enseignant et vous-même pourrez dès lors aller plus loin dans l'exploration commune d'éléments abstraits même complexes, et dresser des méthodes pour recueillir des données pertinentes à ce niveau de préoccupation.

Références

1. Une *stratégie* est une approche globale pour aborder une séquence d'enseignement. Une *technique* est une habileté ou un comportement spécifique de l'enseignant au moment où il met en œuvre sa stratégie. Au football, le jeu de passe ou l'échappée sont des stratégies; bloquer, courir, plaquer et lancer sont des habiletés ou des techniques.

Exercices de la deuxième partie

Questions à choix multiples

Réponses à la page 448.

1. L'enseignant et le superviseur doivent s'entendre sur:
   a. les objectifs de l'enseignant pour l'année;
   b. les inquiétudes mutuelles;
   c. la logique commune;
   d. les stratégies d'enseignement à considérer;
   e. toutes ces réponses sont vraies.

2. Les objectifs écrits par les enseignants pour leur développement personnel et comme base d'évaluation annuelle peuvent être:
   a. triviaux;
   b. idiosyncratiques;
   c. vagues;
   d. abstraits;
   e. toutes ces réponses sont vraies.

3. Quelles sont, parmi les hypothèses suivantes sur les enseignants, celles qui sont *incompatibles* avec le point de vue des auteurs? La plupart des enseignants ont:
   a. des buts raisonnables;
   b. accès à des stratégies variées;
   c. peu besoin de s'améliorer;
   d. des préférences pour une supervision démocratique;
   e. une information et une perspective adéquates sur eux-mêmes.

4. Parmi les sujets cités, lequel *ne doit pas* faire l'objet d'un entretien de planification d'une séance d'observation en classe:
   a. problèmes et inquiétudes;

    b.   choix des données à recueillir;

    c.   choix des instruments d'observation;

    d.   identification de ce que l'enseignant et les élèves feront;

    e.   suggérer des solutions aux problèmes de l'enseignant.

5.   Si le superviseur est aussi l'évaluateur de l'enseignant:

    a.   il sera plus difficile d'établir un climat de confiance;

    b.   les buts visés par l'enseignant peuvent être négociés;

    c.   l'enseignant sera moins porté à parler du contrôle de la classe comme l'un de ses buts;

    d.   l'enseignant fera l'objet d'observations plus fréquentes;

    e.   l'enseignant se placera moins sur la défensive.

6.   La clarté se rapporte:

    a.   aux questions;

    b.   au vocabulaire;

    c.   aux applications;

    d.   aux explications;

    e.   à toutes ces réponses.

7.   Des concepts abstraits tels que dégager de la chaleur, l'enthousiasme, l'empathie et l'altruisme:

    a.   ne devraient pas être utilisés comme buts de la supervision;

    b.   peuvent être traduits en comportements observables;

    c.   ne peuvent pas être observés;

    d.   requièrent l'intervention d'un psychologue pour leur analyse;

    e.   ne s'appliquent pas à l'enseignement ou à la supervision.

8.   Un plan d'aide pour un enseignant qui a des carences importantes:

    a.   est requis par la loi dans certains États;

    b.   ne serait pas appuyé par les organisations d'enseignants;

    c.   rendrait caduques les techniques de supervision clinique;

    d.   pourrait aboutir au congédiement de l'enseignant s'il ne s'améliore pas;

e.   devrait être dirigé par l'administrateur qui a servi la mise en demeure à l'enseignant.

Problèmes

On trouvera des réponses commentées à la page 450.

1.   Pensez à un enseignant que vous avez connu et qui a de graves lacunes en techniques d'enseignement. Décrivez un but que pourrait poursuivre cet enseignant.

2.   Pensez au meilleur enseignant dont vous vous souvenez. Décrivez un but que pourrait poursuivre cet enseignant.

3.   Imaginez que vous êtes l'enseignant décrit dans le premier ou le second exemple. Vous êtes en train de conférer avec votre superviseur pour planifier une séance d'observation en classe pour une leçon que vous avez préparée. De quoi devrait-il être question entre vous?

TROISIÈME PARTIE

Techniques d'observation en classe

TECHNIQUES D'OBSERVATION EN CLASSE

La meilleure façon de cerner de près des comportements spécifiques, c'est de les observer. Les résultats de ces observations, qu'il s'agisse de sports ou d'examens, indiquent si vous avez affaire à un gagnant ou à un perdant. Il revient à la fonction d'observation de transformer un perdant en un gagnant. Pour être utile, l'observation doit être valide, objective et enregistrée. L'enregistrement permet d'y revenir et offre à l'observateur et à l'observé des points d'ancrage dont le mérite est d'illustrer de manière évidente le rapport «cause à effet» qui se dégage de la séquence observée en classe.

Madeline Hunter

Aperçu général

Pour obtenir des données convaincantes servant de matière aux cntrctiens, le superviseur doit avoir à sa disposition un large éventail de techniques d'observation et un certain nombre d'appareils enregistreurs, tels un magnétoscope et un ordinateur portable. On décrira ces techniques un peu plus loin. La plupart sont faciles à comprendre et, avec un peu de pratique, d'un emploi assez simple. Il est possible d'adapter la majorité de ces techniques et de ces instruments à l'observation de toute une classe, d'un groupe restreint d'élèves, ou encore d'un seul individu. L'information qu'ils permettent de recueillir constitue, pour l'enseignant et le superviseur, un élément central du cycle de supervision clinique.

Objectifs

Le but de cette deuxième partie du volume est de vous aider:

- à vous construire un répertoire de techniques d'enregistrement de données lors des séances d'observation en classe;

- à choisir une méthode d'observation appropriée à un type précis de pratique d'enseignement;

- à comprendre les forces et les limites des diverses méthodes d'observation;

- à identifier ce qu'il faut observer de manière systématique et régulière au cours des séances de supervision clinique.

Sommaire des méthodes d'observation de pratiques d'enseignement efficace

Dans le second chapitre, nous avons passé en revue les pratiques d'enseignement dont la recherche a démontré l'efficacité. Ces pratiques sont énumérées dans la colonne de gauche sur la liste reproduite un peu plus loin. Sur cette même liste, on notera dans la colonne de droite, l'énumération de méthodes servant à recueillir des données sur la fréquence ou le succès de l'emploi de ces pratiques par l'enseignant. Les méthodes citées sont décrites plus en détail dans les chapitres subséquents: le septième chapitre fait état de la transcription sélective et mot à mot de séquences d'enseignement; le huitième chapitre traite de fiches d'observation relevées sur un schéma représentant la disposition des pupitres en classe; dans le neuvième chapitre, on aborde la technique consistant à utiliser l'objectif «grand angulaire*»; et enfin, le dixième chapitre

---

*   N.D.T.: Objectif «grand angulaire»: expression empruntée à la photographie où l'appareil doté d'une lentille «grand angulaire» permet de viser une partie plus large de l'espace à photographier. Appliquée à l'enseignement, cette technique permet d'observer des événements d'ensemble (la classe) plutôt que des événements restreints à tel élève ou à tel groupe d'élèves.

décrit des listes de vérification d'interactions en classe, et de pointage minuté de l'emploi du temps.

Les pratiques d'enseignement efficace peuvent, pour la plupart, être observées à l'aide de méthodes qui n'ont pas fait l'objet de descriptions dans ce bouquin. Somme toute, n'importe quelle méthode d'observation peut s'adapter virtuellement à n'importe quelle pratique d'enseignement. Nous avons retenu ici les méthodes qui nous paraissent convenir le mieux à chaque type de pratique.

Pratiques d'enseignement efficace et méthodes pour les observer

	Pratique	Méthode
1.	Clarté	Objectif grand angulaire (enregistrement audio)
2.	Variété	Objectif grand angulaire (enregistrement audio)
3.	Enthousiasme	Objectif grand angulaire (enregistrement audio)
4.	Approche centrée sur la tâche	Objectif grand angulaire (enregistrement audio)
5.	Absence de critiques acerbes	Mot à mot sélectif (*feedback* au professeur)
6.	Style d'enseignement non directif	Pointage minuté de l'emploi du temps (analyse des interactions)
7.	Contenu d'enseignement inclus dans les tests à critères	Objectif grand angulaire (dossier anecdotique)
8.	Affirmations structurantes	Mot à mot sélectif (indications de l'enseignant et affirmations structurantes)
9.	Questions de niveaux cognitifs multiples	Mot à mot sélectif (questions à l'enseignant)
10.	Félicitations et encouragements	Mot à mot sélectif (*feedback* à l'enseignant)

11.	Modèle explicite d'enseignement	Objectif grand angulaire (dossier anecdotique)
12.	Méthode de discussion	Listes de vérification
13.	Emploi du temps	Pointage de l'emploi du temps (système d'observation de Stallings)
14.	Comportement-élève au travail	Schéma des pupitres (pendant leurs travaux)
15.	Travail à la maison	Objectif grand angulaire (dossier anecdotique)
16.	Méthode d'apprentissage en équipe	Personnigramme (travaux; modèles des déplacements en classe)
17.	Emploi de slogans et mots d'ordre pour motiver les élèves	Objectif grand angulaire (dossier anecdotique; journal de bord)
18.	Traitement équitable des élèves quels que soient le succès, l'ethnicité et le sexe	Personnigramme (débit verbal)
19.	Contrôle de la classe	Mot à mot sélectif (mots d'ordre servant à ce contrôle)
20.	Changement de stratégie décidé en cours d'enseignement	Objectif grand angulaire (enregistrement vidéo)
21.	Implantation du programme	Objectif grand angulaire (journal de bord)

Chapitre 7

TRANSCRIPTION SÉLECTIVE DU MOT À MOT

> *Sauf en de rares circonstances où la coïncidence tempo-*
> *relle, ou bien la qualité du son ou de l'image, représentent*
> *un élément particulièrement marquant, compte tenu des*
> *buts définis pour la séance d'observation en classe, les*
> *observations notées par écrit sont celles que le superviseur*
> *trouve les plus fertiles et les plus utiles dans ses rapports*
> *avec l'enseignant. Un des avantages – peut-être le plus*
> *grand – des notes écrites, c'est que l'enseignant et le*
> *superviseur peuvent les assimiler plus rapidement et plus*
> *facilement; l'œil peut incorporer presque instantanément*
> *des choses qui lui paraissent soudainement évidentes et*
> *qu'une leçon prend du temps à révéler.*
>
> Robert Goldhammer

La façon dont élèves et enseignants se parlent influence considérablement le processus d'enseignement. Les enseignants peuvent donc apprendre à améliorer leur acte professionnel d'enseigner en analysant soigneusement leurs habitudes en communication. La technique d'observation appelée «transcription sélective mot à mot» d'une séquence d'enseignement permet justement de procéder à cette analyse.

Le mot à mot sélectif exige du superviseur qu'il note par écrit et très exactement ce qu'il entend, c'est-à-dire qu'il fasse une transcription mot-à-mot de ce qui est dit. Il ne s'agit pas ici de tout écrire. Loin de là. Le superviseur et l'enseignant s'entendent à l'avance sur les expressions orales à transcrire; c'est en ce sens que la transcription devient «sélective». Dans ce chapitre, nous identifions des expressions orales qui traduisent un enseignement efficace ou inefficace et qui se prêtent bien à la technique du mot à mot sélectif.

Un tel mot à mot doit être écrit habituellement quand la leçon est en marche quoique cela ne soit pas nécessairement obligatoire. Si on dispose d'une enregistreuse vidéo ou audio (voyez le chapitre 2), le mot à mot sélectif pourra en être extrait. Le mot à mot sélectif veut réellement dire une transcription mot par mot. Supposons, par exemple, que l'enseignant a dit: «Comment appelle-t-on les animaux qui vivent exclusivement de plantes... vous savez, il y a un nom pour ces types d'animaux... Est-ce que quelqu'un le sait?» et que le superviseur transcrit «Quel est le nom des animaux vivant exclusivement de plantes?», ce n'est pas là une transcription mot à mot.

Le mot à mot sélectif comporte plusieurs avantages comme technique d'observation en classe. En voici quatre. Premièrement, la transcription du mot à mot sélectif attire l'attention de l'enseignant sur ce qu'il dit à ses élèves et sur ce que ses élèves lui disent. C'est une façon d'être sensibilisé à *l'expression orale* de son enseignement. Tous les autres moyens de communication s'en trouvent ici exclus, du fait même de la transcription. Un deuxième avantage qui découle de l'aspect sélectif de la transcription par comparaison avec une transcription totale, c'est qu'il attire l'attention sur un nombre limité de comportements verbaux. Quand l'enseignant désire s'améliorer, il réussit mieux s'il n'entreprend pas de tout changer à la fois. Procéder en commençant par modifier quelques comportements à la fois invite à continuer avec d'autres. Nous avons nous-mêmes été témoins du sentiment de satisfaction qu'éprouve l'enseignant qui découvre soudainement qu'il utilise de manière abusive des expressions comme «vous savez» ou «euh...» et qui parvient à éliminer cette manie. De tels progrès l'encouragent et le motivent à modifier d'autres comportements verbaux en classe.

Un troisième avantage du mot à mot sélectif, c'est l'objectivité et la neutralité de l'observation. Dans le feu de l'action, certains enseignants s'impliquent tellement qu'ils en oublient ce qu'ils disent. Même s'ils s'écoutent parler, leur production verbale est tellement fugace qu'ils n'ont pas le temps de réfléchir à l'impact de ce qu'ils disent. Le mot à mot sélectif obvie à ce problème en plaçant devant eux un «miroir verbal» qu'ils peuvent consulter à loisir.

Enfin et quatrièmement, le mot à mot sélectif est d'un usage simple: il suffit d'un crayon et d'un calepin qu'on peut utiliser durant une séance d'observation en classe, sans qu'il soit besoin de retranscrire quoi que ce soit après coup.

Quoique le mot à mot sélectif soit un puissant outil d'observation, il n'est pas sans problème. Connaître d'avance les comportements verbaux qui seront notés peut amener l'enseignant à produire consciemment de tels comportements. Savoir par exemple que le superviseur s'apprête à noter les mots d'encouragement invitera l'enseignant à s'en servir. Mais même si cela se produit, l'enseignant en viendra à incorporer ces mots d'encouragement dans ses habitudes verbales, et il les utilisera en l'absence du superviseur.

En pratique, l'enseignant ne cède pas à la tentation de se montrer sous son meilleur jour quand il sait qu'on utilise la technique du mot à mot sélectif. Au fur et à mesure que l'enseignant réalise l'impact de son comportement verbal chez les élèves, il accepte volontiers de collaborer avec le superviseur pour mieux connaître ce que lui et ses élèves disent en classe.

Une autre limite du mot à mot sélectif découle de sa *sélectivité* même. Le contexte général des interactions en classe s'en trouve perdu si enseignant et superviseur se limitent étroitement au comportement verbal. L'enseignant pourrait, par exemple, jeter un rapide coup d'œil aux annotations sélectives portant sur les félicitations, et les mettre de côté en se disant: «Ah! je vois. J'ai utilisé la technique des félicitations une dizaine de fois. Je pense que c'est un bon score.» Or, on doit pousser plus loin l'analyse et se demander, par exemple, si on a félicité ceux qui le méritent, ou encore si on s'est abstenu de le faire alors qu'il le fallait.

241

Une telle analyse en profondeur exige, de la part du superviseur, qu'il puisse repasser en esprit le déroulement entier de la leçon. Un superviseur habile maniera l'art de simplifier tout le processus d'enseignement en attirant l'attention de l'enseignant sur certains de ses aspects seulement, sans pour autant négliger de situer les comportements dans leur contexte.

Un autre problème avec le mot à mot sélectif, c'est que l'enseignant et le superviseur peuvent convenir d'observer certains comportements verbaux parfois assez conventionnels. Pour contourner cette difficulté, il n'y a qu'à examiner, de leur part, si tel ou tel comportement vaut la peine d'être noté. Si on ne trouve pas de raisons suffisantes pour justifier de telles observations, on pourrait peut-être envisager de consacrer ce précieux temps à examiner d'autres expressions.

Enfin, les superviseurs peuvent parfois être incapables de suivre le déroulement des interactions verbales. Nous leur suggérons alors d'utiliser un symbole, par exemple un trait, pour indiquer qu'ils ont temporairement cessé de noter. Il est préférable en effet de bien enregistrer le mot à mot d'un nombre limité de paroles que de paraphraser ou résumer ce qui a été dit.

Questions posées par l'enseignant
(technique 8)

Savoir poser des questions est l'une des stratégies les plus importantes de l'enseignement. L'éducatrice Mary Jane Aschner a sûrement cette idée en tête en caractérisant l'enseignant de «poseur de questions professionnel[1]».

Les chercheurs s'accordent à dire que les enseignants considèrent le fait de poser des questions comme un geste fondamental de leur répertoire d'enseignant. Il y a quatre-vingts ans, R. Stevens découvrit que les professeurs de collège posaient quelque 400 questions en moyenne au cours d'une journée normale d'enseignement.

Si élevé que puisse paraître ce nombre, il a quand même été corroboré par des études plus récentes. Williams Floyd, en effet, a récemment observé, dans un échantillon représentatif d'enseignants du primaire, qu'ils posaient en moyenne 348 questions par jour. Au cours d'une seule leçon de sciences, John Moyer a compté que des professeurs du primaire posaient en moyenne 180 questions. Joan Schreiber, quant à elle, a compilé dans son étude menée auprès d'enseignants de cinquième année du cours primaire, une moyenne de 64 questions posées au cours d'une leçon en sciences sociales d'une durée de trente minutes. Au niveau collégial, Arno Bellack et coll. notent que «l'essentiel d'une séquence d'enseignement, c'est une question que pose l'enseignant, suivie d'une réponse de l'élève à laquelle, le plus souvent, fait suite une réaction de l'enseignant à cette réponse[2]».

Ces découvertes nous ont amenés à recommander à l'enseignant et au superviseur qui voudraient se limiter à observer un seul aspect des interactions en classe, de se concentrer sur l'observation des périodes consacrées aux «questions-réponses».

La technique

La tâche du superviseur est de noter par écrit chacune des questions posées par l'enseignant (une autre façon de faire consisterait à utiliser une liste de vérifications préparée à l'avance comme celle qu'on indique dans le Tableau 10.3 du dixième chapitre). Comme l'enseignant pose normalement plusieurs questions, le superviseur ferait mieux de s'enquérir auprès de lui de la durée de la leçon. Ainsi, celui-ci peut prélever un premier échantillon de questions au cours des trois premières minutes de la leçon, un second pendant cinq minutes au milieu de la leçon, et un troisième et dernier échantillon à la fin de cette leçon. Évidemment si vous vous proposez de faire porter vos observations sur la période de questions-réponses, choisissez la leçon où cette stratégie est employée avec une certaine fréquence.

Il peut sembler simple, de prime abord, de trancher entre ce qu'est une question et ce qui ne l'est pas. «Combien y a-t-il de kilomètres dans un mille?», c'est évidemment une question. Mais que penser de cette expression: «Johnny a bien répondu, n'est-ce pas?», ou encore: «Suzanne, vas-tu enfin cesser de gigoter sur ton siège?», ou enfin: «J'aimerais que quelqu'un me dise combien il y a de kilomètres dans un mille». Cette dernière phrase est une déclaration, non une interrogation; pourtant elle a la tournure d'une question.

Pour éviter toute confusion, allons-y d'une suggestion simple. Établissons la règle que si le ton ou l'intention est de nature interrogative, vous inscrivez cette phrase dans vos observations. Il n'y a pas d'inconvénient à noter les exemples ambigus; leur omission cependant risquerait d'enlever à l'enseignant l'occasion d'étudier un aspect important de son comportement lors des questions.

Le Tableau 7.1 offre des exemples de mot à mot sélectif extraits d'observations faites auprès de deux enseignants dans deux classes de cinquième année du primaire. Les enseignants invitaient les élèves à lire un même texte bref sur les comportements et l'environnement du loup; la lecture de la feuille volante était suivie d'une période de questions-réponses pour permettre aux élèves de réviser le texte et de réfléchir sur ce qu'ils venaient de lire.

Tableau 7.1

Mot à mot sélectif de questions posées par deux enseignants de cinquième année du primaire

Enseignant 1

1. Alors, qu'est-ce qu'on connaît maintenant sur cet animal? Qu'est-ce qu'on connaît sur le loup? Tu peux revoir le texte si tu veux. Jeff?

2. Suivant?

3. Michel?

4. Heather?

5. Jeff vient de nous dire que parfois le bétail... les gens et les fermiers les haïssent parce qu'il tue leur bétail? Est-ce que le bétail veut dire de petits animaux? Qu'est-ce que vous en pensez?

6. Terry?

7. Jean?

8. Michel?

9. Terry, de nouveau?

10. Jeff?

11. Gérard?

12. Qui a dit ça Gérard? Est-ce qu'il y avait une citation ou quelque chose du genre dans le texte?

13. Vous souvenez-vous du nom de l'homme?

14. Savez-vous une chose? Hier soir, après que nous avons lu cet article, après l'école, Jeff a dit: «Tiens! M. Edwards, je crois que j'ai déjà vu ce nom-là». Il courut vers la bibliothèque et en rapporta ce livre; l'auteur est le même homme. Jeff, avez-vous eu l'occasion de le vérifier hier soir?

15. Jeff, est-ce qu'il ne parle pas de lui et du loup?

16. Est-ce que quelqu'un a quelque chose d'autre à ajouter sur ce que l'on connaît déjà?

Enseignant 2

1. Qu'est-ce que vous connaissez sur l'Arctique et sur ces sortes de régions et qui vous porterait à penser qu'un chien doit être plus fort là que, par exemple, ici? Dana?

2. Pamela?

3. Quel type d'ouvrage fait-il?

4. Terry?

5. Karen?

6. Pourquoi les chiens travaillent-ils plus fort dans le Nord qu'ici? Jean?

7. Pourquoi nos chiens n'ont-ils pas à travailler?

8. Qu'est-ce qu'on n'a pas à faire ici?

9. Allen?

10. Douglas?

11. Pourquoi supposer que le Esquimaux n'ont pas d'autos?

12. Vous pensez? Est-ce que quelqu'un a une autre idée sur le sujet? Car on devrait trouver plus qu'une idée, non?

13. Pourquoi seraient-ils primitifs? Pamela?

14. Wanda?

15. On mentionne dans les récits que les loups voyagent en tandem, par groupes. Pourquoi selon vous? Pour quelle raison pouvez-vous supposer qu'ils agissent ainsi? Jos?

245

Analyse des données

Quand les enseignants étudient le mot à mot sélectif de leurs questions posées en classe, ils peuvent fréquemment faire les observations décrites ci-dessous.

Niveau cognitif de la question

Les questions posées peuvent appartenir à deux catégories: celles qui portent sur des «faits» et celles qui sont de «haut niveau cognitif». Les premières invitent l'élève à se rappeler des faits ou des informations contenus dans ses manuels scolaires. Les secondes, relevant d'un haut niveau cognitif (aussi appelées questions de «réflexion») contrastent avec les précédentes en ce qu'elles forcent l'élève à réfléchir sur cette information et à en tirer ses propres conclusions. On peut pousser plus loin la catégorisation des questions en utilisant la taxonomie de Bloom ou tout autre système de classification[3], mais ces deux niveaux «questions de faits» et «questions de haut niveau cognitif» nous suffisent pour les fins que nous poursuivons en ce moment.

La recherche dont nous avons fait état dans le deuxième chapitre ne montre pas sans équivoque que les questions de haut niveau cognitif sont supérieures à celles qui portent sur des faits. Selon toute vraisemblance, on pourrait raisonnablement penser que l'accentuation d'un type de question par rapport à un autre peut être également efficace selon les objectifs poursuivis par l'enseignant au cours d'une leçon. Si, en effet, on se propose d'enseigner ou de revoir des faits ou des habiletés routinières, l'usage de questions portant sur les faits sera probablement ce qui convient le mieux. Par ailleurs, s'il s'agit de développer chez l'élève, l'habileté à réfléchir, on utilisera de préférence des questions de haut niveau cognitif.

Il n'est d'ailleurs pas toujours facile, en pratique, de distinguer l'un de l'autre, ces deux niveaux de questionnement. On peut, par exemple, demander à un élève de se rappeler un fait décrit dans un texte qu'il devait lire. Il pourrait bien ne pas s'en souvenir mais le déduire à partir de faits connus en utilisant un processus hautement cognitif. Par ailleurs, une question à tournure hautement cognitive (e.g. «pourquoi») peut très bien être réduite à une simple question «de fait» si l'élève ne fait que répéter une idée déjà lue ou entendue ailleurs.

Il est clair que l'enseignant 1 (Tableau 7.1) utilise principalement des questions de faits, si on s'en rapporte à des phrases telles que: «Que connaissons-nous sur...? Qui a dit que...?», ou encore: «Avez-vous pu jeter un coup d'œil à cela hier soir?» L'enseignant 2, au contraire, fait appel à des processus hautement cognitifs par ses questions telles que: «Qu'est-ce qui vous amènerait à croire que...? Pourquoi...?», et: «Est-ce que quelqu'un a une autre idée?» L'enseignant 1 a sans doute de bonnes raisons de poser des questions de faits, et le second a peut-être des raisons aussi valables de poser surtout des questions de haut niveau cognitif. Il appartient au superviseur de faire préciser ces raisons lors des entretiens *feedback* en demandant ce qui a inspiré ce type de questions.

Quantité d'informations

On pourrait subdiviser à leur tour les questions de faits en deux groupes: un groupe «étroit» et un groupe «large» selon la quantité d'informations que peut engendrer une question. Dans le Tableau 7.1, l'enseignant 1, par exemple, demandait: «Que savez-vous à propos des loups?» Voilà un exemple de question à «large» registre. «Vous rappelez-vous du nom de l'individu?» est par contre un exemple de question à intérêt restreint ou «étroit». On retrouve fréquemment des séries de questions de ce genre-là (elles consomment beaucoup de temps et sont centrées sur l'enseignant) alors qu'une question à large registre suffirait souvent.

Réorientation des questions

Il arrive parfois que les enseignants posent une question à chacun des élèves; il leur arrive aussi de poser la même question à plusieurs élèves: en ce sens, ils réorientent la question. Cette réorientation constitue une excellente technique pour élever le niveau de participation des élèves et susciter l'expression d'une grande variété d'opinions. Les questions à contenu hautement cognitif sont plus faciles à réorienter que les questions à contenu factuel, puisque les premières comportent rarement une seule bonne réponse.

L'un et l'autre des deux enseignants du Tableau 7.1 se sont servis de la technique de réorientation des questions en nommant les élèves dont ils voulaient entendre la réponse. Cette réorientation des questions peut se faire sur simple signal non verbal adressé à celui qui lève la main ou en jetant un regard approbateur vers un autre élève. Ces derniers exemples de réorientation des questions n'apparaîtront pas dans le mot à mot sélectif; il faudra donc, si le superviseur désire les noter, qu'il inscrive un certain symbole (R par exemple) lorsque ces gestes se produisent. Ou encore, il pourra noter les noms des élèves s'il les connaît.

Questions d'exploration

Ce sont des questions qui poussent à exploiter le sujet; elles cherchent à aider les élèves à améliorer ou à mieux expliquer leur réponse initiale. Il est difficile de les détecter dans un mot à mot sélectif, à moins que le superviseur n'ait pris soin de les signaler de façon un peu particulière (en les marquant, par exemple, par un E). Ce qui suit est une transcription mot à mot de ce qui s'est produit à la suite des questions 6 et 7 posées par l'enseignant 2 (Tableau 7.1):

L'enseignant: Jean, pourquoi les chiens travaillent-ils plus dur dans le Nord qu'ici?

Jean: Oh! la plupart des chiens n'ont réellement pas à travailler dur ici.

L'enseignant: Pourquoi est-ce ainsi?

Jean: Ce sont des animaux de compagnie et c'est nous qui faisons l'ouvrage à leur place. Et de toute façon, il n'est pas du tout nécessaire de faire ici ce qu'ils font là-bas.

L'enseignant: Comme quoi, par exemple?

Jean: Bien, on n'a pas besoin de chiens pour tirer les traîneaux ici; nous, on a des autos et les Esquimaux n'en ont pas; alors ils utilisent des chiens.

Les questions d'exploration ont ici permis à Jean de fournir une réponse plus complète et plus précise à la question posée.

Il arrive qu'inconsciemment les enseignants acceptent ou passent par-dessus de mauvaises réponses. C'est en notant bien leurs questions d'exploration qu'on est en mesure de déceler ce comportement. Si on ne retrouve pas d'exemples de ces questions d'exploration dans ce mot à mot, c'est souvent l'indice chez l'enseignant d'un manque d'attention aux réponses des élèves. Dans le cas contraire, c'est-à-dire lorsqu'on en fait un abondant usage, c'est que l'enseignant est bien à l'écoute de ses élèves et les presse de faire de leur mieux.

Questions à répétition

La pratique qui consiste à poser plusieurs questions l'une à la suite de l'autre peut être rapidement décelée dans le mot à mot sélectif. Avez-vous remarqué que l'enseignant 1 (Tableau 7.1) a commencé sa leçon en lançant deux questions successives? «Maintenant, qu'est-ce qu'on connaît de cet animal? Que connaissez-vous sur le loup?» Ce même enseignant a répété le manège à la cinquième et à la douzième questions. L'enseignant 2 a aussi posé des questions à répétition à la douzième et à la quinzième phrases notées dans le mot à mot sélectif.

Ce type de comportement est fréquent chez les enseignants au moment où «ils réfléchissent tout haut». Ils essaient diverses

249

tournures pour formuler leur question ou y vont de quelques idées avant de tomber sur la question qu'ils cherchaient. Si c'est devenu une question d'habitude chez eux, ils devraient se demander si cela ne distrait pas leurs élèves ou si cela ne devient pas pour eux une source de confusion. Une bonne façon d'éviter les questions à répétition consiste à les préparer à l'avance.

Répéter la même question revient à utiliser des questions à répétition. Les enseignants le font souvent parce qu'ils pensent qu'ils n'ont pas été compris du premier coup. Le problème qui en résulte, c'est que les élèves se conditionnent dès lors à cette répétition et prennent l'habitude de ne pas écouter la première fois qu'une question est posée.

Le *feedback* de l'enseignant à ses élèves (technique 9)

Des chercheurs ont établi que le *feedback* de l'enseignant à ses élèves influe sur le processus d'apprentissage (voir le deuxième chapitre). Cela a du sens. Dans l'apprentissage d'une nouvelle habileté, on a besoin de ce *feedback* pour noter ses progrès. En l'absence de ce *feedback*, on pourrait prendre de mauvaises habitudes ou cesser trop tôt les exercices. C'est probablement pour cette raison que la composante «correction et *feedback*» constitue un atout important du «modèle d'enseignement de précision» provenant d'une recherche dont il a été question dans le deuxième chapitre.

Les félicitations et la critique négative sont deux formes particulières de *feedback*. Elles peuvent influencer fortement le comportement des élèves et particulièrement leur motivation à l'étude. Féliciter encourage l'élève à continuer à étudier et à persévérer malgré les obstacles. La critique produit l'inverse.

Technique

En tant que superviseur, il vous revient de convenir avec l'enseignant des périodes les plus avantageuses où se produisent les échanges verbaux en classe. Notez les phrases de *feedback* venant de l'enseignant. À cet égard, il pourrait être utile de noter la remarque ou l'action de l'élève qui a précédé immédiatement le *feedback* de l'enseignant. Autre chose. Il faut parfois noter le contexte affectif: y a-t-il un ton hostile, enthousiaste ou routinier dans le *feedback* que donne l'enseignant à ses élèves?

De même que pour la classification des questions, il n'est pas toujours facile de décider si oui ou non telle remarque de l'enseignant représente un *feedback* verbal. Vous devrez vous en remettre à votre bon jugement en la matière pour décider que telle remarque est perçue par l'élève comme un *feedback* de l'enseignant relatif à son comportement. Aussi, le superviseur doit-il bien observer les élèves et le contexte général de la classe au moment où il note le mot à mot sélectif des interactions.

Le Tableau 7.2 fournit des exemples de tels *feedback* et de leur contexte chez un professeur de niveau collégial. La leçon portait sur un article traitant de l'explosion démographique; les élèves devaient l'avoir lu.

251

Tableau 7.2

Mot à mot sélectif du feedback d'un enseignant
(M = maître; E = élève)

M. Bien. Quelqu'un peut-il me dire sur quoi portait l'article? Anne?

E. Je crois qu'on y traitait du contrôle des naissances.

M. Contrôle des naissances?

E. Euh... explosion démographique.

E. Il s'agissait bien d'explosion démographique mais aussi de sa limitation. Il y avait là toutes sortes de prédictions, comme il n'y aura plus de place pour bouger et il ne restera plus de champs pour semer.

M. Je suis heureux de vous voir mentionner que l'auteur a parlé de «prédictions». À votre avis, pourquoi suis-je content que vous vous rappeliez de l'usage du mot «prédictions» par l'auteur?

E. J'ai aussi entendu qu'ils auraient une ferme sous-marine pour des cultures marines.

M. Qui ça, «ils»?

E. Euh... les hommes de science.

E. Et à mesure que les années passent, les automobiles iront en s'améliorant.

M. En êtes-vous sûrs?

E. Bien, je ne suis pas certain mais un petit peu.

M. Un petit peu? C'est justement ce genre d'affirmation que je voulais vous faire dire après cette lecture. Ce sont vos opinions, vos prédictions sur ce qui pourrait se produire. Elles me semblent bonnes, à moi, et je miserais là-dessus jusqu'à un certain point. Mais quelque chose peut arriver à l'industrie automobile, qui pourrait annuler vos prédictions.

M. Qui a fait cette affirmation citée dans l'article?

E. Le professeur Kenneth E. F. Watt.

M. Bon, c'est le professeur Kenneth E. F. Watt qui le dit. Sommes-nous sûrs que ce qu'il dit est valable?

E. Eh bien, le professeur Kenneth E. F. Watt n'est pas le seul à faire de telles prédictions. Il y a peut-être un millier d'individus qui les font ces prédictions.

M. Oui, Rodney, vous avez là un bon argument. On peut ,en effet, lui accorder une certaine confiance à ce professeur parce qu'il est corroboré par d'autres.

M. Pourquoi y a-t-il dans le monde entier tant de monde à avoir d'aussi grosses familles? Vous êtes-vous déjà arrêté à y penser? Steve?

E. Quand les enfants grandissent, ils veulent des enfants. Ensuite, quand ces enfants-là grandissent, ils en ont plus. Et ainsi de suite.

M. Steve, je ne suis pas sûr de bien vous comprendre. Pouvez-vous être plus clair, un petit peu? Pourquoi veut-on autant d'enfants?

M. (En conclusion) Je pense que les idées que vous avez émises furent beaucoup plus intéressantes que l'article lui-même.

Vous pourriez vous demander s'il est sage d'inclure des questions d'exploration comme exemples de *feedback* de l'enseignant. Nous en avons déjà parlé au début de ce chapitre. Regardez bien, par exemple, les deuxième et troisième interventions de l'enseignant dans le Tableau 7.2. Nous les avons interprétées comme des questions d'exploration parce qu'elles visaient à susciter chez l'élève une réponse plus précise. Il y a aussi le fait que cette intervention devient un *feedback* à l'élève l'invitant en quelque sorte à améliorer sa réponse. C'est en tout cas notre façon de voir la chose. En tant qu'observateur en classe, il vous faudra compter parfois sur votre seul jugement pour décider d'inclure des questions d'exploration dans le mot à mot sélectif servant de *feedback* de l'enseignant.

Analyse des données

Enseignant et superviseur peuvent envisager plusieurs avenues pour interpréter le mot à mot sélectif des *feedback* de l'enseignant à ses élèves. Voici des exemples de telles avenues.

Quantité

L'analyse la plus simple consiste d'abord à déterminer la fréquence des *feedback* de l'enseignant. Certains n'en donnent à peu près pas; c'est le cas de ceux qui adoptent un style d'enseignement très directif. Ils cherchent surtout à transmettre des connaissances sans trop s'inquiéter de savoir si les élèves assimilent ou non ce qu'ils enseignent. D'autres, au contraire, font ample usage du *feedback*. Ils tentent de répondre de leur mieux aux élèves et encouragent au maximum leurs interactions avec eux. Dans le Tableau 7.2, nous comptons dix *feedback* de l'enseignant, ce qui constitue une fréquence assez élevée du nombre assez restreint d'annotations mot à mot.

Variété

La question se ramène à savoir si les enseignants s'appuient sur quelques types limités de *feedback* ou s'ils savent en varier les formes. John Zahorik, après avoir étudié les types de *feedback* que donnent les enseignants en classe, en arrive à la conclusion que leur forme reste assez limitée[4]. Ils sont très peu variés en fait. Zahorik constate que, le plus souvent, on se contente de répéter la réponse de l'élève à une question. Vous en trouvez un exemple dans la septième intervention de l'enseignant au Tableau 7.2. Quant à Ned Flanders, il est d'avis qu'une forme particulièrement efficace de *feedback* consiste à accueillir les idées en élaborant leurs réponses[5] (on se souviendra ici qu'au deuxième chapitre, on a noté que ce type de *feedback* est un élément important du modèle d'enseignement non directif proposé par Flanders). Cet auteur a proposé des façons de développer les idées des élèves:

1. *modifier* l'idée en reconstruisant la phrase ou en l'exprimant désormais à la façon de l'enseignant;

2. *appliquer* cette idée en tirant une conclusion ou en allant plus loin dans l'analyse d'un problème;

3. *comparer* cette idée avec d'autres idées exprimées précédemment par des élèves ou par l'enseignant;

4. *résumer* ce qui a été dit par un élève ou par un groupe d'élèves.

Dans le Tableau 7.2, la sixième intervention de l'enseignant représente un exemple d'application des idées des élèves à des situations qui relancent le débat.

On peut aussi analyser le *feedback* verbal de l'enseignant pour en déterminer la variété dans le cas précis de l'emploi des félicitations et des critiques.

Une autre façon d'analyser ce *feedback* consiste à examiner les réponses des élèves qui ont été à son origine. L'enseignant a-t-il limité ses remarques à l'information contenue dans la réponse de l'élève? Ou a-t-il poussé plus loin son *feedback* en y incorporant le comportement et les sentiments de l'élève? Flanders a conclu, dans ses recherches, que les enseignants répercutaient rarement aux élèves leurs sentiments; pourtant, la majorité des éducateurs s'accordent à reconnaître l'importance des sentiments et du domaine affectif en général dans le processus d'enseignement.

Spécificité

Les enseignants ont tendance à se limiter à des formes très simples et non spécifiques de *feedback* du genre: «Bien», «Oui, oui» ou «OK». Jere Brophy et, avec lui, d'autres éducateurs, souhaitent que les enseignants prennent l'habitude d'être plus spécifiques en adressant des félicitations ou des critiques à leurs élèves. Voici une liste d'idées maîtresses qu'il a préparée dans ce but[6]. Il s'agit d'expressions de félicitations, mais elle pourrait s'appliquer aux critiques ou à d'autres formes de *feedback* (récompenses, travaux de rattrapage, etc.).

Notez bien que les suggestions de Brophy ne concernent pas uniquement la composition de la phrase qui véhicule la valorisation; elle tient compte aussi des caractéristiques des élèves et particulièrement de leur motivation.

Valorisation efficace

1. Elle se produit à l'occasion.

2. Elle spécifie exactement ce qui a été bien réussi.

3. Elle démontre de la spontanéité, de la variété et d'autres indices de crédibilité; elle manifeste très nettement l'attention portée à la réussite de l'élève.

4. Elle récompense le respect de critères précis, ce qui n'exclut certainement pas les critères reliés à l'effort.

255

5. Elle fournit à l'élève une information sur sa compétence ou la valeur de ses réussites.

6. Elle oriente l'élève vers une meilleure appréciation de son propre comportement par rapport à une tâche précise ou par rapport à ses réflexions sur la solution d'un problème.

7. Elle fait appel aux réussites antérieures comme des éléments du contexte de comparaison avec les réussites actuelles.

8. Elle reconnaît l'effort appréciable ou le succès face à une tâche jugée difficile (en tout cas, pour l'élève).

9. Elle relie le succès à l'effort et au talent, ce qui signifie que l'élève peut s'attendre plus tard, à d'autres succès de ce genre.

10. Elle provoque chez l'élève des sentiments endogènes où celui-ci est amené à croire qu'il aime l'effort ou qu'il désire développer des habiletés relevant du travail accompli.

11. Elle concentre l'attention de l'élève sur son propre comportement face à un travail.

12. Elle engendre l'estime de soi et le désir d'un comportement désirable une fois l'opération complétée.

Valorisation inefficace

1. Elle est servie au hasard et de manière sporadique.

2. Elle se limite à des réactions positives très globales.

3. Elle est d'une fade uniformité, laissant croire à une réaction stéréotypée et routinière.

4. Elle récompense la seule participation sans considération du résultat ou de la façon d'y parvenir.

5. Elle n'apporte aucune information aux élèves si ce n'est celle qui concerne leur rang.

6. Elle invite l'élève à se comparer aux autres et suscite la compétition.

7. Elle se sert de la réussite des camarades comme contexte pour décrire les résultats actuels de tel élève.

8. Elle est servie sans égard pour l'effort fourni par tel élève en particulier ou sans tenir compte de ce que cet effort signifie pour lui.

9. Elle attribue le succès au seul talent ou à des facteurs externes tels que la chance ou la facilité du devoir.

10. Elle fait naître des sentiments exogènes où l'élève comprend que l'effort fourni relève de raisons extérieures à lui, par exemple, faire plaisir à l'enseignant, gagner un concours ou une récompense, etc.

11. Elle attire l'attention de l'élève sur l'enseignant comme image d'une autorité externe qui le manipule.

12. Elle est un véritable intrus qui survient dans le processus en cours et distrait l'attention qu'on doit porter à la tâche.

Articulations d'une leçon et gestion de classe
(technique 10)

Rosenshine et Furst, à la suite d'une revue de littérature sur la recherche relative à l'enseignement efficace, dégagent neuf caractéristiques d'un tel enseignement. Nous les avons citées dans le deuxième chapitre (note 1). L'une de ces caractéristiques est l'habileté de l'enseignant à articuler ses leçons à l'aide de courtes phrases destinées à diriger clairement l'attention des élèves sur le plan de la leçon, sur son organisation et ses points clés. Voici des exemples assez courants de telles articulations:

- aperçus de ce qui s'en vient;

- sommaires de leçons antérieures et de ce qui s'est produit durant la leçon;

- signaux de transition pendant la leçon;

- indices non verbaux qui soulignent les points importants de la leçon.

Rosenshine et Furst ont fait ressortir avec évidence à partir des conclusions de la recherche, que les élèves dont les enseignants savent articuler leurs leçons réussissent mieux à l'école. Plusieurs composantes d'ailleurs du modèle de Madeline Hunter sur l'enseignement efficace (voir le deuxième chapitre) mettent en cause directement l'usage d'un langage articulé durant une leçon, par exemple, le plan de la leçon, l'énoncé des objectifs qu'on y poursuit et, à la fin d'une leçon, une brève revue de ce qui a été enseigné[7]. Ces phrases courtes qui rendent manifestes les articulations d'une leçon peuvent être incorporées, par l'enseignant, dans le modèle de Hunter.

Comme nous l'avons déjà noté dans le deuxième chapitre, le contrôle de la classe comporte deux aspects importants. En premier lieu, on s'assure que les élèves connaissent et respectent les règles et les démarches adoptées pour la conduite de la classe. Ensuite, on reprend les élèves dont la conduite s'écarte de ces règles et de ces démarches. Une bonne façon d'obtenir la coopération des élèves à cet effet, c'est de leur donner des consignes pendant la leçon. Les consignes ressemblent aux articulations d'une leçon en ce qu'elles attirent l'attention de l'élève et contribuent à organiser son apprentissage. Ces consignes se proposent d'atteindre les mêmes buts quand il y a inconduite. Par exemple, un ordre de «cesser» du genre: «Jonnie, cesse de jacasser avec Bill et remets-toi à l'ouvrage» incite l'élève à se remettre au travail.

Technique

C'est probablement dans le contexte d'une leçon complète qu'il est, de loin, préférable d'observer les interventions de l'enseignant sur l'organisation générale de la classe, sur les consignes données et la discipline en classe. Il vous faudra donc, en tant que superviseur, avoir un entretien préalable avec l'enseignant pour arrêter votre choix sur une période d'observation appropriée en ayant une idée approximative de la durée de la leçon. Vous pourrez dès lors procéder, pendant la leçon, à la transcription sélective du mot à mot de chaque groupe de consignes, de la formulation des articulations de la leçon et des interventions de nature disciplinaire. Bien entendu, vous pourriez vous limiter à seulement un ou deux de ces ensembles. À noter cependant que ces types d'intervention se produisent au début et à la fin d'une leçon. Tenez-vous donc aux aguets pendant ces moments-là.

Le Tableau 7.3 présente des extraits de leçons où des enseignants ont donné des consignes, présenté les articulations de leur leçon et rappelé les règles de discipline en classe. Nous avons choisi cette façon de procéder plutôt que de citer la transcription mot à mot de la leçon d'un unique enseignant et ce, afin de montrer les formes variées que peuvent prendre les interventions verbales.

Tableau 7.3

Exemples de phrases relatives aux articulations de la leçon,
à des consignes et au rappel des règles de discipline en classe

Articulations de la leçon	Consignes	Rappel des règles de discipline
1. OK, vous avez presque tous fini. Voyons maintenant le poème suivant.	1. Assurez-vous de bien l'inscrire dans votre calepin.	1. Jimmy, cesse de parler avec Jason et remets-toi à l'ouvrage.
2. Le rapport que nous lirons aujourd'hui parle de l'apartheid en Afrique du Sud.	2. Est-ce que quelqu'un veut bien lire les directives?	2. Tais-toi donc! Je ne peux même pas m'entendre penser.
3. Ce film que nous venons de voir sur la fabrication du verre illustre bien certains points décrits dans le livre que nous utilisons pour ce cours.	3. Hé, les gars! Un peu d'ordre aujourd'hui dans la discussion. Si vous voulez parler, levez la main et attendez mon signal.	3. Katrin, il me semble t'avoir dit de mettre de l'ordre dans ton sac; c'est un vrai désordre.
4. Eh oui! les voitures électriques peuvent bien s'avérer une de solutions dans l'avenir. Vous aimerez peut-être vous remémorer ce fait quand vous écrirez vos récits de science-fiction.	4. Ramenez vos cahiers vers l'avant de la classe.	4. Je compte jusqu'à trois et si vous ne vous calmez pas, vous ne verrez pas le film.
5. OK, je viens de vous montrer trois différentes façons de calculer. D'abord, la règle à coulisse. Ensuite la calculatrice de pupitre. Et, enfin, est-ce que quelqu'un se rappelle en quoi consiste la troisième méthode?	5. S'il vous plaît, apportez votre travail à la maison.	5. Jérémie, vous l'avez crevé. Je vous envoie chez le principal.

Analyse des données

Ce que nous avons dit du *feedback* de l'enseignant peut servir ici de la même manière: on peut observer la quantité, la variété et la spécificité des interventions relatives aux articulations de la leçon, aux consignes et aux règles de discipline en classe. Il est aussi important de noter si les ordres donnés sont clairs, c'est-à-dire s'ils disent précisément à l'élève ce qu'il doit faire et comment la leçon se déroulera. Comme nous l'avons dit, les articulations de la leçon peuvent être très variées dans leur présentation. En voici des exemples:

1. survol de la leçon que l'on s'apprête à donner;

2. objectifs et à-propos de la leçon;

3. remarques et indices pour attirer l'attention de l'élève sur certains points importants de l'exposé qui suivra;

4. un résumé de ce qui a été dit;

5. liens avec un contenu déjà étudié dans le programme ou avec des événements extérieurs à la classe;

6. renforcement des commentaires clés d'articulations de la leçon en les répétant sous une autre forme (feuille volante, tableau ou rétroprojecteur).

Vous pouvez, avec l'enseignant, revoir le mot à mot sélectif de la leçon pour déceler la présence de ces types de commentaires et voir si la leçon aurait pu être améliorée par l'inclusion de certains d'entre eux.

Les directives de l'enseignant au cours d'une leçon sont un reflet de ses règlements et de ses démarches. Si ces règles ont fait l'objet dès le début d'un exposé très clair, les consignes qui en découlent sont dès lors beaucoup plus brèves. Il n'est d'ailleurs probablement pas nécessaire d'en servir plusieurs, tout simplement parce que ce sont les mêmes qui s'appliquent d'une leçon à l'autre.

261

On a bien illustré cette idée au deuxième chapitre (note 40) dans la liste des dix-huit tâches et situations qu'a dressées Walter Doyle où il s'impose d'appliquer ces règles et ces démarches[8]. Mentionnons, à titre d'exemple, l'article 11 de cette liste qui parle des déplacements en classe pour aller chercher du matériel ou pour tailler un crayon. Si on a bien pris soin d'établir des règles, il devient futile pour l'enseignant de les répéter pendant la leçon.

Les consignes relatives à la discipline et au déroulement des activités en classe sont un bon reflet de l'efficacité avec laquelle on les a enseignées. Dans une classe bien contrôlée, on devrait retrouver peu d'interventions de ce genre. On doit s'attendre cependant à un minimum d'interventions parce que, de toute façon, certains élèves manifestent une inconduite qui n'a rien à voir avec la qualité des règles de comportement adoptées.

Les directives portant sur la discipline peuvent être analysées du point de vue de leur sévérité. On l'a dit au deuxième chapitre, le succès en ce domaine provient d'interventions discrètes qui atteignent leur but sans déranger toute la classe. La première intervention dans le Tableau 7.3 est relativement douce. La deuxième est sévère. Les enseignants peuvent analyser leurs interventions disciplinaires pour en vérifier le niveau de sévérité et juger si elles ont bien atteint le but visé. Dans le deuxième chapitre, nous avons passé en revue des données de recherche démontrant que les enseignants efficaces sont ceux qui expliquent systématiquement les règles de comportement en classe et les démarches qui servent au déroulement des activités, qui contrôlent régulièrement si on y est fidèle et corrigent discrètement l'écart de conduite avant qu'il n'y ait escalade.

L'un des aspects importants des phrases destinées à clarifier l'articulation d'une leçon et à donner des consignes, c'est leur clarté. Les élèves peuvent se distraire de leur tâche et mal se conduire uniquement parce qu'ils n'ont pas compris ce qu'on leur a dit à ce sujet. Il n'est donc pas surprenant de lire sous la plume de Rosenshine et Furst que les élèves apprennent mieux lorsque leurs enseignants s'expriment clairement[9].

Les enseignants peuvent juger eux-mêmes de la clarté de leurs interventions verbales lorsqu'ils les voient notées dans le mot à mot sélectif. On facilitera ce processus en revoyant la citation tout de suite après la classe. L'enseignant pourra alors se rappeler si ses interventions furent bien comprises. S'il existe un problème de clarté, cela pourrait faire l'objet d'une supervision clinique subséquente. Les processus à suivre pour observer et analyser la clarté des interventions font l'objet du neuvième chapitre.

Références

1. Mary Jane Aschner, «Asking questions to trigger thinking». NEA Journal, 50, 1961, pp. 44-46.

2. R. Stevens, «The question as a measure of efficiency in introduction: A critical study of classroom practice». *Teachers College Contributions to Education,* 48, 1912; William D. Floyd, *An Analysis of the Oral Questionning.* Ph.D. diss., Colorado State College 1960; John R. Moyer, *An Exploratory Study of Questionning in the Instructional Processes in Selected Elementary Schools.* Ph.D. diss., Columbia University, 1966; Joan E. Schreiber, *Teachers Question-Asking Techniques in Social Studies.* Ph.D. diss., University of Iowa, 1967; Arno Bellack, Herbert Kliebard, Ronald Hyman et Frank L. Smith Jr., *The Language of the Classroom.* New York: Teachers College Press, 1966.

3. Benjamin S. Bloom (ed.), *Taxonomy of Educational Objectives: The Classification of Educational Goals. Handbook 1 – Cognitive Domain.* New York: McKay, 1956.

4. John A. Zahorik, «Classroom feedback behavior of teachers». *Journal of Educational Research,* 62, 1968, pp. 147-150.

5. Ned. A. Flanders, *Analyzing Teaching Behavior,* Reading, MA: Addison-Wesley, 1970.

6. Jere Brophy, «Teachers praise: A functional analysis». *Review of Educational Research,* 51, 1981, pp. 5-32; la liste est extraite de la page 26.

7. Barak V. Rosenshine et Norma Furst, «The use of direct observation to study teaching», dans *Handbook of Research on Teaching,* 2ᵉ éd., Robert

M.W. Travers. Chicago: Rand McNally, 1973, pp. 122-183; Madeline Hunter, «Teaching is decision making», *Educational Leadership,* 37, No 1, 1979, pp. 62-67.

8. Walter Doyle, «Classroom organization and management», dans *Handbook of Research in Teaching,* 3ᵉ éd., Merlin C. Wittrock, New York: MacMillan, 1986, pp. 392-431.

9. Barak V. Rosenshine et Norma Furst, «The use of direct observation to study teaching», dans *Handbook of Research on Teaching,* 2ᵉ éd., Robert M.W. Travers. Chicago: Rand McNally, 1973, pp. 122-183.

Chapitre 8

UN PERSONNIGRAMME*
POUR NOTER LES OBSERVATIONS

Ces techniques d'enregistrement des données d'obser-
vation sur un personnigramme peuvent paraître assez
simples à première vue. Elles ne le sont pas. Il est vrai
que tout ce que le superviseur vous montre, c'est un
graphique indiquant l'as-signation des places en classe,
et beaucoup de lignes et de flèches qui le traversent.
Pourtant, ces personnigrammes en disent long sur ce
qui s'est produit au cours de votre leçon. Vous pourrez
constater que votre enseignement a obéi à un modèle
très défini. Vous devrez alors vous poser les questions
suivantes: «Est-ce un bon ou un mauvais modèle? Dois-
je le changer ou continuer à l'employer?»

Commentaires d'un professeur de collège

Plusieurs techniques d'enregistrement d'observation du comportement de l'élève ou de l'enseignant reposent sur l'utilisation d'un
personnigramme. C'est pourquoi nous l'appelons la technique
PERS.

Les enseignants se servent quotidiennement en classe de ces
graphiques. Ils peuvent donc les interpréter facilement. C'est l'un
des principaux avantages de ces techniques.

Il n'y a pas que cet avantage; en voici d'autres. Ces PERS
permettent au superviseur d'accumuler sur une seule feuille de
papier une grande quantité d'informations relatives au comportement de la classe. Le superviseur peut les créer de toutes pièces sur

---

* N.D.T.: Nous préférons l'expression «personnigramme» (PERS) à celle de
«plan de classe». Elle rend mieux l'idée de l'emplacement des personnes. Les
auteurs veulent exprimer cette réalité. C'est pourquoi, nous avons retenu
l'expression «personnigrammme» plutôt que celle de «plan de classe».

le champ pour s'adapter rapidement aux préoccupations exprimées par l'enseignant. Ils sont de consultation et d'interprétation rapides. Ils permettent d'enregistrer d'importants aspects du comportement de la classe, tels le niveau d'attention des élèves et la façon dont l'enseignant répartit son temps avec ses élèves. Un des avantages particuliers des PERS, c'est de permettre au superviseur et à l'enseignant de mettre en lumière le comportement de tel élève en classe, sans perdre de vue ce que la classe fait dans l'ensemble. Un échantillon de l'usage que l'on peut faire des techniques PERS nous est fourni par Jane Stallings et coll[1].

Il y a certaines limites à ces techniques. Bien entendu, elles simplifient l'enregistrement du processus d'enseignement en isolant certains comportements à des fins d'analyse. Cependant, si ces comportements ne sont pas replacés dans leur contexte global d'enseignement-apprentissage en classe, l'enseignant pourrait en tirer des conclusions simplistes. Un autre piège à éviter, c'est de ne choisir d'observer que des comportements somme toute assez insignifiants. Enfin, il peut arriver à l'occasion que les comportements en classe se multiplient rapidement pour aboutir à une situation «chaotique»; dans de tels cas, le superviseur se voit contraint de modifier sur le champ ou même d'abandonner la collecte des données sur un graphique.

Application à la tâche (technique 11)

Cette technique a été développée dans les années soixante par Frank MacGraw à l'Université Stanford[2]. L'auteur a installé un système d'observation extemporanée* à l'aide d'une caméra 35 mm installée dans le coin avant de la classe, mais contrôlée à distance. Toutes les 90 secondes, la caméra prenait une photo de l'ensemble de la classe grâce à une lentille de type «grand angulaire» (*wide angle*). Les photos

---

*   N.D.T.: *Extemporané:* Terme médical signifiant ce qui se fait à l'instant même. Peut exprimer ce qui se fait sur-le-champ, au moment, par exemple, de prendre un médicament.

agrandies étaient ensuite remises à l'observateur. On pouvait compter 20 photos pour une leçon de 30 minutes.

On a obtenu des résultats assez peu concluants. Certains ensembles donnaient l'impression de petites vues animées dans les arcades à cinq sous. On y voit des élèves passer d'une position assise, à une position de sommeil avec la tête appuyée sur le pupitre, puis un retour à la position assise bien droite, donnant l'impression de l'attention. D'autres séries de photos laissaient voir des élèves travaillant fiévreusement à quelque chose qui n'avait rien à voir avec le travail demandé. Ou encore, on les voyait loin de leur pupitre, parlant avec leurs voisins, ou occupés à des activités considérées par l'enseignant comme hors de propos.

Quand même, l'observation des séquences de photographie a permis à l'enseignant de mieux comprendre certains de ses élèves en particulier. Par ailleurs, cette méthode a exigé beaucoup d'efforts, de dépenses d'argent et de temps; on a dû poursuivre l'observation en ayant recours à d'autres techniques dont celle du papier-crayon, ce qui d'ailleurs a fourni d'aussi bonnes données. Cette technique du papier-crayon en est venue à être connue sous le nom d'«application à la tâche». Les observations recueillies sur un personnigramme aux fins d'étudier l'«application à la tâche» font l'objet de la Figure 8.1.

Comme on l'a vu au deuxième chapitre, les chercheurs ont établi un lien évident entre le comportement des élèves qui s'appliquent à leur tâche en classe et leur niveau d'apprentissage. En d'autres termes, quand l'élève s'applique à sa tâche durant la plus grande partie de la leçon, il apprend plus que s'il ne s'y applique que durant de courtes périodes de temps. Puisque le fait de s'appliquer à sa tâche donne de bons résultats scolaires, la technique d'observation de l'élève « à sa tâche» est probablement la plus importante de celles qui fait appel aux PERS.

Figure 8.1

Observation de l'application des élèves à la
tâche notés sur un personnigramme

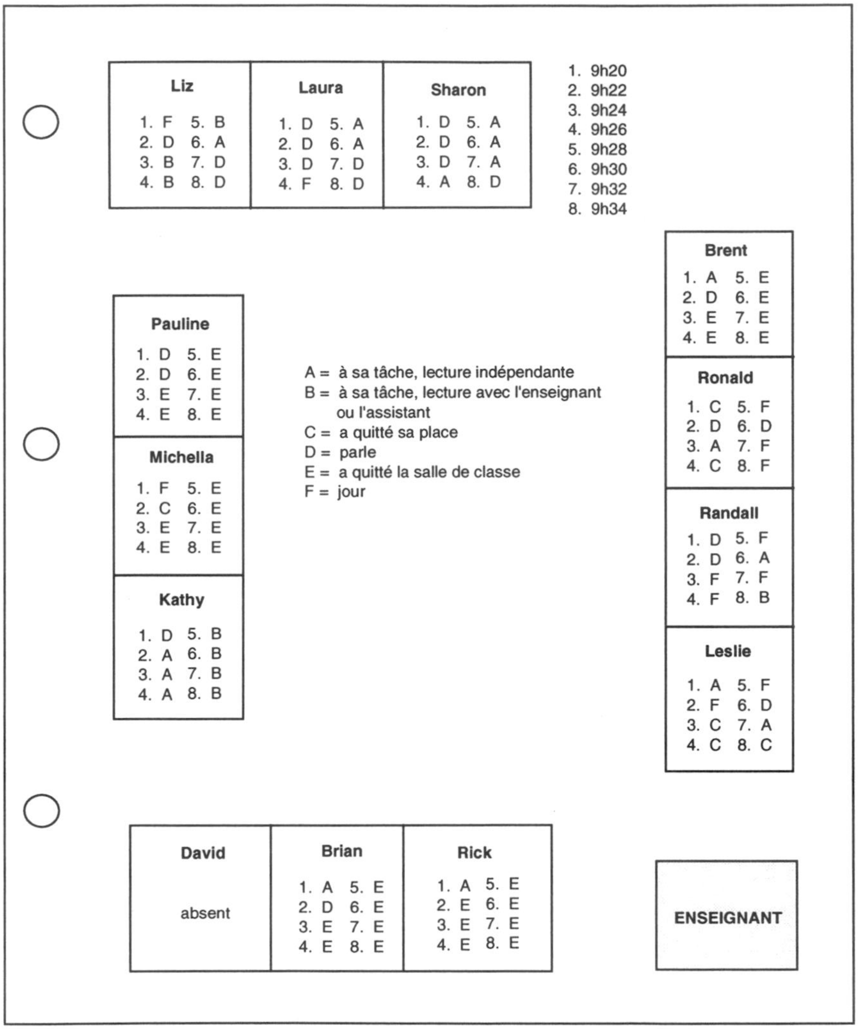

Liz	Laura	Sharon
1. F 5. B	1. D 5. A	1. D 5. A
2. D 6. A	2. D 6. A	2. D 6. A
3. B 7. D	3. D 7. D	3. D 7. A
4. B 8. D	4. F 8. D	4. A 8. D

1. 9h20
2. 9h22
3. 9h24
4. 9h26
5. 9h28
6. 9h30
7. 9h32
8. 9h34

Brent

1. A 5. E
2. D 6. E
3. E 7. E
4. E 8. E

Pauline

1. D 5. E
2. D 6. E
3. E 7. E
4. E 8. E

A = à sa tâche, lecture indépendante
B = à sa tâche, lecture avec l'enseignant
ou l'assistant
C = a quitté sa place
D = parle
E = a quitté la salle de classe
F = jour

Ronald

1. C 5. F
2. D 6. D
3. A 7. F
4. C 8. F

Michella

1. F 5. E
2. C 6. E
3. E 7. E
4. E 8. E

Randall

1. D 5. F
2. D 6. A
3. F 7. F
4. F 8. B

Kathy

1. D 5. B
2. A 6. B
3. A 7. B
4. A 8. B

Leslie

1. A 5. F
2. F 6. D
3. C 7. A
4. C 8. C

David	Brian	Rick
absent	1. A 5. E	1. A 5. E
	2. D 6. E	2. E 6. E
	3. E 7. E	3. E 7. E
	4. E 8. E	4. E 8. E

ENSEIGNANT

Technique

Le but des observations faites pendant que les élèves s'appliquent à une tâche particulière est de vérifier que ce qu'ils font est bien en rapport avec ce qui est demandé. Avant donc d'utiliser cette technique, l'observateur doit se familiariser avec ce que l'enseignant attend de ses élèves pendant une certaine période en classe. En d'autres termes, c'est lui, l'enseignant, et non le superviseur, qui décide ce qui constitue un comportement pertinent pendant cette période.

Parmi les activités typiques qu'on y rencontre, il y a la lecture, l'écoute, les réponses à des questions; certaines activités exigent qu'on soit assis, d'autres requièrent un travail de collaboration dans un projet mené en équipe. Il n'y a pas de difficulté quand, dans une leçon, on attend des élèves qu'ils fassent tous la même chose. Mais lorsque les élèves s'adonnent à des activités variées, il faut que le superviseur se prépare un peu plus pour appliquer la technique ici décrite. Et si cette variété est trop complexe, alors il peut être préférable qu'enseignant et superviseur limitent l'observation à un groupe ou à une section de la classe.

L'enregistrement du comportement des élèves appliqués à leur tâche peut se faire de différentes façons, y compris celle que Jane Stallings et ses collègues ont décrite[3]. Quant à la procédure que nous suggérons, elle comporte les sept étapes suivantes:

1. s'installer à un endroit d'où on peut observer tous les élèves;

2. préparer un personnigramme, fidèle à la disposition prévue pour la séance d'observation;

3. préciser sur ce personnigramme le sexe et d'autres informations sur chaque élève. L'idée ici est de préparer l'analyse subséquente des observations sur le comportement des élèves ou la façon dont ils sont traités;

4. dresser une légende représentant les comportements d'application à la tâche et chaque type particulier d'inconduite. Un code-type pourrait être celui-ci:

    A - appliqué à sa tâche;
    B - interrompt sa tâche;
    C - travail scolaire autre que celui dont on a convenu;
    D - n'est pas à sa place;
    E - parle avec ses voisins.

5. observer systématiquement le comportement de chacun des élèves pendant quelques secondes pour vérifier s'il fait réellement ce qu'on lui a demandé de faire. Si oui, l'observateur (observatrice) note 1A dans le carré du tableau réservé à cet élève. Le Tableau 8.1 laisse voir que le chiffre 1 indique qu'il s'agit de la première observation, la lettre A précisant de plus qu'il s'agit d'un comportement «application à la tâche». Sinon, l'observateur notera 1B, 1C, 1D ou 1E selon la légende présentée ci-haut à l'étape 4;

6. répéter l'étape 5 toutes les trois ou quatre minutes pendant la durée de la leçon en ne modifiant dans la légende proposée que le seul chiffre indicateur de la séquence des observations. Si, par exemple, l'élève était bien «appliqué à sa tâche» lors de la troisième observation, le superviseur notera 3A dans le carré réservé à cet élève;

7. préciser exactement l'heure de chaque ensemble d'observations. Il n'y a qu'à l'indiquer quelque part sur la feuille d'observation, comme vous pouvez le voir dans la Figure 8.1. Le superviseur serait bien avisé de noter le genre d'activité en cours au moment où il enregistre ses observations.

Nous vous conseillons de prendre certaines précautions durant ce travail d'observation. Par exemple, ne faites pas trop de catégories d'observation. L'étape 4 vous en suggère cinq: appliqué à sa tâche, interrompt sa tâche, fait autre chose, n'est pas à son pupitre, parle avec le voisin; c'est probablement le maximum de comportement que vous voudrez observer. Sinon, les observations se compliquent, et il devient ensuite difficile de les interpréter. Dans bien des cas, il suffira de n'en retenir que deux: «est à l'oeuvre», et «n'est pas à l'œuvre».

Dans cette technique d'observation dite «application à la tâche», les superviseurs s'inquiètent trop parfois de la précision de leurs observations. On obvie à ce problème en admettant que la technique précitée admet un peu d'interprétation. L'expression qu'on peut lire sur la figure d'un enfant est, pour certains, l'indice d'une profonde réflexion alors que, pour d'autres, c'est plutôt qu'il rêve. Dans de telles circonstances, jouez aux probabilités. Si vous croyez qu'il est plus probablement en train de réfléchir profondément que de rêver, inscrivez-le en conséquence dans le petit carré qui lui est destiné. Si non, optez pour l'indication «non appliqué à sa tâche». Peut être voudrez-vous prévenir l'enseignant que les données que vous lui remettez sont, jusqu'à un certain point, subjectives; il pourra dès lors rechercher les tendances générales plutôt que d'hésiter sur la précision de cas isolés.

Le personnigramme de la Figure 8.1 comporte un carré pour chaque élève; chacun d'ailleurs y est nommé. Si l'entretien *feed-back* avec l'enseignant a lieu peu de temps après l'observation, celui-ci reconnaîtra facilement les emplacements même sans les noms; ceux-ci cependant s'avéreront utiles dans le cas d'une rencontre tardive. Là où il peut y avoir problème, c'est quand, d'une part, l'enseignant n'a pas préparé à votre intention un tableau de répartition des pupitres, et que, d'autre part, vous ne connaissez pas les noms des élèves. On corrige cette situation par l'appel nominal fait en classe par l'enseignant, ce qui permet d'inscrire rapidement le prénom ou le nom de famille de l'élève.

Quant aux annotations, vous pourriez les inscrire en utilisant des crayons ou des plumes de couleurs variées. Le personnigramme pourrait être d'une couleur donnée, alors que les observations

portant sur «l'application à la tâche» seraient d'une couleur différente, rendant ainsi le personnigramme agréable à consulter.

Exemple

Le directeur d'une école primaire fit un jour une séance d'observation
dans une classe de lecture de première année. Au cours de l'entretien
de planification avec l'enseignant de cette séance de supervision, il
fut convenu de faire porter les observations sur l'application des
élèves à leur tâche et de les noter sur un personnigramme. Voici un
compte rendu partiel de cette rencontre (D= directeur; E= enseignant):

E.   Viendriez-vous dans ma classe pour observer l'application de
     mes élèves à leur tâche durant mon enseignement, en vous
     servant d'un personnigramme? Randall et Ronald ne font que
     jouer et parler. J'aimerais bien être en mesure d'apprécier
     jusqu'à quel point ils travaillent.

D.   Randall et Ronald sont-ils les seuls que vous voulez que
     j'observe?

E.   Non. Cette année, j'ai un groupe réellement immature. Vous
     feriez mieux d'observer toute la classe.

D.   Que voulez-vous dire par «immature»?

E.   Oh! Leur capacité d'attention est très courte, ils n'ont pas
     appris à se calmer et parlent sans permission. Autrement dit,
     ces élèves de première année n'ont pas appris à se calmer et
     travailler.

D.   Ont-ils l'air de comprendre ce que vous voulez d'eux?

E.   Oui, mais ils prennent trop de temps à se calmer. Ronald se
     plaint et gagne tout le temps, ou bien il joue.

D.   Quel type de comportements dois-je surtout surveiller au cours de cette observation portant sur l'application de vos élèves à leur tâche?

E.   Oh! Avant que je ne l'oublie, je dois vous dire que certains de mes élèves ne seront pas en classe quand vous viendrez; ils seront à leur cours de musique.

D.   Très bien. Pour ne pas l'oublier, je vais le noter tout de suite.

E.   Vérifiez s'ils sont ailleurs qu'à leur pupitre, s'ils parlent, s'ils jouent ou s'ils font bien leur travail. Ils feront aussi des lectures devant moi ou devant mon assistant.

Pour les fins de cette observation, les comportements «appliqués à la tâche» furent décrits ainsi: A) lit son livre seul, assis à son pupitre; B) lit avec l'enseignant ou son assistant. Les autres catégories furent les suivantes: C) ailleurs qu'à son pupitre; D) parle; E) hors de la classe; F) joue. Ces catégories sont inscrites à la Figure 8.1, de même que les données d'observation.

Analyse des données

Un résumé des observations du Tableau 8.1 a été commodément disposé à la Figure 8.2. Par là, l'enseignant peut voir d'un coup d'œil combien d'élèves avaient tel type de comportement en particulier à un moment donné. Un total des échantillons des comportements observés est aussi reproduit sur cette Figure. La dernière colonne indique le pourcentage moyen des élèves ayant un comportement donné en classe. Par exemple, 6 % des élèves en moyenne n'étaient pas à leur pupitre pendant la leçon. Le numérateur qui permet d'obtenir ce pourcentage, c'est le total de six élèves (voir la colonne des totaux) absents de leur siège pendant la notation des huit observations. Le dénominateur est 96, c'est-à-dire le produit de huit observations multiplié par les 12 élèves en classe à ce moment-là. Ainsi, si on divise le numérateur 6 par le dénominateur 96, on obtient le pourcentage moyen, soit 6 %.

Figure 8.2

Sommaire des données sur «l'application à la tâche»
pour analyser la Figure 8.1

Comportement	9h20	9h22	9h24	9h26	9h28	9h30	9h32	9h34	Total	%
A = à sa tâche, lecture indépendante	4	1	2	2	2	4	2	0	17	18 %
B = à sa tâche, lecture avec l'enseignant ou l'assistant	0	0	1	1	2	1	1	2	8	8 %
C = a quitté sa place	1	1	1	2	0	0	0	1	6	6 %
D = parle	5	8	2	0	0	2	2	3	22	23 %
E = a quitté la salle de classe	0	1	5	5	5	5	5	5	31	32 %
F = joue	2	1	1	2	3	0	2	1	12	13 %

L'entretien *feedback* qui a suivi cette séance d'observation en classe illustre bien l'analyse qu'ont fait de ces données le directeur et l'enseignant. En voici des extraits:

E.   Voyons maintenant. Randall s'est appliqué à sa tâche une fois, de même que Ronald. Une chose me frappe! Élisabeth, Laura et Sharon se font beaucoup de visites. Je devrai changer la disposition des pupitres.

D.   Cela pourrait contribuer à régler certains problèmes de visites et de papotages.

E.   Quand on pense! De 9h20 à 9h36, cinq de mes élèves sont à leur cours de musique; il ne m'en reste alors que sept. Diable! Je n'ai travaillé qu'avec deux d'entre eux pendant que mon assistante s'occupait d'un troisième.

D. On dirait qu'à un certain moment plusieurs élèves sont absents.

E. Oui. Il faudrait que je travaille avec ces élèves avant qu'ils ne quittent pour leur leçon de musique.

D. Ce serait une bonne idée. Ainsi, ils pourraient vous faire de la lecture tous les jours.

E. Je pourrais demander à mon assistante de ne faire lire que quelques pages à Catherine et d'écouter ensuite quelqu'un d'autre.

D. Formidable!

E. Mais ça ne règle pas mon problème avec Randall et Ronald. Puisque Brian et Rick vont à leur leçon de musique, je pourrais peut-être installer Ronald au pupitre de Rick; j'aurais ainsi une vue directe sur lui et il serait séparé de Randall.

D. Bonne solution! Peut-être même qu'elle pourrait devenir permanente.

E. J'espère bien que ça va marcher, sinon il faudra que je trouve autre chose.

D. J'en suis sûr, car vous trouvez déjà de bonnes suggestions.

E. Je pourrais même demander à mon assistante de faire de la lecture avec Ronald et Randall, et de jouer avec eux à des jeux de phonèmes. Cela les aiderait aussi à développer la durée de leur période d'attention.

D. Vous avez réellement de bonnes idées. Il faudra voir quels résultats vous obtiendrez. Je pourrais revenir et faire une autre séance d'observation sur la façon dont vos élèves s'appliquent à leur tâche.

E. Oui, car j'aimerais bien voir si je peux réussir à calmer mes élèves, particulièrement Ronald et Randall.

Cette interaction enseignant-superviseur illustre toute l'importance du relevé des observations que fait le superviseur suivant la technique «application à la tâche». Elles permettent à l'enseignant de se faire une bonne idée du comportement de ses élèves en classe. Si, en effet, leur comportement n'est pas productif, l'enseignant saura qu'il y a là un problème qui exige un correctif. Une fois ce problème diagnostiqué, enseignant et superviseur peuvent travailler ensemble à sa solution comme on vient de le voir dans les extraits d'entretien précédents.

En comparant les Figures 8.1 et 8.2, vous aurez sans doute remarqué combien les comportements des élèves «appliqués à la tâche» ont changé d'une période d'observation à l'autre. Cela est très caractéristique des jeunes enfants. À l'exception de ceux qui ont quitté la classe, on peut s'attendre à voir les comportements changer de catégories d'une séance d'observation à l'autre. Leslie, par exemple, s'est promenée parmi les catégories A, C, D et F pendant les quatorze minutes (9h20 à 9h34) qu'a duré l'observation.

Observation du débit verbal (technique 12)

L'observation du débit verbal sert d'abord à noter «qui parle à qui». C'est aussi une technique utile pour enregistrer les types d'interactions verbales telles que les questions de l'enseignant, les réponses des élèves, les félicitations de l'enseignant, les réponses des élèves. La technique du débit verbal ressemble à celle de l'enregistrement sélectif du mot à mot (voir le septième chapitre) en ce qu'elle se rapporte aux comportements verbaux en classe. Cependant, à la différence de la transcription mot à mot dont l'objet consiste à noter le véritable contenu de la communication, la technique du débit verbal cherche plutôt à savoir qui lance et qui reçoit la communication verbale, et comporte l'observation du type d'interventions qui se produisent.

276

Nous avons cité dans le deuxième chapitre une étude de Gregg Jackson et Cecilia Cosca où on remarque que les enseignants du Sud-Ouest (américain) parlaient davantage aux élèves anglophones qu'aux élèves d'origine mexicaine. Les chercheurs ont trouvé aussi d'autres formes de discrimination dans le comportement verbal des enseignants. Michael Dunkin et Bruce Biddle, par exemple, en sont venus aux conclusions suivantes dans une revue des recherches qui ont été effectuées en ce domaine. Nous les citons:

> La majorité de ceux qui *émettent* des messages et de ceux qui les *reçoivent* sont placés au centre et en avant de la classe. Ainsi, les élèves dont l'emplacement en classe se trouve en périphérie sont plus souvent spectateurs qu'acteurs dans le déroulement des activités en classe. Peut-être est-ce là ce que désire l'enseignant qui veut réduire au silence l'élève turbulent en le plaçant en périphérie, ou encore, qui désire encourager la participation de l'élève tranquille en le déménageant au centre ou en avant de la classe[4].

Bien que l'enseignant ait tendance à parler plus souvent aux élèves qui l'entourent plus immédiatement, on retrouve aussi d'autres préjugés sur les «places en classe». Un enseignant a déjà remarqué qu'il était porté à accueillir plus de questions venant de son côté droit que de son côté gauche. Après plus amples études de cette constatation, il a réalisé qu'il avait pris l'habitude de s'adresser à sa classe en regardant à droite. Le groupe d'élèves situé à sa droite se trouvait donc au centre de son champ de vision, alors que celui de sa gauche se situait en périphérie. C'est alors que l'enseignant a pu réaliser jusqu'à quel point ses élèves de «gauche» ont pu se sentir frustrés d'avoir le goût de poser des questions, mais de ne pouvoir le faire parce qu'ils n'étaient tout simplement pas dans le champ de vision de l'enseignant. Prenant dès lors conscience de cette carence, l'enseignant l'a corrigée en répartissant également ses «contacts oculaires» partout dans la salle, ce qui a rétabli l'équilibre dans les comportements verbaux.

L'observation du débit verbal est une technique très valable de supervision: elle permet à l'enseignant de découvrir certains défauts de son comportement verbal, et de noter les différences de comportement de ses élèves à ce chapitre. Cette technique devient particulièrement appropriée quand il y a discussion, échange de questions et réponses, ou tout autre type d'intervention nécessitant de fréquents échanges enseignant-élève. Elle ne l'est pas dans les cas où ces échanges se raréfient (e.g. lecture, étude personnelle).

Technique

Comme dans les autres instruments d'observation que nous avons appelés PERS, la première étape d'observation du débit verbal consiste à préparer un personnigramme. Comme il y a plusieurs types de répartition des emplacements, ne préparez pas un plan uniforme; visez plutôt à une préparation détaillée, faite sur mesure. Un carré représente un pupitre. Vous pouvez y indiquer le nom de l'élève ou une autre indication parfois jugée nécessaire au cours de l'entretien préparatoire à la séance d'observation: le sexe de l'élève, s'il a de bons résultats scolaires ou de moins bons. C'est évidemment l'enseignant qui peut vous fournir de telles indications; elles pourront s'avérer très utiles pour juger si l'enseignant entretient des rapports différents avec les élèves selon les caractéristiques précisées dans ces PERS.

On utilise des flèches pour préciser dans quel sens se produit l'interaction verbale. La queue de la flèche indique l'origine du commentaire tandis que sa pointe précise à qui il s'adresse. On fait exception à cette règle pour l'enseignant. Comme il est le plus souvent à l'origine de la plupart des interactions verbales, il serait inopportun de faire partir une flèche du carré qui représente l'emplacement de son bureau à chaque fois qu'il intervient. On se retrouverait, ce faisant, en présence d'un ensemble impressionnant de flèches rayonnant à partir de l'emplacement de l'enseignant. On obvie à cette difficulté en limitant le dessin de la flèche au carré représentant le pupitre de l'élève. À noter cependant que la queue de la flèche est orientée vers l'enseignant; on comprend dès lors que les commentaires venaient de l'enseignant et s'adressaient à cet élève en particulier.

Pour simplifier encore ce personnigramme du débit verbal, on peut placer des tirets d'interaction sur les flèches: leur nombre témoigne de la fréquence ou de la rareté des interventions (Figure 8.3). Dans le rectangle A par exemple (Figure 8.3), une flèche indique chaque interaction. Si on situe l'enseignant en haut du rectangle et l'élève en bas, on voit donc que l'enseignant a adressé quatre commentaires à cet élève et celui-ci a répondu deux fois. On a les mêmes résultats dans le rectangle B, mais ils sont présentés de façon à ne pas surcharger l'image. Les quatre commentaires de l'enseignant sont représentés par la flèche (un commentaire) et trois traits d'intersection pour un total de quatre. Quant à l'élève, ses deux réponses sont traduites par une flèche additionnée d'un trait d'intersection.

Figure 8.3

Deux façons de noter les interactions verbales

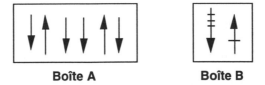

Boîte A   **Boîte B**

On peut ajouter diverses informations sur le personnigramme en utilisant d'autres codes. En voici des exemples:

+   Félicitations ou encouragements de la part de l'enseignant.

-    Réprimande ou critique de l'enseignant.

- F? Question de l'enseignant portant sur un fait particulier.

- C? Question de l'enseignant se rapportant à un concept.

Les comportements verbaux de l'élève peuvent aussi être précisés. On aura, par exemple:

√   Réponse spontanée correcte ou pertinente de l'élève.

X   Réponse spontanée mais incorrecte ou non pertinente de l'élève.

?   Question posée par un élève.

}   Commentaire d'un élève, adressé à l'ensemble de la classe.

L'enseignant devrait participer à l'élaboration des catégories de comportements verbaux à observer. Pendant l'entretien préparatoire à la séance d'observation, il serait bon d'en créer plus que moins; autrement tout l'exercice risque d'être stérile.

Certains superviseurs utilisent de préférence un système alphabétique d'annotations. Les lettres de l'alphabet permettent des nuances dans les interactions. Ainsi, on aura:

Q   Question de l'enseignant.

E   Encouragement ou félicitation adressés par l'enseignant.

C   Critique de l'enseignant.

r   Réponse spontanée d'un élève, correcte ou pertinente.

x   Réponse spontanée d'un élève, incorrecte ou non pertinente.

q   Question d'un élève.

On utilise les majuscules pour l'enseignant et les minuscules pour l'élève.

Qu'il s'agisse de flèches ou de lettres, on arrivera aux mêmes résultats: ce n'est qu'une question de préférence personnelle.

Exemple

L'enseignante d'une classe de français en première année du collège demanda à l'adjoint du directeur dont c'est d'ailleurs la tâche, d'agir comme superviseur pour trouver qui, parmi ses élèves, contribuait à la vie de la classe et aux discussions par petits groupes. L'enseignante ne cherchait pas à évaluer ses élèves; elle désirait plutôt utiliser les données du superviseur pour voir jusqu'à quel point elle suscitait la participation et de quelle façon elle pourrait récupérer les non-participants pour les intégrer au groupe.

Tous deux tombèrent d'accord sur l'utilisation d'un personnigramme du débit verbal comme technique appropriée à l'étude de telles situations. Le superviseur convint de visiter la classe à un moment où une discussion était prévue au programme.

On peut examiner la Figure 8.4 représentant le personnigramme utilisé durant la séance d'observation. Les lignes horizontales représentent les emplacements vides. Le sexe des élèves est précisé par les lettres H et F respectivement. Le débit verbal fut classé en quatre catégories: questions de l'enseignante, réponse d'un élève, réponse positive de l'enseignante et réponse négative de l'enseignante. Comme il se produisit aussi des échanges verbaux entre élèves, le superviseur enregistra ces échanges par une flèche reliant les personnes en cause. La période d'observation dura en tout 22 minutes.

Analyse des données

On peut analyser les données du débit verbal de diverses façons. En voici quelques-unes qui sont loin d'être exhaustives.

Préférences de champ visuel

On l'a déjà dit, certains enseignants dirigent leur attention sur des groupes d'élèves au détriment des autres parce qu'ils préfèrent

Figure 8.4

Débit verbal noté sur un personnigramme

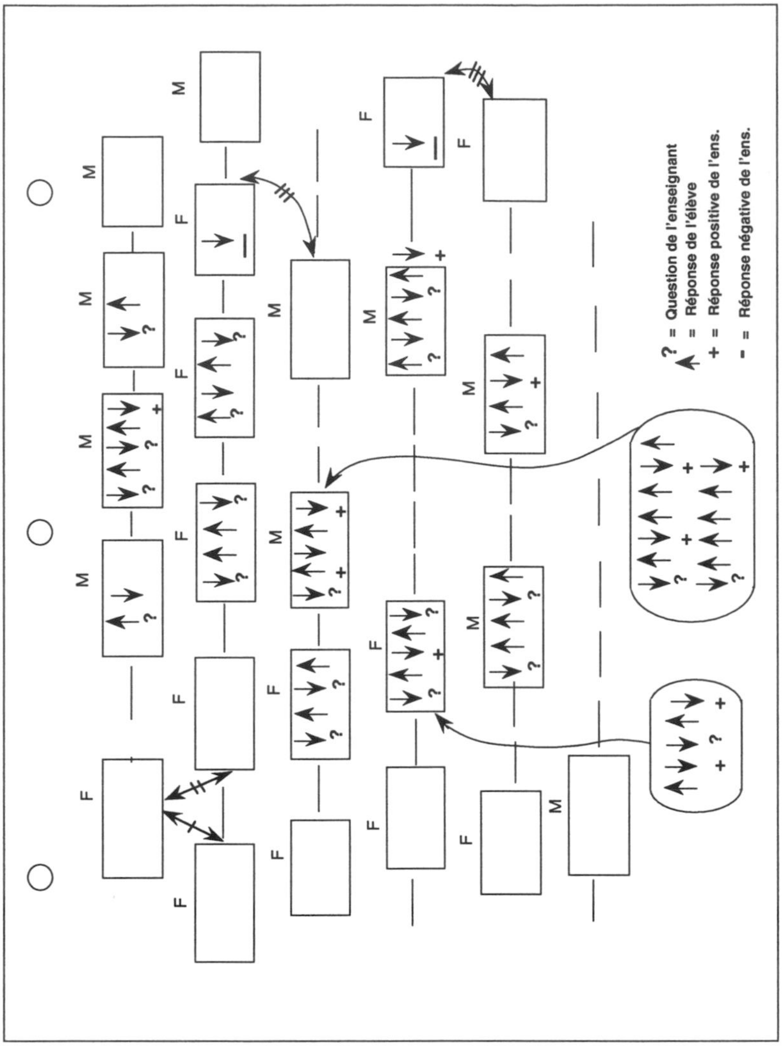

? = Question de l'enseignant
↤ = Réponse de l'élève
+ = Réponse positive de l'ens.
− = Réponse négative de l'ens.

regarder spontanément dans telle direction. On parle de l'effet «tunnel» de leur champ visuel. Dans le cas qui nous concerne, cela était très évident, et l'enseignante l'a elle-même remarqué sur le personnigramme du débit verbal. On voit, en effet, sur la Figure 8.4 qu'elle a adressé la plupart de ses questions aux élèves placés dans sa ligne de vision, négligeant ainsi les groupes situés de chaque côté. On retrouve ce phénomène même chez les «vieux routiers» de la profession. Vous remarquez aussi que les échanges entre les élèves pendant la leçon se sont produits uniquement dans les «régions» périphériques.

En voyant ce personnigramme, l'enseignante commenta en disant qu'elle pourrait résoudre son problème de vision «en tunnel» en utilisant les emplacements vides pour rapprocher d'elle ses élèves. Une autre de ses suggestions a été de les disposer en cercle de façon à ce que chacun puisse voir tous les autres.

Préférences de l'enseignant pour certains élèves

À la Figure 8.4, on identifie l'élève par son groupe sexuel. On est donc en mesure d'étudier ici s'il y a eu répartition équitable de l'attention de l'enseignante envers les garçons et les filles, et si chaque catégorie de comportement verbal a aussi été également distribuée.

Le personnigramme du débit verbal indique que la classe compte 13 filles et 11 garçons. De toutes les questions posées (il y en a eu 20 en tout), 12 ou 60 % furent adressées aux garçons et 8 ou 40 % aux filles. Parmi les 12 réponses positives de l'enseignante, 8 ou 66 % furent adressées aux garçons et 4 ou 33 % furent adressées aux filles. Les deux réponses négatives furent toutes les deux réservées aux filles. Neuf des 13 filles ou 70 % et 4 des 11 garçons ou 36 % n'ont pas participé à l'échange. Ces données suggèrent chez cette enseignante un préjugé favorable envers les garçons.

On remarque aussi, dans cette même Figure 8.4, qu'un élève et une élève ont dominé l'activité au point que le superviseur a eu besoin de se construire un carré additionnel pour chacun d'eux (en

283

bas de la feuille; il les a reliés aux rectangles de départ par une flèche). Il fut noté que 30% du nombre total de questions posées par l'enseignante furent adressées à ces deux élèves qui, d'ailleurs, ont dominé la scène avec près de la moitié des réponses des élèves.

Préférences du comportement verbal

Les PERS de comportement verbal peuvent aussi indiquer jusqu'à quel point enseignants et élèves ont utilisé certains comportements de préférence à d'autres. Ainsi, dans la Figure 8.4, il y a un contraste, non sans intérêt, entre les réponses positives de l'enseignante et ses réponses négatives. Ses 14 réponses, en effet, furent toutes positives à l'exception de deux d'entre elles. Et ces deux réponses ont été adressées à des filles placées en périphérie. On peut se servir de la même figure pour comparer le nombre de réponses des élèves qui ont conduit l'enseignante à faire un commentaire positif par rapport à celles qui furent suivies de commentaires négatifs. On compte 32 réponses d'élèves au cours de la leçon. Douze de ces réponses (38 %) ont été suivies d'un commentaire positif de l'enseignante; c'est un pourcentage élevé par rapport à ce que l'on constate habituellement.

Modèles de déplacements en classe
(technique 13)

Un autre usage des personnigrammes (PERS) consiste à enregistrer le mouvement des élèves et de l'enseignant durant une leçon. La technique PERS porte alors le sous-titre de «modèles de déplacements en classe». Elle consiste, pour le superviseur, à noter les déplacements en classe de l'enseignant ou des élèves au cours d'une leçon, et ce, pendant une période de temps prédéterminée. Cette observation porte exclusivement sur le déplacement lui-même; elle se différencie des observations recueillies avec d'autres PERS étudiées dans ce chapitre, et nommément celles des observations dites «application à la tâche» où on s'intéressait au degré d'*attention* et d'*implication* de l'élève au cours des sessions de travail en classe. La technique de modèles des déplacements diffère aussi de celle du débit verbal où il est question de la nature et de l'origine de la *communication verbale* en classe.

Plusieurs approches en enseignement, et cela particulièrement au primaire et au secondaire, exigent que l'enseignant prenne des décisions sur son emplacement dans la classe. Lorsque, par exemple, après une pause, les élèves rentrent en classe à la file indienne, l'enseignant est appelé à décider s'il doit se placer près de la porte, à son bureau ou ailleurs. Ou encore, lorsque les élèves doivent effectuer des travaux qui leur imposent de se tenir assis, ou qu'ils se groupent en équipes pour travailler, l'enseignant doit décider s'il va rester à son bureau ou s'il doit circuler entre les groupes pour exercer sa surveillance.

La nature des déplacements de l'enseignant dans leur ensemble influe sur le contrôle de la classe et sur la concentration des élèves. Celui qui, par exemple, se cache littéralement derrière son bureau peut avoir plus de problèmes de discipline qu'un autre qui exerce sa surveillance en se promenant entre les pupitres. Celui qui s'adresse au groupe en demeurant immobile peut ne pas obtenir l'attention désirée, alors qu'un autre se promène en créant des effets de théâtre pour accentuer ses énoncés, ou se sert du tableau ou d'une carte explicative pour faire comprendre un concept.

Les enseignants peuvent faire preuve de certaines habitudes en se déplaçant. D'aucuns affectionnent un endroit particulier de la classe plutôt qu'un autre, peut-être parce que certains élèves y sont assis. D'autres se tiennent éloignés des élèves pendant qu'ils leur parlent: d'où certaines difficultés pour ceux qui, parmi les élèves, ont un handicap visuel ou auditif; dans certains cas, cela sert de prétexte de leur part pour justifier leur inconduite («le prof ne voit pas ce que je fais»).

Les modèles de déplacement chez les élèves peuvent démontrer si oui ou non ils s'appliquent à leur tâche. En effet, il arrive parfois que, pour compléter tel type d'activité, ceux-ci aient à se déplacer en classe. Mais parfois aussi, les déplacements signifient qu'ils veulent escamoter le travail prescrit ou qu'ils n'ont tout simplement rien à faire.

Ce dernier exemple se produit assez fréquemment lorsque les élèves finissent leur travail très tôt alors que d'autres n'ont pas encore terminé; ils errent ici et là en abordant les copains, ou sont en quête d'une autre activité.

En principe, les modèles de déplacement peuvent être notés pendant n'importe quelle leçon; cependant, la technique prend toute sa valeur quand le type d'apprentissage connote une certaine possibilité de déplacements en classe. Des travaux, par exemple, exigeant que les élèves soient assis à leur pupitre, de même que des projets où des groupes doivent se former, imposent à l'enseignant de se déplacer parmi ses élèves; ceux-ci, par ailleurs, trouveront le moyen de bouger et de se mouvoir en classe même si cela n'est pas requis. Au contraire, montrer un film ou s'adonner à une activité questions-réponses diminue considérablement les chances de déplacements en classe: dans un tel cas, on ne recueillera pas beaucoup de données.

Technique

Les PERS représentent graphiquement un plan de classe personnalisé et servent au superviseur à noter ses obvservations. Ces PERS comportent souvent des carrés interreliés comme à la Figure 8.1. Si on désire découvrir les modèles de déplacement, on doit représenter les élèves et leur enseignant par des carrés fermés. Les PERS doivent aussi représenter les allées, les pupitres ou les tables et, de façon générale, la disposition physique des lieux où évoluent les élèves. Les Figures 8.5 et 8.6 sont un exemple de tels PERS d'observation destinés à enregistrer les déplacements; ceux-ci sont représentés par une ligne ininterrompue qui part de l'endroit où était l'individu au moment où commence l'observation du superviseur.

286

Figure 8.5

Plan des déplacements en classe

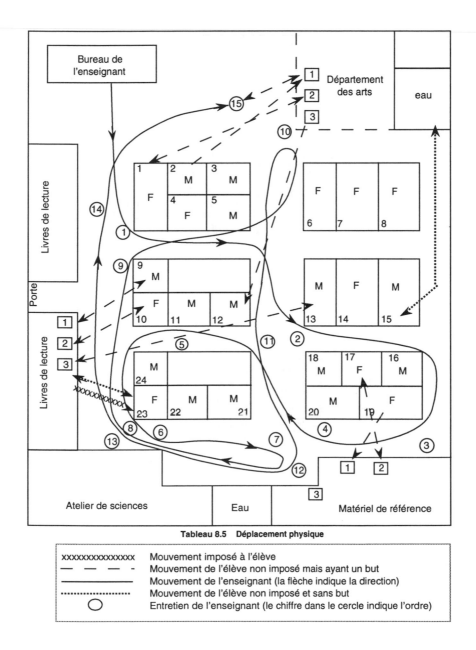

Tableau 8.5 Déplacement physique

xxxxxxxxxxxxxxx	Mouvement imposé à l'élève
— — — -	Mouvement de l'élève non imposé mais ayant un but
—————	Mouvement de l'enseignant (la flèche indique la direction)
··············	Mouvement de l'élève non imposé et sans but
◯	Entretien de l'enseignant (le chiffre dans le cercle indique l'ordre)

287

Figure 8.6

Déplacements en classe notés sur un personnigramme

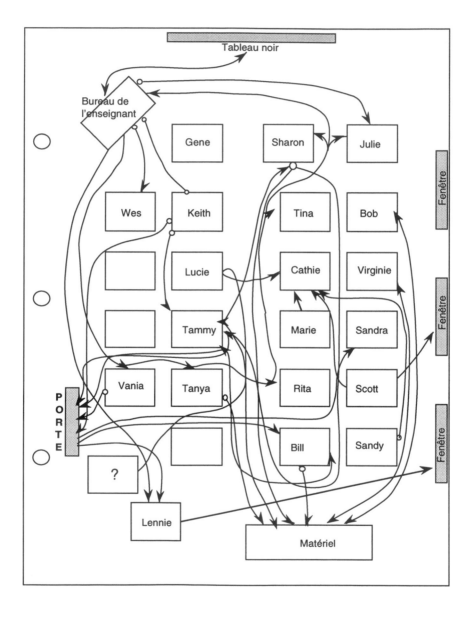

Comme élèves et enseignant sont susceptibles de se déplacer d'un point à un autre, de s'arrêter, puis de revenir à leur point de départ, on peut souligner chaque arrêt par une indication figurée ajoutée au trait: une flèche, un cercle (O) ou un (X). La Figure 8.6 traduit les arrêts par un cercle surajouté. On note sur ce personnigramme que l'enseignant a commencé sa leçon en se tenant à l'avant de la classe.

On utilise une seule ligne en changeant le symbole à ses extrémités quand un élève quitte son pupitre pour y revenir après s'être déplacé dans la classe. Dans l'exemple du Tableau 8.6, l'enseignant a quitté son bureau, désigné par un grand O, pour se rendre au pupitre de Wes et revenir ensuite vers son bureau (pointe de la flèche). Quant à Keith, il est allé de son pupitre (O) au bureau de l'enseignant pour revenir enfin à sa place (O).

Vous voudrez peut-être préciser les types de déplacements à des moments variés de la leçon; il suffira de se munir d'un ensemble de crayons à colorier. Les dix premières minutes de déplacement seraient ainsi enregistrées en rouge, par exemple, alors que les dix suivantes le seraient en vert, et ainsi de suite. De même pourrait-on encoder les diverses activités par des symboles notés en différentes couleurs. Une première activité peut consister en consignes données dès le début, suivie d'une formation en petits groupes pour travailler à un projet, ce qui peut être suivi d'une période de questions-réponses pour l'ensemble de la classe.

Ainsi, les déplacements qui se produisent au cours de chacune des activités font l'objet d'une couleur différente, ce qui aide l'enseignant à saisir rapidement l'ensemble des déplacements à un moment donné de sa leçon.

Il arrive à l'occasion qu'il se crée un véritable fourmillement empêchant tout enregistrement fidèle. Vous pouvez alors cesser cet enregistrement tout en ayant soin de noter cet arrêt quelque part sur votre feuille. Ou encore, dans de telles circonstances, limitez vos observations à quelques élèves seulement.

Exemple

La Figure 8.6 représente les déplacements au cours d'une leçon de dactylographie donnée dans une école supérieure. L'enseignant se demandait s'il ne se laissait pas «ballotter par les flots». Il était d'avis que ses élèves ne devaient pas être «enchaînés à leur pupitre» pendant toute la durée de la leçon, mais il désirait quand même inspirer à son groupe un certain sens de la discipline et d'auto-contrôle. D'accord avec le superviseur, il décida qu'un schéma d'observation des déplacements serait un instrument utile pour déterminer l'étendue du désordre dans sa classe. L'observation du superviseur dura environ 30 minutes.

Analyse des données

À première vue, les déplacements observés et reproduits dans la Figure 8.6 semblent être un labyrinthe décourageant à examiner. En repérant cependant le comportement d'une seule personne ou d'une seule section de la classe, l'enseignant et le superviseur peuvent généralement tirer des déductions utiles à partir de ce schéma.

Ce qui a d'abord attiré l'attention de l'enseignant, ce fut la porte d'entrée: six élèves y sont entrés ou sortis après le début de la leçon. L'un d'eux, étranger au groupe et identifié par un point d'interrogation, est entré, a parlé à des camarades et a quitté la salle de classe. Cet élève mystère errait sans doute çà et là durant une période de relâche. On remarque aussi sur le dessin que deux autres élèves (Bill et Sandra) sont arrivés en retard tandis que Janice et Keith ont, par ailleurs, quitté la classe en plein cœur de l'action et y sont revenus, ce dont l'enseignant ne s'était pas aperçu. À cause de ces constatations, il décida de surveiller de plus près les entrées et sorties de ses élèves et de donner à son groupe certaines directives élémentaires sur ces allées et venues en période d'activité.

L'enseignant porta ensuite son attention sur ses propres déplacements. Il se rappela qu'en début de leçon il était allé au tableau pour y écrire des mots clés en rapport avec la dactylographie de lettres d'affaires. Ce fut ensuite l'élève Keith qui est venu lui poser une question. Comme l'enseignant voulait voir où en étaient ses élèves, il est allé visiter Lennie, Wes, Gene et Julie en retournant à chaque fois à son bureau pour se rattraper dans ses dossiers. Il a ensuite et finalement décidé de circuler un peu en classe, ce qui se reflète dans une longue boucle commençant et se terminant à son bureau. Bien qu'il n'ait pas fait d'arrêt à chaque pupitre, l'enseignant garda l'impression qu'il avait circulé un peu partout, suffisamment en tout cas pour s'être montré disponible envers tout élève qui aurait eu besoin de son aide.

Le superviseur et l'enseignant ont ensuite examiné l'endroit où on range le matériel. Ils remarquèrent que six élèves (Tanya, Lucie, Sharon, William, Virginie et Bob) étaient allés puiser dans cette réserve pendant la période d'observation. À la suite de cette découverte, l'enseignant s'est demandé s'il n'était pas préférable que ses élèves possèdent tout leur matériel en début de leçon. Une telle procédure apporterait plus d'ordre dans la classe tout en permettant à tous d'être mieux organisés et plus systématiques dans leur préparation à la dactylographie. C'est ce qu'a suggéré le superviseur à titre expérimental, quitte à voir après coup si la nouvelle procédure produirait les effets escomptés.

Enfin, l'enseignant s'est attardé à considérer d'autres comportements d'élèves. Par exemple, il remarqua que plusieurs d'entre eux se rendaient visite, notamment quatre d'entre eux (Lucy, Mary, Scott et Sandy), qu'il retrouva regroupés autour de Kathy. Par ailleurs, deux autres (Scott et Lennie) étaient allés voir à la fenêtre ce qui se passait à l'extérieur. Le superviseur informa l'enseignant que ces types de comportement s'étaient produits en classe vers la fin de la période d'observation. C'est alors que l'enseignant s'est souvenu qu'il avait prévu une activité pour ceux qui finiraient plus tôt l'activité. Il avait oublié de leur en faire part parce qu'il était trop

291

occupé à mettre de l'ordre dans ses dossiers avant la fin de la leçon. En résumant les conclusions à tirer du personnigramme des déplacements en classe, il pensa qu'en apportant quelques changements, sa classe serait mieux ordonnée, sans pour autant perdre cette atmosphère détendue qu'il appréciait tant.

Références

1. Voyez «Observation for the improvement of classroom learning» par Jane Stallings, Margaret Needels et Georgea Molhman Sparks, pp. 140-145 dans *Talks to Teachers*, ed. David C. Berliner et Barak V. Rosenshine. New York: Random House, 1987, pp. 129-158.

2. Frank MacGraw Jr., *The Use of 35mm Time-Lapse Photography as a Feedback and Observation Instrument in Teacher Education*. Ann Arbor, Michigan: University Microfilms n° 66-2516, 1966.

3. Jane Stallings, Margaret Needels et Georgea Wolhman Sparks, «Observation for the improvement of classroom learning», pp. 140-145 dans *Talks to Teachers*, ed. David C. Berliner et Barak V. Rosenshine. New York: Random House, 1987, pp. 129-158.

4. Michael J. Dunkin et Bruce J. Biddle, *The Study of Teaching*. New York: Holt, Rinehart and Winston, 1974, p. 226.

Chapitre 9

LES TECHNIQUES
«OBJECTIF GRAND ANGULAIRE»*

> *Cela a été tout un choc pour moi d'écouter l'enregistrement sonore de ma leçon. Je n'ai jamais eu l'occasion de m'entendre parler à mes étudiants. Cette idée de sonoriser mes enseignements est bonne. Après tout, ce sont les élèves qui entendent leur enseignant parler; aussi bien alors connaître comment cela sonne pour eux. L'écoute de quelques minutes de ce ruban sonore m'a aidé à apprendre beaucoup sur ma façon de communiquer. Je suis maintenant prêt pour un enregistrement vidéo; j'ai hâte de voir de quoi ça retourne.*
>
> Commentaires d'un stagiaire
> de l'ordre secondaire

L'avantage des techniques d'observation décrites dans les chapitres 7 et 8 («compte rendu mot à mot» et «diagrammes de l'emplacement des pupitres des élèves»), est de permettre à l'enseignant et au superviseur de se concentrer sur quelques comportements de l'enseignant durant son enseignement. Le «bruit de fond» qui accompagne toute classe est ainsi masqué. Or, c'est justement ce «bruit de

---

* N.D.T.: «Objectif grand angulaire»: expression empruntée à la photographie où l'objectif de l'appareil permet de prendre une vue périphérique de l'espace, par opposition à une vue plus partielle. Par extension, les auteurs parleront de la technique «objectif grand angulaire» pour l'enregistrement audio; dans ce dernier cas, le micro sert à enregistrer la voix et les sons de tout un groupe dans une salle, et non seulement d'un individu en particulier. Il en sera de même pour observer, non pas ce qui est enseigné, mais ce qu'on entend durant l'enseignement, ce que les auteurs nomment les «bruits de fond».

fond» volontairement escamoté qui comporte parfois des trouvailles intéressantes. Ainsi un imprévu peut survenir et retenir votre attention à cause de ses effets en classe; ou encore, l'enseignant aura fait un geste qui vous intriguera et provoquera chez vous une question du genre: «Pourquoi donc a-t-il fait ça?». Enfin dans certains cas, l'enseignant n'a réellement rien de particulier à proposer comme point d'intérêt pour la séance d'observation.

Dans chacune de ces situations, les techniques que nous appelons «objectif grand angulaire» peuvent être très appropriées. Nous les caractérisons par le terme de «grand angulaire» tout simplement parce qu'elles permettent de saisir et d'enregistrer un grand nombre d'événements; par comparaison, le «compte rendu mot à mot de séquences d'enseignement» et les tableaux d'observation faisant usage de diagramme sur l'emplacement des pupitres des élèves peuvent être qualifiés de «petites lentilles rétrécissant le champ de vision».

Dans les techniques d'objectif «grand angulaire», on décide au préalable de ce qui sera important ou efficace pour l'enseignement. C'est pour cette raison qu'elles constituent un excellent point de départ pour des enseignants sur la défensive ou qui ne sont pas encore prêts à choisir un type particulier de comportement à améliorer. En revoyant les données que fournissent ces techniques, ces enseignants deviennent souvent intéressés à réfléchir sur leur enseignement, à isoler certains comportements d'enseignement comme cibles choisies pour de futures observations et à se fixer ensuite des objectifs personnels d'amélioration.

Dossiers anecdotiques et scénarios
(technique 14)

Le dossier anecdotique constitue un moyen facile d'enregistrer les interactions qui se produisent en classe selon la technique «grand angulaire». Il consiste en de courtes annotations sur certains événements qui se produisent pendant la leçon. C'est une technique répandue chez les anthropologues. Ils rédigent des «ethnographies» dans lesquelles ils décrivent les caractéristiques des groupes humains*. En réalité, le superviseur qui s'emploie à constituer de bons dossiers anecdotiques se rapproche beaucoup de la préparation d'une ethnographie puisque enseignant et élèves forment par eux-mêmes une certaine culture.

En utilisant le terme de dossier anecdotique pour désigner cette technique, nous voulons suggérer qu'elle est dépourvue de tout formalisme et rappeler tant à l'enseignant qu'au superviseur qu'il s'agit d'un dossier incomplet. Comme il en est de toute autre technique d'observation en classe, il s'agit ici d'un ajout aux autres données très sélectives qu'un enseignant peut devoir examiner.

Madeline Hunter qui a produit un modèle d'enseignement appelé: «Instructional Theory into Practice» (la théorie transformée en pratique d'enseignement – référez-vous au chapitre 2), a développé un modèle similaire de prise de notes pour recueillir des observations en classe. Elle a donné à cette méthode le nom de «scénarios», ce qui est essentiellement la même chose que notre «dossier anecdotique»: il s'agit de l'ensemble des notes manuscrites du superviseur relatives à ce qui s'est produit pendant la leçon et sur ce qui y a été dit[1].

Hunter décrit sept avantages de cette technique de supervision qui consiste à noter des scénarios. Les voici:

1. les seuls matériaux nécessaires sont un crayon et du papier;

2. on peut virtuellement enregistrer à peu près tout ce qui se passe en classe;

3. comme les événements sont notés au fur et à mesure qu'ils se déroulent, il devient dès lors facile de constater comment le comportement de l'enseignant influence celui des élèves et *vice versa;*

---

*   N.D.T.: *Ethnographie:* étude descriptive de divers groupes humains (ethnies), de leurs caractères anthropologiques, sociaux... (Voir le *Le Robert).*

4.   c'est une technique objective entre les mains d'une personne entraînée;

5.   le «scénario» peut être présenté à nouveau au maître n'importe où et n'importe quand après l'observation;

6.   on peut le balayer rapidement des yeux pour repérer un moment particulier de la leçon;

7.   on peut le garder en réserve facilement.

Les cassettes audio et vidéo (voyez la technique 15) ont aussi leurs avantages puisqu'elles sont plus irrésistibles et plus complètes; cependant, elles sont plus difficiles à réaliser et à utiliser qu'un scénario lors d'un entretien *feedback*.

Technique du scénario ou du dossier anecdotique

Quand un enseignant ne sait pas trop quels comportements particuliers doivent faire l'objet d'observations au cours de son enseignement, le dossier anecdotique est une bonne technique à utiliser. De telles circonstances se présentent notamment dans les premières étapes de la supervision lorsque l'enseignant vient de prendre connaissance du cycle de la supervision clinique: «entretien de planification des séances d'observation en classe, séance d'observation et entretien *feedback*». Il n'est pas rare d'entendre le commentaire suivant: «Ce que je désire, c'est avoir une idée d'ensemble de ce que j'ai l'air comme enseignant.» Vous pouvez dès lors suggérer cette technique grand angulaire en vue de recueillir des données descriptives sur le comportement de l'enseignant et de ses élèves. L'autre possibilité, c'est de passer tout de suite à des enregistrements audio et vidéo. Nous en parlerons un peu plus loin dans ce chapitre.

Bien que le dossier anecdotique soit constitué d'une vision large, vous aurez à décider avec l'enseignant jusqu'à quel point vous devez agrandir le champ de vision. Vos annotations pourront porter sur l'enseignant, sur un seul élève, sur un groupe particulier, sur l'ensemble des élèves ou même sur toutes les personnes qu'on retrouve habituellement en classe (enseignant, élèves, assistants, etc.). Plus l'objectif de la «lentille» est large, plus il y a de comportements à observer. Plus il se rétrécit, moins vous en avez, ce qui vous permettra de décrire de manière plus poussée les comportements. Le dossier anecdotique est généralement constitué de courtes phrases descriptives dont chacune résume une observation limitée. Il vous est loisible de toujours recommencer à la ligne pour chacune des observations et d'en profiter alors pour noter le moment où s'est faite l'observation. L'enseignant a ainsi l'impression du déroulement temporel des actions décrites.

Les phrases doivent être aussi objectives et exemptes de jugement que possible. Au lieu, par exemple, d'écrire: «Les élèves s'ennuient», notez plutôt: «Plusieurs élèves bâillent; Jeanne regarde par la fenêtre.» Ou encore, au lieu de noter: «L'enseignant se fait bien comprendre en donnant ses consignes», inscrivez plutôt: «L'enseignant donne ses consignes. Demande si on a bien compris; la plus grande partie de la classe dit oui ou acquiesce d'un signe de tête.» Si vous portez un jugement, le maître sera porté à réagir à l'opinion plutôt qu'à l'événement. Lorsque vos commentaires sont neutres et seulement descriptifs, l'enseignant trouve plus facile de tirer des conclusions sur l'efficacité de son enseignement.

Il n'y a pas que les comportements des élèves et de l'enseignant à noter dans le dossier anecdotique. Demeurez, en effet, à l'affût du *contexte* dans lequel se déroule la leçon. Ainsi on pourra lire peut-être:

«La pièce est chaude: le thermomètre indique 78 °F (23 °C).»

«L'enseignant montre à la classe une carte géographique. Carte pâle. Noms des pays difficiles à déchiffrer.»

«Leçon interrompue par un message à l'interphone.»

«Un des néons commence à bourdonner un peu trop fort.»

297

En prenant connaissance de certains incidents de parcours, on pourra mieux interpréter les comportements (élève ou enseignant) qui se produisent pendant la leçon.

Le dossier anecdotique est constitué d'annotations faites par le superviseur qui se tient assis discrètement, à l'écart. Quand l'anthropologue accomplit cette tâche, il a le choix d'ajouter à son arsenal un enregistreur de sons portatif. Au fur et à mesure des annotations écrites, il ajoute des enregistrements sonores pris sur le vif. Les superviseurs peuvent difficilement bénéficier de tels avantages parce qu'eux-mêmes ou leurs appareils seraient situés trop loin, soit des élèves soit de l'enseignant.

À moins d'être bien soignée, votre écriture risque fort d'être de lecture difficile pour l'enseignant. Il est préférable de lui présenter un dossier dactylographié pour qu'il soit en mesure de mieux en discuter au cours de l'entretien *feedback*. D'ailleurs, un texte ainsi présenté offre un aspect plus objectif et plus neutre qu'un manuscrit.

Exemple

Madeline Hunter fournit l'exemple suivant d'un scénario.

> Ouv. p. 43, . j pos. Q très dif – Utilis. marq. pour trouv. rép. Si rép. trouv., averti. Qui anim. comp.? tous marq. bon. rép. Qui ne peu. voi. M. Endormi? (1 Mauv. rép.). Serait bonne si deman qui peu voi. mais deman qui ne peu. Maint o.k.[2]

Et voici maintenant la version dactylographiée de cette sténographie personnelle:

> Ouvrez votre livre à la page 43. Je vais vous poser des questions difficiles. Utilisez votre marqueur pour trouver la réponse. Quand vous l'aurez trouvée, levez la main. Qui a beaucoup d'animaux de compagnie? Tous pointent leur marqueur sur la bonne réponse. Qui ne peut voir Monsieur Endormi? (Une élève a donné une mauvaise réponse.) Ce serait bon si je demandais qui voit Monsieur Endormi mais j'ai demandé qui ne peut le voir? (La même élève répond correctement.) Là! Vous y êtes![3]

Cet exemple illustre la préférence de Hunter pour les abréviations, comme moyen pratique d'accumuler le plus de données possible en classe. Évidemment, il n'y a ici que le superviseur qui peut se relire; aussi doit-il «traduire» les passages sur lesquels il désire attirer l'attention de l'enseignant ou de l'enseignante.

Nous avons nous-mêmes trouvé possible d'enregistrer ainsi, avec peu d'abréviations et dans un manuscrit très présentable, les principales activités de la classe. Cela présente l'avantage d'établir un scénario immédiatement disponible; ainsi l'enseignant peut faire un rapide survol de toute la leçon et partager un certain contrôle de l'entretien *feedback* en lançant lui-même les premiers commentaires ou les premières questions découlant du script.

Jane Stallings, Margaret Needels et Georgea Sparks nous donnent, quant à elles, un exemple de dossier anecdotique portant sur un enfant qui donnait certains maux de tête à l'enseignant observé en classe[4]. Pendant deux jours, le superviseur accumula 60 pages (!) d'annotations sur cet enfant. En voici un résumé:

> La première journée, le jeune Denis a erré dans la salle 57 fois. Comme la durée totale d'une journée scolaire est de 5 heures, cela représente une moyenne de 10 déplacements à l'heure. Denis est aussi tombé de sa chaise 14 fois, s'est gratté le nez 17 fois, s'est frotté les yeux 23 fois, a reçu 13 sourires et 27 réprimandes, ces dernières principalement pour ses chutes et son manque d'attention. Le jeune Denis a conversé avec d'autres quoique la conversation n'ait été que d'une ou deux phrases. Il a parlé à chacun de ceux qui sont passés près de lui, a tenté d'en faire trébucher 3 et a réussi 2 fois. Denis a subi des rebuffades à 15 reprises de la part d'autres camarades occupés à une certaine activité et a été bousculé par un trio qui travaillait sur une affiche murale. Durant la pause, il a recouvert son pupitre d'une couverture et s'est caché sous son manuel de lecture. Il est resté ainsi 5 minutes. Les observations du lendemain furent identiques et on en a conclu qu'il s'agissait d'un enfant hyperactif, facile à distraire et ayant besoin d'aide pour filtrer tout ce qui pouvait le distraire[5].

Ce dossier anecdotique s'est ensuite avéré utile dans des rencontres subséquentes avec les parents, un spécialiste de la lecture et un psychologue scolaire, rencontres qui étaient destinées à dresser un programme d'intervention adapté à cet enfant.

Le Tableau 9.1 offre l'exemple d'un protocole ethnographique préparé par un ethnographe professionnel. C'est un exemple riche de ce que la méthode peut offrir. Le dossier habituel du superviseur clinicien ne possède pas tous ces détails bien que cela devienne possible si celui-ci acquiert un peu de vitesse dans la prise de notes.

Dans le Tableau 9.1, vous remarquez que l'ethnographe ne s'est arrêté à aucun élève ou à aucun comportement en particulier. Il a plutôt choisi de noter de petits événements au fur et à mesure qu'ils se produisaient. Dans ce protocole particulier, l'observation a porté sur l'attitude de l'enseignante et sur la technique qu'elle utilise pour donner des consignes. Celle-ci pourra à loisir revoir le protocole et décider si elle veut ou non garder le statu quo ou modifier ses techniques.

Tableau 9.1

Échantillon de protocole, adapté de David C. Berliner and William J. Tikunoff, «The California Beginning Teacher Evaluation Study: Overview of the Ethnographic Study», *Journal of Teacher Education 27* (1976): 24-30

PROTOCOLE NUMÉRO 6
NOM DU CHERCHEUR: GAIL
DATE DE L'OBSERVATION:
SUJET D'OBSERVATION: CLASSE DE SECONDAIRE 2
 À AIRE OUVERTE

1. Classe avec équipe de 2 chercheurs
2. Et deux autres adultes.
3. Observation conjointe avec
4. Elisabeth j'observerai aujourd'hui
5. Simultanément 2 groupes de lecture
6. Y compris 9 élèves dont
7. Deux sont des filles et
8. Et sept sont des garçons.
 8h30: niveau de bruit 2
10. À 8.30 hres, le niveau de bruit =2
11. Les enfants sont entrés en classe,
12. Ont enlevé leur paletot
13. Et errent ici et là
14. Des garçons se chamaillent dans les
15. Coins et des filles sont assises
16. Par terre attentives à un casse-tête.
17. L'enseignante va de long en large
18. À l'arrière de la classe sans
19. Porter attention aux enfants.
20. Le bruit continue.
21. Les enfants courent partout. Il y a
22. Beaucoup de confusion. Les deux
 8h35.
23. Enseignants sont au bureau et se parlent.
24. Mme Tyler quitte la
25. Salle. La coéquipière demeure
26. Assise à son bureau à l'arrière.
27. Il est 8h47
28. Mme Tyler revient dans la classe.
29. Elle marche jusque dans le coin
30. Gauche de la classe où on retrouve
31. Une table ronde où elle s'assoit.
32. Elle dit: «Groupe bleu, sortez
33. Vos cartables et allez
34. En avant. Groupe vert, venez
35. Içi». Le niveau de bruit descend à 1.»
36. Les enfants commencent à suivre les
37. Directives. Elle dit: «Quelqu'un a
38. Perdu un 25 sous?» Pas de réponse
39. Elle répète la question avec un peu
40. D'irritation dans la voix. Elle dit:
41. «Je connais qu'on a trouvé...
42. Quelqu'un a perdu un 25 sous
43. On l'a trouvé au vestiaire.

44. Jetez un coup d'œil dans vos poches»
45. Personne ne dit mot.
46. Elle se lève et ramène vers elle
47. Une pile de manuels
48. Situés à l'autre bout de la table.
49. Ce sont des manuels de lecture .
50. Elle en ouvre un du dessus de la pile
51. Et dit:«Ah! Daniel!» d'une voix
52. Forte et tranchante.
53. Puis continue:«Ton travail d'hier
54. N'était pas mal mais tu as encore
55. Besoin de faire des efforts. Il y a
56. Encore des mots que tu ne comprends
57. Pas». Elle tourne, du pouce, le
58. Reste du travail. Daniel se tient à
59. L'écart du cercle formé autour
60. D'elle, n'écoutant pas
61. Ce qu'elle dit. Mme Tyler se lève
62. Ensuite et donne des directives
63. Au groupe vert. Elle leur dit:
64. De lire de la page 8 à 13
65. Les deux historiettes
66. Et d'étudier ce que l'on dit
67. Dans les manuels qu'elle se
68. Se propose de remettre. Elle leur
69. Dit de s'asseoir n'importe
70. Mais pas ensemble. Elle ajoute:
71. «Je ne veux pas d'étourderies.»
72. Elle ouvre alors le cahier suivant,
73. Celui de Nicole. Elle lui dit
74. Qu'elle a le même problème que
75. Daniel, sans pour autant, être plus
76. Spécifique. Nicole lui fait un
77. Regard interrogateur. L'institutrice
78. Regarde
79. Un troisième cahier et dit:
80. «Michelle, vous avez aussi le
81. Même problème.
82. Saisir, ça veut dire prendre.
83. Plage, qu'est-ce que ça veut dire?»
84. Michelle ne répond pas, a le
85. Doigt dans la bouche et paraît
86. Inquiète. L'institutrice ferme le
87. Cahier et le pousse vers
88. Michelle qui le prend et
89. S'en va, accompagnée de Nicole.
90. L'institutrice ouvre le cahier
91. Suivant et dit: «Michel, je n'aime
92. Pas tous ces cercles. Elle pointe...

301

Enregistrements audio et vidéo
(technique 15)

Les enregistrements vidéo et audio comptent parmi les techniques les plus objectives en ceci qu'elles permettent aux enseignants de se voir tels que les élèves les voient eux-mêmes. Elles offrent de plus un grand éventail d'observations et recueillent beaucoup de données sur ce que font élèves et enseignant; elles font comme tâter le pouls de la classe.

Il n'y a pas si longtemps, les appareils d'enregistrement étaient encombrants et coûteux; aujourd'hui, leur prix est abordable mais ils sont malheureusement sous-utilisés en supervision même lorsqu'ils sont mis à la disposition de l'école. On a plus de chance de les voir entre les mains des entraîneurs lors des activités sportives de l'école. Athlètes et entraîneurs passent des heures à analyser les films et les enregistrements vidéo de leurs joutes sportives et des performances individuelles. Ne pourrait-on pas alors consacrer une fraction du temps de la supervision à revoir avec l'enseignant le déroulement des activités en classe?

Un caméscope (caméra vidéo portative) fait maintenant partie intégrante des méthodes de micro-enseignement[6]. Celui-ci a d'abord été développé à l'Université Stanford au cours des années 60 et est maintenant considéré comme une importante innovation dans la formation pratique des maîtres à l'enseignement. L'enseignant y pratique quelques habiletés spécifiques d'enseignement dans une mise en scène simplifiée où il s'adresse à quatre ou cinq élèves et ce, pour une période d'environ dix à quinze minutes. L'enseignant est ensuite invité à visionner l'enregistrement de ce vidéo. Sa performance et particulièrement son habileté à utiliser des techniques déjà ciblées peuvent être ainsi analysées. Les enseignants sont presque unanimes à trouver que l'enregistrement vidéo fournit une importante expérience d'auto-apprentissage, qu'il soit produit en situation de classe régulière ou de micro-enseignement. Encore faut-il cependant éviter plusieurs pièges. Le superviseur doit d'abord prendre soin de disposer l'équipement de façon à ne pas nuire au déroulement normal de la leçon; ainsi il procédera à l'installation de l'équipement avant l'entrée en classe des élèves. Ensuite, nous avons constaté qu'en début d'emploi d'un caméscope, certains enseignants sont portés à se concentrer sur les aspects esthétiques de leur tâche: apparence physique, habillement, expression vocale, etc. Une recherche conduite par Gabriel Salomon et Fred McDonald montre qu'au cours du visionnement 58 % des remarques des enseignants se rapportaient à leur apparence physique et 18 % seulement des commentaires étaient consacrés au comportement de l'enseignant[7]. C'est une réaction bien naturelle; on en reparlera un peu plus loin.

Une troisième difficulté vient de l'inquiétude initiale que provoque chez l'enseignant l'idée d'être enregistré sur bande vidéo. On peut amenuiser cette difficulté en permettant à l'enseignant de se filmer lui-même avant la séance d'enregistrement prévue et de s'observer tout à loisir. Ou encore, on peut lui remettre en main propre son enregistrement vidéo ou lui montrer comment l'effacer: cela a pour effet de calmer ses craintes de voir la cassette tomber entre de «mauvaises mains».

Il peut sembler que les rubans vidéo soient des outils d'obser-vation plus puissants que les enregistrements exclusivement sonores, mais cela n'est pas toujours le cas. L'enseignant est parfois trop captivé par l'image et n'écoute pas ce qui est dit à l'écran alors que le ruban sonore n'offre pas de telles distractions; cela permet de se consacrer plus facilement aux interactions verbales. La recherche a démontré cependant que les *feedback* audio et vidéo offrent tous les deux une égale efficacité pour améliorer les habiletés verbales[8].

Technique

...ière démarche consiste à se procurer un équipement qui soit ...tat. Le magnétoscope portatif comporte habituellement un ...ope avec microphone et écran-témoin, un appareil d'enre-

303

gistrement et des câbles pour relier ces divers appareils. Il faut prendre soin d'y ajouter des vidéocassettes de rechange et un appareil de télévision en vue des visionnements.

Nous suggérons de stocker tout cet appareillage dans une salle prévue exclusivement à cet usage, surtout si vous devez procéder à l'enregistrement de plus d'une classe. Peut-être que plus tard, dans la même journée ou le jour suivant, chaque enseignant voudra jeter un coup d'œil sur ces enregistrements vidéo.

Les rubans sonores sont de manipulation plus simple que les rubans vidéo. Plusieurs appareils d'enregistrement incluent un microphone et fonctionnent sur piles.

Plus le groupe observé est grand, plus l'organisation se complique. Si vous avez l'intention d'enregistrer une leçon régulière sur vidéocassette, vous feriez mieux d'expérimenter d'avance les localisations de la caméra-vidéo les plus susceptibles de vous apporter les meilleurs résultats, tant du côté «son» que du côté «image». Il est probable que le microphone des appareils dont vous disposerez sera de faible puissance; en conséquence nous suggérons de l'installer près de l'enseignant puisqu'il est le plus souvent le point de mire de l'observation. En agissant ainsi, vous enregistrerez tout ce que les enseignants disent et une bonne partie des réponses des élèves.

Les enseignants peuvent très bien apprendre à enregistrer sur vidéocasssette leur propre rendement en classe; mais, le plus souvent, il sera préférable que le superviseur soit présent lors de cet exercice. Il choisira d'installer le caméscope sur un trépied pour pouvoir ensuite mieux varier les mises au point ou suivre l'enseignant au fur et à mesure du déroulement de la leçon. Les caméscopes munis d'un zoom permettent de rapprocher et grossir l'image de l'événement observé, suivant l'intérêt du superviseur ou de l'enseignant.

La plupart du temps, un enregistrement vidéo d'une trentaine de minutes suffit. Ce serait mettre la patience de l'enseignant et du superviseur à rude épreuve s'il leur fallait visionner des vidéocassettes de plus longue durée. Vous pouvez enregistrer de façon continue durant ces trente minutes, ou arrêter et faire repartir la vidéocassette, selon ce qui se passe durant la leçon.

Une procédure efficace consiste à laisser les enseignants, dans un premier temps, visionner eux-mêmes toute la cassette en l'absence du superviseur. Cela leur permet de se préparer à l'entretien *feedback* avec le superviseur et de mieux partager alors les intuitions qu'ils ont développées sur l'efficacité de leur enseignement. Pendant cet entretien *feedback*, vous pouvez extraire un court segment d'observation (quelque trois ou quatre minutes tout au plus) pour pousser plus loin l'analyse. Vous découvrirez rapidement que même un court extrait d'un enregistrement vidéo peut renseigner énormément sur le niveau d'habileté de l'enseignant et sur son style d'enseignement.

Les observations faites à l'aide d'appareils audio ou vidéo munis d'objectifs «grand angulaire» comportent à la fois des forces et des faiblesses. Le superviseur perspicace pourra y déceler plusieurs aspects du comportement de l'enseignant et de l'élève. D'autres, cependant, n'en saisiront que des éléments très limités et s'arrêteront aux aspects esthétiques déjà mentionnés. Votre rôle au cours de l'entretien *feedback* sera de guider les observations de l'enseignant en l'encourageant sans doute à tirer des conclusions, mais aussi et surtout à attirer son attention sur des événements significatifs qui risqueraient autrement de passer inaperçus.

Exemple

À l'Université de l'Oregon, le cours «*Stratégies d'enseignement*» est obligatoire dans le programme de formation à l'enseignement au secondaire. Des contenus identiques se retrouvent dans les programmes de formation des maîtres dans d'autres collèges ou universités. L'une des exigences du cours est de participer aux sessions de micro-enseignement où les étudiants pratiquent diverses méthodes d'enseignement et enregistrent leur rendement pour pouvoir ensuite les analyser. On leur demande aussi de produire un script couvrant plusieurs minutes de la partie sonore de leur enregistrement. C'est une façon de s'assurer qu'ils ont attentivement écouté ce qui a été dit.

Le Tableau 9.2 fournit un exemple de transcription partielle, par un étudiant, d'une leçon de poésie donnée selon la méthode dite magistrale. L'enregistrement audio et le script qui en furent faits ont été une riche source de *feedback* à l'étudiant sur son comportement d'enseignant.

Tableau 9.2

Transcription de l'enregistrement audio
d'une micro-leçon de type magistral[*]

0.00	O.K. euh! Ce dont je veux vous parler, c'est un poème de Denise Levertov, ça s'appelle «Vivre» (pause) et la raison pour laquelle j'veux vous en parler, c'est parce que ça peut occuper dix minutes et euh! pas complète-ment mais en tout cas, c'est assez court pour voir tout ce qu'il y a de fondamental, et euh! Denise Levertov je, je pense est... est
0.30	L'une des plus grandes poétesses vivantes à l'heure actuelle et... et pas aussi connue qu'elle devrait l'être. Ce poème-ci en particulier, je pense, est... est... est un de ses plus grands poèmes et n'est pas aussi connu que

---

[*] N.D.T.: Cette transcription est intraduisible puisque la leçon porte sur l'utilisation des assonances dans un poème. Le lecteur peut compenser en se référant à une leçon de français durant laquelle on insiste auprès des élèves sur le rôle des sons dans l'écriture d'un poème. Voici la traduction du poème: «Le feu dans les feuilles, et le gazon est si vert que chaque été semble le dernier été/ Le vent qui soufflait les feuilles/ grelottantes au soleil/ cela laisse croire que chaque jour est le dernier jour./ Une salamandre rouge/ si froide et si/ facile à capturer, comme un rêve/ pose ses pieds délicats et sa queue. Je garde / ma main ouverte pour la laisser partir./ Chaque minute semble la dernière minute.»

bien d'autres, d'autres qui ne sont sûrement pas aussi bons (pause). Euh! Ce que je veux faire, c'est, c'est, c'est de l'aborder en termes de... de...

1.00 Comment il est construit... parce que c't'une façon de prendre...de comprendre un poème et euh! pas tellement une question de parler de ce qu'il dit mais plutôt de...de voir comment il est construit, bon! Et je, je pense pas que c'est la seule façon de lire un poème. En fait, ce n'est certainement pas une façon très complète de le faire mais ça, ça peut vous amener plus profondément au sein de ce poème, plus en tout cas

1.30 Que de dire simplement ce qui en est. Bon, permettez que je commence à la façon dont je le conçois: *The fire in leaf and grass / so green it seems / each summer the last summer.// The mind blowing the leaves / shivering in the sun, / each day the last day. // A red salamander / so cold and so / easy to catch, dreamily // moves his delicate feet / and long tail. I hold my hand open for him to go. // Each minute the last minute.*

2.00 (Pause) O.K. Euh! Il me semble que le poème est très cohérent et se tient très, très bien. Euh! Pourtant, ce n'est pas la façon traditionnelle de construire un poème; ce n'est pas... il n'y a pas de rimes, il n'y a pas de cadence ou de rythme qui vous entraîne.

2.30 Alors si vous regardez bien. – Eh bien! Êtes-vous d'accord que, qu'il n'a pas, qu'il n'est pas fragmenté? Il se décline bien et je pense qu'il conduit très, très sûrement à sa conclusion. Euh! ... pour commencer, pour commencer avec les plus petites unités, juste pour

3.00 constater comment il résonne à nos oreilles et comment les sons se tiennent. En commençant avec la première ligne: le, le premier mot d'importance est «feu». Et vous voyez que le son «f» est immédiatement repris dans «feuilles». Le son «r» dans «fire» (feu) revient dans «grass» (gazon) ce qui vous amène au mot «green» (vert) de nouveau jusqu'au «r»de «summer» (été)

3.30 qui est répété. Et vous voyez ensuite ceci, le son «r» particulièrement, vous le retrouvez plus loin encore dans, euh!, dans «shivering» (grelottantes) qui reprend

307

la syllabe «er» de «summer» – cela revient encore dans «salamander» dans le dernier, l'avant-dernière strophe. Ensuite, quand vous

4.00   regardez le mot «leaf» (feuille), le son «ea» de «leaf» est répété deux fois dans la ligne suivante aux mots «green» (vert) et «seems» (semble) et apparaît aussi dans la strophe suivante. Vous l'entendez à nouveau dans «each» (chacun) dans «easy» (facile), dans «dreamily» (rêveusement), dans «feet» (pieds) et de nouveau enfin dans «each», dernière ligne.

4.30   (pause). Et... euh! ces sons (pause) constituent... euh! les... euh! les liens, ce qui rattache ensemble, ce qui tient... ce qui relie ce sont les sons repris dans tout le poème. Par exemple, si vous cherchez le son «o», vous ne le voyez pas tant que vous n'avez pas lu tout le poème, ce son n'apparaît qu'à la fin.

5.00   Si vous descendez à la troisième strophe, il apparaît de plus en plus dans la ligne, par exemple, «so cold and/ so easy to catch» (si froide-si facile à saisir) – Et revient dans «I hold my hand open for him to go». (Je garde ma main ouverte pour la laisser partir). Et les voilà, les voilà... les voilà donc les sons importants du poème. Et cette... cette technique à laquelle se fie beaucoup, beaucoup Levertov dans une grande partie des ses œuvres

5.30   s'appelle «assonance». Euh! Je... Est-ce que tout le monde comprend ce que veut dire assonance? Il y a aussi... il y a deux euh! techniques de base utilisées; cependant beaucoup de poètes modernes...

On demande aussi aux étudiants de faire une analyse de leur performance et des autres données recueillies. Le Tableau 9.3 montre la première partie de l'analyse faite par l'étudiant qui a donné l'exposé sur la poésie; on y retrouve aussi en italique, les commentaires du professeur. Tout cela illustre bien que la technique consistant à donner une leçon et à en faire un enregistrement audio à des fins de consultations futures possède de nombreux avantages qui aident l'étudiant à améliorer certaines de ses faiblesses.

Tableau 9.3

Évaluation d'une micro-leçon de type magistral

Je dirais de cette micro-leçon que *c'est un désastre*.

(*Opinion du professeur: non, ce n'est pas un désastre. Je pense que les élèves et moi-même avons appris certaines choses sur la poésie à la suite de cette leçon.*)

Voici mes deux raisons principales qui d'ailleurs ne sont pas interreliées: nervosité et manque d'organisation. J'ai eu un trac soudain et complètement inattendu; or comme je ne l'avais pas prévu, je n'avais pas préparé plus qu'une esquisse très générale de ce que je désirais enseigner. Cela n'a pas été suffisant pour m'en sortir. Certaines erreurs de cette leçon tels le nombre étonnamment élevé de euh! et les bégaiements à répétitions (e.g. «Ce que je veux faire, c'est, c'est, c'est de l'aborder...») témoignent tout simplement de ma nervosité; j'ai déjà eu l'occasion d'entendre un enregistrement de ma conversation et je sais que ces tics ne sont pas toujours présents, du moins pas avec autant d'intensité. La seule façon pour moi de corriger ce défaut, c'est de me calmer un peu, ce que je réussirai à faire seulement si je corrige certaines erreurs fondamentales que je viens de commettre.

Ce qui a le plus manqué ici, c'est une introduction. Dès que j'eus fini et que la première question est arrivée, j'ai réalisé que j'avais escamoté les explications devant introduire le poème. Même si je n'avais pas nécessairement en tête des informations biographiques sur l'auteur, leur seule mention aurait fourni au moins un certain contexte, ce qui est un préliminaire nécessaire pour toute appréciation à venir. Une indication générale sur le contenu du poème ou peut-être une analogie avec les jours d'été et pourquoi certains jours sont plus vivants que d'autres, auraient été très utiles ici.

(*Opinion du professeur: oui, cela aiderait, c'est une bonne technique.*)

J'avais souhaité, avant la leçon, de ne pas être trop schématique; je réalise après coup que je n'avais pas besoin de m'in-

309

quiéter. J'aurais dû, au contraire fournir à l'avance un bref aperçu de ce que je m'apprêtais à décrire.

Il me semble de plus que j'ai attaqué ce poème exactement en sens inverse: pour des raisons que j'ignore, j'ai commencé avec les plus petits détails (les assonances) pour ensuite considérer les structures de plus d'ampleur comme son thème général. C'est une perversion complète de la bonne méthode; c'est comme si j'avais voulu garder secret jusqu'au dernier moment, le point principal. Il aurait été nettement préférable de commencer avec les idées générales et de poursuivre ensuite avec des thèmes plus limités, une fois les points de repères établis.

Même là, je pense qu'il eût été très préférable d'utiliser le tableau; non seulement j'aurais mieux communiqué en y écrivant le mot «assonance» et en y inscrivant les répétitions de sons plutôt que de les dire mais j'aurais je pense, détaché les yeux et l'attention de tout le monde (et mes yeux aussi) de la feuille volante; ainsi tous auraient centré leur attention à la bonne place.

(**Opinion du professeur:** *excellente observation.*)

Je pense même que, juste d'avoir quelque chose à faire de mes dix doigts m'aurait mis à l'aise.

Je n'ai posé que deux questions et encore ces questions n'étaient-elles que pure rhétorique puisqu'elles étaient énoncées de telle façon qu'elles décourageaient toute réponse. La première commençait ainsi: «Est-ce que tout le monde est d'accord...» et la deuxième disait: «Est-ce que tout le monde sait...» Il y avait beaucoup d'autres endroits dans la leçon où une question aurait été pertinente; de plus, toutes les questions auraient dû être moins incitatives et plus ouvertes à des réponses authentiques. Ce genre de questions témoigne de la nervosité, disons-le à nouveau, de même que l'oubli que j'ai fait d'inviter le groupe à poser des questions à la fin de la leçon.

L'étudiant-maître, y compris celui dont on vient de parler, est porté à se juger trop sévèrement dans ses premières expériences avec les enregistrements sonores de ses enseignements. Le superviseur peut rassurer le candidat en l'informant que les failles rencontrées dans ces types d'expériences sont monnaie courante et disparaissent avec la pratique.

Journal de bord* (technique 16)

Dans le premier chapitre, nous avons établi que la pratique réflexive dans l'enseignement constitue un développement récent important en formation des maîtres et en supervision clinique. Le praticien réflexif est très conscient, entre autres, des dilemmes inhérents à l'enseignement, et de son propre système de croyances et de sentiments. Il réalise bien que celui-ci peut influencer son enseignement. Cela le pousse à envisager des choix parmi les stratégies d'enseignement et à évaluer les effets de ces choix. Réfléchir sur son enseignement peut être l'objectif premier de la supervision clinique; cela peut aussi constituer un ajout important dans l'examen du comportement de l'enseignant.

Écrire un journal de bord (quotidien) est une technique efficace en supervision. On encourage ainsi la pratique de l'enseignement réflexif. Tout ce que la technique exige, c'est, pour les enseignants, de tenir un journal régulier où sont inscrites leurs expériences d'enseignement, et de se poser des questions à leur sujet. De même qu'un enregistrement vidéo rend compte des aspects extérieurs de l'enseignement, ainsi un journal de bord en enregistre la *réalité interne*. On peut, bien sûr, demander aux enseignants de limiter leurs remarques à certains types de perception mais on les laisse généralement écrire ce qu'ils désirent. C'est pour cette raison que cette technique fait partie du groupe «objectif grand angulaire».

Le journal de bord a d'abord été utilisé dans la supervision des étudiants-maîtres à l'occasion de leurs stages d'enseignement. Dans ce contexte, les chercheurs ont découvert que cette technique aidaient les futurs enseignants à devenir plus «réflexifs» et moins

---

*   N.D.T.: Le journal de bord correspond en fait à un autre terme français qui connote moins le caractère intime de la démarche. Il s'agit du mot «éphéméride».

«protecteurs» dans leurs attitudes envers les élèves[10]. Il est raisonnable de penser que l'on pourrait observer ces mêmes effets auprès d'enseignants en exercice.

Technique

Willis Copeland est d'avis que l'efficacité dans la tenue d'un journal de bord dépend de deux facteurs[11]. On doit d'abord montrer très explicitement aux enseignants comment tenir un tel journal de type réflexif. Il n'est pas suffisant de leur dire tout simplement d'en tenir un. Il faut que le superviseur fournisse un *feedback* sensé sur le contenu de ce journal.

Revenons au premier facteur. Les enseignants ont besoin d'être guidés dans le choix du contenu de leur journal. Une façon d'aborder cette question est de les inviter à noter par écrit les problèmes et les dilemmes qui surviennent quotidiennement dans leur enseignement. Ils peuvent aussi y inscrire leurs tentatives de solution et noter l'efficacité de ces tentatives. Ainsi, ces notes personnelles peuvent devenir une source de discussion lors des rencontres avec le superviseur.

Une autre façon de tenir ce journal consiste, pour l'enseignant, à se concentrer sur une stratégie particulière d'enseignement ou sur le programme. On peut, par exemple, demander à un enseignant de noter ce que lui apprend la mise en œuvre d'une méthode d'enseignement (e.g. apprentissage en équipe) ou dans la mise en œuvre d'un nouveau curriculum adopté par la commission scolaire.

Quel que soit le sujet précis du journal, on doit encourager les enseignants à y décrire le contexte particulier des observations. Cela veut dire qu'ils ne doivent pas se limiter nécessairement à ce qui s'est produit en classe; ils peuvent tout aussi bien inscrire leurs réflexions sur les événements qui surviennent en classe, sur des facteurs communautaires ou familiaux qui influencent leur enseignement.

Toutes les autres techniques d'observation décrites dans cette partie de ce livre soulignent la nécessité de l'objectivité chez l'observateur. La technique du journal de bord fait exception à la règle: on doit encourager les enseignants à noter non seulement ce qui arrive en classe mais aussi leurs convictions, leurs sentiments, leurs analyses et l'évolution de leur pensée sur les fondements de l'éducation. La réalité «intérieure» est importante pour comprendre le comportement d'un enseignant en classe.

Assurer l'enseignant du caractère confidentiel de son journal de bord influencera sûrement son contenu. C'est pourquoi le superviseur doit être très explicite à ce sujet et bien préciser que ce journal demeure la propriété exclusive de l'auteur, ou qu'il ne sera lu par personne d'autre que lui.

Les objectifs qu'on poursuit dans un journal de bord se négocient avec les enseignants. Pendant combien de temps doit-on le tenir? Doit-on y faire des entrées quotidiennes ou hebdomadaires ou selon le bon vouloir de l'enseignant? Doit-on prévoir d'annoter chacune des périodes d'une journée d'enseignement, ou peut-on s'en tenir à quelques périodes choisies? Tenir un journal n'est pas une mince affaire; dès lors, superviseur et enseignant doivent décider de son importance relative eu égard aux objectifs de supervision clinique établis pour chaque enseignant.

Il est courant chez les superviseurs de stage des étudiants en formation initiale de faire des commentaires dans la marge du journal de bord des stagiaires. Dans le cas des enseignants en exercice, on ne s'attend pas à une telle façon de procéder, car ceux-ci pourraient avoir l'impression de revenir au stade d'étudiant-maître. Le superviseur choisira plutôt ici de marquer d'un signe quelconque les observations qu'il désire commenter au cours de l'entretien avec l'enseignant. L'autre possibilité, c'est que l'enseignant lise ces annotations et décide, de son propre chef, de ce qui fera l'objet des discussions au cours de l'entretien.

On peut facilement imaginer ce que peut être une procédure de supervision entièrement construite à partir des écrits de l'enseignant ou de l'enseignante. Enseignant et superviseur se mettent d'accord sur le contenu des entrées dans le journal; l'enseignant écrit ses observations; enseignant et superviseur se rencontrent périodiquement pour discuter des problèmes, des analyses, des fondements de l'éducation qui y sont développés et des opinions recueillies au fil des jours.

Cette façon de procéder a sans doute beaucoup de valeur mais comporte aussi certaines limites: elle peut ne pas rendre compte de ce qui se passe réellement en classe. C'est pour cette raison que nous recommandons qu'elle soit corroborée par l'observation directe en classe. Le superviseur, par exemple, pourra remarquer dans le journal de bord la présence d'une inquiétude (voyez la première technique au chapitre 5); cela le poussera à venir observer lui-même en classe de quoi il retourne. Au cours de l'entretien, la discussion des données peut susciter de nouvelles réflexions chez l'enseignant; il voudra les incorporer ensuite à son journal. Le processus de la supervision clinique sauvegardera ainsi l'objectivité des données observées et le sens personnel que confère l'enseignant aux réflexions qu'il a pris soin de noter.

Exemple

Frances Bolin a fourni des exemples de journal de bord d'un stagiaire en formation initiale, inscrit au programme de formation en Éducation de l'enfant au *Teachers College* de l'Université Columbia[12]. L'enseignant (donnons-lui le pseudonyme de Lou) a tenu un journal de bord quotidien de ses expériences de stagiaire de même qu'un journal hebdomadaire où il notait ses réflexions sur ses expériences de stage, sur les séances de supervision dont il a fait l'objet et sur l'ensemble de son programme de formation initiale à l'enseignement. Son superviseur a lu le journal, y a inscrit ses propres réponses et y réfère dans les entretiens *feedback* qu'ils ont ensemble.

314

L'une des observations consignées par Lou dans son journal de bord porte sur la discipline en classe:

> Il y a des fois où, à titre de stagiaire, j'ignore jusqu'à quel point je dois être «sévère» avec les enfants. Max, mon maître-hôte, me dit d'être moins timide. Ma timidité découle de mon ignorance des habitudes de discipline (à cette école). Comme je ne les connaissais pas, je ne réagissais pas. Je ne suis réellement pas timide comme peuvent en témoigner les jeunes avec qui j'ai travaillé tout l'été. Maintenant que je connais le système de discipline en classe, je peux l'appliquer[13].

Le superviseur peut aider Lou à assurer une saine gestion de classe en recueillant des données sur l'application des élèves à leur tâche pendant que Lou enseigne (voyez la technique 11). Il est fort possible que les observations recueillies démontrent l'existence d'un excellent maintien de la discipline. Si cependant il s'avérait nécessaire d'apporter des modifications à ce chapitre, Lou pourra expérimenter des méthodes plus exigeantes; à son tour, le superviseur recueillera d'autres données sur l'application des élèves à leur tâche. Lou pourra alors profiter d'un *feedback* éclairant sur l'efficacité de ses techniques de contrôle de la classe.

Une autre observation que Lou a notée dans son journal de bord porte sur l'impact de la créativité sur l'enseignement dans une école à aires ouvertes où il enseigne, en comparant cet impact avec la créativité qu'il a pratiquée dans une école traditionnelle où il préférerait enseigner:

> Peut-être suis-je trop vieux jeu *(sic)*. J'estime que cela dépend de l'école et des enfants. Qui a dit qu'un enseignant ne pouvait être créateur et ne pouvait tenter de nouvelles expériences dans une école typique et traditionnelle? J'espère que quel que soit le type d'école où je travaillerai, je demeurerai créateur et ne me figerai pas dans un moule[14].

Ces indications contenues dans le journal de bord de Lou expriment l'importance qu'il accorde à la créativité dans l'enseignement. Le superviseur peut répondre à de telles observations en aidant Lou à clarifier l'idée qu'il se fait d'un enseignement créateur (voyez la technique 2 au chapitre 5). Le superviseur pourra ensuite recueillir des données d'observation sur l'usage que fait Lou des comportements de créativité dans le milieu scolaire à aires ouvertes. Dans l'entretien qui suivra, tous deux pourront étudier ensemble les données recueillies et voir si les mêmes modèles de comportement créateur pourront s'appliquer dans une école traditionnelle.

Références

1. Madeline Hunter, «Script-taping: An Essential Supervisory Tool», *Educational Leadership* 41, No. 3 (1983): 43.

2. *Ibid.*

3. *Ibid.*

4. Jane Stallings, Margaret Needels et Georgea Mohlman Sparks, «Observation for the Improvement of Classroom Learning» dans *Talks to Teachers,* éd. David C. Berliner and Barak V. Rosenshine (New York: Random House, 1987), pp. 129-58.

5. *Ibid.*, p. 144.

6. Dwight W. Allen et Kevin Ryan, *Microteaching* (Reading, M.A.: Addison-Wesley, 1969).

7. Gabriel Salomon et Fred J. McDonald, «Pre- and Post test Reactions to Self-Viewing Performance on Videotape» (paper presented at the annual meeting of the American Psychological Association, 1968).

8. Meredith D. Gall, Helen Dell, Barbara B. Dunning et John Galassi, «Improving Teachers' Mathematics Tutoring Skills through Microteaching: A Comparison of Videotape and Audiotape Feedback» (paper presented at the annual meeting of the American Educational Research Association, 1971)

9. Virginia Richardson,«The Evolution of Reflective Teaching and Teacher Education» dans *Encouraging Reflective Practice in Education,* éd. Renee T. Clift, W. Robert Houston and Marleen C. Pugach (New York: Teachers College Press, 1990), pp. 3-19.

10. B.J.Benham, «The effect of Reflective Writing on Identifying Maintenance in Student Teachers» (paper presented at the annual meeting of the American Educational Research Association,1979); Kenneth M. Zeichner et Daniel P. Liston, «Teaching Student Teachers to Reflect», *Harvard Educational Review* 57 (1987): 23-48

11. Willis D. Copeland, «The Rite Framework for Teacher Education: Preservice Application,» dans *Reality and Reform in Clinical Teacher Education,* ed. J. V. Hoffman and S.A. Edwards (New York: Random House, 1986), pp. 25-44.

12. Frances S. Bolin, «Helping Student Teachers Think about Teaching.» *Journal of Teacher Education* 39 (1988): 48-54.

13. *Ibid.,* p.50.

14. *Ibid.,* p. 51.

Chapitre10

LISTES DE VÉRIFICATION
ET GRILLES DE POINTAGE MINUTÉ

*Pour être utiles, les observations
doivent être fiables et crédibles.*

Jane Stallings

Les instruments d'observation décrits dans les chapitres précédents sont plus ou moins structurés. En choisissant d'utiliser la technique d'enregistrement du mot à mot de séquences d'enseignement, les techniques du personnigramme, les dossiers anecdotiques (scénarios), les cassettes vidéo ou audio, l'enseignant et le superviseur déterminent les types de comportement qu'ils veulent observer. Or, à certaines occasions vous voudrez utiliser un instrument beaucoup plus structuré pour bien observer un comportement. Ce type d'instrument présenté ici comporte des catégories prédéterminées qui peuvent s'avérer bien adaptées aux objectifs que vous poursuivez à titre de superviseur et en accord avec un enseignant.

Ce chapitre vous présente un échantillon de tels instruments[1]. Certains sont des listes de vérification mises entre les mains des élèves qui donnent par là du *feedback* à leur enseignant, alors que d'autres sont des listes de vérification que complétera le superviseur en observant le comportement de l'enseignant en classe.

Listes des vérifications effectuées par les élèves

Au cours de leurs activités en classe, les élèves ont tout le loisir de bien observer le comportement de leur enseignant. Un sommaire des données qu'ils peuvent accumuler peut donc s'avérer très utile en supervision clinique parce que les enseignants sont très sensibles à la perception que leurs élèves ont d'eux (ils y sont plus sensibles qu'à celle des superviseurs!).

Sondage-observation par les élèves (technique 17)

Le sondage-observation par les élèves est une liste de vérification gérée par les élèves. Développée dans les années soixante, cette liste demeure encore utile en supervision clinique[2]. Elle mesure – selon cinq paramètres – jusqu'à quel point, l'enseignant:

1. est amical, plein d'entrain et admiré;
2. connaît sa matière et est bien équilibré;
3. est intéressant et préféré aux autres enseignants;
4. contrôle fermement sa classe;
5. possède un esprit démocratique dans ses façons de procéder.

Tableau 10.1

ÉVALUATION DE L'ENSEIGNEMENT PAR LES ÉLEVES

Nom de l'enseignant:

Matière:

École:

ENCERCLER LE BON CHOIX

Sexe de l'enseignant	H	F
Mon sexe	H	F

Mon niveau scolaire
Primaire 3 4 5 6   Secondaire 1 2 3 4 5

NE PAS ÉCRIRE

ENCERCLER UN DES QUATRE CHOIX VIS-À-VIS DE CHACUN DES ITEMS.

LES QUATRE CHOIX SIGNIFIENT:

F = Tout à fait FAUX
f = plus faux que vrai
v = plus vrai que faux
V = Tout à fait VRAI

Cet enseignant:

F f v V   est toujours amical avec les élèves;

F f v V   connaît très bien sa matière;

F f v V   n'est jamais ennuyeux ou casse-pieds;

F f v V   attend beaucoup de ses élèves;

F f v V   demande l'avis des élèves avant de prendre une décision;

F f v V   est habituellement joyeux et optimiste;

F f v V   n'est pas embarrassé par les questions inattendues;

F f v V   avec lui, apprendre est un plaisir, non un travail;

F f v V   ne laisse pas ses élèves faire n'importe quoi;

donne souvent des choix comme devoirs.

Tableau 10.1 Sondage-observation par les élèves. Source: Research and Development Center for Teacher Education. The University of Texas, 1967

321

Les cinq paramètres mentionnés plus haut sont donc mesurés par 38 items que des élèves, à compter de la 5ᵉ année, peuvent comprendre facilement.

Il existe une version abrégée de cet instrument de mesure: c'est le formulaire d'évaluation de l'enseignement par les élèves. Il est reproduit dans le Tableau 10.1. Les cinq premiers items mesurent, dans l'ordre, les cinq paramètres mentionnés. Les cinq items suivants mesurent aussi dans le même ordre, les mêmes paramètres. Par exemple, le premier item, («est toujours amical avec nous») et le sixième item («est habituellement joyeux et optimiste») mesurent le premier paramètre mentionné («est amical, plein d'entrain et admiré»).

On peut donner un aperçu des données obtenues à l'aide de ce formulaire (Tableau 10.1) en comptant le nombre d'élèves qui ont encerclé le même item (F.f.v.V.). On peut aussi numéroter chacun des items (par exemple: F= 0, f= 1, v= 2, V= 3) et calculer la moyenne pour chaque paire d'items (1-6; 2-7; 3-8; 4-9; 5-10) qui mesure le même paramètre.

Questionnaire IDEA H
(technique 18)

Le questionnaire IDEA H illustré dans le Tableau 10.2 a été préparé par Judith Aubrecht et Gerald Hanna à l'Université d'État du Kansas[3]. Prévu pour des élèves du secondaire, il permet d'obtenir un aperçu assez détaillé de l'activité professionnelle d'un enseignant. Une de ses caractéristiques intéressantes consiste en ce que l'enseignant est invité à en compléter une partie (items 1-9) pour indiquer l'importance relative qu'il accorde à chacun de ces items dans la poursuite des buts généraux de son cours (items 1-9). La correction du questionnaire et les calculs se font par ordinateur en tenant compte des priorités de l'enseignant.

IDÉA

RÉACTION DES ÉLÈVES AUX COURS ET À L'ENSEIGNEMENT: IDÉA FORM H

Des réponses franches et sérieuses aux questions de ce formulaire pourront aider votre enseignant à améliorer son cours et ses méthodes d'enseignement. Inscrivez vos réponses sur la carte ci-jointe. N'écrivez pas votre nom ni sur le formulaire ni sur la carte de réponses. Votre enseignant va recevoir un résumé des réponses de tous les élèves mais ne connaîtra pas les réponses individuelles.

Section 1. Certains des faits appris en classe sont mentionnés plus bas. Pour chacun d'eux, indiquez le progrès accompli dans ce cours en choisissant le chiffre qui convient le mieux.

1= Aucun progrès	4= Beaucoup de progrès
2= Peu de progrès	5= Très grand progrès
3= Progrès moyen	

---

1. Gains d'informations factuelles (par exemple: définitions, dates vocabulaire).
2. Compréhension et application de principes et d'idées.
3. Amélioration de mes habiletés d'apprentissage (ex: écoute, lecture, prise de notes).
4. Progrès en rédaction.
5. Progrès en expression orale.
6. Acquisition d'habiletés et de comportements utiles dans la vie quotidienne ou à l'ouvrage.
7. Dévelopement d'une estime de soi (confiance en soi et acceptation de ce que l'on est).
8. Découverte ou réalisation de mes propres intérêts, aptitudes, croyances et valeurs.
9. Entente avec mes camarades.

Section 2. Pour chacune des caractéristiques du cours, inscrivez le chiffre qui décrit le mieux votre réaction.

1= Carrément insuffisant	4= Trop
2= Insuffisant	5= Beaucoup trop
3= Presque bien	

---

10. Quantité de travail à la maison.
11. Quantité d'examens.
12. Difficultés en lecture.
13. Difficultés dans le cours.

Section 3. Décrivez vos attitudes, vos sentiments et vos comportements en inscrivant le chiffre qui correspond le mieux à la situation.

1= Carrément faux	4 = Plus vrai que faux
2= Plus faux que vrai	5 = Entièrement vrai
3= Entre les deux	

---

14. En général, j'aime mes enseignants.
15. Je suis bien content d'avoir eu ce maître pour ce cours.
16. J'essaie très fort d'apprendre dans tous mes cours.
17. Maintenant que j'ai suivi ce cours, j'aime ce sujet beaucoup plus.
18. Quel que soit l'enseignant, j'aurais suivi ce cours de toute façon.

Section 4. Indiquez, en noircissant le bon chiffre, jusqu'à quel point les énoncés qui suivent décrivent bien les élèves en classe.

1= Carrément faux	4= Plus vrai que faux
2= Plus faux que vrai	5= Entièrement faux.
3= Entre les deux	

Dans ma classe, les élèves:
19. Aiment travailler ensemble.
20. N'ont que les bonnes notes en tête.
21. Se servent de leurs erreurs pour apprendre.
22. Se sentent responsables de leur propre éducation.
23. Ont l'impression de perdre leur temps.
24. En ont ras-le-bol.
25. Ont d'intéressantes et utiles discussions.
26. Sont impolis et incontrôlables.

Section 5. Indiquez en noircissant le chiffre correspondant, jusqu'à quel point les énoncés qui suivent décrivent bien votre enseignant.

1= Carrément faux	4= Plus vrai que faux
2= Plus faux que vrai	5= Entièrement vrai
3= Entre les deux	

Cet enseignant:
27. Comprend nos questions et nos idées.
28. Soumet sur les sujets traités, des idées intéressantes et provocatrices.
29. Fait usage des tests, mémoires et projets de façon très pertinente par rapport aux objectifs du cours.
30. Respecte les élèves.
31. Explique clairement la matière.
32. Pose des questions intéressantes et stimulantes.
33. Couvre bien, dans ses tests, projets etc., les points importants du cours.
34. Se montre intéressé par nos questions.
35. A une bonne élocution.
36. Nous montre comment mieux exprimer nos idées.
37. Fait des jeux-concours, des feuilles volantes des projets, etc. qui nous aident à apprendre.
38. A des commentaires utiles sur nos travaux.
39. Revoit la matière d'une façon qui aide les élèves à s'en souvenir.
40. Prépare des projets, des tests ou nous confie des tâches qui demandent une pensée originale ou créatrice.
41. Favorise l'usage, par les élèves, du matériel d'enseignement.
42. Nous fait de bonnes suggestions sur ce que nous devons étudier en vue de l'examen.
43. Nous montre comment le sujet enseigné se rapporte à d'autres domaines de la connaissance.
44. Parle avec beaucoup d'expression et de variété.
45. Est sensible à nos sentiments; sur le sujet traité.
46. Prépare des feuilles volantes, des questions à étudier, des objectifs spécifiques.
47. Relève les points forts des élèves.
48. Choisit bien ses exemples et ses illustrations.
49. Essaie de nouvelles méthodes si les élèves ont des difficultés d'apprentissage.
50. Semble avoir du plaisir à enseigner.

Figure 10.2. *Source:* Judith Aubrecht and Gerald Hanna, IDEA H Questionnaire, Kansas State University, Center for Faculty Education and Development.

323

Les items ont été choisis, modifiés et validés au moyen d'expérimentations en classe; les normes de correction qui en furent tirées sont basées sur un échantillonnage représentatif de plus de 1 000 classes.

Le concept de l'IDEA H a évité l'erreur, assez répandue dans beaucoup de formulaires destinés à l'utilisation par des élèves, qui consiste à niveler tous les enseignants en les concevant de manière homogène, sans tenir compte de leurs orientations didactiques ou heuristiques, factuelles ou conceptuelles, humanistes ou centrées sur le comportement, à la façon du brigand Procuste qui étirait ou raccourcissait ses victimes pour leur donner à toutes la même taille. La correction du formulaire effectuée par le Centre de calcul indique à l'enseignant sur quels comportements (items) il doit faire porter ses efforts, ou quels sont ceux qu'il doit continuer à privilégier, compte tenu des avis que celui-ci a déjà exprimés aux items 1-9 de ce même formulaire. En effet, l'enseignant a indiqué dans ses réponses aux items 1 à 9 ce qui, *pour lui*, est considéré comme essentiel, important ou peu important, et l'ordinateur – lors des corrections – est programmé de manière à tenir compte de ces avis.

Listes des vérifications effectuées par le superviseur

Il arrive que certains superviseurs préparent leurs propres listes de vérification pour s'aider eux-mêmes à enregistrer leurs observations en classe. Voici des exemples de telles listes construites par nous en vue de supervisions que nous avions à faire. Nous vous invitons à les utiliser telles quelles ou à les modifier au besoin.

Enseignement par questions et réponses
(technique 19)

Cette technique consistant à poser des questions est parfois utilisée quand l'enseignant introduit un nouveau thème d'étude; mais elle est surtout employée lors des révisions du matériel que les élèves viennent tout juste de lire ou d'examiner. Par exemple, l'enseignant se met à poser des questions quand les élèves viennent de terminer la lecture du chapitre d'un livre, de voir un film, ou après avoir complété une expérience de laboratoire ou avoir pris part à un certain jeu de rôle.

Une *Liste de vérification* relative à la technique des *Questions et Réponses* apparaît au Tableau 10.3. Ce qui se passe dans cette situation d'enseignement se résume à trois comportements typiques suivant les conclusions d'une recherche déjà commentée au chapitre 2 et au chapitre 7 où on présente les techniques 8 (Questions de l'enseignant) et 9 (*Feedback* à l'enseignant). Notez cependant que les techniques 8 et 9 sont des techniques d'enregistrement mot à mot de séquences d'enseignement, alors que le Tableau 10.3 représente plutôt une liste de vérification. L'avantage d'une telle liste, c'est qu'elle est relativement facile à utiliser, tout en permettant, au cours d'une même leçon, d'observer plusieurs comportements de l'enseignant. L'enregistrement mot à mot de séquences d'enseignement a le mérite de consigner de manière plus complète les comportements observés; sa limite tient à la notation d'un plus petit nombre d'entre eux.

Tableau 10.3

Liste de vérification; dans une situation de «Questions-Réponses»

COMPORTEMENTS QUI AUGMENTENT LA PARTICIPATION DES ÉLÈVES

1. Mobilise les élèves passifs.
2. Redirige les questions.
3. Félicite les élèves pour leurs réponses.
4. Invite les élèves à se poser des questions.

COMPORTEMENTS QUI SUSCITENT DES RÉPONSES RÉFLÉCHIES

1. Pose des questions relevant d'un plus haut niveau cognitif.
2. Fait une pose de 3 à 5 secondes après avoir posé sa question.
3. Donne suite aux réponses initiales en posant des questions pertinentes.

COMPORTEMENTS NÉGATIFS

1. Réagit négativement aux réponses des élèves.
2. Répète sa question.
3. Pose des questions à contenus multiples.
4. Répond lui-même à la question.
5. Répète la question de l'élève.

POINTS FORTS DE LA LEÇON

SUGGESTIONS D'AMÉLIORATION

Dans le Tableau 10.3, le premier groupe d'observation portant sur le genre de questions que pose l'enseignant est très important parce que les types de comportements mentionnés ont l'heur de susciter généralement une participation accrue des élèves. Ainsi en est-il du premier comportement indiqué: l'enseignant mobilise les élèves passifs et les invite à répondre. En effet, les enseignants sont portés à s'adresser aux élèves qui lèvent la main; ce sont d'ailleurs justement eux qui fournissent les bonnes réponses. Pourtant les élèves passifs contribuent souvent très bien aux réponses si l'enseignant prend l'initiative de leur faire signe.

On peut hausser le niveau de participation des élèves en posant la même question à plusieurs élèves. L'enseignant peut susciter des réponses additionnelles en hochant de la tête à l'intention d'un élève en particulier ou en formulant une question comme celle-ci: «Quelqu'un a-t-il une autre idée?» ou encore: «Quelqu'un a-t-il quelque chose d'autre à ajouter à ce que Suzanne vient de dire?» En accueillant les réponses avec éloges, on signale aux élèves que celles-ci sont dignes d'attention; ils se sentent alors encouragés à répondre quand surviennent d'autres questions. Une autre bonne technique consiste à demander aux élèves s'ils peuvent formuler des questions de leur propre cru sur la leçon. L'enseignant peut répondre lui-même à ces questions originales de ses élèves ou solliciter l'avis des autres élèves à ce sujet.

Le deuxième ensemble d'observations que comporte la *liste des vérifications* portant sur le genre de questions que pose l'enseignant se rapporte au niveau cognitif de la leçon. Les éducateurs s'accordent généralement pour dire que les élèves ne doivent pas tout simplement répéter ce qu'ils viennent d'apprendre. Cela risque de se produire chaque fois qu'on pose des questions factuelles du genre: *Où? Qui? Quoi? Quand?* Les élèves doivent aussi être encouragés à *penser* au contenu du programme d'enseignement. On atteint ce but en posant des questions de haut niveau cognitif, c'est-à-dire des questions dont les réponses ne se trouvent pas nécessairement dans le manuel. L'élève doit ici réfléchir et formuler une réponse originale. Des questions de niveau cognitif encore plus élevé peuvent exiger que l'élève compare et oppose des concepts, qu'il énonce des raisons ou des causes possibles pour rendre compte de phénomènes observés, qu'il tire des conclusions, qu'il apporte des preuves, qu'il fasse des prédictions, qu'il résolve des problèmes, qu'il porte des jugements ou qu'il manifeste ses opinions.

Poser des questions de plus haut niveau cognitif n'est peut-être pas suffisant pour susciter des réponses sensées. Il est très utile de faire une pause de plusieurs secondes avant d'inviter les élèves à répondre. Cela leur donne du temps pour réfléchir et les encourage tous à la formulation d'une réponse, puisque personne ne sait d'avance qui l'enseignant va inviter à répondre.

La troisième technique que signale la liste de vérification pour susciter des réponses réfléchies consiste, chez l'enseignant, à poursuivre par des questions nouvelles, l'idée qu'un élève a exprimée en répondant à une question. Disons, par exemple que l'enseignant a demandé: «Êtes-vous d'accord avec le verdict du jury?» Et l'élève peut répondre: «Non, je ne suis pas d'accord.» L'enseignant peut alors lui demander de dire pourquoi, en lui posant par exemple la question suivante: «Pourquoi êtes-vous en désaccord?» On peut aussi vouloir donner suite aux réponses de certains élèves pour les inviter à clarifier leur position (par exemple: «Je ne suis pas sûr d'avoir bien compris ce que vous avez dit; pouvez-vous reformuler votre réponse?»). On peut vouloir susciter des idées additionnelles (par exemple: «Pouvez-vous songer à d'autres façons de résoudre la crise de l'énergie?») ou encore lancer un défi aux élèves («C'est une bonne idée mais avez-vous songé aux inconvénients qui surgiraient si on adoptait votre solution?»). De telles questions peuvent aussi être utilisées pour intéresser un élève, initialement incapable de répondre, à s'engager à nouveau dans l'échange.

Les deux premières catégories de comportement que souligne la liste de vérification du Tableau 10.3 se rapportent à ce qu'il y a *à faire* en matière de questions à poser alors que la troisième catégorie se réfère à ce qu'il *ne faut pas* faire. Les enseignants évitent généralement de réagir aux réponses des élèves par des remarques négatives ou critiques (par exemple: «Votre affaire, ça n'a ni queue ni tête») ou en manifestant de l'ennui. Un tel comportement ne ferait qu'augmenter les risques que tous en viennent à se taire à l'avenir. Une deuxième attitude à éviter, c'est de répéter la question. Cette habitude fait perdre du temps à la classe et encourage les élèves à ne pas bien écouter dès la première question. Le troisième conseil sur les choses *à ne pas faire* se rapporte aux questions multiples. Il s'agit, bien sûr, de cette habitude qu'ont certains enseignants de poser toute une série de questions rapprochées les unes des autres avant de s'arrêter sur la vraie question qu'ils désirent vraiment poser. Cela se produit habituellement chez ceux qui sont incertains du contenu de leur leçon ou qui sont portés à réfléchir tout haut. Non seulement cette habitude fait-elle perdre du temps, mais elle crée aussi de la confusion chez les élèves.

Il faut aussi éviter (c'est notre troisième *ne pas faire*) de répéter mot à mot les réponses des élèves. Il serait préférable d'accueillir favorablement la réponse, de lui donner une dimension plus large en y incluant des informations additionnelles, ou d'inviter un autre élève à répondre en se basant sur les réponses déjà exprimées.

Les deux derniers titres de la liste de vérification offrent à l'observateur une occasion illimitée de commenter les points forts de la leçon et de souligner les domaines où il y a lieu que l'enseignant s'améliore.

Enseignement magistral (technique 20)

Les recherches démontrent que les enseignants au primaire et au secondaire passent en moyenne les deux tiers de leur temps en classe à parler[4]. Ce pourcentage est probablement plus élevé dans d'autres situations (enseignement collégial) et plus bas dans d'autres. La plus grande partie de ce temps de parole chez l'enseignant sert à présenter aux élèves de nouveaux concepts ou de nouvelles informations, ou encore à expliquer certaines parties plus difficiles du programme d'enseignement. À vrai dire, nous avons découvert que plusieurs enseignants affirment qu'ils emploient très peu cette stratégie d'enseignement magistral, alors qu'en fait une grande partie de leur temps passe à parler à leurs élèves, à leur présenter de nouveaux éléments du programme ou à expliquer des idées ou des démarches.

La liste de vérification présentée dans le Tableau 10.4 a été conçue spécialement pour analyser différents aspects du comportement verbal de l'enseignant lorsqu'il utilise la stratégie d'enseignement de type magistral. L'efficacité de cette stratégie a été présentée dans le deuxième chapitre.

Vous remarquerez que cette liste de vérification comporte deux parties. Dans la première, on peut pointer un comportement chaque fois qu'il se produit. On compte le nombre de marques pour montrer combien de fois l'enseignant utilise son temps de parole durant une leçon. Certains des comportements énumérés dans cette liste représentent des techniques qu'on utilise pour faire assimiler la signification du contenu de l'enseignement, par exemple, la technique qui consiste à donner des exemples pour illustrer un concept. D'autres comportements sont des techniques utilisées pour secouer la torpeur de certains élèves qui, autrement, écouteraient passivement tout le cours magistral. Demander aux élèves s'ils ont des questions à poser constitue un bel exemple de technique propre à susciter leur intérêt pour la leçon.

Dans la seconde partie de la liste de vérification, on énumère les comportements de l'enseignement qui peuvent être mesurés d'une certaine manière. Certains de ces comportements «mesurables» touchent la façon dont l'enseignant organise le contenu de sa leçon. Par exemple, répéter les mots clés durant une leçon et les résumer à la fin, c'est une technique qui aide les élèves à organiser les différentes idées exposées en leur accordant la mention «plus importante» et «moins importante».

La plus grande catégorie de comportements que contient cette liste de vérification souligne les habiletés de l'enseignant à passer sa matière. Le langage oral est le premier médium dans l'enseignement magistral; il en ressort que le niveau de maîtrise du langage oral chez l'enseignant détermine en grande partie la qualité de la transmission de son savoir. L'enthousiasme manifesté par la voix de l'enseignant, la clarté de ses remarques, le fait d'éviter des gestes nerveux ou des phrases de «remplissage», tout cela contribue à l'efficacité d'un enseignement magistral.

Autres listes de vérification

Nous venons de présenter des listes de vérification pour observer deux stratégies générales d'enseignement: celle des Questions-Réponses et celle du cours magistral. Il existe d'autres listes de vérification adaptées à d'autres types de stratégies. Bruce Joyce et ses collègues ont préparé des listes de vérification pour observer différentes stratégies d'enseignement en les organisant autour de trois modèles: ceux du traitement de l'information, des interactions sociales et des relations interpersonnelles[5].

Tableau 10.4

Liste de vérification lors d'un enseignement magistral

COMPORTEMENTS À POINTER

Contenu significatif

1. Relie la leçon à un contenu déjà familier aux élèves.
2. Donne un exemple qui éclaire le concept.
3. Fournit une explication pour faciliter une généralisation ou l'expression d'une opinion.

Implication de l'étudiant

1. Demande aux élèves s'ils ont des questions.
2. Pose des questions aux élèves.
3. Pousse les élèves à s'impliquer dans l'activité.

COMPORTEMENTS À ÉVALUER

Organisation	Bon	*À améliorer*
1. Le cours a de la suite et est bien organisé.	5	4 3 2 1
2. Utilise le tableau noir, feuilles volantes, etc. pour expliquer le plan du cours.	5	4 3 2 1

3.   Indique aux élèves ce qu'il (elle) veut qu'ils
     retiennent de la leçon.   5   4 3 2 1

4.   Revient sur les points importants et, à la fin,
     les résume.   5   4 3 2 1

5.   Évite les digressions.   5   4 3 2 1

Présentation de la leçon

1.   Parle lentement et clairement.   5   4 3 2 1
2.   Soulève l'enthousiasme.   5   4 3 2 1

3.   Évite de lire ses notes.   5   4 3 2 1

4.   Évite de remplir les vides par des
     expressions creuses (ex. «Vous savez...»).   5   4 3 2 1

5.   Évite les tics nerveux.   5   4 3 2 1

6.   Garde un contact oculaire avec les élèves.   5   4 3 2 1

7.   Ne craint pas de faire un peu d'humour.   5   4 3 2 1

On peut travailler à compléter cette liste de vérification (Tableau 10.4) tout comme celle des «Questions-Réponses» (Tableau 10.3), en lui ajoutant des commentaires sur les points forts de la leçon et des suggestions sur les points qui mériteraient d'être améliorés.

Le système d'Analyse des interactions développé par Flanders (technique 21)

Le système d'*Analyse des interactions* développé par Ned Flanders est l'une des techniques les plus réputées d'observation en classe. Il a été abondamment utilisé en formation initiale des enseignants et en recherche durant les années soixante et soixante-dix. On l'utilise un peu moins aujourd'hui depuis qu'on a popularisé d'autres concepts de l'enseignement efficace. Pourtant, ce système d'analyse des interactions permet d'examiner des aspects importants de l'enseignement, aspects par ailleurs absents dans d'autres techniques d'observation. C'est pourquoi, il serait important que les superviseurs cliniciens apprennent à l'utiliser[7].

Le système d'*Analyse des interactions* que préconise Flanders comporte deux caractéristiques principales: 1) des catégories d'interactions verbales et 2) des procédés pour utiliser ces catégories à des fins d'observation en classe. On peut voir les catégories d'interactions verbales dans le Tableau 10.5. Vous remarquerez qu'à l'exception de la dixième catégorie (silence ou confusion dans la classe), chacune des catégories appartient à un type particulier de comportement verbal. Toute expression verbale d'un élève ou de l'enseignant peut correspondre à l'une ou l'autre de ces dix catégories, quels que soient le niveau scolaire, la matière enseignée ou les caractéristiques personnelles de l'enseignant ou des élèves. Effectivement, l'un des attraits importants de cette grille d'*Analyse des interactions* (Flanders) tient à son universalité. Ces dix catégories peuvent virtuellement être appliquées à toutes les situations d'enseignement. À l'aide de ce système, on peut comparer, par exemple, un groupe de lecture de première année avec un séminaire de niveau supérieur pour en montrer les similitudes et les différences.

Tableau 10.5

Catégories d'*Analyse des interactions* (Flanders *)

Enseignant parle	**Enseignant répond**	1. *Accepte les réactions.* Accepte et clarifie une attitude ou façon pour l'élève de s'exprimer et ce, d'une manière conciliante. Sentiments peuvent être positifs ou négatifs. Prévoir ou rappeler les sentiments sont inclus.
		2. *Félicite ou encourage.* Félicite ou encourage les élèves par expression vocale ou invitation à continuer; est humoriste à l'occasion pour soulager la tension mais jamais aux dépens d'un élève.
		3. *Accepte ou utilise des idées des élèves.* Accueille les observations des élèves. Les clarifie, les améliore ou pose des questions inspirées par les remarques des élèves.
		4. *Pose des questions.* Pose des questions sur le contenu ou la procédure inspirés par les idées de l'enseignant mais avec l'intention de susciter des réponses de la part des élèves.
	Enseignant prend l'initiative	5. *Conférences.* Présente des faits ou des opinions sur le contenu ou les procédures; exprime ses propres idées, donne ses propres explications ou cite une autorité autre qu'un élève, en la matière.
		6. *Donne des directives.* Donne des directives, commandements ou ordres avec l'intention de les voir exécutés.
		7. *Critique l'élève ou justifie l'autorité.* A des affirmations visant à transformer un comportement étudiant inacceptable en un comportement valable; corrige de façon arbitraire les réponses des élèves; semonce quelqu'un. Ou dit pourquoi l'enseignant agit ainsi; fait trop souvent référence à lui-même.
Enseignant parle	**Enseignant répond**	8. *Feedback à l'élève.* La réplique à l'élève qui réagit au signal de l'enseignant est trop structurante et limite la situation. La liberté d'exprimer une opinion est limitée.
	Enseignant prend l'initiative	9. *Expression des élèves: initiative.* Les élèves prennent l'initiative d'exprimer leurs propres opinions spontanément ou à l'instigation de l'enseignant. La liberté de se former une opinion et une ligne de pensée dépasse les structures actuelles.
Silence		10. *Silence ou confusion.* Pauses, courtes périodes de silence et périodes de confusion au cours desquelles les échanges ne peuvent être compris de l'observateur.

* Source: Ned A. Flanders, *Analyzing Teaching Behavior*, 1970. Les chiffres ne doivent pas être interprétés comme une échelle de valeur. Chacun d'eux cependant sert de classement; il désigne un événement particulier en communication. Écrire ces nombres durant les observations correspond à énumérer et non à juger de leur position dans l'échelle.

Notez dans le Tableau 10.5 que les catégories sont disposées en deux groupes. Certains comportements verbaux sont des répliques que pourrait faire un enseignant en réponse au commentaire d'un élève (catégories 1, 2 et 3); les autres se rapportent aux répliques d'un élève aux commentaires de l'enseignant (catégorie 8). Certains comportements verbaux visent à lancer la communication; l'élève (catégorie 9) ou bien l'enseignant (catégories 5, 6 et 7) peuvent prendre l'initiative de le faire. Les catégories 4 et 10 sont neutres; elles ne traduisent ni une réponse ni une initiative.

Une autre façon de regrouper les dix catégories en unités plus larges consiste à identifier celui qui parle au cours d'un échange particulier. En classe, il s'agit ou bien de l'élève ou bien de l'enseignant. On notera, dans le Tableau 10.5, que les sept premières catégories permettent d'enregistrer les énoncés de l'enseignant, alors qu'on code dans les catégories 8 et 9 les énoncés des élèves. Quant à la catégorie 10, elle reflète la confusion qui règne parfois dans une classe, ou traduit le simple fait qu'à un moment donné personne ne parle.

L'élément le plus critique du système de Flanders se situe entre la réponse qui est faite et l'initiative qui a donné lieu à cette réponse. Arrêtez-vous un instant à la façon dont vous communiquez avec les autres; vous réaliserez que vous faites l'une des deux activités suivantes: 1) ou bien vous répondez ou répliquez aux paroles d'un interlocuteur, ou bien, 2) vous prenez vous-même l'initiative d'exprimer une idée, de donner une consigne ou de critiquer ce qui a été dit ou fait.

Quand l'enseignant réplique (catégories 1, 2 et 3), on dit qu'il utilise un style non directif d'enseignement. Notez que ces comportements non directifs sont quand même associés à des affects positifs, tels accueillir des sentiments et encourager ou prendre note des opinions émises par les élèves. Quand l'enseignant est à l'origine de l'échange verbal (catégories 5, 6 et 7), on dit de lui qu'il utilise un style directif d'enseignement. Selon Flanders, l'intervention de l'enseignant peut être de style directif comme dans le cas d'une question limitée ou spécifique; ou elle peut être de nature non directive comme dans le cas d'une question à large spectre ou très ouverte.

Le comportement des élèves se regroupe en deux catégories. Ou bien ceux-ci répondent de façon étroite à l'enseignant (catégorie 8), ou bien ils expriment des opinions ou des idées personnelles (catégorie 9). Flanders et d'autres chercheurs sont très cohérents dans leurs conclusions sur l'utilisation du style non directif en enseignement (catégories 1, 2, 3): ce style encourage l'élève à exprimer ses opinions et ses idées propres (catégorie 9). L'usage du style directif (catégories 5, 6, 7) au contraire, canaliserait, selon eux, les idées et les comportements des élèves dans la direction souhaitée par l'enseignant (catégorie 8).

Ce bref aperçu sur l'*Analyse des interactions* selon Flanders révèle que celle-ci est à la fois simple et complexe. Bien que toutes les communications faites en classe soient groupées en 10 catégories, les résultats qui en découlent peuvent conduire à des analyses assez complexes du comportement de l'enseignant. Dans ses interventions, celui-ci peut changer d'idée d'une seconde à l'autre; ces modifications de comportement peuvent être regroupées en modèles qui révèlent les caractéristiques d'interactions propres à un enseignant. Ainsi, l'un posera une question (catégorie 4) qui suscite chez l'élève une réponse étroite (catégorie 8) à laquelle réplique à son tour l'enseignant en posant une nouvelle question (catégorie 4). C'est une séquence 4-8-4. Un autre enseignant aura l'habitude de poser une question qui suscite chez l'élève des réponses dont les concepts sont très développés; l'enseignant félicite alors l'élève sur la qualité de sa réponse, développe ensuite des idées à partir de cette réponse et lance une nouvelle question. C'est une séquence 4-9-2-3-4.

Au fur et à mesure que les enseignants se voient confrontés aux données de l'Analyse de leurs interactions en classe, leurs modèles de comportements verbaux ont tendance à devenir plus variés et plus complexes; ils deviennent aussi plus conscients de l'influence de leur comportement verbal sur l'apprentissage des élèves.

À cette étape-ci de votre lecture, vous vous êtes probablement demandé: «Qu'est-ce qui est préférable, un style d'enseignement directif ou un style non-directif?» On en a déjà parlé au deuxième chapitre. La recherche sur l'*Analyse des interactions* suggère que le style non directif d'enseignement se voit associé chez les élèves à des attitudes plus positives et à de meilleurs résultats scolaires. Cela ne veut pas dire que le style directif correspond à un mauvais enseignement. Flanders pense même qu'en certaines occasions, il faille de préférence utiliser le style directif: c'est le cas lorsqu'on présente un nouveau contenu ou qu'on donne des consignes. On peut cependant prendre avantage de l'enseignement directif pour adopter un comportement non directif. Ainsi, il peut arriver qu'un enseignant doive donner toute une série de consignes pour expliciter les séquences d'une expérience (catégorie 6). Ce faisant, il peut en profiter pour s'arrêter un instant, juste le temps qu'il faut pour féliciter les élèves, les inciter à respecter ces consignes et leur souhaiter du succès (catégorie 2).

Une situation semblable peut se produire en enseignement non directif. L'enseignant, par exemple, peut agir comme modérateur au sein d'un groupe de discussion où l'élève est encouragé à y aller de son opinion sur un sujet particulier (catégoric 9). Il peut écouter les idées émises par ses élèves (catégorie 3), encourager à parlcr ceux qui sont silencieux (catégorie 2) et traduire verbalement la prise de conscience sous-jacente aux sentiments exprimés par les élèves (catégorie 1). Tous ces procédés sont des comportements verbaux non-directifs. À une certaine étape des discussions cependant, l'enseignant peut tout à coup découvrir que ses élèves sont mal informés sur un point particulier et il peut décider alors d'interrompre temporairement la discussion pour introduire une séquence d'information (catégorie 5) et exiger ensuite un peu de lecture personnelle de la part de ses élèves à la maison (catégorie 6). Ainsi l'enseignant a-t-il parsemé son enseignement directif d'interventions à prédominance non directive dans une leçon centrée sur l'élève.

Ne voyez, dans ces exemples, qu'une brève introduction au système d'*Analyse des interactions* selon Flanders. Nous sommes confiants qu'ils suffisent à vous faire comprendre pourquoi ces catégories d'observation en classe ont capté l'attention des éducateurs du monde entier, et pourquoi ils sont si abondamment utilisés en supervision pédagogique.

Pointage de l'emploi minuté du temps (technique 22)

Nous avons dit en décrivant l'*Analyse des interactions* selon Flanders que celle-ci présentait deux caractéristiques. Nous venons de voir la première, à savoir, celle qui porte sur les dix catégories d'enregistrement des comportements verbaux. La deuxième caractéristique porte sur la façon de procéder de l'observateur pour noter les comportements eux-mêmes.

Le Tableau 10.6 offre plusieurs exemples de grilles de pointage utilisées parallèlement au système d'*Analyse des interactions* de Flanders. La première chose qu'on remarque dans une telle grille, ce sont ses colonnes. Chacune d'elles correspond à un intervalle de trois secondes. Cet intervalle a une durée assez longue pour que l'observateur ne se sente pas gêné par le temps en prenant ses notes. Il y a, en effet, dans la plupart des leçons, plusieurs périodes d'une minute ou plus, où une seule catégorie d'interaction est utilisée (habituellement les catégories 4, 5 et 6). L'observateur peut alors se relaxer jusqu'à ce que le rythme s'accélère à nouveau[10].

Tableau 10.6

Grilles de pointage minuté des catégories
d'interactions verbales en classe

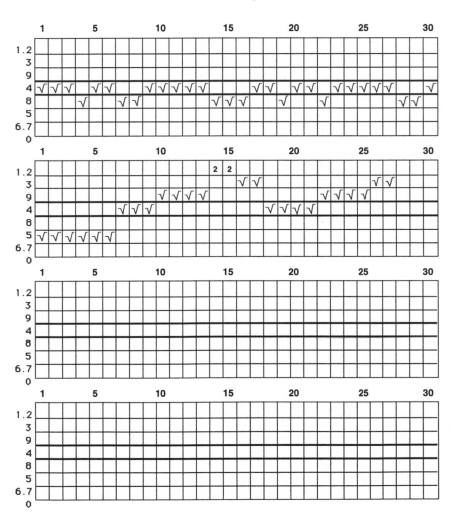

Les grilles dessinées dans le Tableau 10.6 comportent 30 colonnes verticales destinées à recueillir 30 observations différentes. Puisqu'on pointe une observation toutes les trois secondes, chaque grille couvre environ une minute et demie d'interactions verbales en classe.

L'autre particularité intéressante de la grille d'*Analyse des interactions* suivant les catégories définies par Flanders réside dans ses rangées horizontales. Chaque rangée représente une ou deux catégories de comportement verbal, sauf la rangée du milieu, réservée aux questions posées par l'enseignant (catégorie 4) et qui sont souvent à l'origine d'une série d'interactions entre enseignant et élèves. Les catégories exprimant un style d'enseignement non directif (1, 2 et 3) sont notées au-dessus de la rangée du milieu de même que la catégorie 9 qui comprend les questions spontanées des élèves. Les catégories se rapportant au style d'enseignement directif (5, 6 et 7) sont notées sous cette rangée du milieu; une de ces rangées inférieures est consacrée aux réponses restreintes et structurées des élèves (catégorie 8).

La catégorie 10 (silence ou confusion) n'est pas représentée par une rangée à part. Les pointages pour cette catégorie sont inscrits en bas de la grille. Si on retrouve plusieurs catégories (1 et 2, 6 et 7) pour une même rangée, c'est pour sauver de l'espace. Un observateur peut se servir de signes différents dans les carrés pour différencier 1 et 2 ou 6 et 7; il peut tout aussi bien modifier la grille en lui ajoutant deux rangées de façon à ce que chaque catégorie ait sa propre rangée.

La disposition des catégories de l'*Analyse des interactions* sur la grille aide le superviseur et l'enseignant à mieux repérer les modèles verbaux qui se sont produits durant la leçon. Ainsi, par exemple, si la majorité des pointages se situent au-dessus de la rangée du milieu, c'est que la leçon avait, dans l'ensemble, un style non directif. Par contre, la leçon aura été de style directif si la majorité des résultats se retrouvent sous la ligne du milieu. Ces modèles peuvent ainsi être détectés beaucoup plus rapidement qu'avec le visionnement d'une vidéocassette ou l'écoute d'une bande sonore de la leçon. Une grille de pointage minuté peut habituellement être lue en moins de deux minutes alors que le temps requis pour interpréter un enregistrement sonore ou une bande vidéo prendra plus de temps que le temps lui-même de la leçon.

La première grille du Tableau 10.6 se caractérise par des catégories 4 et 8 d'interactions verbales qui alternent, une disposition suggérant que l'enseignant s'est engagé dans un échange rapide de questions-réponses avec les élèves à un niveau probablement centré sur le rappel des faits.

La seconde grille de ce même tableau fait état d'un dialogue plus riche et de nature non directive. L'enseignant commence par donner un peu d'informations sur un sujet au programme; les élèves sont ensuite invités à donner leur opinion sur ce sujet. Après chaque réponse de l'élève, l'enseignant prend bien soin d'accueillir son idée et, dans certains cas, de le féliciter.

Quand les enseignants se voient confrontés à cette *Analyse des interactions* pour la première fois, il est tout à fait typique de les voir s'étonner en constatant qu'ils n'utilisent avec leurs élèves que quelques modèles assez simples d'interventions. En visualisant la disposition de ces modèles sur la grille, ils sont le plus souvent insatisfaits d'eux-mêmes et désirent explorer d'autres avenues plus flexibles dans leur langage. Dans certains cas, mais pas toujours, cela peut signifier que l'enseignant aurait avantage à passer d'un style d'enseignement plutôt directif à un style plutôt non directif.

Cette discussion sur les grilles de pointage minuté des interactions verbales en classe a été centrée sur leur application en fonction des catégories d'*Analyse des interactions* développée par Flanders. Il ne faut pas oublier cependant que ces grilles représentent une technique d'enregistrement tout à fait valable en son genre. Avec un peu de créativité, vous pouvez imaginer d'autres comportements insérables dans une telle grille en lieu et place des catégories déjà mentionnées. On peut aussi faire varier l'intervalle de trois secondes représenté par les colonnes de la grille. Vous pourriez, en effet, désirer un intervalle plus court ou plus long pour chaque catégorie d'observations dans votre système de grille de pointage minuté.

On a récemment développé un programme d'ordinateur pour rendre plus efficace le décodage d'une grille de pointage. L'observateur utilise un instrument ressemblant à un stylo et un papier d'enregistrement spécialement préparé à cet effet qui contient un code-barres pour chacune des catégories d'interactions et, si on le désire, pour chaque groupe de participants. En balayant ces barres avec le «stylo» dont il a été question, l'observateur peut enregistrer la durée durant laquelle les élèves et l'enseignant étaient engagés dans un type particulier d'interactions. À la fin de la période d'observation, on insère le «stylo» dans un accessoire à interfaces de l'ordinateur et on stocke cette information dans la banque de données. Un logiciel a été développé pour imprimer ces informations de la banque de données, selon divers paramètres tels que l'exposition de la grille de résultats ou de listes des catégories d'interactions, ou des durées pendant lesquelles chacune a été utilisée pendant la leçon.

Ce procédé est similaire à ceux qui sont utilisés dans plusieurs magasins. Un commis balaie avec son «stylo» le code imprimé sur chaque produit acheté par le client. Un appareil installé sur le comptoir affiche sur un écran pour le client l'information que recèle le code: nom du produit, quantité achetée et prix.

Le traitement par ordinateur des grilles de pointage ainsi encodées constitue un puissant instrument en supervision clinique. Non seulement il simplifie la collecte et l'analyse des données, mais encore il permet de varier la présentation des données. De plus, il accélère le temps du *feedback* de l'information à l'enseignant. Les superviseurs qui utilisent ce procédé de façon courante feraient mieux d'aller chercher des informations additionnelles auprès de ceux qui ont développé cette technologie: *Innovative Assessment Ltd*[11].

Le Système d'observation de Stallings (technique 23)

Le Système d'observation de Stallings a été développé par Jane Stallings et ses collaboratrices; il constitue l'un des instruments les plus importants mis en usage en classe au cours de la dernière décennie. Il a été utilisé en recherche[12], chez les enseignants en exercice[13] et auprès des étudiants-maîtres en formation initiale[14]. Il peut être utilisé à tous les niveaux scolaires et dans l'enseignement de toutes les matières; il peut être adapté à des situations particulières.

Il ressemble au système d'*Analyse des interactions* développé par Flanders en ce sens qu'il possède le même processus d'encodage et accorde la même importance aux comportements observables en classe. Mais il est plus raffiné. Par exemple, alors que le système Flanders mesure 10 aspects des comportements de l'enseignant et des élèves, le système Stallings en mesure 64. Il y a plus. Là où le système Flanders se base sur la théorie et la recherche dans les procédés de groupe, le système Stallings s'appuie plutôt sur la recherche qui mise sur l'enseignement efficace des habiletés et sur les connaissances académiques. (Se reporter au deuxième chapitre pour une revue de cette recherche.)

Le système Stallings d'observation compte deux composantes: l'observation de faits sur une base de vues *Instantanées en Classe** et l'observation d'*Interactions durant cinq minutes à intervalles de cinq secondes (I.C.M.).* Les données fournies par la méthode d'observation de faits instantanés montrent comment élèves et enseignant font usage de leur temps en classe et quelles sont les activités auxquelles ils se consacrent. Les données fournies par l'I.C.M. montrent comment enseignant et élèves interagissent

---

* N.D.T.: Instantané *(snapshot).* On comprend bien cette expression en photographie. Une diapositive est comme une vue éclair d'un moment de la vie. On applique ici ce procédé aux séances d'observation en classe, mais en utilisant comme objectif, non pas une lentille photographique, mais l'œil du superviseur clinicien.

343

verbalement pendant une leçon. Les *Instantanés* et les *Interactions à intervalles de cinq minutes* pris ensemble fournissent une image englobante de ce qui s'est passé en classe pendant la leçon.

Les observations *Instantanées* sont prises à cinq intervalles réguliers pendant la leçon; ainsi en est-il aussi des observations d'*Interactions durant cinq minutes à intervalles de cinq secondes*; recueillies à cinq autres intervalles également espacés. On recommande un échantillonnage de trois leçons pour avoir une image assez stable de ce qui se passe en classe, bien que l'observation d'une seule leçon, si elle est typique, devrait suffire aux fins de la supervision clinique.

En recueillant des instantanés, l'observateur balaie d'un seul coup toute la salle de classe et note rapidement sur la grille imprimée (*scantron sheet*)[*] les catégories de comportements qui correspondent à ce qu'il remarque. Quand arrive l'intervalle suivant des instantanés, on répète le processus. Il se produit ainsi concrètement une série d'*instantanés* de la leçon d'un enseignant. Au lieu d'utiliser des grilles imprimées (*scantron sheet*), l'observateur peut utiliser un ordinateur portatif dont les touches permettent d'entrer facilement les données et qui soit muni d'un logiciel approprié au traitement des données en question.

On trouvera dans le Tableau 10.7 l'exemple d'un profil d'enseignant esquissé d'après des données fournies par des *instantanés*. La colonne de gauche décrit les aspects de l'enseignement observé lors de l'*instantané*. La colonne des critères indique le temps optimal qui doit être consacré à chaque aspect de l'enseignement tel que la recherche sur l'enseignement efficace l'a déterminé. Comme ces critères exprimés en pourcentage ne sont pas valables pour toutes les matières enseignées et pour tous les groupes d'âges des élèves, il faut les adapter aux situations particulières. La troisième colonne est celle des résultats observés dans la classe de l'enseignante

---

[*] *Scantron sheet*: Type spécial de grille qui peut être codée et analysée mécaniquement.

Lucie. Ils sont eux aussi évidemment exprimés en pourcentage et traduisent le temps consacré par l'enseignante et ses élèves à chaque aspect de l'enseignement.

Tableau 10.7

Profil d'observation de vues instantanées d'une leçon en classe*

Paramètres des observations	% du temps de l'activité	
	Critère	*Classe de Lucie*
L'enseignante s'applique à		
Surveiller la lecture silencieuse	15.00	0.00
Surveiller un travail écrit	20.00	36.00
Lire à haute voix	6.00	0.00
Enseigner ou expliquer	25.00	10.00
Discuter ou revoir les devoirs	10.00	13.00
Faire pratiquer des exercices	4.00	0.00
Faire passer des tests ou des jeux-concours	5.00	0.00
La gestion de classe avec les élèves	2.50	0.00
Donner des devoirs ou confier des responsabilités	10.00	20.00
Organiser – l'enseignant seul	2.50	18.00
Interactions sociales avec les élèves	0.00	0.00
Élèves non appliqués à leurs tâches	0.00	0.00
Faire de la discipline	0.00	3.00
Les élèves s'appliquent à		
Lire en silence	15.00	2.00
Faire des travaux écrits	20.00	55.00
Lire à haute voix	6.00	0.00
Recevoir l'enseignement ou des explications	25.00	26.00
Discussion ou révisions	10.00	12.00
Travaux d'exercices	4.00	7.00
Passer des tests ou des jeux-concours	5.00	6.00
Interactions sociales	0.00	14.00
Élèves non appliqués à leurs tâches	0.00	12.00
Se faire discipliner	0.00	3.00
Gestion de classe	5.00	0.00
Recevoir des devoirs	10.00	10.00

* Adaptation de la Figure 2.4 de *Improving Teaching* (1986, ASCD Yearbook),
ed. Karen K. Zumwalt (Alexandria, VA:
Association for Supervision and Curriculum Development, 1986), p. 24

Pour mieux comprendre le Tableau 10.7, considérons combien de temps Lucie, l'enseignante, a passé à surveiller ses élèves. Cet aspect de son enseignement se reflète dans les deux rangées du haut intitulées: «Surveillance de la lecture silencieuse» et «Surveillance du travail écrit». Si on regarde du côté des colonnes de pourcentage du temps occupé, on réalise que Lucie obtient des résultats inférieurs (0 %) à la norme optimale (15 %) en ce qui concerne la lecture silencieuse mais qu'elle a consacré plus de temps (36 %) que la norme optimale (20 %) à surveiller le travail écrit. Si maintenant on regarde les rangées consacrées aux élèves, on note qu'ils ont lu en silence pendant un temps plus court (2 %) que ce qui est considéré comme optimal (15 %); ils ont, par contre, passé beaucoup plus de temps à des travaux écrits (55 %) que ce qui est considéré comme une durée optimale (20 %). On remarque aussi que si les élèves ont consacré 55 % de leur temps à des travaux écrits en classe, Lucie quant à elle n'a consacré que 36 % de son temps à les surveiller: cela indiquerait qu'elle a probablement utilisé une bonne partie de son temps à travailler par elle-même (18 %: voyez la rangée intitulée «Organisation-enseignant seul»).

Les données qui précèdent suggèrent que les séances d'observation en classe par un superviseur devraient viser deux cibles pour tenter d'améliorer l'enseignement de Lucie. Celle-ci doit d'abord songer à augmenter le nombre d'interactions enseignant-élèves et à réduire son temps de travail isolé; elle doit ensuite augmenter le temps consacré à la lecture en silence et diminuer celui du travail écrit.

L'I.C.M. est un processus de collecte de données différent de celui de l'*instantané*. La feuille imprimée utilisée lors de la lecture par balayage des résultats de l'observation se présente sous la forme d'une série de rectangles tels qu'illustrés au Tableau 10.8. Dans la première colonne de chacun des rectangles, l'observateur remplit la bulle qui indique l'une des trois constatations suivantes: 1) Communication dans une autre langue que le français (NF), 2) Répétition du même modèle de communication que pour la case précédente

346

(R) ou 3) L'observateur a fait une erreur et désire annuler ce qu'il a inscrit dans le rectangle (NUL). Les autres parties du rectangle servent à préciser qui parlait (maître M, élève É, visiteur V, assistant A), à qui la personne parlait, ce que la personne disait (e.g. un ordre, une question, une réponse à une question ou à un ordre) et comment la communication se rapportait à la leçon (point de vue académique, organisation ou contrôle des comportements).

Figure 10.8

Grille de pointage des comportements selon Stallings

1	Qui			À qui			Quoi					Comment				
NF	M	A	V	M	A	V	1	1Q	2	2Q	3	N	C	L	N	1
R	F	M	É	F	M	É	4	5	6	7	8	R/N	G	W	D	M
NUL	L	E	O	L	E	O	9	10	11	12	X	B	O	É	P	N/V

2	Qui			À qui			Quoi					Comment				
NF	M	A	V	M	A	V	1	1Q	2	2Q	3	N	C	L	N	1
R	P	M	É	F	M	É	4	5	6	7	8	R/N	G	W	D	M
NUL	L	E	O	L	E	O	9	10	11	12	X	B	O	É	P	N/V

3	Qui			À qui			Quoi					Comment				
NF	M	A	V	M	A	V	1	1Q	2	2Q	3	N	C	L	N	I
R	P	M	É	F	M	É	4	5	6	7	8	R/N	G	W	D	M
NUL	L	E	O	L	E	O	9	10	11	12	X	B	O	É	P	N/V

Un casier I.C.M. est encodé toutes les cinq secondes environ pendant la période de cinq minutes que dure cette séquence d'observation. On compte cinq périodes de ce genre durant une leçon. C'est pourquoi l'I.C.M. typique d'une leçon comptera 300 casiers codés (douze codes par minute pendant cinq minutes au cours de cinq périodes).

Notez que la méthode d'encodage de l'I.C.M. ressemble à la grille temporelle du système Flanders de deux façons. Premièrement, on porte une attention particulière aux comportements des élèves et de l'enseignant et, deuxièmement, l'observatrice n'a pas à écrire ses observations. Toutes les observations se retrouvent soit sous forme de petites bulles remplies sur la grille *scantron sheet* soit, sous forme d'une unique lettre encodée dans l'ordinateur.

Le Tableau 10.8 donne une idée de ce à quoi ressemblent les données dérivées d'une I.C.M. Certains paramètres issus des observations représentent des comportements individuels (e.g. 008 – l'enseignant pose des questions de clarification) alors que d'autres se rapportent à des comportements de groupes (e.g. 001 – Énoncés académiques).

Note de la page suivante

---

* Adaptation de la Figure 2.5 de *Improving Teaching* (1986, ASCD Yearbook), ed. Karen K. Zumwalt (Alexandria, VA: Association for Supervision and Curriculum Development, 1986), p. 25

Tableau 10.8 *

Interactions durant cinq minutes à intervalles de cinq secondes (I.C.M.)
Profil de leçon d'une enseignante

		% du temps de l'activité	
Paramètres des observations		*Critère*	*Classe de Lucie*
001	Énoncés de nature académique	80.00	65.28
002	Énoncés visant l'organisation ou la gestion de classe	15.00	30.76
003	Énoncés portant sur le comportement	3.00	3.83
004	Énoncés de nature sociale	2.00	0.00
005	Total des observations différentes	100.00	100.00
006	L'enseignante enseigne ou explique	12.00	15.45
007	L'enseignante pose des questions directes ou commande	10.00	4.00
008	L'enseignante pose des questions de clarification	3.00	0.13
009	L'enseignante pose des questions ouvertes	3.00	0.79
010	L'élève pose une question de nature académique	2.00	1.32
011	L'enseignante s'adresse à de nouveaux élèves (académique)	6.00	5.02
012	Les élèves répondent sur des sujets académiques	15.00	5.00
013	Les élèves interrompent ou font des remarques	0.00	7.39
014	Les élèves ignorent la réponse	1.00	0.13
015	Les élèves refusent de répondre	0.00	0.00
016	Mots d'encouragement	8.00	2.00
017	L'enseignante valorise des réponses de nature académique	6.00	2.00
018	L'enseignante valorise un comportement	2.00	0.00
019	L'enseignante corrige des réponses de nature académique	6.00	4.35
020	L'enseignante corrige en donnant des indications	4.00	0.00
021	L'enseignante réprimande un comportement	2.00	3.03
022	L'enseignante surveille du travail académique	6.00	10.96
023	Travaux écrits	0.00	0.00
024	Les élèves lisent à haute voix	10.00	4.62
025	L'enseignante lit à haute voix	1.00	2.24
026	L'enseignante travaille seule	3.00	6.00
027	Intrusion	0.00	3.14
028	L'enseignante s'occupe d'un visiteur	0.00	2.20
029	Interactions positives	4.00	0.52
030	Interactions négatives	0.00	1.50
031	L'enseignante touche à un élève	5.00	0.00
032	L'enseignante se déplace en classe	3.00	1.12
033	Commentaires ou actions relatives à une activité	16.00	9.77
034	L'élève commente l'organisation de la classe	1.00	0.13
035	L'élève fait des commentaires de nature académique	3.00	0.13
036	L'enseignante commente l'organisation de la classe	5.00	1.98
037	Discussion de nature académique entre élèves	7.00	7.66
038	Discussion des élèves en équipes sur un sujet académique	5.00	0.00

Nombre total des interactions de l'enseignante: 905

Ce qu'affiche ce Tableau 10.8 se rapporte à la même leçon que ce qui est montré au Tableau 10.7. En comparant les deux, vous pouvez constater comment l'I.C.M. complète et agrandit l'image de la classe prise par l'observation d'*Instantanés*. Notez de plus que les deux tableaux utilisent le même format.

Le système d'observation selon Stallings est complexe mais il offre l'avantage d'être englobant et de fixer l'attention sur des aspects importants de l'enseignement efficace. Si vous désirez apprendre à utiliser cet instrument, vous devrez y être initié par quelqu'un de qualifié dans ce domaine[16].

Échelles de classement en évaluation des enseignants (technique 24)

Le but qu'on se propose en observant chez l'enseignant l'acte professionnel d'enseigner au cours du cycle de supervision clinique, c'est de recueillir des données *objectives* sur ce qui se passe en classe. Cependant, lorsqu'il s'agit d'évaluer, le superviseur accumule des données *d'évaluation* dans le but d'apprécier la compétence de l'enseignant. Les instruments d'observation utilisés à ces fins évaluatives reposent habituellement sur des échelles de classification prévues à des fins d'évaluation. L'observateur coche ou encercle sur une échelle graduée un pointage qui correspond à l'évaluation de la performance d'un enseignant.

Nous décrivons ici ces échelles bien qu'elles concernent directement l'évaluation plutôt que des données objectives à des fins de progrès dans la profession. Une des raisons pour lesquelles nous en parlons ici, c'est qu'elles contrastent avec les autres instruments d'observation présentés dans ce livre et permettent ainsi de mieux apprécier l'objectivité et la neutralité de ces derniers. L'autre raison, c'est qu'en matière de supervision clinique, il peut parfois être très pertinent d'utiliser des instruments d'observation basés sur l'évaluation. Citons, comme exemple, la situation d'un superviseur qui travaille avec un enseignant en vue de le préparer à une séance d'évaluation. En utilisant le même instrument de classification dont on se servira pour l'évaluer, on aidera l'enseignant à diminuer son inquiétude et à se familiariser avec la session d'évaluation.

L'instrument typique d'évaluation d'un enseignant compte généralement de 10 à 15 items. La plupart d'entre eux se rapportent au comportement de l'enseignant en classe. En voici des exemples:

1. enseigne un contenu adéquat;

2. explicite aux élèves les objectifs de l'apprentissage;

3. inclut, dans ses enseignements, des objectifs de haut et de bas niveau cognitif;

4. utilise, pour sa leçon, le matériel d'enseignement et la technologie appropriés;

5. sait motiver ses élèves à atteindre les objectifs fixés;

6. varie ses stratégies d'enseignement;

7. démontre qu'il a sa classe bien en mains;

8. donne aux élèves un suivi adéquat sur leur performance et reprend ses enseignements au besoin;

9. maintient, en classe, un climat positif de collaboration;

10. s'ajuste de façon appropriée aux contraintes de temps et aux événements fortuits;

11. évalue régulièrement le progrès et le succès de ses élèves et ce, en respectant les objectifs du programme.

Ces énoncés ne font qu'illustrer notre pensée. Une revue des publications sur l'enseignement efficace (voyez le deuxième chapitre) comporte beaucoup de suggestions qui s'ajoutent ou remplacent les points cités ici en exemple. Ce qu'il faut retenir, c'est que l'évaluateur doit avoir de bonnes raisons d'inclure un item dans son évaluation et de le laisser savoir à l'enseignant. On peut le faire en montrant l'instrument d'observation à l'enseignant et en le lui expliquant avant la séance d'observation.

Voici d'autres exemples typiques d'items contenus dans des instruments d'évaluation de l'enseignant:

1. prépare des plans de leçons cohérents et complets;

2. fait montre d'éthique professionnelle dans son comportement;

3. contribue au progrès de ses collègues et participe à l'organisation de l'école;

4. communique de façon efficace avec les parents et les autres membres de la communauté locale;

5. démontre qu'il s'intéresse de manière continue à son propre développement professionnel.

Il est clair que, pour bien valider ces divers points, le superviseur devra faire ses observations en dehors de la classe.

Certains instruments d'évaluation des enseignants précisent par des «indicateurs» ce que signifie chaque point. L'enseignant et le superviseur y gagneront en traduisant ces indicateurs sous la forme de comportements observables. Voyez, par exemple, le point déjà cité: «Sait motiver ses élèves à atteindre les objectifs fixés». Les indicateurs qui explicitent cette affirmation pourrait comprendre les énoncés suivants:

•   montre de l'enthousiasme (inflexions variées de la voix, physionomie vivante, mouvements énergiques du corps);

•   accueille et félicite les élèves quand ceux-ci montrent de l'intérêt ou répondent correctement;

•   fait des liens entre le contenu du programme et les phénomènes qui se situent à l'intérieur des limites d'intérêt et d'expérience des élèves.

352

De tels indicateurs contribuent à faire comprendre les divers éléments, leur confèrent de la crédibilité et aident les enseignants à identifier avec plus de précision ce qui peut améliorer leur classification à chacun d'eux.

L'échelle graduée utilisée dans les instruments d'évaluation des enseignants mérite d'être examinée. Une échelle typique comporte 5 ou 7 points gradués sur l'échelle. On les accompagne de «descripteurs» appropriés pour en clarifier les points névralgiques. En voici un exemple.

Compétence minimale		Compétence moyenne		Compétence exceptionnelle		NA
1	2	3	4	5	6	7
Laisse à désirer		Satisfaisant		Excellent		NA
1	2		3	4		5

Notez que l'échelle comporte une option NA (non applicable). En effet, certains items de l'instrument peuvent se révéler inadéquats aux leçons de l'enseignant ou non conformes à sa description de tâche.

Chaque item de l'instrument est accompagné d'une échelle semblable à celle qui est reproduite en exemple. Le superviseur n'a qu'à encercler sur l'échelle le nombre approprié pour chaque item.

Références

1. Il y a plusieurs autres listes de vérifications décrites dans Gary D Borich et Susan K. Madden, *Evaluating Classroom Instruction: A Source of Instruments,* (Reading, MA: Addison-Welsey, 1977).

2. Le sondage sur l'observation par les élèves a été développé au Centre de Recherches et Développement pour la Formation des Enseignants, The University of Texas.

3 L'information sur le questionnaire IDEA H peut être obtenue au Kansas State University, Center for Faculty Evaluation and Development, Manhattan, KA 66502.

4 Leur recherche fait l'objet d'un article par Ned Flanders, *Analyzing Teaching Behavior* (Reading, MA: Addison-Welsey,1970).

5. Ces classifications sont appelées *Guides d'analyses en enseignement* par Joyce et coll. Elles forment un triple ensemble: Marsha Weil et Bruce Joyce, *Information Processing Models of Teaching* (Englewood Cliffs, NJ: Prentice-Hall, 1978); Bruce Joyce et Marsha Weil, *Social Models of Teaching* (Englewood Cliffs, NJ: Prentice Hall, 1978); Bruce Joyce, Marsha Weil et Bridget Kluwin, *Personal Models of Teaching* (Englewood Cliffs, NJ: Prentice-Hall, 1978).

6. Ned Flanders et Edmund J. Amidon, *A Case Study of an Educational Innovation: The History of Flanders Interaction Analysis System* (Oakland, Ca: Ned A., Flanders, One Spyglass Hill, 94618), 1981.

7. Un bref mais excellent coffret pour apprendre à utiliser ce système d'observation porte le titre de *Interaction Analysis: A Mini-Course* par Ned Flanders et coll. Cet ouvrage est disponible chez Paul S. Amidon and Associates, Inc., 4239 Nicollet Avenue South, Minneapolis, MN 55409.

8. Certaines classes ont un intervenant invité ou un assistant. Si c'est votre cas, vous pourriez désirer modifier le système d'*Analyse des interactions* de Flanders de façon à accommoder le ou les intervenants additionnels.

9. L'usage d'une grille temporelle pour enregistrer les données d'une *Analyse des interactions* est une acquisition relativement récente. Si vous avez appris le système il y a quelques années, vous serez sans doute plus familiarisés avec l'usage de matrices pour enregistrer et interpréter les données de l'*Analyse des interactions*. Si nous présentons ici la méthode des grilles temporelles, c'est que nous la croyons supérieure en général à celle des matrices, au point de vue facilité d'encodage et interprétation.

10. Si, pendant une bonne période de temps, il ne se présente qu'une simple catégorie d'interaction, l'observateur peut raccourcir le processus de conservation des données. Par exemple, si l'enseignant se lance dans une explication prolongée d'un concept, l'observateur peut enregistrer quelques points dans la rangée désignée par le chiffre 5, et poursuivre ensuite avec une petite flèche enrichie d'une remarque précisant pendant combien de minutes ou de secondes cette catégorie de comportement verbal s'est prolongée.

11. Leur adresse est: Innovative Assessment Ltd, Suite No. 114 524 San Anselmo Avenue, San Anselmo, CA 94960. Téléphone: (415) 454-2447.

12. Kenneth A. Sirotnik, «What you see is what you get -Consistency, Persistency, and Mediocrity in Classrooms», *Harvard Educational Review* 53 (1983): 16-31.

13. Jane A. Stallings, «Using Time effectively: A Self-Analytive Approach», dans *Improving Teaching (1986 ASCD Yearbook),* ed. Karen K. Zumwalt (Alexandria, VA: Association for Supervision and Curriculum Development, 1986), pp. 15-27.

14 H. Jerome Freigereg et Hersholt C. Waxman, «Reflection and the Acquisition of Technical Teaching Skills», dans *Encouraging Reflective Practice in Education,* éd. Renee T. Clift, W. Robert Houston et Marleen C. Pugach (New York: Teachers College Press, 1990), pp. 119-38.

15. On retrouve une revue de cette recherche dans l'article de Jane Stallings «Allocated Learning Time Revisited, or Beyond Time on Task», *Educational Researcher* 9, No. 11 (1980): 11-16.

16. On retrouvera de l'information sur le Système de Stallings auprès du Dr Sandra Simmons, 2606 Spring Boulevard, Eugene, Oregon 97403; ou encore auprès du Dr Jane Stallings, Texas A & M University, College of Education, College Station, Texas 77843.

Exercices pour cette troisième partie

Items des questions à choix multiples

On trouvera les réponses en page 448.

1. L'usage, par l'enseignant, du renvoi des questions et du sondage peut être analysé par:
   a. la technique du débit verbal;
   b. la technique «au travail»;
   c. la technique des modèles de déplacement;
   d. le mot à mot sélectif des questions de l'enseignant.

2. Les éphémérides visent à promouvoir:
   a. un usage efficace du temps d'enseignement;
   b. l'enseignement réflexif;
   c. une sensibilisation de l'enseignant au domaine affectif;
   d. à la compatibilité du superviseur.

3. Le dessin à droite vient plus probablement:
   a. d'un enregistrement mot à mot;
   b. d'un enregistrement de débit verbal;
   c. d'un enregistrement «au travail»;
   d. d'un enregistrement de modèles de déplacement.

4. Le dessin à droite vient plus probablement:
   a. d'un dossier de mot à mot;
   b. d'un enregistrement de débit verbal;
   c. d'un dossier «à l'ouvrage»;
   d. d'un enregistrement de modèles de déplacements.

5. Les émetteurs spécifiques et leurs cibles dans le cas du comportement verbal en classe sont très efficacement repérés par:
   a. la technique du débit verbal;
   b. la technique des modèles de déplacements;
   c. la liste de vérification de la perception étudiante du style professoral;
   d. le système d'*Analyse des interactions* de Flanders.

6. La technique la plus proche de la méthode ethnographique de l'anthropologie est:
   a. l'enregistrement vidéo;
   b. la technique de codage par grille temporelle;
   c. le dossier anecdotique;
   d. le mot à mot sélectif.

7. Lorsque les enseignants visionnent pour la première fois la cassette vidéo de leur comportement en enseignement, ils sont d'abord attirés par:
   a. leur propre apparence physique;
   b. l'apparence physique de leurs élèves;
   c. le comportement de leurs élèves «au travail»;
   d. les modèles de débit verbal.

8. Le questionnaire IDEA H et l'Échantillonage d'observation des élèves sont des exemples de listes de vérifications gérées par:
   a. le superviseur;
   b. l'enseignant;
   c. le principal de l'école;
   d. les élèves.

9. Les comportements qui, dans le système d'*Analyse des interactions* de Flanders, dénotent l'accueil des sentiments, l'encouragement et l'acceptation des idées, sont des exemples:
   a. d'initiative de l'enseignant;
   b. de réponse de l'enseignant;
   c. d'initiative de l'élève;
   d. de réponse de l'élève.

10. Dans l'encodage de la grille temporelle, les colonnes servent à indiquer ———— et les rangées, à indiquer ————.
    (Faites le meilleur choix)
    a. initiative de l'enseignant, réponse des élèves;
    b. réponse de l'enseignant, initiative des élèves;
    c. des catégories de comportements, des intervalles de temps;
    d. des intervalles de temps, des catégories de comportements.

Problèmes

Les problèmes qui suivent ne comportent pas nécessairement une seule bonne réponse. Des suggestions de réponses correctes vous sont offertes en page 450. Vos réponses peuvent être différentes des nôtres et quand même être bonnes ou même meilleures.

1. Une enseignante placée sous votre supervision se demande bien comment elle «passe la rampe» devant ses élèves; elle ne peut être plus explicite en vous confiant ses inquiétudes. Quelles techniques d'observation allez-vous choisir? Pourquoi?

2. Un enseignant vous confie qu'il a plusieurs élèves-problèmes dans sa classe. Ils dérangent beaucoup et ne consacrent pas beaucoup de leur temps de lecture à lire. L'enseignant aimerait bien que vous établissiez à leur sujet certaines données qui lui permettraient de comprendre pourquoi ces élèves constituent un «problème». Quelles techniques d'observation allez-vous utiliser? Pourquoi?

3. Il y a, en page 359, un schéma d'observation de débit verbal enregistré en classe de sixième. L'enseignante avait fait une présentation sur un sujet d'études sociales et, au moment où fut faite l'observation, elle était en train de discuter du sujet avec son groupe. En vous basant sur les données recueillies, quelles déductions et quelles recommandations feriez-vous pour modifier le comportement de l'enseignante? (page 451).

4. Ce qui suit est une transcription des premières minutes d'une vraie leçon dans une classe de première année du cours supérieur. Faites d'abord un mot à mot sélectif des répliques de l'enseignant. Faites ensuite l'encodage du script sur la grille temporelle en utilisant le système d'*Analyse des interactions* de Flanders. Considérez que chaque ligne du script correspond à un intervalle de trois secondes. (page 452).

Figure III.a

Graphique du débit verbal
Exercices de la troisième partie

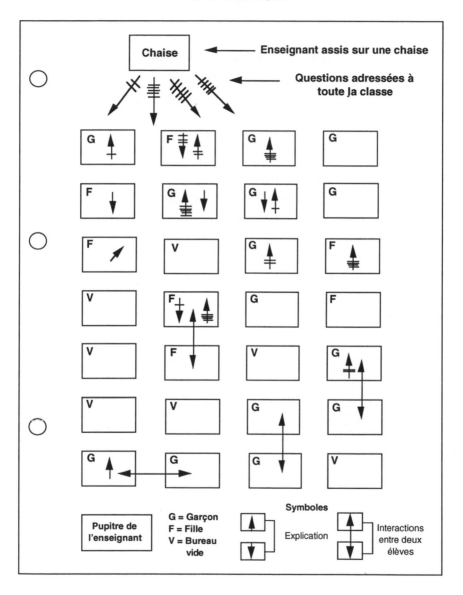

M = enseignant, É = élève.

M: Qui sait ce que veut dire explosion de la population? Qui sait ce que cela veut dire?

É: Je pense que ça veut dire quelque chose comme trop de monde, il y a comme trop de monde qui vit sur terre, il y a tout simplement trop de monde. La population a juste augmenté, le nombre de personnes augmente; ça augmente toujours, si vous voulez.

M: Très bien. Il y a combien de personnes actuellement dans le monde entier?

É: Environ deux milliards.

M: Environ deux milliards? Y-a-t-il d'autres suggestions?

É: Je dirais environ six millions.

M: Six millions.

É: Il n'y a à peu près qu'un milliard.

M: Seulement un milliard.

É: Je dirais environ trois milliards.

M: Environ trois milliards. Très bien, c'est Marie qui a le nombre le plus proche de la vérité puisqu'il y a environ quatre milliards d'individus dans le monde aujourd'hui. Environ deux milliards veut dire un milliard de moins que trois milliards cependant, à moins que vous ayez voulu dire de deux à trois milliards. Bien! Qu'est-ce qu'on veut dire par «tasser comme des sardines en boîte»? Qu'est-ce qu'on veut dire par cette expression, Élisabeth?

É: Bien, cela veut dire qu'il y aura tellement de monde qu'on ne saura plus où aller alors, on se tasse.

É: Cela veut dire qu'il y a beaucoup de monde qui arrive à peine à survivre dans la vie. Cela veut dire qu'ils n'ont pas beaucoup d'argent.

M: Très bien, cela veut dire qu'il y a beaucoup de monde qui arrive à peine à survivre.

QUATRIÈME PARTIE

Entretiens fondés
sur des données objectives

Quatrième partie

ENTRETIENS FONDÉS SUR DES DONNÉES OBJECTIVES

Sommaire

Le superviseur clinicien doit faire connaître à l'enseignant les données qu'il a enregistrées au cours de la séance d'observation en classe. De bonnes données mal partagées peuvent devenir de mauvaises données. Nous allons, dans cette partie de l'ouvrage, examiner quelques bonnes façons de donner du *feedback* aux enseignants. Nous allons aussi considérer quelques aspects de la dynamique interpersonnelle qui s'instaure dans ce processus. Dans le chapitre 11, on traite de l'entretien *feedback*; dans le douzième chapitre, il sera question des styles directif et non directif de la supervision clinique.

Objectifs

Le but de cette partie de l'ouvrage est de vous aider à développer:

- des techniques explicites destinées à vous instrumenter et à vous permettre ainsi de donner aux enseignants un *feedback* utile qui les aidera à analyser, à interpréter et à modifier les efforts qu'ils font pour améliorer leur enseignement;

- une approche cohérente pour bien conduire les entretiens de supervision, en tenant compte des buts que poursuit le superviseur clinicien, exposés dans la première partie de cet ouvrage;

- une façon de voir qui vous permettra d'adapter les différences de styles et de stratégies d'enseignement discutés dans le quatrième chapitre, aux entretiens qui préparent et suivent la supervision des enseignants.

Chapitre 11

L'ENTRETIEN *FEEDBACK*

> *La plupart d'entre nous savent se taire;*
> *peu savent à quel moment.*
>
> Anonyme

Pour réussir un entretien *feedback*, il faut d'abord s'assurer que l'on a rempli certaines conditions préalables :

1. Avant que l'entretien ne commence, enseignant et consultant se fixent des buts, précisent leurs préoccupations communes, établissent une certaine logique dans leur travail de collaboration; ils considèrent les stratégies que l'enseignant a préparées et qu'il a l'intention d'utiliser; ils traduisent toute inquiétude exprimée de façon vague en comportements observables qui peuvent être notés.

2. Avant de mettre en commun les résultats de la séance d'observation en classe (tel un enregistrement vidéo de l'enseignant travaillant avec un ou plusieurs élèves), le superviseur et l'enseignant auront préalablement identifié plusieurs paramètres de la situation de classe: la nature de la leçon, les objectifs de la supervision sur lesquels on s'était entendu, le visionnement de ce que l'enseignant a fait durant la séance d'observation enregistrée (stratégie), une prédiction de ce que le ou les élève(s) ont fait (attentes), certains problèmes spécifiques ou des préoccupations anticipées de l'enseignant en rapport avec cette leçon, et le choix des techniques appropriées d'observation ou de catégories d'analyse de ces données objectives.

3. Le superviseur est en mesure d'utiliser une ou plusieurs techniques puisées à même un répertoire de méthodes d'enregistrement de données; il sera capable de les utiliser de façon appropriée à la situation et à bon escient en ce qui concerne les buts et préoccupations spécifiés; il pourra tout à loisir recueillir les données sans déranger l'enseignant d'aucune façon.

On est maintenant en mesure de commencer à traiter de l'entretien *feedback*.

Le superviseur ou le consultant essaie de *présenter* à l'enseignant des données d'observation objectives, d'*analyser* ces données en esprit de collaboration, et se met d'*accord* avec l'enseignant sur ce qui s'est produit durant la séance d'observation en classe. Tous deux interprètent les données. Le consultant essaie de refléter à l'enseignant les réactions qu'elles suscitent chez lui (déductions, opinions, sentiments) et recherche des causes et des conséquences possibles. Tous deux *prennent* ensemble *des décisions* qui préconisent de nouvelles façons de procéder dans l'enseignement. Ces décisions peuvent concerner l'emploi de stratégies d'enseignement différentes, une meilleure définition des objectifs à atteindre par les élèves, ou des modifications à apporter aux buts que s'était fixés l'enseignant pour chercher à améliorer son enseignement. À cette étape de leurs discussions, ils peuvent constater qu'ils ont besoin d'information d'un autre type, ou dresser des plans en vue de la prochaine séance d'observation. Il arrive souvent que l'entretien *feedback* qui suit une séance d'observation suffise à la planification de la séance subséquente d'observation.

Présenter à l'enseignant un *feedback* fondé sur des données objectives provenant d'observations en classe (technique 25)

Si l'entretien de planification des séances d'observation a été l'occasion, pour l'enseignant et le superviseur, de préciser un ou plusieurs objectifs de supervision directement en rapport avec des préoccupations véritables du maître, et si les données enregistrées en classe sont pertinentes et précises, l'enseignant s'en trouvera d'autant mieux informé, et l'entretien *feedback* devrait se dérouler relativement bien. Beaucoup d'entretiens *feedback,* en effet, sont rendus difficiles en raison de l'apport de données *floues* ou peu convaincantes (subjectives, imprécises, non pertinentes). Les enseignants réagissent souvent en faisant montre d'une attitude d'autodéfense dès qu'ils ont l'impression qu'ils sont jugés. Ce sentiment ne fait que s'aggraver lorsqu'on leur sert une information qui, à leurs yeux, est suspecte et incertaine. Des données *substantielles,* au contraire, contribuent à alléger la tension. Dans un tel cas, les enseignants ne diront pas que ce qu'ils viennent de voir sur la vidéocassette ou d'entendre sur le ruban audio ne correspond pas à la réalité, même dans les cas où ils analysent ou interprètent les événements observés d'un autre œil que celui du superviseur. Les documents écrits à la main tels que l'enregistrement mot à mot de séquences d'enseignement sont aussi de nature convaincante.

On doit cependant garder en tête qu'il y a toujours un peu de subjectivité dans toutes les données d'observation. Même avec le caméscope ou la ciné-caméra, quelqu'un peut toujours choisir de viser, à l'aide de son objectif, tel endroit plutôt qu'un autre, et de prendre telle situation de classe en gros plan ou avec la lentille «grand angulaire». L'enregistrement sonore peut être affecté par le choix de la localisation du microphone ou par d'autres facteurs. Les listes de vérification et les grilles d'observation sont sujettes au jugement, à l'habileté et aux préjugés de la personne qui compte les fréquences de certains comportements, choisit les catégories d'interactions ou porte des jugements qualitatifs. Cela ne doit jamais être oublié.

Au moment de partager l'information obtenue lors de la séance d'observation en classe, le danger existe d'y aller de son petit éditorial, soit carrément par un commentaire *ad hoc*, soit en choisissant des adjectifs qui manquent quelque peu de subtilité. Prenez le temps d'examiner un spécimen assez éloquent de ce type de commentaires: «Voici des données objectives, désintéressées et impersonnelles sur le chaos qui règne dans votre classe.»

Amorce de l'entretien *feedback*

L'ingrédient essentiel d'un entretien *feedback* fructueux, c'est la qualité des observations recueillies. Cela veut dire que les données dont on dispose doivent être objectives, dénuées de préjugés, très au fait, claires pour l'enseignant et le superviseur, bien articulées avec les préoccupations qui ont fait l'objet d'un accord préalable; qui plus est, elles doivent pouvoir être interprétées en fonction de changements réalisables et raisonnables. Si le consultant dispose de ce type d'informations, et qu'il les présente sous une forme immédiatement compréhensible et assimilable, l'entrée en matière peut alors se faire autour d'une phrase aussi simple que celle-ci: «Jetons maintenant un coup d'œil sur les données recueillies ou observées».

Vient ensuite l'étape de l'*analyse*. Elle consiste à décrire les observations de ce qui s'est passé en classe durant la leçon, et ce, sans porter aucun jugement de valeur. Il serait préférable que l'enseignant prenne ici l'initiative de cette étape.

L'*interprétation* des résultats comporte la recherche des causes probables des phénomènes observés et de leurs conséquences possibles, ainsi que la suggestion de stratégies alternatives. Une stratégie fructueuse du superviseur consiste ici à laisser l'enseignant dresser ses propres hypothèses ou tirer ses propres conclusions relatives aux causes des faits observés, à condition de rester dans les limites du raisonnable. Voici un exemple. Le superviseur a pu noter que l'intérêt des élèves fléchissait après une vingtaine de minutes, lors d'une période de travail personnel. L'enseignant peut interpréter ce fléchissement de l'intérêt comme une conséquence liée au peu d'attrait de l'activité qu'il a choisi de proposer, ou bien comme une conséquence normale de la capacité limitée d'attention chez les élèves. Les décisions en vue d'un changement vont varier suivant l'interprétation adoptée. Si on juge que l'activité n'était pas appropriée, il sera relativement facile de la modifier ou de la changer substantiellement; si on la considère appropriée mais d'une durée trop longue, il suffira de raccourcir la période de temps qu'on y a allouée.

Les *décisions* à prendre pour l'avenir sont susceptibles de revêtir plusieurs formes. Elles peuvent se rapporter à l'un des éléments discutés au cours de l'entretien de planification de la séance d'observation. Ainsi, superviseur et enseignant peuvent en arriver à la conclusion qu'il faut tenter de modifier un ou plusieurs des points suivants:

• la nature de la leçon, de la période d'activité ou de la partie du programme;

• les objectifs de la leçon, de la période d'activité ou de la partie du programme;

• ce que fait l'enseignant pendant qu'il enseigne;

• ce que font les élèves pendant l'enseignement;

• les types additionnels d'observation qu'il serait nécessaire de rechercher pour en arriver à des décisions intelligentes grâce à l'analyse et à l'interprétation des données.

Une autre façon d'envisager les décisions à prendre, c'est de considérer leur envergure. À l'un des extrêmes, il se pourrait que la suite d'observations systématiques et d'un *feedback* adéquat, l'enseignant décide sans contrainte de quitter l'enseignement. Cela s'est déjà vu. À l'autre extrême, on peut se trouver en présence d'un enseignant qui ne veut rien changer du tout. Cela ne s'est pas produit chez les enseignants que nous avons supervisés, et les cas où ceux-ci se considèrent parfaits doivent être très rares. Le plus souvent, ils estiment que plusieurs aspects de leur enseignement doivent être modifiés. L'enseignant peut décider de faire l'expérience de certains changements, un à la fois, et d'en analyser les effets. Très souvent, l'enseignant est généralement capable de constater par lui-même la qualité de ces effets sans ressentir le besoin de recourir aux visites répétées d'un observateur; dans d'autres cas, il est nécessaire d'avoir recours aux services d'un superviseur. En plus de ce dernier, d'autres personnes peuvent aussi contribuer, soit à l'observation directe en classe, soit à des visionnements de vidéocassettes: collègues, assistants d'enseignement, membres de la famille et même des élèves.

On trouve occasionnellement des enseignants qui prennent des décisions judicieuses en prenant connaissance des observations recueillies, et ce, en l'absence de commentaires durant l'entretien. Un cas typique est celui de l'enseignant qui décide de se débarrasser d'une manie ennuyeuse qui est mise en évidence dans l'enregistrement vidéo; ou encore celui de l'enseignante qui décide de consacrer plus de temps à tel élève en particulier après avoir remarqué son comportement d'évitement sur le vidéo; ou bien encore celui de l'enseignant qui, frappé par son style plutôt effacé durant la session de vidéo-enregistrement, modifie soudainement son style en lui donnant un dynamisme nouveau lors de la séance d'observation subséquente – enregistrée elle aussi d'ailleurs. On a demandé à cet enseignant pourquoi il avait changé d'une manière aussi évidente son style d'enseignement – un sujet qui, pourtant, n'avait pas fait l'objet des entretiens *feedback*. La réponse de cet enseignant a été la suivante: «Il m'a fallu me voir en train d'enseigner pour réaliser jusqu'à quel point j'étais sans dynamisme. Je me suis juré que la prochaine fois, j'essaierais quelque chose de complètement différent.» Un changement aussi radical n'est pas chose courante;

cependant, cet enseignant avait découvert qu'il était capable, au moins occasionnellement, d'être plus énergique dans sa façon d'enseigner.

La science utilise des données exactes pour comprendre, prédire et, par voie de conséquence, contrôler la réalité. Lorsqu'on utilise des procédés scientifiques similaires avec un enseignant en lui présentant une information factuelle plutôt que des déductions éloignées de sa réalité pédagogique, alors, il est en mesure de se conduire d'une manière professionnelle et responsable en abordant les autres étapes de son cheminement.

Amener l'enseignant à tirer ses propres conclusions et à exprimer ses opinions et ses sentiments (technique 26)

Disposer de données objectives peut se traduire par le simple énoncé suivant: «Voici le résultat des séances d'observation: jetons-y un coup d'œil.» La technique que nous présentons ici, et que l'on pourrait stigmatiser par la formule *Susciter des réactions*, n'est pas de celles qui consistent à introduire l'entretien *feedback* par une question du genre: «Et puis, d'après vous, comment ça s'est passé, cette séance d'observation?» L'enseignant prudent hésitera à dire: «Formidable», de peur que le consultant ne le contredise ou ne soit pas du tout d'accord. D'autre part, s'il dit: «Ça a été plutôt moche», il court le risque de voir le consultant tomber d'accord avec lui. S'il est pour le moins diplomate, il répondra plutôt: «Il y a des moments qui ont été bons, alors que d'autres interventions mériteraient d'être améliorées.» C'est là une réponse plus rusée, sans doute, mais, de toute façon, c'est justement là le but de l'entretien *feedback*. Le superviseur peut choisir une entrée en matière moins menaçante, surtout si l'enseignant a déjà eu l'occasion de prendre connaissance des observations qu'il a recueillies. Il peut demander tout simplement: «Quels sont les aspects des données que vous souhaiteriez discuter en premier lieu?»

Susciter les réactions de l'enseignant aux données d'observation exige art et patience. On est toujours tenté de sauter aux conclusions au vu de ce qui a été enregistré et observé et ce, avant même que l'enseignant n'ait eu le temps d'y réfléchir. Dans le cas des enregistrements en particulier, une façon de procéder qui semble bien acceptée consiste à poser les questions suivantes:

«Que voyez-vous (à l'écran) ou entendez-vous (enregistrement audio) que vous répéteriez si vous aviez à refaire le même enseignement?»

«Que changeriez-vous?»

«Si vous étiez un élève, que voudriez-vous changer?»

Nous avons posé ces questions à des centaines d'enseignants des cours primaire, intermédiaire ou secondaire, ou encore à des professeurs de collège, qui se sont revus sur des vidéocassettes. Aucun d'entre eux n'a répondu à ces questions en disant: «Je ne changerais pas un iota». Si, à la question: «Que répéteriez-vous?», vous n'obtenez aucune réponse (en fait, on en obtient presque toujours une, car il y a quand même des choses qu'on aime dans son enseignement), alors passez à la deuxième question. Si à la question: «Que changeriez-vous?» l'enseignant affirme qu'il est satisfait de sa leçon, passez à la troisième question: «Qu'est-ce qu'un élève voudrait changer dans cette leçon?» Cette question devrait provoquer une réponse plus réfléchie. On peut même demander à l'enseignant d'examiner son enseignement en se plaçant du point de vue de plusieurs de ses élèves. En particulier, on peut lui demander de répondre alors en essayant de se placer dans la peau – disons – de celui qui a de la difficulté à comprendre et ensuite dans celle de celui qui est habituellement premier de classe.

Ces questions sont posées de façon assez neutre et non menaçante de manière à ce que la plupart des enseignants soient en mesure d'y répondre ouvertement et avec beaucoup de profondeur de vue. En réponse à la troisième question, un enseignant a répondu:

«Quel élève?»

«Que voulez-vous dire par: quel élève?»

«Bon alors, le plus lent, le plus brillant, le moins intéressé?»

«D'accord, le plus lent.»

«Alors, voici. Ce que je vois chez cet enseignant, c'est qu'il parle trop vite, en employant un vocabulaire que je ne comprends pas, en expliquant des choses qui ne me touchent pas. Je ne pense pas qu'il m'aime; il ne me fait jamais signe même quand je connais la réponse».

Voilà une intuition fort saine développée par cet enseignant. Cette anecdote met en évidence l'une des fonctions du consultant, à savoir celle de servir de catalyseur. Il pousse ainsi l'enseignant à utiliser d'une manière constructive l'information rendue disponible.

La plupart des enseignants s'entendent pour reconnaître que les étapes de l'entretien *feedback* sont raisonnables et appropriées. Elles se ramènent à celles-ci: disposer de données objectives, les analyser et les interpréter, puis en tirer des conclusions dans un climat de collaboration où ils se sentent traités à part entière. Malheureusement, certains superviseurs renversent le processus: ils y vont d'abord de leurs propres conclusions, ajoutent une brève analyse qui les justifie, puis se mettent enfin à la recherche de données qui prouvent leurs avancés. Bien souvent, aucune autre interprétation ne sera envisagée.

Il peut arriver que certains enseignants – peu nombreux à vrai dire – aient besoin d'une médecine plus sévère du type: «D'abord, les conclusions». Ainsi, il pourrait s'avérer plus efficace de dire: «Vous avez été en retard douze fois pendant le mois. Il est temps que cela cesse, sinon...», que de dire: «Voici des données objectives sur votre ponctualité. Y voyez-vous quelque chose d'intéressant?» Une autre manière efficace de procéder pourrait se présenter ainsi «Qu'avez-vous l'intention de faire avec un tel dossier de retards répétés?»

On peut aller chercher des exemples plus percutants en médecine lorsque le professeur sent le besoin de préciser à l'étudiant, à l'interne ou au résident, que le patient dont on discute est en danger.

Ce processus qui consiste à encourager les enseignants à tirer eux-mêmes leurs propres conclusions en se fondant sur une information objective et une analyse sérieuse des observations, suppose que l'on tienne plusieurs postulats pour acquis:

• peu d'enseignants désirent délibérément faire du mauvais boulot. La plupart poursuivent des buts raisonnables;

• la plupart des enseignants possèdent un répertoire de stratégies de rechange qu'ils peuvent utiliser au besoin;

• on ne se voit pas soi-même comme les autres nous voient. Être capable de voir son propre enseignement selon une autre perspective peut être une expérience très enrichissante;

• on retient mieux ce que l'on a découvert par soi-même; on agit alors d'une manière plus énergique en s'inspirant de ses découvertes et on les accueille avec un meilleur esprit que si quelqu'un d'autre s'évertue à nous les donner toutes faites;

• beaucoup d'enseignants préfèrent la voie collégiale misant sur la collaboration à celle d'un observateur (superviseur) vu comme un «supérieur»;

• de bonnes données sont plus convaincantes que de simples remontrances.

Des données convaincantes ne comportent pas de jugements de valeur. Les déductions et les généralisations qu'a pu en faire l'observateur ne doivent pas faire partie des données qu'il met à la disposition de l'enseignant au cours de l'entretien *feedback*. Cependant, les résultats d'observation qui pourraient conduire l'enseignant aux mêmes conclusions devraient probablement être présentés. Des résultats convaincants, en plus d'être d'une grande valeur, doivent être spécifiques et présentés à l'enseignant sous une forme immédiatement assimilable et pratique. Ils doivent être perçus par lui comme nécessaires et importants à un moment précis de ses activités. Ainsi, un enseignant inquiet de son inhabileté à poser de bonnes questions n'est probablement pas prêt à recevoir des données ou à participer à un entretien visant à améliorer ses prouesses dans son enseignement magistral. Ou encore, des données qui seraient utiles à un enseignant qui éprouvent des difficultés à contrôler sa classe risquent fort d'être considérées comme inappropriées pour celui qui n'a pas de tels problèmes. L'observateur doit posséder une certaine banque d'habiletés s'il désire faire part de ses observations de façon convaincante. À cette fin, il saura choisir les circonstances favorables où l'enseignant est convaincu que les données sont pertinentes, importantes et utiles.

Quand l'enseignant aura examiné et étudié sur un personnigramme à quels élèves il a répondu et de quelle manière, d'après les relevés d'observation du superviseur, il commencera sans doute assez vite à comprendre pourquoi certains élèves se sentent «laissés pour compte». Il planifiera dès lors des activités qui lui fourniront l'occasion de récupérer leur attention. Plusieurs enseignants, après avoir étudié les grilles de Flanders sur leurs comportements directifs et non directifs, ont ainsi modifié leur ratio directif / non directif. Il y a des enseignants qui, après avoir vu leurs modèles de débit verbal sur des personnigrammes (qui parle à qui?) ont eu l'idée d'expérimenter d'autres façons de disposer les pupitres en classe.

Un professeur de sciences, enseignant au niveau collégial, étudia des tableaux d'observation portant sur le pourcentage de ses étudiants qui s'appliquaient à leur tâche au cours de certaines périodes de temps. Les pourcentages étaient très élevés, ce qui, à première vue, ne pouvait que lui plaire. Pourtant, ce professeur estima que ces pourcentages étaient trop élevés. Chaque année, plusieurs étudiants abandonnaient ce cours; à la vue des données, le professeur réalisa qu'il était trop exigeant sinon obsédé par le travail, et que son cours, péchant par excès de sévérité, devenait un objet de répulsion. Il prit la décision de restructurer son enseigne-ment.

Quand un superviseur est convaincu que l'enseignant tire des conclusions acceptables et qu'il fait des suggestions raisonnables d'amélioration pour l'avenir, il lui suffit alors de valoriser ce désir. C'est la seule technique à laquelle il doit recourir. Il peut dire: «Patricia, cela me semble une bonne idée en effet. Pourquoi ne pas l'essayer?»

Une autre enseignante était aux prises avec de réels problèmes de préparation de leçons et de discipline en classe. On lui ménagea des séances observation pendant deux journées consécutives. Le superviseur nota le «mot à mot» de ses questions et de ses rappels à la discipline. Lors de l'entretien *feedback*, il ouvrit la conversation en ces termes:

«Qu'est-ce que vous pensez de ces deux leçons?»

«Oh! je pense que c'était mieux aujourd'hui qu'hier. De quoi avais-je l'air?»

«Vous savez bien que je ne répondrai pas à une telle question.»

«Je sais.»

Il eût été préférable pour l'observateur de commencer le dialogue de la façon suivante:

«Voici les questions et les rappels à l'ordre que vous désiriez analyser. Jetons-y un coup d'œil».

Si l'enseignant demande: «Comment me suis-je comporté?», une réponse appropriée tourne souvent autour de ceci: «Allons voir». Et alors, enseignant et consultant se mettent à consulter les données.

Encourager les enseignants à envisager d'autres objectifs, d'autres méthodes et d'autres motifs (technique 27)

Quand un consultant a terminé l'étude de ses données d'observation, il est porté à dire à l'enseignant: «Moi, si j'étais à votre place, voici comment je m'y prendrais.» Cela ne ferait que court-circuiter le système. Si l'enseignement n'était qu'une simple affaire d'habileté physique, on pourrait observer le déroulement de l'activité sur une vidéocassette et y aller d'un conseil du genre: «Dorénavant, efforce-toi de garder ton œil fixé sur le ballon» et ce serait suffisant. En adaptant ce conseil à des situations d'enseignement, on dirait: «Sois ferme, consistant et objectif.» C'est sans doute là un excellent conseil, mais il a le défaut de ne pas préciser à quel endroit appliquer la fermeté (sur la discipline? sur les standards? sur des règlements douteux? sur les opinions de l'enseignant?). Il n'indique pas non plus ce que c'est que d'être objectif et consistant à l'égard de tous les élèves (s'agit-il des activités physiques chez les handicapés? ou de tâches académiques individualisées?). D'ailleurs, quoi qu'on enseigne, il y a toujours plusieurs façons de le faire. Lorsqu'un changement s'impose, l'un des buts de l'entretien *feedback* est justement d'amener l'enseignant à envisager plusieurs possibilités de remplacement et d'opter pour ce qui lui semble le plus prometteur. Les enseignants devraient être en mesure de fournir plusieurs explications pour rendre compte des raisons pour lesquelles, selon eux, se produisent les événements en classe et quels en ont été les éléments déclencheurs. Ils sont aussi très bien placés pour suggérer de nombreuses façons de changer le cours d'une situation, une stratégie ou des activités scolaires.

Le répertoire des approches possibles en enseignement est plus restreint chez l'enseignant débutant qu'il ne l'est chez un vétéran. L'un des bénéfices qu'on peut retirer d'observations systématiques faites en classe et d'entretiens *feedback* centrés sur le maître devrait être de voir certains enseignants procéder de leur propre gré à des auto-analyses fondées sur des données objectives, cela leur permettant d'enrichir leur répertoire de stratégies d'enseignement. Voici des exemples.

Un groupe d'enseignants en début de carrière participa à un programme destiné à des stagiaires. Il s'agissait pour eux d'examiner comment certains enseignants font parfois, et à leur insu, dans l'exercice de leur profession, de la discrimination de classes sociales. Ils enregistrèrent sur vidéocassette leurs propres interactions en classe et, après les avoir visionnées, furent tout surpris de constater qu'eux aussi étaient portés à favoriser les enfants issus des classes moyennes.

Un autre groupe d'enseignants inexpérimentés demanda l'aide d'un superviseur en vue d'apprendre comment s'y prendre pour assurer la participation des élèves au cours de récitations et de discussions. Le superviseur leur suggéra de bien noter auparavant, au cours d'une leçon, les élèves plus particulièrement actifs et ceux qui ne participèrent que rarement. À la leçon suivante, il leur demanda de tenter de limiter à trois interventions ceux qui prenaient la parole plus souvent, et d'essayer d'amener ceux qui ne parlaient que rarement à faire trois interventions. Chacun des enseignants qui participèrent à l'essai déclara être en mesure d'y arriver sans que le superviseur ait eu besoin de procéder à une séance spéciale d'observation; tout ce qui a été nécessaire de faire fut donc de les rendre conscients de la présence de ces deux groupes d'élèves.

Plusieurs aspects de l'enseignement peuvent être observés, enregistrés et analysés aussi facilement que le fait de compter le nombre de fois que des élèves répondent lors d'une récitation ou interviennent au cours d'une discussion. Vous vous demandez peut-être pourquoi les enseignants ne sont pas plus conscients de choses aussi évidentes que le fait de réduire leur champ visuel à un côté de la classe de préférence, ou de s'adresser uniquement aux élèves des rangées d'en avant. La réponse, c'est qu'ils consacrent beaucoup de temps aux détails de leur enseignement au point de ne plus voir ce qui paraît aussi évident lorsqu'on l'exprime dans les termes que nous utilisons ici. Mais, notez-le, le même phénomène se produit chez des superviseurs à moins qu'ils ne se précisent à eux-mêmes avec l'enseignant, de tels objectifs d'observation.

Les observateurs ont souvent le sentiment qu'au moment de noter une information spécifique telle que le type de réponse d'un enseignant à des élèves pris individuellement, ils ratent d'autres événements importants de la relation enseignement-apprentissage. Or, notre expérience de superviseur clinicien nous enseigne que nous observons d'autant plus de faits en classe que nous savons avec précision sur quoi faire porter notre attention. Le fait de procéder à l'aide d'enregistrements audio en plus des grilles d'observation ou des graphiques offre toujours la possibilité de revenir à toutes les interactions qui se sont produites en classe.

Un souci très répandu chez les enseignants débutants des niveaux primaire et secondaire, c'est le problème de la discipline. L'agitation peut gagner les élèves tant du primaire que du secondaire, et l'enseignant craint alors de perdre le contrôle de la classe. Un *feedback* sur cet aspect de l'enseignement peut produire des résultats étonnants. L'une de nos enseignantes débutantes nous demanda de faire un vidéo-enregistrement de sa cinquième période de classe (très agitée) de préférence à la première période, marquée, celle-là, par la tranquillité; nous avions enregistré à deux reprises auparavant cette période relativement tranquille de sa journée de classe. Elle se porta volontaire pour analyser sa vidéocassette au cours d'un séminaire portant justement sur ce thème de la discipline en classe; on devait par la même occasion y présenter un film illustrant des techniques efficaces et des techniques inefficaces de contrôler une classe. Plus tard, au cours du séminaire, sa vidéocassette fut visionnée et l'enseignante a pu constater qu'elle utilisait plusieurs techniques inefficaces dont le film avait fait état.

Donner à l'enseignant des occasions de comparer et la chance de pratiquer ce qu'il a appris (technique 28)

Il faut reconnaître que, parmi les sources d'où peuvent surgir des méthodes alternatives d'enseignement, il y a le superviseur lui-même à qui on peut demander de jouer un rôle plus direct en servant lui-même de modèle pour démontrer une méthode d'enseignement ou une technique en classe. Les spécialistes de programmes sont justement appelés fréquemment à jouer ce rôle. Dans une telle conjoncture, l'enseignant devient l'observateur du superviseur et enregistre les données qui seront ensuite analysées et interprétées au cours de l'entretien *feedback*. Voici un exemple. Une enseignante de niveau primaire avait des difficultés à expliquer le π («pi») et les formules servant à calculer la surface et la circonférence du cercle. Elle sollicita l'aide d'un mathématicien et lui demanda de donner la leçon à sa place pendant qu'elle suivrait l'exposé et enregistrerait les questions des élèves. Au cours de l'entretien *feedback*, cette enseignante incorpora à sa préparation de classe l'information obtenue durant le cours donné par le mathématicien.

Une autre stratégie fréquemment utilisée consiste à suggérer à un enseignant d'en observer un autre afin de comparer les styles ou les stratégies d'enseignement, ou encore d'apprendre des techniques différentes. Si l'enseignant-spectateur a quelques notions d'observation systématique et de leur enregistrement, l'entretien *feedback* peut être mutuellement riche en échange d'idées et de perspectives. On constate aussi que, dans de petits groupes qui se succèdent tour à tour pour visionner les vidéocassettes de leçons données en classe, les observateurs apprennent beaucoup sur leur propre enseignement en observant l'enseignement des autres.

Le temps disponible pour recueillir l'information et préparer un entretien *feedback* est toujours limité. L'une des façons d'augmenter le nombre de *feedback* est de faire participer l'enseignant à la collecte de données. On y parvient en lui demandant de faire ses propres enregistrements audio et vidéo, de recueillir lui-même le *feedback* venant des élèves, ou encore de faire appel à des assistants ou des collègues pour agir à titre d'observateurs. Voici des choix de techniques d'observations sur lesquels peut alors s'arrêter l'enseignant en tenant compte de la stratégie d'enseignement qu'il adoptera.

Stratégie	Technique d'auto-observation
Leçon: explications, consignes	Audio-enregistrement, transcription sélective du mot à mot.
Discussion, séminaire	Personnigramme du débit verbal enregistré par les élèves ou enregistrement par l'enseignant d'une cassette audio ou vidéo.
Démonstration	Enregistrement vidéo.
Enseignement individualisé: travail assis, centres de ressources en classe, laboratoire, atelier	Déplacements en classe fait par l'assistant sur un personnigramme.
Simulations, jeux, matériel d'auto-enseignement	Relevé d'observation sur un personnigramme de «l'application à la tâche» préparé par l'enseignant pendant que les élèves participent.
Approches heuristiques: résolution de problèmes, projets de recherche, découverte guidée	Transcription du mot à mot de l'enseignant ou des élèves à l'aide d'un enregistrement audio.

Si l'enseignant a déjà recueilli et analysé certaines données, il y a économie de temps lors de l'entretien *feedback* avec le consultant. Certains travaux exécutés préalablement par l'enseignant rendent aussi cet entretien *feedback* plus profitable. Par exemple, la transcription sélective du mot à mot d'interactions à partir d'une cassette audio, la préparation de personnigrammes montrant la participation des élèves, ou le pointage des fréquences de réponses lors d'une période de questions-réponses, permettent à l'enseignant de prendre conscience de ce qu'il doit améliorer ou de ce qu'il doit encore enrichir.

Résumé

Nous avons décrit, dans ce chapitre, les principales techniques d'un entretien *feedback* constructif. Les voici en bref:

- Donner à l'enseignant un *feedback* fondé sur des données d'observation objectives.

  Si, en effet, les données sont inadéquates, imprécises, partiales, ou si elles manquent de pertinence par rapport aux préoccupations exprimées par l'enseignant, le processus de *feedback* ne s'enclenchera pas. L'enseignant doit être convaincu que l'information qui lui parvient constitue une représentation valable de ce qui se passe réellement en classe. L'information qui s'appuie sur la mémoire des gens offre moins de pouvoir convaincant que celle qui est enregistrée objectivement.

- Pousser l'enseignant à tirer ses propres conclusions, à développer ses opinions et à exprimer ses sentiments relatifs au contenu des observations.

  Si, malgré des données adéquates et objectives, le superviseur tire des conclusions qui sont presque des opinions, cela risque de provoquer chez l'enseignant des répliques défensives plutôt qu'une attitude d'auto-interprétation des données, qui soit neutre et productive. Il faut de l'autocontrôle et avoir une expérience pratique pour être en mesure de présenter des données à un interlocuteur, sans l'ombre d'une menace et de jugements de valeur. L'utilisation d'adjectifs ou d'indices non verbaux peut déjà faire savoir à l'enseignant des opinions ou des conclusions, avant même qu'il n'ait eu le temps de cheminer à travers le dossier des données d'observation.

- Encourager l'enseignant à envisager d'autres objectifs de leçon, d'autres méthodes et d'autres motifs de changement.

Lorsqu'il exprime son insatisfaction envers quelque chose qu'il a observé dans la leçon, il faut explorer plusieurs hypothèses pour expliquer pourquoi cela se produit; ce serait en effet une erreur que de pointer le doigt sur une seule possibilité. De même aussi, il faut toujours penser que plusieurs possibilités s'offrent à nous pour corriger une situation; il faut donc en considérer plusieurs avant de décider du meilleur choix. Le superviseur peut ici aider l'enseignant à éviter deux pièges: 1) la «fixité fonctionnelle» qui consiste à procéder à l'évaluation des données de l'observation à la lumière d'une unique hypothèse de travail (elle pourrait se révéler fausse) et 2) une «solution obsessive d'un problème», qui consiste à n'envisager qu'une seule solution possible, à constater que cette solution n'est pas la bonne et à s'entêter à continuer de l'appliquer quand même. L'esprit de collaboration qui devrait présider aux entretiens *feedback* offre à l'enseignant et à son superviseur la possibilité d'examiner une plus grande variété d'hypothèses et de solutions que chaque interlocuteur pourrait n'en produire à lui seul.

- Fournir à l'enseignant des occasions de pratiquer ses nouvelles acquisitions et de comparer. Ce n'est pas parce que l'enseignant a arrêté son plan d'action qu'on doit s'attendre à voir le problème se régler tout de suite. L'enseignant a besoin d'un peu de temps pour tenter de nouvelles approches, développer de nouvelles habiletés ou comparer entre elles plusieurs stratégies d'enseignement. Avant de se livrer à une nouvelle séance d'observation, d'enregistrer et d'encourager d'autres progrès chez l'enseignant, le consultant laissera s'écouler un certain laps de temps.

L'entretien *feedback* idéal pourrait se dérouler de la manière suivante:

1. L'observateur *montre*, sans porter de jugement de valeur, les données accumulées pendant l'observation.

2. L'enseignant *analyse* ce qui s'est passé pendant la leçon selon ce que rapportent les données. Le consultant n'intervient que pour préciser quels comportements apparaissent sur les graphiques d'observation.

3. Avec l'aide du consultant, l'enseignant interprète ses comportements et ceux de ses élèves sur la foi des données d'observation. C'est à ce moment que l'enseignant s'achemine graduellement vers sa propre évaluation puisqu'il est conduit à déterminer des causes et à prévoir des conséquences de son enseignement souhaitables ou indésirables.

4. L'enseignant, aidé du consultant, décide des mesures à prendre pour faire face à ce qui le rend insatisfait dans son enseignement, ou pour mieux mettre en évidence les aspects intéressants de son enseignement actuel.

5. Le consultant – à condition que cela lui paraisse approprié – encourage et soutient l'enseignant qui manifeste son intention de changer tel ou tel aspect de son enseignement; dans le cas contraire, il aidera cet enseignant à modifier ses propositions.

Les consultants sont souvent surpris de la facilité avec laquelle ces étapes sont franchies. Lorsqu'on fournit aux enseignants une information adéquate et qu'on leur donne l'occasion d'agir à partir de cette information objective, ils sont, pour la plupart, en mesure de les analyser, de les interpréter et de décider par eux-mêmes avec beaucoup d'autonomie et de façon très constructive ce qu'ils envisagent de faire à l'avenir. Quand l'entretien *feedback* tourne au vinaigre, c'est en général parce que le consultant n'a pas su utiliser des techniques efficaces comme celles que nous venons de décrire et qui en constituent des exemples parmi d'autres.

Chapitre 12

STYLE DIRECTIF ET NON DIRECTIF
DE SUPERVISION

Suivez mon conseil: ne donnez pas de conseils.

Anonyme

Les techniques d'entretien *feedback* que nous avons présentées au chapitre précédent peuvent être utilisées par tout superviseur ou pair consultant qui a colligé, de façon systématique, des données observées en classe dans le but de les analyser avec un enseignant. La façon dont les données seront interprétées et quelles décisions seront mises en œuvre, dépend fortement du style du superviseur ou du consultant. Il existe bien des manières de décrire les styles de supervision; nous employons une distinction communément reçue en parlant de styles directifs versus styles non directifs.

Flanders distingue les styles directifs d'enseignement (*i.e.* cours magistraux, donner des consignes, critiquer) des styles non directifs (*i.e.* accepter les sentiments, encourager, reconnaître, utiliser les idées des élèves). Blumberg utilise des catégories semblables pour les comportements du superviseur et prouve que les enseignants préfèrent un style non directif de supervision[1].

Les comportements directifs et non directifs que le superviseur peut employer peuvent être placés sur une échelle, bien que notre intention ne soit pas de les ordonner de manière graduée.

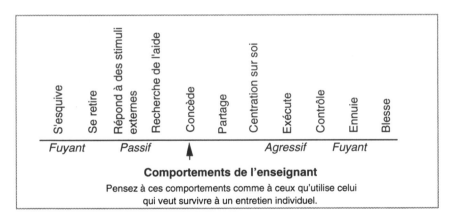

Une autre échelle de comportements possibles de l'enseignant au cours des entretiens peut être construite à partir des travaux de Robert Spaulding[2].

Les comportements des deux partis concernés peuvent être décrits en utilisant les catégories utilisées par Everett Shostrom[3].

386

On peut traduire ces caractéristiques des comportements à l'aide de verbes qui décrivent un ensemble de conduites verbales que le superviseur et l'enseignant peuvent utiliser.

Prend soin	Guide	Apprécie	Reconnaît	Respecte	Exprime	Dirige	Affirme

On peut également considérer les actions du superviseur comme offrant de l'opposition (dominatrices, pour punir) ou du soutien (il approuve, il est réceptif). Fixer des limites et définir des objectifs sont des actions qui se situent habituellement entre ces deux extrêmes, mais l'on peut pousser l'une vers l'autre extrémité.

Approuve	Est réceptif	Définit les buts	Fixe des limites	Domine	Punit

Supporte   *S'oppose*

Bien que les enseignants préfèrent des superviseurs qui mettent l'accent sur le style supporteur et empathique, ce ne sont pas là, chez ceux-ci, les seuls comportements qui soient appropriés. Il peut être parfois tout indiqué de s'opposer à quelqu'un (ex: lorsqu'un parent défend à son enfant de jouer sur l'autoroute).

Dans ce chapitre, on recommande plusieurs techniques habituellement considérées comme non directives, mais elles peuvent également être mises en œuvre par les superviseurs au style directif. En effet, elles devraient être utilisées lorsque des données convaincantes sont partagées. Les techniques sous-entendent le savoir écouter, reconnaître, clarifier, encourager, guider (plutôt que diriger), supporter et composer avec les sentiments.

Les techniques suivantes sont particulièrement utiles aux superviseurs qui préconisent des entretiens centrés sur l'enseignant. Que le style essentiel d'un superviseur soit directif ou non directif, centré sur soi ou sur l'enseignant, ces techniques peuvent servir à améliorer la qualité de l'interaction entre les partis concernés.

Écouter davantage, parler moins (technique 29)

Plusieurs superviseurs dominent la conversation. L'enseignant a peu de chances d'identifier les buts et objectifs, d'analyser et d'interpréter l'information ou de prendre des décisions concernant les actions futures. Les enseignants parlent aux élèves environ les deux tiers du temps qu'ils enseignent, et les superviseurs font de même avec les enseignants. Le ratio exact varie, mais un trop grand nombre de superviseurs parlent trop. Il est difficile de toucher les éléments qui préoccupent un enseignant au cours d'un entretien ou de l'encourager à poursuivre un projet de perfectionnement lorsque le superviseur monopolise toute la durée de l'entretien. Évitez cette tendance lorsque vous appliquerez les techniques que l'on présente ici.

Reconnaître, paraphraser et se servir de ce que dit l'enseignant (technique 30)

Les superviseurs qui intercalent de brefs énoncés tels:«Je comprends» ou «Je sais ce que vous voulez dire», au cours d'une conversation avec un enseignant, montrent qu'ils écoutent. Des paraphrases précises montrent également qu'ils comprennent l'enseignant. Utiliser les idées de l'enseignant peut être encore plus convaincant que simplement les reconnaître (entendre) ou les paraphraser (comprendre). Appliquer une idée à une situation différente n'est qu'un exemple parmi bien d'autres; souligner une conséquence logique en est une autre. On peut exagérer la tendance à paraphraser lorsque les réponses se ressemblent trop, ou si elles sont mal placées. Par exemple, si un enseignant dit: «L'auto roulait à cent vingt kilomètres / heure» on n'ajoute pas grand-chose en paraphrasant: «Ce que vous dites, c'est que l'automobile parcourait deux kilomètres à la minute.» On paraphrase de manière efficace en s'efforçant de faire comprendre qu'on saisit ce que l'interlocuteur veut dire. Mettre en valeur une idée de l'enseignant montre que le superviseur a entendu, qu'il a compris, et qu'il poursuit l'idée en cours. Bien entendu, on peut la poursuivre à un point tel qu'elle cesse d'être l'idée de l'enseignant et qu'elle devient celle du superviseur. En règle générale, en voyant une personne que vous respectez utiliser votre idée, c'est habituellement gratifiant.

Poser des questions de clarification (technique 31)

Les énoncés d'un enseignant ont souvent besoin d'être examinés pour clarifier la compréhension qu'en a le superviseur et pour inciter l'enseignant à réfléchir avec soin aux conclusions qu'il en tire et aux décisions qui peuvent s'ensuivre. «Dites-moi ce que vous voulez dire par cela», ou encore: «Pouvez-vous élaborer davantage sur ceci?» sont là des exemples de questions de clarification. Tout comme ces questions: «Qu'accepteriez-vous comme preuve que... est survenu?» «Connaissez-vous quelqu'un qui soit particulièrement bon dans ce domaine? Que fait-il?» «Me donneriez-vous un exemple spécifique?»

Dans plusieurs cas, si nous ne prenons pas la peine de clarifier les énoncés, il en résulte une mauvaise communication. À l'occasion, quelqu'un dira: «Vous avez absolument raison! De plus...» Et la personne poursuit en disant exactement le contraire de ce que vous croyiez avoir dit. Bien entendu, il pourrait s'agir d'une stratégie voulue, ou d'un cas où la personne n'a tout simplement pas écouté, mais une question de clarification évitera tout malentendu.

Un exemple de paraphrases et de questions de clarification est celui d'un directeur d'école secondaire qui distribua au personnel enseignant une formule d'évaluation de l'administrateur qu'on devait remplir de manière anonyme. Après avoir analysé les réponses compilées, le directeur, au cours d'une réunion du personnel, commenta les réponses de la manière suivante: «Ce que vous semblez me dire dans ce questionnaire est que je ne suis pas aussi accessible que vous le souhaiteriez.» Plusieurs enseignants répliquèrent presque à l'unisson: «Pourriez-vous nous dire ce que vous mettez sous le mot «accessible»? Le directeur rétorqua: «Eh bien! je garderais ma porte ouverte plus souvent et j'apprécierais de petites conversations impromptues. Et si vous m'arrêtez dans le corridor et me posez une question, j'essaierais d'y répondre brièvement plutôt que de vous laisser savoir que je me rends à une réunion.»

Ayant annoncé et clarifié ses intentions publiquement, il était destiné à devenir «M. Accessible» en quelques mois. Bien sûr, il eut de l'aide des farceurs du corps enseignant qui ne purent résister à la tentation de lui demander: «Vous sentez-vous accessible?»

On peut tirer bien des leçons de cet exemple: (1) la paraphrase traduisait une statistique en un comportement réel; (2) la question de clarification vérifiait les perceptions du sujet et des observateurs; et (3) l'annonce publique d'une résolution de changement en assura pratiquement sa réussite. Le même processus se produit au cours d'un entretien *feedback*. Notez que le directeur partait de données objectives, analysées et interprétées, qu'il avait pris une décision et utilisé la paraphrase et des questions de clarification; il avait reçu du support verbal au cours du processus de changement. Il s'agit exactement des étapes que vous devriez suivre afin d'aider les enseignants à améliorer leur enseignement.

Féliciter de façon spécifique les réussites des enseignants et le développement de leur acte professionnel d'enseigner (technique 32)

Dire: «C'était une bonne leçon», ce n'est pas un encouragement spécifique. Dire: «Vous avez donné une excellente réponse à Louise» ou encore: «Retirer Philippe du groupe a été une façon efficace de résoudre le problème», cela rend l'approbation explicite. Il est particulièrement important de noter les situations positives où l'enseignant a montré qu'il s'approchait d'un objectif clairement poursuivi.

Il est possible qu'un superviseur donne plus de renforcement qu'il ne l'avait voulu. Un directeur d'atelier reçut ce commentaire d'un participant concernant l'évaluation postatelier: «Arrêter l'enregistrement pour expliquer ce qui se passait a beaucoup aidé». Alors, le directeur arrêta l'enregistrement pendant environ vingt minutes au cours de l'atelier suivant, jusqu'à ce que quelqu'un remarque: «Pourquoi ne laissez-vous pas jouer l'enregistrement assez longtemps pour que nous comprenions ce qui se passe?»

De même, une dame âgée qui n'avait jamais mangé de tarte aux pommes remarqua que lorsqu'elle était jeune fille, elle refusa sa première occasion d'en manger et reçut alors beaucoup d'attention: «Imaginez! Lise ne mange pas de tarte aux pommes.» L'attention sur elle était telle que, dans les situations subséquentes, elle se sentit obligée de continuer de refuser, bien qu'elle admît: «J'ai toujours pensé que j'aurais peut-être aimé cela».

Par contre, selon notre expérience, il est beaucoup plus probable que les enseignants n'auront pas tendance à donner trop de renforcement. Pour ceux qui travaillent ardemment dans nos écoles, enseigner semble souvent une tâche ingrate. Ils ne manquent habituellement pas d'être critiqués.

Éviter de donner des conseils trop directs (technique 33)

Cela ne veut pas dire de ne *jamais* donner des conseils de manière directe; attendez plutôt un certain temps. Laissez les enseignants analyser et interpréter. Les décisions qu'ils finiront par prendre seront souvent fort semblables aux vôtres. Chez la plupart des enseignants, le fait de voir quelqu'un qu'ils respectent renforcer leurs idées de changement produira de meilleurs résultats que d'être obligés de suivre les idées de quelqu'un d'autre. Par contre, il est parfois préférable de dire ce que nous pensons plutôt que de laisser la tendance à être non directif devenir une forme de manipulation.

Certaines personnes sont, par nature, complaisantes, soumises, obéissantes; elles aiment peut-être qu'on leur dise quoi faire. Néanmoins, notre expérience avec les enseignants indique que la plupart d'entre eux préfèrent être responsables de leurs actes. Les gens qui choisissent l'enseignement comme carrière s'attendent à être responsables de leurs classes; ils s'attendent à prendre des décisions professionnelles concernant des objectifs, des matières, du matériel, des méthodologies, des évaluations et d'autres aspects du processus d'enseignement.

La ligne de démarcation entre la «découverte guidée» et la «manipulation» est mince. Le superviseur doit décider dans quelles circonstances il vaut mieux dire: «Voici la façon dont je le vois» plutôt que de laisser l'enseignant «jouer» aux devinettes.

Donner du support verbal (technique 34)

Le superviseur doit se concentrer sur la façon d'aider l'enseignant à identifier des objectifs professionnels reliés à la réussite des élèves en classe, et sur la nécessité de lui donner un *feedback* valable pour lui en faciliter l'atteinte. Les enseignants trouvent souvent difficile de distinguer, en pratique, les objectifs personnels et les objectifs professionnels; en particulier, ils éprouvent de la difficulté à différencier les problèmes de nature émotionnelle de ceux qui sont nettement de nature professionnelle. Des administrateurs confondent souvent les obstacles à l'amélioration de l'enseignement avec les problèmes personnels des enseignants – par exemple, l'apathie, le manque d'organisation ou l'instabilité émotionnelle en situation de classe.

Il serait souhaitable de pouvoir exclure les problèmes personnels d'une discussion sur les techniques qu'il convient d'utiliser pour diriger un entretien; mais malgré tous nos efforts pour en rester à un niveau professionnel, ces problèmes personnels font surface. La plupart des superviseurs ont connu cette situation où un enseignant se met à pleurer au cours d'un entretien. Analyser des comportements constitue un processus où on investit beaucoup sur le plan émotionnel; cela met au défi l'approche scientifique ou de sang-froid.

Ainsi, nous avons besoin de plusieurs façons de composer avec ces situations au fur et à mesure qu'elles surviennent. Il ne serait pas raisonnable que le superviseur se mette à pleurer avec l'enseignant; néanmoins, une certaine forme de sympathie ou d'empathie reste certainement de mise. Si les problèmes semblent être d'ordre médical ou psychiatrique, il est clair qu'il faut référer l'enseignant à un spécialiste. Les superviseurs et les administrateurs scolaires n'ont pas les compétences requises pour faire des diagnostics médicaux («Il est alcoolique», ou «Elle est mentalement malade»), et il n'est définitivement pas recommandé d'essayer de se livrer à une thérapie psychiatrique ou à une consultation psychologique sans l'entraînement requis et l'expérience. Même les professeurs de médecine et leurs consultants (pédagogiques) s'imposent de ne pas s'immiscer dans des diagnostics en dehors de leur spécialité. Par contre, si le problème ne semble pas nécessiter un traitement professionnel, médical ou psychiatrique, une oreille sympathique peut souvent aider une personne à passer à travers une situation problématique. Au début d'un chapitre précédent, on a relevé l'énoncé d'un étudiant universitaire: «Vous êtes le premier à m'avoir aidé!». Cet étudiant avait demandé l'aide de plusieurs conseillers pour résoudre un problème personnel. Un membre du personnel enseignant prit le temps d'écouter le récit détaillé de cet étudiant et lui répondit: «Il me semble que vous avez identifié plusieurs solutions possibles. Vous pouvez abandonner l'école et travailler à temps plein pour un certain temps, ou prendre une charge d'étude réduite et travailler à temps partiel; et vous devez aussi décider si vous allez vous marier maintenant ou attendre». Après avoir entendu ce professeur d'université énumérer ses propres solutions, l'étudiant répliqua: «Je vois maintenant ce que je dois faire. Merci» (il n'a pas dit au professeur ce qu'il ferait).

La consultation centrée sur le client ne fonctionne pas toujours aussi rapidement ou aussi bien, mais pour un certain nombre de raisons, elle peut constituer une stratégie appropriée lors de l'entretien de supervision avec un enseignant. Le superviseur n'est pas nécessairement plus compétent que l'enseignant par rapport à l'enseignement de la biologie, du français, de la physique ou de la prise en charge d'une maternelle; il ne connaît probablement pas autant que l'enseignant les facteurs qui influencent la situation particulière de cette classe; il ne s'attend pas à passer le reste de la session, de l'année ou de sa carrière dans cette classe; et il va probablement se fier à l'enseignant pour assurer le suivi des décisions que celui-ci prendra. Ce qui relève de l'intervention du superviseur, c'est de considérer ce que l'enseignant raconte de ses problèmes personnels en les examinant à la lumière des effets que cela peut avoir sur la réussite des élèves en classe.

Du niveau de confiance que les deux personnes auront réussi à établir entre elles dépendra l'efficacité de l'intervention du superviseur auprès d'un enseignant qui fait face à des problèmes personnels qui interfèrent avec son enseignement. Plusieurs facteurs influencent l'établissement de cette confiance. Nous avons tendance à mettre notre confiance en ceux qui nous font confiance. Nous avons aussi tendance à faire confiance à ceux que nous respectons en raison de leur compétence. Une des façons d'amener un enseignant à placer sa confiance en notre compétence de superviseur consiste à lui faire voir notre habileté à lui donner un *feedback* utile et à diriger des entretiens constructifs.

Dans certains cas, un superviseur doit prendre sur lui de composer avec certains enseignants: choisir quels types de données seront colligées, puis analyser et interpréter cette information, tirer des conclusions concernant les objectifs qui ont été atteints et ceux qui ne l'ont pas été, et décider ce qui doit être fait à l'avenir. À l'autre extrême, un superviseur peut encourager certains enseignants à définir leurs propres objectifs, choisir l'information appropriée qui sera utilisée pour évaluer l'atteinte de ces objectifs, et prendre des décisions pour l'avenir. Ces stratégies de nature pédagogique sont ou bien didactiques ou heuristiques. Le degré de structuration des entretiens que les superviseurs accorderont à l'enseignant dépendra de leur jugement relatif à des circonstances spécifiques, à savoir quel type d'atmosphère peut offrir à cet enseignant particulier les meilleures chances de progresser sur le plan professionnel. Nous avons découvert que lorsqu'on donne aux enseignants la possibilité de choisir leur superviseur, certains optent pour celui qu'ils savent directif alors que d'autres en préfèrent un qui a tendance à être non directif. Les enseignants qui ont une prédilection pour l'approche directive peuvent dire: «Je sais où elle se situe»; ou «Il dit les choses comme elles sont»; ou «Je suis tanné des gens qui compliquent toujours tout.» Ceux qui aiment un style non directif peuvent dire: «Je me sens plus à l'aise avec Marie; elle n'agit pas comme si elle avait toutes les réponses»; ou «André m'aide à faire ma propre réflexion et me traite comme un collègue»; ou «J'en ai assez de l'approche *vente sous pression.*»

Celui qui vient observer en classe est souvent pris entre deux rôles: celui du collègue qui vient pour aider un enseignant à améliorer son enseignement ou pour évaluer. Il est parfois embarrassant de composer avec ces deux fonctions simultanément. Par exemple, dire à un enseignant: «Mes premières visites seront consacrées à l'amélioration de votre enseignement, et les autres, à votre évaluation», non seulement cela ne le rassure pas, mais il est bien évident que l'observateur ne peut pas oublier ce qu'il a vu. Pour ce qui est des enseignants qui travaillent raisonnablement bien, ce ne sera pas un problème. On pourrait adopter l'approche suivante: «J'ai l'intention de vous donner une évaluation favorable de toute façon; alors, concentrons-nous sur des secteurs de votre enseignement que vous aimeriez améliorer.» Les enseignants qui se trouvent à la limite de l'enseignement acceptable devraient être informés de ce fait; mais l'entretien peut tout de même être positif et constructif. Quant aux procédures de renvoi équitables, elles requièrent également qu'on avertisse les enseignants le plus tôt possible de leur défauts et qu'on essaie de les aider à les corriger.

Dans quelques cas plus rares, l'enseignant peut se retrouver dans une situation d'«évaluation intensive». (Certains districts scolaires encouragent alors l'enseignant à se faire accompagner d'un avocat ou d'un représentant d'une organisation d'enseignants lors des entretiens avec un évaluateur.) Le ton de l'entretien sera évidemment différent dans ces cas intensifs. Mais les superviseurs n'ont quand même pas besoin de mener une double vie. Un parent adroit peut être à la fois un excellent conseiller et un bon redresseur de tort, et ce, de façon constante. Les superviseurs devraient aussi être capables de remplir ces deux aspects de leur rôle de façon équitable.

La théorie de la dissonance fournit une base rationnelle pour favoriser des changements de comportement des enseignants en classe grâce au *feedback* basé sur des observations et à des entretiens centrés sur l'enseignant. Les écrits de Leon Festinger, Fritz Heider et autres donnent une bonne vue d'ensemble des dynamiques de ce que Robert Burns exprime sous forme poétique comme étant le don de se voir soi-même de la façon dont les autres nous voient[4]. Nous avons tous un soi perçu de l'extérieur et un soi perçu de l'intérieur. Nous devenons mal à l'aise lorsque nous prenons conscience d'une différence entre ce que nous croyons être «le vrai moi» et l'effet que «le moi tel que perçu» semble produire – vu par les yeux des autres ou dans l'information colligée à la suite d'une observation systématique. Par exemple, un enseignant qui croit que les enseignants devraient souvent sourire a l'impression qu'il sourit beaucoup; s'il visionne un vidéo de lui-même dans lequel il ne sourit pas, il éprouve une dissonance à l'intérieur de lui-même. Cette dissonance peut être minimisée de plusieurs façons:

1. «Le vidéo n'est pas bon.»

2. «Ce n'était pas une bonne journée, j'étais nerveux.»

3. «Il n'est pas si important de sourire aussi souvent.»

En d'autres mots, il peut (1) nier l'information, (2) minimiser l'importance de l'information, ou (3) accorder moins d'importance à tel type de comportement. Une autre possibilité consiste à décider de rendre le soi tel que perçu comme le «vrai» soi ou le soi idéal. Cela nécessite alors de changer son comportement.

Le but de la supervision, en ce qui concerne l'amélioration de l'enseignement, est d'amener les enseignants à changer leurs comportements dans le sens que tous les deux, enseignant et superviseur, considèrent désirable. Il arrive dans certains cas que seul le superviseur (et non l'enseignant) considère un changement suggéré comme souhaitable. Le superviseur expérimente alors une dissonance en son for intérieur. Parmi les possibilités qui s'offrent au superviseur pour réduire cette dissonance, il y a les voies suivantes:

1. «Vous allez le faire à ma façon, ou je vous envoie en Sibérie.»

2. «Examinons ensemble d'autres données relatives à ce qui se passe en classe.»

3. «Travaillons sur quelque chose qui *vous* préoccupe.»

En d'autres termes, le superviseur peut (1) réduire la dissonance en forçant l'enseignant à accepter son idée, ou (2) et (3) tenter

397

d'atteindre une certaine consonance grâce à une compréhension accrue de ce que pense l'enseignant.

Il est parfois nécessaire de forcer l'enseignant à se plier aux exigences du superviseur, par exemple, lorsque des lois ou des politiques officielles de l'école sont en jeu. Mais la plupart des problèmes auxquels font face les superviseurs et les enseignants ne sont pas aussi tranchés. Ils concernent la façon de s'y prendre avec les élèves; le choix de stratégies pour enseigner certains concepts, des habiletés, ou des faits; la mise en œuvre de voies parallèles pour gérer les nombreuses variables de l'enseignement; la sélection des éléments du style d'enseignement que l'enseignant peut modifier grâce au *feedback,* à la pratique, et à l'expérimentation. Il est peu probable qu'un enseignant puisse modifier chez lui une caractéristique fondamentale de sa personnalité: caractère autoritaire, stabilité émotionnelle ou empathie. Néanmoins, un enseignant peut apprendre à utiliser des stratégies qui réduisent sa tendance à dominer, ou il peut développer des techniques de gestion de classe qui réduisent son stress émotionnel. Certains signes extérieurs et visibles d'empathie peuvent être observés, pratiqués et incorporés au répertoire de l'enseignant sans avoir recours à une thérapie psychiatrique ou à une conversion religieuse importante. La plupart des personnes qui choisissent l'enseignement comme carrière ont des qualités de base compatibles avec les exigences de l'emploi; le *feedback* systématique permet d'informer et de convaincre ceux qui ne les ont pas.

Reconnaître ce que la personne ressent et se servir de cette donnée (technique 35)

Carl Rogers nous rappelle que lorsqu'un enfant essaie de faire quelque chose de difficile et dit: «Je ne suis pas capable», les parents répliquent généralement: «Bien sûr que tu es capable![5]» L'intention des parents est bonne, mais elle écarte les sentiments. Il ne serait pourtant pas difficile de dire: «C'est difficile, n'est-ce pas, mais tu vas y arriver.»

Les chercheurs ont découvert que les sentiments sont rarement reconnus verbalement en classe[6]. Nous possédons moins de données sur leur présence au cours des entretiens, mais nous avons l'impression que cette pratique est tout aussi limitée. Lorsqu'on se propose de changer un comportement, on ne peut ignorer les aspects affectifs. Les émotions exprimées au cours d'un entretien peuvent aller de la rage au désespoir, de l'hilarité à la dépression. Les superviseurs cliniciens ne devraient pas ignorer ce contenu émotionnel significatif, pas plus qu'ils devraient ignorer les énoncés cognitifs importants.

Une façon d'y répondre est de décrire ce que vous observez: «Vous semblez plutôt choqué de ceci»; ou «Cela semble vous rendre anxieux.» Ne soyez pas surpris si on vous répond: «Oh, non, je ne suis pas vraiment choqué»; ou «Qui est anxieux? Je ne suis pas anxieux.» Nous avons tendance à nier nos sentiments, comme si nous ne devions pas en avoir, particulièrement en situation d'enseignement. Un psychologue remarquait: «Quand ma mère était choquée contre moi, je le savais toujours parce qu'elle me le laissait savoir immédiatement, et ça, je pouvais l'accepter; mais mon père attendait pour avoir une discussion plus tard, et ça, c'était une expérience angoissante.» Exprimer ses sentiments peut être sain et utile. À la suite d'une performance particulièrement satisfaisante devant une classe imposante d'étudiants gradués, un étudiant dit au professeur: «J'ai aimé vous voir savourer votre expérience.» C'est une bonne observation à partager. Dire à un enseignant: «Vous sembliez aimer les réponses qu'on vous donnait», ou «J'ai senti avec vous votre appréhension lorsqu'Antoine s'est porté volontaire», cela peut produire un effet désirable sur le ton d'une discussion.

Conseiller

Pendant de nombreuses années, nous avons averti les superviseurs d'éviter de jouer le rôle de conseiller auprès des enseignants. Nous croyions préférable que les superviseurs passent le temps dont ils disposaient à aider les enseignants à améliorer leur enseignement plutôt que de tenter de travailler sur des problèmes matrimoniaux, financiers ou psychologiques. Nous croyions que le «psychiatre amateur» ferait plus de mal que de bien. Pour ce qui est des problèmes sérieux, nous y croyons toujours, mais nous avons modifié quelque peu notre vision des choses.

Plus nous travaillons avec des superviseurs, plus nous reconnaissons qu'il est impossible pour eux de séparer chez les enseignants leurs problèmes d'enseignement et leurs problèmes personnels. Il faut éviter de tomber dans les pièges d'une thérapie d'amateur mal à propos; il importe plutôt de traiter honnêtement des problèmes que soulève un enseignant et qui ont un impact important sur sa performance en classe.

Par exemple, si un enseignant dit: «Je passe tellement de temps à me chicaner avec mon épouse que je n'ai pas le temps de préparer mes leçons», le superviseur peut faire les suggestions suivantes:

- menacer de renvoyer l'enseignant si son travail ne s'améliore pas;

- lui conseiller des façons d'améliorer son ménage;

- se concentrer sur des façons de traiter le travail scolaire à l'école;

- recommander un conseiller;

- donner des conseils non directifs.

Les solutions précédentes peuvent toutes fonctionner, compte tenu de la situation et de la nature des individus concernés. Une approche objective et consistante à l'aide d'autres techniques élaborées dans ce chapitre pourrait se présenter ainsi:

Superviseur: Voici quelques-unes des choses mentionnées qui vous paraissent désirables. Indiquons-les, brièvement, dans une colonne. Voici d'autres éléments que vous avez identifiés. Plaçons-les dans une autre colonne. Maintenant, vous pouvez additionner ou soustraire l'un ou l'autre élément de n'importe laquelle des listes, mais le problème essentiel est de vous demander ce qu'il faut pour passer d'ici à là.

Il peut arriver qu'un superviseur consciencieux puisse accomplir toutes les tâches de planification, d'observation, et d'entretien *feedback* (telles que des enregistrements ou des données codées de façon crédible) sans pour autant que l'enseignant s'en trouve plus avancé. Lorsque cela se produit, nous croyons que d'autres facteurs liés à la personnalité ou à des dynamiques interpersonnelles sont la cause de cet écart. Les données recueillies sur ce que les enseignants recherchent chez un superviseur suggèrent que la plupart veulent une approche plutôt ouverte et démocratique. Malgré tout, nous pouvons utiliser des procédures ouvertes et démocratiques pour communiquer un contenu très structuré. La découverte – découverte guidée – et l'enseignement didactique sont des exemples de telles procédures.

Carl Rogers, ce pionnier de la consultation centrée-sur-le-client et datant des années quarante, propose, dans un livre récent, les approches «centrées-sur-la-personne» comme étant particulièrement adaptées à un grande variété d'activités humaines[7]. Il brosse un tableau contrasté de nos notions habituelles de pouvoir et de contrôle avec un autre point de vue, celui de l'influence et de l'impact.

Quelques notes sur le leadership: deux extrêmes

Influence et impact	*Pouvoir et contrôle*
Donner de l'autonomie aux personnes et aux groupes.	Prendre des décisions.
Donner la liberté aux gens de «faire leur propre affaire».	Donner des ordres.
Exprimer ses propres idées et sentiments comme un aspect des données du groupe.	Diriger le comportement des subordonnés.
Faciliter l'apprentissage.	Garder ses propres idées et ses sentiments pour soi.
Stimuler l'indépendance en termes de pensées et actions.	Exercer l'autorité sur les gens et l'organisation.
Accepter les créations innovatrices «inacceptables» qui émergent.	Dominer lorsque c'est nécessaire.
Déléguer, donner l'entière responsabilité.	Enseigner, instruire, conseiller.
Offrir du *feedback* et en recevoir.	
Encourager l'auto-évaluation et s'y fier.	Évaluer les autres.
Se réjouir des réussites des autres.	Se réjouir de ses propres réussites.

La plupart des enseignants souhaitent, chez les superviseurs, l'influence et l'impact, non pas le pouvoir ni le contrôle.

402

Gestion

Dans son livre intitulé *The Human Side of Enterprise*, Douglas McGregor suggère deux approches de gestion, la théorie X et la théorie Y[8]. Elles ne sont pas deux pôles sur une ligne continue, mais deux points de vue différents sur le travail – incluant l'enseignement et la supervision. La théorie X s'applique à la gestion traditionnelle et aux postulats qui la caractérisent. La théorie Y se fonde sur les postulats dérivés de la recherche en sciences sociales.

Voici les trois postulats de base de la théorie X:

1. L'être humain moyen éprouve une aversion naturelle pour le travail et l'évitera si possible.

2. À cause de cette aversion humaine pour le travail, on doit forcer, diriger et menacer de punitions la plupart des gens pour qu'ils fassent un effort adéquat destiné à l'atteinte des objectifs de l'organisation.

3. L'être humain moyen préfère être dirigé; il veut éviter les responsabilités; il a relativement peu d'ambition et recherche avant tout la sécurité.

McGregor mentionne que la théorie de la motivation qui s'exprime par la «carotte et le bâton» caractérise bien la théorie X. Les récompenses et les punitions externes sont les éléments qui motivent le plus les travailleurs. Dans cette perspective, la direction et le contrôle ne reconnaissent pas l'existence de la motivation humaine intrinsèque.

La théorie Y est plus humaniste et se fonde sur six postulats:

1. Faire un effort physique et mental au travail est aussi naturel que jouer ou se reposer.

2. Les contrôles externes et la menace de punition ne sont pas les seuls moyens de susciter les efforts vers les objectifs que poursuit l'organisation. Les êtres humains exerceront un auto-

403

contrôle et une auto-direction pour atteindre les objectifs dans lesquels ils sont engagés.

3. L'engagement à atteindre des objectifs est en fonction des récompenses associées à leur atteinte.

4. L'être humain moyen apprend, dans de bonnes conditions, non seulement à accepter mais à rechercher des responsabilités.

5. La capacité d'exercer un degré relativement élevé d'imagination, d'ingénuité et de créativité dans la résolution de problèmes organisationnels se distribue de façon large, et non étroite, dans la population.

6. Dans les conditions de vie industrielle moderne, les potentiels intellectuels de l'être humain moyen ne sont que partiellement utilisés.

McGregor voyait ces postulats mener à des relations supérieures subordonnées où le subordonné aurait une plus grande influence sur les activités reliées à son propre travail et aussi sur les actions du supérieur. Grâce à une gestion fondée sur la participation, on peut espérer une plus grande créativité et une productivité accrue, ainsi qu'un sens plus élevé de réalisation personnelle et de satisfaction des travailleurs. Chris Argyris, Warren Bennis et Rensis Likert prétendent, preuves à l'appui, qu'un système de gestion fondé sur la participation peut être plus efficace que celui mis de l'avant dans la gestion traditionnelle[9].

Les études de Likert démontrent que les administrateurs orientés vers les gens plutôt que vers la production sont à l'origine d'une plus grande productivité. De plus, il remarque que ces administrateurs productifs sont disposés à déléguer, à permettre aux subordonnés de participer aux décisions, qu'ils sont relativement peu portés à punir, et qu'ils utilisent des modèles de communication ouverts et à deux sens. Un moral fort et une planification efficace marquent ces administrateurs «centrés-sur-la-personne». Ces résultats peuvent être appliqués non seulement à l'industrie mais aussi à la supervision en éducation.

Références

1. Edmund Amidon and Ned Flanders, «Interaction Analysis as a Feedback System», *Interaction Analysis: Theory, Research, and Application*, éd. Edmund Amidon and John Hough (Reading, MA: Addison-Wesley, 1967), pp. 122-124; Arthur Blumberg, *Supervisors and Teachers: A Private Cold War* (Berkeley, CA: McCutchan, 1974).

2. Robert L. Spaulding, «A Coping Analysis Schedule for Educational Settings (CASES)», dans *Mirrors for Behavior*, éd. Anita Simon and E. Gil Boyer (Philadelphia: Research for Better Schools, 1967).

3. Everett L. Shostrom, *Man, the Manipulator* (Nashville, TN: Abingdon, 1967).

4. Leon Festinger, *A Theory of Cognitive Dissonance* (Stanford, CA: Stanford University Press, 1968); Fritz Heider, *The Psychology of Interpersonal Relations* (New York: Wiley, 1958).

5. Carl R. Rogers, Communication personnelle, septembre 1964.

6. Amidon and Hough, *Interaction Analysis*, p. 137.

7. Carl R. Rogers, *Carl Rogers on Personal Power* (New York: Delacorte, 1977), pp. 91-92.

8. Douglas McGregor, *The Human Side of Enterprise* (New York: McGraw-Hill, 1960).

9. Chris Argyris, *Management and Organizational Development* (New York: McGraw-Hill, 1971); *On Organizations of the Future* (Beverly Hills: Sage, 1973); Warren G. Bennis, *Organizational Development; Its Nature, Origin and Prospects* (Reading, MA: Addison-Wesley, 1967); R. Likert, *New Patterns of Management* (New York: McGraw-Hill, 1961); *The Human Organization* (New York: McGraw-Hill, 1967).

405

Chapitre 13

NOUVEAUX RÔLES POUR ENSEIGNANTS, SUPERVISEURS ET ADMINISTRATEURS

En 1984, le *Educational Resources Information Center* (ERIC) a préparé un recueil de recherches en adoptant les clés d'index suivantes: supervision des enseignants, efficacité des enseignants, évaluation des enseignants, amélioration des enseignants, recrutement des enseignants, tests de dépistage, test de validité, enseignants en exercice, développement du personnel, salaires des enseignants, éducation primaire et secondaire. Le résumé fourni par le Bureau central est donné dans l'énoncé suivant:

> L'intérêt actuel pour la qualité de l'éducation a fait pression sur les administrateurs pour qu'ils se préoccupent d'évaluer et d'améliorer la compétence de leur personnel enseignant. Cependant, il n'existe pas de formule simple pour mesurer la compétence des enseignants, ni de nouvelles méthodes garanties pour améliorer la qualité de l'enseignement. Néanmoins, grâce à la conjugaison de la supervision clinique, de l'évaluation des enseignants et de la formation continue d'une part, et d'autre part, de programmes incitatifs combinés à un leadership innovateur, il est plus probable que les administrateurs pourront attirer et garder dans leurs classes des professionnels compétents et dévoués[1].

Peu de gens contesteront la validité de cet énoncé. Cependant, nous devons expliquer la signification des mots utilisés. Certaines explications ont déjà été données dans les parties précédentes de cet ouvrage – par exemple, on a précisé la nature de la supervision clinique et la façon de s'y prendre. Nous avons traité de l'évaluation des enseignants au troisième chapitre. Dans le quatrième chapitre, nous avons examiné plusieurs voies relatives à l'analyse de l'enseignement à des fins différentes, en nous arrêtant même à considérer des rôles analogues existant dans d'autres professions. Dans ce chapitre, nous examinerons l'émergence de nouveaux rôles dans le domaine du leadership en enseignement. La formation continue et les programmes incitatifs joueront un rôle considérable dans le développement et l'implantation de ces nouveaux rôles dans les programmes de formation initiale des maîtres et des enseignants en exercice. Nous croyons que les techniques de supervision clinique devraient être mises à la disposition (grâce à la formation continue) de plusieurs enseignants, de directeurs d'école et d'autres administrateurs. Les échelons de la carrière des enseignants devraient refléter les habiletés reliées à ces techniques comme des préalables aux rôles variés et nouveaux qui tendent à se dessiner dans le champ du leadership en enseignement[2].

Sources de tension

Les superviseurs d'enseignants en exercice peuvent assumer d'autres responsabilités: enseignement, administration, gestion, relations publiques, curriculum, budget, discipline des élèves, santé, sécurité, nutrition et bien d'autres. Comme l'un de nos collègues administrateurs le soulignait en constatant que les administrateurs scolaires semblent plus préoccupés par les budgets que par la supervision: «Si vous voulez vous faire congédier, faites une erreur dans le budget: c'est beaucoup plus efficace que faire un oubli en supervision.» Cet énoncé est toujours vrai. Cependant, des voix de plus en plus nombreuses se font entendre par ceux qui paient pour l'éducation, insistant sur l'importance d'investir dans le perfectionnement des enseignants et dans le fait de leur donner de la crédibilité. Les regroupements d'enseignants reconnaissent également ce besoin. Ils disent: «Évaluons les enseignants régulièrement. S'ils ont besoin d'aide, il faut la leur donner. S'ils sont toujours incapables de (ou ne veulent pas) se perfectionner, il faut les congédier et les remplacer.»

Pour atteindre le but ultime de la supervision clinique (l'amélioration de l'enseignement), nous devons créer de nouveaux rôles. Il pourrait revenir à une autre personne que le directeur d'école de s'occuper des relations publiques, de la nutrition, de la vaccination, des budgets, de la discipline, pour laisser à celui-ci le temps de se consacrer à des activités de leadership en enseignement telle la supervision clinique. Être directeur d'une petite école et enseigner, jouer le rôle d'enseignant *coach,* et faire à peu près tout ce qu'il faut pour atteindre l'excellence aux yeux des dirigeants d'une école rurale ou isolée, en partageant le rôle d'observateur en classe avec les enseignants: cela pourrait contribuer à développer de nouveaux rôles pour les enseignants et à modifier celui du directeur lui-même. Par contre, un directeur dans une grande école pourrait tout simplement élargir son rôle en prenant une part active dans l'observation et la tenue d'entretiens *feedback.*

Quels seraient les titres appropriés pour ces rôles et qui doit les jouer? Cela dépend des situations. Dans certaines provinces du Canada, il peut s'agir d'un directeur qui appartient à la même association professionnelle que les enseignants qu'il supervise. Dans certaines parties du monde, on peut nommer ce superviseur un «inspecteur». Dans d'autres, il peut s'agir d'un «mentor», d'un «maître guide» ou d'un «leader en enseignement».

Après plusieurs discussions et enquêtes auprès d'un grand nombre de personnes dans le domaine de l'éducation et ce, dans plusieurs états, provinces et pays, nous en venons à la conclusion que deux périodes d'observation par enseignant chaque année faites par un directeur d'école typique (et d'autres administrateurs s'il s'agit d'une école importante), représenteraient une augmentation substantielle par rapport aux pratiques actuelles. Il existe, bien entendu, des exceptions importantes. L'étude de Rand portant sur des programmes exemplaires montrent qu'il existe plusieurs districts où l'on accorde la priorité à des observations régulières et fréquentes sur l'enseignement, effectuées par des observateurs dont l'entraînement et l'expérience les rendent aptes au titre de leaders en enseignement[3].

Si ces leaders sont des directeurs d'école ou d'autres administrateurs, ils doivent avoir le temps – et l'utiliser – d'aller dans les classes et de se consacrer à des observations objectives et pertinentes. Si les observateurs sont des enseignants, ils ont besoin de temps et d'habiletés pour mettre en pratique la planification des observations, l'enregistrement de données et les phases de *feedback* du cycle de la supervision clinique. Deux cycles de supervision par année ne sont pas suffisants pour susciter et maintenir des changements substantiels dans les pratiques d'enseignement. Il serait plus réaliste d'envisager six ou huit cycles de supervision. Si l'administrateur en fait deux aux fins d'évaluation formelle (sommative), alors ses collègues pourraient en faire quatre ou plus à des fins de développement professionnel (évaluation formative).

La réaction immédiate face à un tel plan est de s'inquiéter de ses coûts. Si chaque enseignant acceptait d'allouer une heure de son temps par mois à des observations en classe et pour se livrer à des entretiens *feedback* (dans la mesure où ils sont qualifiés pour ce faire), ou pour remplacer quelqu'un qui est compétent pour la supervision, la plupart des écoles pourraient inclure cette pratique dans leurs horaires. En retour du «don de ce temps», chaque enseignant bénéficierait de plusieurs observations et d'entretiens avec un collègue qualifié qui agirait à titre de critique constructif et amical. Les directions scolaires pourraient fournir du temps additionnel en employant des enseignants substituts qu'elles paieraient à cette fin.

Nous allons examiner de plus près ces deux rôles simultanément – un nouveau rôle pour les directeurs, incluant plus de supervision et, par le fait même, moins d'autres choses, et un nouveau rôle pour les enseignants à titre d'observateurs inspirés par un esprit de collégialité, et disposés à donner ou à recevoir du *feedback* entre collègues.

410

Un problème qui persiste

Un des problèmes qui persistent le plus en supervision est le dilemme qui existe entre (1) évaluer un enseignant afin de prendre des décisions concernant son embauche, sa promotion et sa permanence, ou (2) travailler avec lui à titre de critique amical ou de collègue pour l'aider à développer les habiletés qu'il veut mettre en œuvre et à élargir son répertoire de stratégies utilisables.

Nous avons tenté, pendant plusieurs années, de lutter contre la tension qui provient des différents buts que poursuivent l'observation, le *feedback*, la définition d'objectifs et les autres activités reliées à la supervision clinique. D'une certaine façon, les deux impératifs de l'évaluation et de l'assistance sont compatibles l'un avec l'autre. Plusieurs emplois sur le marché du travail combinent ces deux fonctions. Par exemple, le directeur adjoint d'une école peut avoir la responsabilité de la discipline et conseiller les élèves. Ceux-ci sont évidemment inquiets lorsqu'ils sont convoqués à son bureau: ils ne savent pas s'ils se trouveront en relation d'aide ou expulsés. Les parents sont à la fois évaluateurs et responsables de la discipline, tout en étant superviseurs et conseillers. Certains parents et certains administrateurs jouent ce double rôle de manière élégante et convaincante (bien que nous n'ayons jamais cru à l'énoncé: «Ceci va me blesser plus que toi.»)

Superviser et évaluer des enseignants exigent un équilibre particulièrement délicat. Pour être efficace, la supervision requiert un niveau élevé de confiance. Certains enseignants considèrent souvent une évaluation qui ne s'accompagne pas d'admiration comme une attaque personnelle. Ils ont tendance à confondre l'évaluation de leur enseignement et l'évaluation de leur personne. Il est difficile d'avoir confiance en quelqu'un qui (dans votre esprit) vous discrédite de but en blanc.

Une autre façon de réduire la tension qui existe entre la supervision et l'évaluation est d'accepter que les deux poursuivent le même but ultime – l'amélioration de l'enseignement. Tout ensei-

411

gnant peut se perfectionner; certains n'ont besoin que de se développer sur le plan professionnel; d'autres ont aussi besoin de
combler des lacunes; d'autres se trouvent dans des situations qui
exigent une intervention soutenue; peu connaissent des situations
presque désespérées.

Notre prise de position

Malgré la logique développée précédemment sur le caractère unique des rôles, notre prise de position dans cette dernière partie de
l'ouvrage est qu'il vaudrait mieux séparer le rôle de superviseur
clinicien ou de collègue qui veut aider et le rôle d'évaluateur. Nous
pouvons caractériser les fonctions du premier comme étant
«formatives» et celles du second comme «sommatives».

Une des implications de cette séparation des rôles incline à
croire qu'il revient à d'autres qu'à l'évaluateur de planifier les
observations, d'observer les enseignants et de donner du *feedback* dans un but strictement de perfectionnement professionnel.
Les observations de l'évaluateur serviront à rédiger une évaluation
sommative formelle. Les données ou autres documents issus de la
phase formative du cycle de supervision clinique ne devront être
utilisés qu'à la demande expresse de l'enseignant.

Séparer les deux fonctions signifie aussi que, dans plusieurs
écoles, l'on devra s'adapter à de nouveaux rôles. Celles-ci sont
habituées à voir leurs administrateurs comme des superviseurs et
des évaluateurs. Nos amis officiant en évaluation formative seraient
des collègues – d'autres enseignants, des chefs de département, des
leaders d'équipe, des «mentors» – et non des administrateurs. Une
troisième implication de cette séparation des rôles, c'est que les
observateurs accomplissant une fonction caractérisée par la
collégialité doivent posséder des habiletés spécifiques et faire
preuve de compétence, s'il veulent jouer leur rôle de manière
efficace. Plusieurs de ces habiletés requises (ou de ces techniques)
chez un observateur efficace qui s'inspire d'un esprit collégial, sont

celles du superviseur clinicien telles que nous les avons décrites dans les chapitres précédents. Compte tenu du rôle qu'il doit jouer dans des situations fort variées, il peut très bien arriver que le leader en enseignement, qui n'est pas un administrateur, se voie obligé de participer à des séances de perfectionnement. Nous explorons quelques-unes de ces possibilités dans ce chapitre.

Une quatrième implication relative à la création de nouveaux rôles pour les enseignants concerne des changements qui devront s'opérer chez les administrateurs pour modifier leur rôle traditionnel, s'adapter aux nouveaux rôles joués par les enseignants et adopter une voie marquée par la complémentarité face à cette nouvelle réalité.

Nouveaux rôles pour les enseignants

Nous avons souligné deux des trois domaines de discussion qui ont cours de manière plus particulière depuis quelques années: l'évaluation des enseignants, leur supervision et l'efficacité de leur enseignement. Ces éléments font-ils partie du même ensemble? Sont-ils reliés d'une manière plus ou moins systématique? Faut-il les considérer comme des entités indépendantes et irréductibles l'une à l'autre?

On peut leur trouver des points communs en les examinant sous l'angle des finalités, c'est-à-dire des buts poursuivis et des moyens pour les atteindre. Le but de l'évaluation des enseignants, c'est leur embauche, leur promotion ou leur congédiement. Le but de leur supervision, c'est l'amélioration de leur enseignement. Le but de l'efficacité de l'enseignement, c'est l'apprentissage des élèves. Ces observations pourraient nous faire conclure que ces trois domaines sont passablement différents et distincts.

On peut aborder la question autrement en identifiant les personnes qui exercent ces fonctions. On s'attend généralement à ce que le directeur d'école évalue les enseignants, les supervise et les aide à devenir plus efficaces dans leur enseignement. Vus dans cette perspective, ces trois concepts se rencontrent dans cette personne qui joue ce rôle à elle seule. Pourrait-on les séparer en différents rôles? Des collègues pourraient-ils prendre la responsabilité, les uns vis-à-vis des autres, de la supervision (observer et donner du *feedback)*? Les associations d'enseignants pourraient-elles prendre à leur charge le «contrôle de la qualité» en organisant des groupes de soutien ou d'autres activités reliées au développement du personnel? Les enseignants peuvent-ils être évalués par d'autres personnes que par des administrateurs?

En gardant ces questions à l'esprit, reprenons la considération des trois sujets de discussion dans une perspective historique. L'éducation vue comme une profession a eu tendance à passer d'un modèle «d'inspecteur» qui contrôle des employés à un modèle plus démocratique basé sur la collaboration. De plus, en plus au cours des années récentes, on a insisté sur la participation de l'enseignant lorsqu'il lui faut définir ses objectifs de perfectionnement professionnel, choisir ses sources de *feedback* et prendre des décisions relatives à des changements souhaitables. Les réponses à des enquêtes menées dans plusieurs pays auprès des enseignants et des superviseurs indiquent clairement que les enseignants (et plusieurs superviseurs) recherchent ce type de supervision.

Les enseignants forment la meilleure source d'expertise en pédagogie, qu'il s'agisse d'analyser leur propre enseignement à partir de données objectives, d'observer leurs collègues en situation de classe en codifiant des données que chacun ne peut noter lui-même, de s'aider les uns les autres à analyser ces données, et à prendre des décisions relatives à des stratégies alternatives. De nouveaux rôles attribués aux enseignants leur permettraient d'effectuer ces tâches sans devenir pour autant des évaluateurs. Dans notre scénario, le directeur d'école (ou un autre administrateur responsable) s'occuperait encore de l'évaluation formelle. À vrai dire, les évaluateurs doivent posséder les habiletés et maîtriser les techniques du superviseur clinicien, mais nous considérons, en ce moment, les activités auxquelles les enseignants eux-mêmes peuvent et devraient prendre part.

Plusieurs forces s'opposant l'une à l'autre nous incitent à recommander la création de nouveaux rôles dans les écoles pour les leaders en enseignement. L'une d'entre elles, c'est la prise de conscience accrue des directeurs d'école du rôle conflictuel qu'ils jouent auprès de leurs enseignants en se montrant des évaluateurs exigeants, et par ailleurs, la présence et l'implication de superviseurs aimables, sympathiques et utiles. Une autre pression vient des comités et des commissions spéciales qui, pour stimuler et améliorer la qualité de l'école, recommandent de créer pour les enseignants des plans de carrière comportant des échelons, d'adopter d'autres mesures incitatives et des prix d'enseignement.

Un mouvement qui va en s'amplifiant veut que des associations d'enseignants particulièrement sensibles au développement de leur profession et préconisant un meilleur choix des candidats à l'entrée dans la profession, travaillent à créer pour des enseignants en exercice des plans d'accompagnement et des occasions de développement du personnel et une meilleure supervision du travail accompli à l'école. Des lois plus strictes concernant l'évaluation des enseignants insistent sur la nécessité de mettre à leur disposition des programmes de soutien, et si nécessaire, des procédures équitables de congédiement, pour ceux qui se trouvent aux prises avec des difficultés sérieuses dans l'exercice de leur profession[4].

La raison la plus convaincante de chercher des sources alternatives de leadership en enseignement se trouve dans les pratiques traditionnelles elles-mêmes qui, dans bien des cas, ne contribuent pas à l'amélioration du travail des enseignants. Les fonctions de supervision ne sont pas bien exercées, et ce, dans plusieurs écoles. Les enseignants ne bénéficient pas d'observations faites régulièrement et systématiquement, et ils ne reçoivent pas un *feedback* approprié qui leur permettrait d'améliorer leur enseignement et d'augmenter leur efficacité. On a énuméré un certain nombre de raisons pour lesquelles les fonctions de supervision ne sont pas exercées de manière appropriée:

- manque de temps;

- ignorance d'un ensemble de techniques d'observation chez les superviseurs ou d'autres observateurs;

- défaut de posséder un répertoire de stratégies d'enseignement chez les enseignants et les superviseurs;

- manque d'habiletés interpersonnelles mises en œuvre par les observateurs lorsqu'ils donnent du feedback aux enseignants.

Si d'autres personnes que le directeur d'école doivent prendre part à la supervision et au processus d'amélioration de l'enseignement, il nous faut d'abord considérer les rôles qu'elles joueront. Nous référerons à ces divers rôles en utilisant une seule expression, celle de *leader en enseignement*.

La supervision et l'évaluation: telles sont les deux activités les plus importantes du leader en enseignement auprès des enseignants. D'autres activités connexes sont aussi de son ressort: le recrutement, la sélection, le développement du personnel, la formation continue, l'assignation des tâches, le congédiement et les processus légaux. Compte tenu du fait que la supervision des enseignants tend à s'éloigner du rôle joué autrefois par l'inspecteur et à se diriger vers une fonction d'observateur critique amical, inspiré par un esprit collégial, nous essaierons de clarifier les tâches d'un critique amical (ou d'un ami critique), cette fonction nous paraissant particulièrement appropriée aux enseignants. Ces activités comprennent les séances d'observation et les entretiens *feedback* propres à la supervision, telles que nous les avons décrites dans les autres parties de cet ouvrage, et la définition des objectifs par l'enseignant, aidé du leader en enseignement ou par un collègue (chapitre 5). Elles n'incluent pas la rédaction de rapports formels ou d'autres procédures associées à l'évaluation sommative.

Comportements du leader en enseignement

À quel comportement devrions-nous nous attendre d'un leader en enseignement?

Entrer en interaction avec les enseignants. Cela pourrait avoir lieu avant ou après la séance d'observation individuelle, dans une conversation informelle ou lors d'une réunion en groupe. On ne peut concevoir qu'un leadership puisse s'exercer sans lien avec les enseignants.

Planifier, évaluer et modifier le programme d'enseignement. Une grande partie de cette activité s'exercera en mettant à contribution d'autres personnes. Le contrôle du matériel exige une activité individuelle.

Être présent en classe. Observer les élèves, les enseignants et les activités qui se déroulent en classe, cela fait souvent l'objet de négligence de la part des directeurs d'écoles; ils se plaignent d'un manque de temps pour ce faire.

Accorder une haute priorité aux responsabilités reliées aux leadership dans l'enseignement. On pourrait traduire cet énoncé en comportements observables en se servant de l'hypothèse qui suit. Si on pouvait décider entre les options suivantes, laquelle les membres du personnel scolaire choisiraient-ils: chasser un chien qui se trouve dans la cour d'école, prendre l'appel téléphonique d'un parent, prendre l'appel téléphonique du concierge, ou honorer un rendez-vous fixé à un enseignant en vue d'un entretien *feedback,* à la suite d'observations en classe? Ceux qui analysent la gestion du temps font remarquer deux éléments décisifs qui président à ce type de décisions: quelles sont les activités qui *paient le plus,* et lesquelles préfère-t-on accomplir? Si les éducateurs croient que les activités de leadership en enseignement, telles les rencontres avec un enseignant pour discuter d'une séance d'observation, sont à la fois décisives et stimulantes, il existe alors de fortes chances qu'une réorganisation des priorités soit effectuée par rapport à certaines pratiques actuelles.

Se tenir au courant des sources d'influences qui affectent l'enseignement. Les leaders scolaires devraient se tenir au courant des recherches sur le fonctionnement du cerveau et sur les façons d'utiliser les ordinateurs dans les programmes d'enseignement. Non seulement doivent-ils connaître les recherches pertinentes et les nouvelles technologies, mais ils ont la responsabilité de partager cette information avec les autres enseignants. Plusieurs parmi ceux-ci ignorent l'existence de différents modèles d'enseignement à part celui (ou ceux) qu'ils utilisent eux-mêmes, ou des techniques d'observation systématique en classe qui les aideraient à analyser et à améliorer leur propre enseignement.

S'organiser pour promouvoir les progrès de l'enseignement. Dans plusieurs réunions auxquelles participent les enseignants, on traite des questions de procédures ou reliées à la bureaucratie. Essayez d'imaginer ce qui se passerait si, dans les réunions d'enseignants du secondaire ou du primaire, les membres du personnel prenaient une bonne partie du temps réservé à la réunion pour visionner régulièrement des extraits de vidéocassettes enregistrées périodiquement dans leur classe, de sorte qu'ils pourraient analyser et en discuter le contenu, la méthodologie et les techniques qu'ils utilisent dans leur enseignement! Si cette pratique devait se répandre, on verrait se produire, à n'en pas douter, des changements percutants.

Plaider en faveur des enseignants. Aider un enseignant à se trouver une cassette vidéo à des fins d'enregistrement de sa conduite en classe constitue déjà un exemple de plaidoyer; aider à développer des activités appropriées en est un autre. Trouver du matériel, de l'équipement, des idées, des articles de revues qu'un enseignant peut exploiter en classe sont autant de moyens qu'un leader en enseignement peut mettre en œuvre pour montrer qu'il (ou elle) est un défenseur de la profession, et non un chien de garde ou un inspecteur. Intercéder en faveur d'un enseignant impliqué dans un sujet de controverse est un autre exemple de celui (ou celle) qui plaide en faveur des enseignants.

Diagnostiquer des problèmes d'apprentissage. Les courants dominants en matière de loi scolaire ont conduit les leaders à établir des plans individuels d'éducation pour les élèves qui sont atteints de divers handicaps. Les enseignants et les directeurs d'école ont toujours prêté une attention particulière aux élèves qui présentent les plus gros problèmes (ou les plus apparents), qu'ils soient de nature physique, émotionnelle ou reliés au comportement. Il est fort possible qu'un tel plan individuel d'éducation élaboré conjointement par un leader en enseignement, un enseignant, un conseiller ou des parents, devienne un modèle d'intervention auprès de tous les élèves, et non seulement à l'intention des élèves qui souffrent d'un handicap. On a assisté à la montée de tensions à l'école au sujet des élèves qui ont des problèmes. L'adoption d'un modèle basé sur la participation peut faire du leader un élément dynamisant d'un groupe d'enseignants. Cela peut aussi contribuer au soutien d'enseignants qui sont aux prises avec certains élèves.

Choisir des activités d'enseignement. On considère souvent l'enseignant comme celui qui choisit ses activités. Le leadership pourrait avoir (de manière subtile) la main haute sur ce processus. Certaines écoles organisent de nombreuses excursions; d'autres, aucune. L'attitude du leader en pareil cas peut consister à y aller de sa contribution. Certaines écoles mettent sur pied de nombreuses activités de résolution de problèmes, de jeux de rôle, d'activités en groupes; d'autres ne s'y prêtent pas. La philosophie qui sous-tend le leadership se reflète probablement dans ces situations.

Choisir du matériel d'enseignement. Le leadership peut s'exprimer dans le choix des matériels pédagogiques à acheter: plans, matériel de lecture supplémentaire, matériels de manipulation par les élèves et autres dispositifs. Ces choix influenceront ce qui se fera durant l'enseignement. Lorsqu'on en vient aux censures, la fonction de leadership devient plus pointue. Le directeur de l'école Mark Twain qui approuva le retrait de la bibliothèque du livre *Huckleberry Finn* constitue un cas d'espèce en ce domaine.

Communiquer avec le milieu extérieur. Les équipes de football, les fanfares et les représentations faites par d'autres groupes sont autant de façons de communiquer à l'externe ce qui se passe à l'école. On ne peut en dire autant des programmes d'enseignement; bien souvent, on ne les fait pas connaître au public. Une des fonctions du leader en enseignement consiste précisément à faire savoir autant ce qui se passe sur le plan académique que dans les réalisations parascolaires.

Communiquer avec les élèves. Un des directeurs d'école, gagnant d'un prix d'excellence, chante parfois avec le chœur de l'école, joue dans l'orchestre et prend part aux diverses activités et organisations de l'école. Il envoie ainsi un message (plus fort que des mots): «Ce que vous faites est important et je l'approuve.» Alors qu'on le félicitait pour son implication, il eut ce commentaire: «J'aimerais bien trouver le moyen de rejoindre les élèves qui fument sur le terrain de stationnement de l'école.» Il serait sans doute intéressant d'analyser le contenu des conversations informelles des éducateurs avec les élèves de temps à autre, et de chercher à en tirer des conclusions sur l'impact qu'elles ont sur les programmes d'enseignement.

Jo Ann Mazzarella a résumé le rôle du directeur d'école à titre de leader en enseignement dans une publication de *ERIC – Bureau central de la gestion de l'éducation* et dans la revue de l'*Association des administrateurs scolaires de la Californie*[5]. La preuve est faite que ce rôle change constamment; cependant, plusieurs observations faites au moment de cette publication sont encore valables aujourd'hui. Voici quelques éléments parmi tant d'autres qu'un directeur d'école ou d'autres leaders en programmes d'enseignement peuvent accomplir:

- orienter le corps enseignant vers de nouvelles techniques d'enseignement;

- visiter les classes, évaluer* et donner du *feedback;*

- faire participer les parents, les enseignants, les conseillers et les administrateurs au développement de systèmes de classement;

- superviser le système d'évaluation;

- réserver du temps aux enseignants pour la discussion des problèmes qu'ils rencontrent;

- participer aux réunions des équipes et des départements;

- consacrer des réunions du corps enseignant à ce qui se passe dans l'enseignement;

- établir un rapport entre les besoins des élèves, les buts que poursuit le système scolaire et les exigences légales;

- superviser l'éducation continue;

- voir aux liens qui relient l'école et le milieu;

- gérer les changements;

- permettre qu'on discute des innovations en cours;

- prévoir du temps et du soutien pour les innovations;

- voir à l'évaluation constante de l'école*;

- coordonner les efforts des leaders dans certaines matières*.

---

* Ces fonctions devraient être exercées par des administrateurs; les autres peuvent s'exercer par des leaders qui s'inspirent d'un esprit collégial.

Rôle de perfectionnement du personnel

Le développement du personnel fait partie de la supervision et de l'évaluation de l'enseignement. La responsabilité des leaders en enseignement (de promouvoir le développement professionnel du personnel enseignant) est si importante pour la réussite de l'école qu'elle justifie une plus ample discussion.

Dans son écrit sur le rôle du directeur d'école comme responsable du développement du personnel, Roland Barth insiste sur le besoin d'interaction avec les enseignants dans le but d'encourager le développement professionnel plutôt que la simple soumission[6]. Il a identifié trois groupes d'enseignants:

1. Les enseignants incapables ou non disposés à examiner leur pratique de l'enseignement de manière critique, et incapables de voir d'autres adultes – des enseignants, le directeur d'école, des parents – examiner ce qu'ils enseignent et comment ils le font.

2. Les enseignants suffisamment compétents et disposés à scruter continuellement ce qu'ils font, à y réfléchir, et à utiliser leurs intuitions pour effectuer des changements périodiques dans leurs pratiques.

3. Les enseignants, peu nombreux, compétents et disposés à scruter leurs pratiques de manière critique, et désirant même que les autres aient accès à ce qu'ils font.

Nous convenons avec Barth que la tâche principale d'un leader en enseignement (ou de celui qui est chargé du perfectionnement du personnel) consiste à faire passer graduellement les enseignants du point 1. au point 3. Bien entendu, les enseignants s'examinent eux-mêmes et répondent au *feedback* qu'on leur donne de bien des manières, et non pas seulement de trois façons, mais celles-ci n'en constituent pas moins trois échelons d'une échelle continue.

422

Celui qui supervise des enseignants doit faire face à toute la gamme des divers types de personnalité. Cela va du type agressif au type passif, du type autoritaire à celui qui laisse tout faire, d'un extrême à son opposé.

On a besoin de leaders en enseignement qui comprennent ces divers types de personnalité. Par exemple, les enseignants inflexibles n'accepteront pas facilement des suggestions; les enseignants hypersensibles vont très mal réagir à des critiques acerbes. Les enseignants très structurés toléreront mal les digressions; ceux qui préconisent les méthodes heuristiques dédaigneront tout appel à des normes.

Diriger un groupe d'enseignants

Nous avons considéré jusqu'ici le superviseur (ou un autre leader) dans ses activités auprès d'individus. Il faut ajouter à cela la nécessité de connaître des techniques destinées à des groupes. Certaines qualités nécessaires à la conduite d'un groupe d'enseignants ressemblent à celles que requiert la conduite d'un groupe d'élèves. Arrêtons-nous plus en détail sur certaines de ces qualités particulières.

Clarté. Il est bien établi que la clarté avec laquelle un enseignant communique avec ses élèves est directement reliée à leur réussite. De même, il ne fait pas de doute que la performance des enseignants dépend en grande partie de la clarté dont fait preuve un leader en enseignement lorsqu'il communique avec eux. Si ce que le leader attend de l'enseignant n'est pas clair, il est probable que cela ne se produira pas. Quand un groupe essaie de résoudre un problème, il est certain que l'habileté à clarifier les termes du problème constitue un atout important pour le résoudre. Savoir clarifier ce qui est dit par les autres peut grandement aider un groupe.

Enthousiasme. L'enthousiasme d'un leader est essentiel à un groupe. Nous plaidons en faveur de l'utilisation d'un terme encore plus fort: *l'entrain*. Être à la hauteur en toute occasion, témoigner de l'intérêt pour les personnes et les contenus de discussion sont des exemples d'entrain, c'est-à-dire de vivacité et bonne humeur communicatives. Son opposé, c'est l'apathie, un des symptômes de l'épuisement professionnel.

Variété. La variété des stratégies, des activités ou des buts proposés, c'est aussi rafraîchissant pour des enseignants que cela peut l'être pour une classe d'élèves. Le leader qui évite la monotonie en variant son approche de réunion en réunion trouvera plus facile de maintenir l'intérêt du groupe pour le sujet de la rencontre, ce qui constitue la prochaine qualité.

Centrer le groupe sur la tâche. Réussir à maintenir l'attention d'un groupe sur la tâche constitue la variable la plus fortement reliée à la réussite des élèves tel qu'il appert dans une recherche récente cherchant à établir une corrélation entre les comportements de l'enseignant et la performance des élèves. S'impliquer dans la tâche semblerait également un facteur important pour le leader en enseignement travaillant avec un groupe d'enseignants, à résoudre des problèmes, à développer leur compétence professionnelle ou à mettre en œuvre les processus de développement de programmes.

Comportements non directifs. Il existe à vrai dire bien des façons d'exercer un leadership dans un groupe; cependant, il est toujours utile de reconnaître les sentiments éprouvés de même que ses propres idées, mais aussi de reconnaître et d'apprécier les idées des autres et de savoir les mettre à profit. Faire une conférence, donner des consignes et critiquer devront être utilisés lorsque c'est approprié. Le leader d'un groupe d'enseignants va habituellement aller plus loin en faisant appel au premier procédé plutôt qu'à ce dernier.

L'équilibre à conserver entre une intervention structurée ou centrée sur la tâche et les relations humaines reste toujours délicat. Comme on l'a suggéré dans le chapitre 4, un leader fortement centré sur la tâche et peu sensible aux relations interindividuelles sera perçu comme autoritaire et aura tendance à dire au groupe ce qu'il doit faire. Celui qui, au contraire, est fortement centré sur la tâche et également très sensible aux relations humaines sera porté à vendre ses idées (surtout s'il a de l'entrain). Un autre leader mettant moins l'accent sur les structures mais davantage sur les relations interpersonnelles aura tendance à participer aux activités du groupe. Finalement, celui qui se préoccupe peu des structures et des relations humaines aura tendance à déléguer. Paul Hersey, Kenneth Blanchard et autres ont longuement décrit ces relations[7]. Un leader efficace devrait être capable, selon les situations, de jouer ces divers rôles: diriger, vendre, participer et déléguer. La situation qui prévaut actuellement fait appel à des leaders en enseignement qui s'inspirent d'un esprit collégial dont font preuve ceux qui savent participer (peu enclins aux structures et très sensibles aux relations interpersonnelles).

En général, nous avons découvert dans nos enquêtes auprès des enseignants que ceux-ci cherchent des leaders en enseignement qui soient capables de les rencontrer sur une base individuelle, de discuter de leurs préoccupations, de trouver des façons de recueillir des données d'observation et d'autres moyens de les aider, capables d'analyser ces données en toute collaboration et de proposer des voies alternatives et non pas des voies à sens unique. Ils veulent un collègue doué pour l'observation, compétent dans l'enseignement et habile pour les accompagner.

Harry Broudy décrit trois formes fondamentales d'enseignement dans un article intitulé: «Didactics, Heuristics and Philetics*[8]». La troisième approche se conforme assez bien à ce que les enseignants recherchent. C'est l'équivalent du modèle de *mentor*

---

*   N.D.T.: Didactique, heuristique et *philétique* (ce terme *philétique* ne se trouve pas dans les dictionnaires consultés). On peut commenter brièvement: la didactique vise à faire apprendre des contenus à l'aide d'une démarche structurée; l'heuristique fait apprendre par le chemin de la découverte; la *«philétique»* consiste à faire aimer ce qu'on enseigne en favorisant une relation interpersonnelle de nature individuelle.

caractérisé par un regard positif, une direction individualisée et une insistance particulièrement forte sur la nature de la relation interpersonnelle: l'élève tient un bout de la bûche et moi, l'autre bout.

Peu de leaders en enseignement soutiendraient que cette préférence des enseignants n'est pas raisonnable. Un grande nombre de recherches mettent aussi en évidence le fait que les enseignants préfèrent recevoir cette sorte de soutien de la part d'un leader en enseignement. Les études portant sur la façon d'entraîner (*coaching*) les professeurs ont souligné abondamment le besoin d'un suivi consistant de la part des entraîneurs ou des superviseurs par rapport à la pratique de nouvelles habiletés.

Bien qu'il existe un assez large consensus sur ce qui devrait constituer idéalement la pratique de la supervision, cela n'est devenu une réalité que dans de rares milieux. Pourquoi en est-il ainsi? Le principal obstacle tient probablement au fait que, traditionnellement, c'est la même personne qui se voit confier à l'école l'évaluation et la supervision: le directeur d'école. Il existe bien des contraintes dans le rôle de directeur d'école qui contribuent à étouffer la possibilité de mettre en œuvre tout le potentiel caché de la supervision: le manque de temps, le défaut de préparation ou d'expertise dans les techniques de supervision, et les tensions qu'engendre le fait qu'il soit à la fois l'évaluateur et le superviseur des enseignants.

Nouvelles définitions de rôle

On peut distinguer quatre catégories majeures de leadership en enseignement: le développement de programme, la supervision, l'évaluation des enseignants et la gestion. L'évaluation et la supervision des enseignants se voient souvent traiter ensemble comme constituant deux aspects d'un même processus. Cependant, les conditions préalables à l'évaluation s'éloignent très souvent du potentiel d'efficacité de la supervision. Les appréhensions et les attitudes défensives que l'on associe fréquemment à la supervision s'intensifient lors d'une évaluation formelle. De plus, les exigences inhérentes à la gestion laissent bien peu de temps pour la supervision et favorisent le développement d'une perspective qui s'éloigne des préoccupations centrales de l'enseignement.

Peut-être avons-nous besoin de définir les rôles d'une manière nouvelle ayant le mérite de circonscrire le travail avec les enseignants de façon qu'ils se sentent encouragés à développer leur potentiel sans subir la menace et l'appréhension qui accompagnent habituellement la supervision et l'évaluation. Nous présentons divers scénarios qui cherchent à briser ce monolithe que forme le «gestionnaire-évaluateur-superviseur-conseiller».

Pour les besoins de notre premier scénario, nommons notre enseignante *Cendrillon*, car elle a pour conseillère une fée que nous appellerons *Wanda*. Wanda fait son apparition «avant le fait» plutôt qu'après, en ce sens qu'elle prodigue ses encouragements et inspire confiance de manière que Cendrillon puisse accomplir ce qu'elle veut faire, malgré les obstacles. Si Cendrillon veut s'exercer à un jeu de rôle, à une simulation ou à des jeux pour atteindre un objectif d'enseignement, Wanda est là pour offrir son soutien. Plus encore! Elle aidera Cendrillon à se tirer d'embarras sur le coup de minuit! Plusieurs d'entre nous auraient souhaité voir apparaître une Wanda à un moment ou l'autre de leur carrière d'enseignant surtout à des moments critiques, mais cela ne s'est pas produit.

Appelons un autre enseignant *Arthur*. Son superviseur est *Merlin*, un maître dans son art. Les idées de Merlin à propos des activités qui fonctionneront et du matériel approprié sont incroyables. Là où la contribution de Wanda était de nature affective (donnant le courage d'aller de l'avant avec ce qu'on a imaginé qui marcherait), celle de Merlin est d'orientation cognitive (suggérant des approches qui ne nous seraient jamais venues à l'idée).

Appelons *Prince* un autre enseignant. Son conseiller est un superviseur connu sous le nom de Machiavel. Celui-ci est une personne qui initie des changements. Il est compétent et expérimenté dans les relations interpersonnelles et le développement des organisations. Il sent d'instinct les façons dont on répond à des situations. Ses analyses de ce qui se passe dans une discussion sont intuitives et utiles. Ses notions relatives à la façon dont on peut faciliter les apprentissages aident les enseignants qui veulent donner à leurs élèves une aide faisant appel à leurs ressources personnelles.

G. Polya[9] différencie bien ces deux types d'aide, l'une faisant appel aux ressources de chacun (poussant les élèves à mettre en œuvre leurs propres ressources [*inside help*]) et cette autre plus extérieure (puisant dans le talent de l'enseignant lui-même [*outside help*]). Machiavel confond la nature de ces deux types d'aide. Cela exige une bonne identité pour tirer satisfaction d'une aide qui cherche à rejoindre les activités immanentes des élèves plutôt que celle qui consiste à leur apporter surtout son propre talent. Il faut se sentir très à l'aise avec soi-même pour agir ainsi.

Notre quatrième enseignant, appelons-le *Em-Pereur*. Les conseillers de *Em-Pereur* ferment les yeux sur le fait évident que ses vêtements ne sont pas seulement légers, mais presque inexistants. Il est assez embarrassant de se présenter devant des clients presque nu avec l'assentiment de ses conseillers. La différence entre les conseillers de *Em-Pereur* et Wanda, c'est qu'ils sont des flagorneurs, alors que Wanda encourage seulement ce qui est faisable.

Ceux qui supervisent les enseignants ne sont pas prêts à s'identifier avec les conseillers de *Em-pereur,* mais il faut retenir que la flatterie peut très bien se retrouver tant chez les enseignants que chez les *Em-Pereurs*. Des encouragements donnés sans aucun esprit critique peuvent produire des effets pernicieux; un renforcement positif s'applique mieux à une conduite spécifique et désirable que l'on cherche à promouvoir. On a tendance à décrier les pratiques des gérants dans les manufactures qui pointent allègrement du doigt les éléments négatifs, mais des éducateurs qui se répandent en louanges à tort et à travers peuvent également faire un tort considérable.

On pourrait appeler un autre enseignant *Othello*. Son superviseur s'appelle *Iago*. C'est un fait qu'il existe, lors des audiences de congédiement d'un enseignant, des superviseurs qui sont aussi cruels et traîtres que Iago dans leur façon de conseiller des enseignants qui ont besoin d'une aide sincère, et non d'un abus de confiance.

On pourrait continuer ainsi en faisant des allusions littéraires ou historiques; Boswell présente un modèle intéressant de celui qui observe et donne du *feedback*. On connaît certains chapitres de volumes qui utilisent l'approche de Boswell, dont un auteur joue le rôle d'observateur alors qu'un autre acteur interagit avec des praticiens dans une situation d'atelier ou de séminaire. Cependant, il est peut être plus utile de construire des catégories générales dans lesquelles on peut classifier ces différents types de leaders en enseignement.

Le conseiller. Comme on l'a noté dans le premier chapitre, plusieurs superviseurs choisissent le rôle de conseiller. Dans la mesure où les conseils personnels ne sont pas donnés au détriment du *feedback* sur l'enseignement, cela peut constituer un complément utile. Notons que la frontière entre des préoccupations d'enseignement et des problèmes personnels n'est pas toujours aussi tranchée qu'on le souhaiterait. Iago conseillait Othello bien qu'il ne fût pas très favorable.

Le *coach*. Aujourd'hui, on pourrait dire que Machiavel était un bon *coach* – quelqu'un qui observe de près les pratiques des autres durant un certain temps et leur donne des avis pour s'améliorer. Le terme *coach* connote une grande étendue d'activités particulièrement appropriées au leader en enseignement. Il est certain qu'il est tout à fait approprié de mettre explicitement l'accent sur le *feedback* par un expert portant sur des observations d'activités réelles. Une supervision persistante et répétée de la pratique de l'enseignement – ce qui est la caractéristique d'une entraîneur *(coach)* – fait souvent défaut dans le développement des habiletés d'enseignement. Nos collègues qui étudient les processus d'entraînement supervisé lors de pratiques *(coaching)* tels qu'on les applique à l'enseignement, constatent que le maillon le plus faible dans les efforts consentis auprès des étudiants en formation initiale et des maîtres en exercice, c'est le transfert de la période d'entraînement – c'est-à-dire le passage des habiletés nouvellement apprises pendant la supervision – à une pratique durable de ces habiletés en classe.

Le *consultant.* Plusieurs enseignants qui ont appris et pratiqué des techniques d'observation et d'entretien *feedback* avec des collègues préfèrent l'expression «pair consultant», parce qu'elle connote une relation fondée sur la collaboration plutôt qu'une relative de nature plus directive.

L'*inspecteur.* Voici un terme associé à la supervision dans le passé et utilisé encore à l'heure actuelle dans certaines parties du monde comme un titre officiel. Le contrôle de la qualité demeure une fonction reliée à la supervision ou au leadership en enseignement, mais on peut tout à fait atteindre cet objectif sans employer un terme possédant des caractères péjoratifs en raison de sa consonance avec celui d'*inspection.*

Mentor. Nous utilisons ici le terme mentor en l'associant à cette forme d'enseignement que Broudy appelle *philétique* (fondée sur l'amour et mettant l'accent sur une relation interindividuelle par opposition aux formes didactiques ou heuristiques de l'enseignement). Cette notion de mentor rejoint notre conception du superviseur idéal. Wanda, la fée de Cendrillon, jouait un rôle de mentor, fait de douceur et d'indulgence, et joué par une autre personne, habituellement plus âgée, pour marquer la carrière d'un protégé. Merlin (à la cour du roi Arthur) jouait le rôle de maestro ou de magicien, un maître de l'art, qui partage ses connaissances et son ingéniosité avec des personnes capables de les apprécier.

Maître. Ce terme, comme celui de patron, semble appartenir à un autre âge à un moment où une théorie rassemblait tout le monde dans un consensus aujourd'hui à peu près impensable[10].

Le leader en enseignement peut jouer l'un ou l'autre ou plusieurs de ces rôles, mais il aura tendance à en privilégier un par rapport aux autres. Par conséquent, prenons le temps d'examiner les dangers inhérents à chacun de ces rôles. Le *mentor* ne peut travailler qu'avec un nombre restreint de protégés, là où un directeur d'école doit voir à l'ensemble des personnes de toute une école. Jouer le rôle de *maestro* dans la symphonie de l'apprentissage exige que l'on soit passé maître dans plusieurs domaines. De plus, le directeur joue en même temps le rôle d'*imprésario*.

On a mis de l'avant de manière très accentuée ces derniers temps la métaphore du *coach* dans l'enseignement, et nous sommes portés à considérer que ce modèle est particulièrement approprié à l'école. Si l'on veut que les enseignants se développent et s'améliorent continuellement sur le plan professionnel, il faut bien les observer lorsqu'ils sont à l'œuvre en classe, comprendre et utiliser tout un répertoire de stratégies, et employer des techniques propres à leur faire connaître à la fois ces stratégies et les informations provenant des observations recueillies en classe. Le rôle de conseiller peut être utile jusqu'à un certain point; mais intervenir dans la vie extra-professionnelle de l'enseignant et dans ses affaires, somme toute, personnelles peut facilement dépasser les limites d'intervention d'un leader en enseignement.

Nous avons manifesté une nette préférence pour le rôle de *coach* dans l'enseignement; il convient donc d'y insister un peu. Pouvez-vous imaginer un *coach* olympique dire simplement à un athlète: «C'était assez bien, mais je sais que tu peux faire mieux»? Bien sûr que non. On s'attend à entendre des phrases telles: «Au dernier moment, tu as cessé de fixer la cible des yeux. Observe bien ce que je te dis sur la vidéocassette que j'ai tournée durant ta performance et compare ton rendement avec celui que tu as réussi antérieurement». On serait tout autant ébahi d'entendre ce *coach* dire qu'il serait présent deux ou trois fois par année et que ses observations seraient suivies d'un rapport final au printemps. On s'attend généralement à ce que le *coach* joue un rôle constant et persistant tout au cours de l'année, même après que l'athlète se soit classé parmi les meilleurs du monde.

Comment dès lors traduire cette analogie du *coach* dans le travail régulier d'un directeur d'école? Il semble bien que dans une école d'une certaine envergure (comptant 30 enseignants ou plus), l'entraîneur-chef *(coach)* ait besoin d'assistants. Ceux-ci n'ont pas besoin d'être des administrateurs additionnels, mais plutôt d'autres enseignants qui, durant des périodes libres ou du temps d'allégement de leurs tâches à cette fin, puissent observer des enseignants et les rencontrer pour les aider à développer leurs pratiques professionnelles en classe ou à surmonter des difficultés particulières.

Ces nouveaux rôles possèdent de nombreux avantages, en plus du fait plus que probable de voir les enseignants répondre positivement à ce nouveau type de leadership. Ils peuvent servir d'échelons dans le plan de carrière de ces enseignants qui ne veulent pas devenir des administrateurs mais désirent néanmoins progresser dans leur carrière professionnelle. Ils peuvent aussi servir à promouvoir l'amélioration des compétences dans la profession par des regroupements d'enseignants.

Bien implanté, un tel programme produirait des résultats valables à peu de frais. Retenons deux exemples qui illustrent bien cette affirmation. Dans un cas, il s'agit d'un arbitrage occasionné par le litige entre un enseignant et le système scolaire, dont les honoraires professionnels ont atteint le quart de million de dollars; dans un autre cas, un enseignant a été réintégré dans sa fonction et devint improductif, tout en coûtant un demi-million de dollars en salaires, temps d'administration, frais légaux et ainsi de suite. Si ces cas avaient fait l'objet d'une coopération entre le district scolaire et un regroupement d'enseignants plutôt que d'une confrontation des relations de travail, ces montants auraient pu servir à mener des programmes de perfectionnement ou à payer du temps d'allégement de la tâche d'enseignants pour leur permettre de se livrer à de la supervision de type collégial. Un leadership collégial efficace pourrait ainsi devenir une pratique préventive en de tels cas.

Les directeurs d'école doivent jouer tellement de rôles en étant soumis à des contraintes si importantes de temps; dans ces circonstances, est-il déraisonnable de croire qu'ils pourraient partager leurs responsabilités avec d'autres membres du personnel? En matière d'enseignement tout particulièrement, d'autres peuvent partager le rôle de leader. Les chefs de département dans les collèges ou les écoles secondaires ont joué traditionnellement le rôle de responsable des matières enseignées dans un domaine spécifique. Au primaire, il n'est pas rare que les programmes soient organisés en domaines dont un enseignant devient chef d'équipe.

Dans des écoles de plus grande envergure, on confie souvent les responsabilités de la supervision et de l'évaluation à d'autres administrateurs que le directeur. On peut aussi penser que plusieurs fonctions de gestion peuvent être déléguées. La ressource à laquelle on fait le moins appel, ce sont les enseignants qui, pour le bénéfice de leurs collègues, peuvent observer, donner du *feedback*, apporter un soutien psychologique et fournir une analyse d'experts en enseignement.

Directeurs de département

Les directeurs de département de niveau secondaire d'enseignement ont l'avantage d'être des spécialistes dans leur domaine de spécialisation. Ainsi, ils évitent d'être l'objet du scepticisme des directeurs d'école: «Comment un ancien professeur de mathématiques peut-il superviser et évaluer un professeur de langue seconde?» Les directeurs de département se préoccupent des divers programmes dont ils ont la responsabilité. Par ailleurs, il faut convenir qu'ils se sont souvent éloignés des responsabilités inhérentes à la supervision des enseignants ou à la prise de décisions majeures relatives aux programmes d'enseignement. À cet égard, il devient important de travailler à redéfinir le rôle des directeurs de département et de prévoir des programmes de perfectionnement à leur intention pour qu'ils deviennent de véritables leaders en enseignement.

Qu'est-ce que pourrait espérer accomplir un directeur de département en adoptant le nouveau rôle de leader en enseignement? Pour répondre à cette question, imaginons le cas suivant: Luc est directeur du département de mathématiques d'une école secondaire et reçoit à cet effet une prime de direction et un allégement de sa tâche d'enseignant pour s'acquitter de ses obligations. Luc a reçu une formation et a expérimenté les habiletés requises pour observer, analyser l'enseignement et conduire des entretiens *feedback* avec les sept membres de son département. Quelques-uns d'entre eux possèdent ces mêmes habiletés de sorte que Luc assume la responsabilité de leur classe tandis qu'il leur confie la tâche d'aller observer un autre collègue en classe. Ce faisant, au moins dix périodes d'observation ont lieu chaque mois de sorte que chaque enseignant (incluant Luc) profite de six à huit séances d'observation par année. Les enseignants considèrent ces périodes d'observation comme formatives; ils choisissent eux-mêmes les buts de ces séances d'observation pour répondre à leurs besoins de développement professionnel et à leurs préoccupations dans l'enseignement.

En plus de progresser sur le plan professionnel, ces enseignants profitent d'autres retombées. Ainsi, le fait de s'observer les uns les autres en classe favorise la cohérence dans le programme d'enseignement. Ils apprennent comment les autres s'y prennent pour faire apprendre, et cela les aide à articuler des séquences d'enseignement et d'activités. Ils acquièrent un sens mutuel accru du soutien psychologique et professionnel. Ils partagent des idées sur l'enseignement, et lorsque le programme est modifié, ils savent analyser les effets de ce changement d'une manière concrète. Ils ont dépassé le stade d'appréhension de l'enregistrement vidéo de leurs activités à des fins d'analyse de leur enseignement. Les élèves eux-mêmes apprennent à composer avec la présence d'observateurs et de magnétoscopes dans leur classe. Tous peuvent se rendre compte de l'effet que produit le leadership exercé par Luc (et par la collaboration des collègues) sur le moral du corps enseignant, le climat de l'école, la réussite des élèves et la satisfaction au travail.

Si les directeurs de département assument une plus grande responsabilité à titre de leader en enseignement, il est probable que le besoin d'autres changements se fera sentir. Il faudra songer à une formation préalable à l'acquisition des habiletés requises pour la supervision et l'analyse des programmes d'enseignement. La plupart des titulaires de fonctions administratives auront besoin de plus de temps à consacrer aux visites en classe qu'ils n'en ont à l'heure actuelle. Leur niveau d'autorité devrait aussi s'élever à proportion de leurs responsabilités. Par exemple, le directeur de département devrait avoir autorité pour confier des tâches, allouer du matériel, modifier des programmes d'enseignement et définir des programmes. Mais rédiger des rapports formels d'évaluation de leurs collègues enseignants imposerait un stress impropre aux relations de confiance dont on a parlé plus tôt; aussi, on ne recommanderait pas cette pratique aux directeurs de département.

Collègues dans l'enseignement

On n'a pas prouvé que l'expérience d'enseignement par équipe (*team teaching*) conduisait à une meilleure réussite des élèves; par contre, il est acquis qu'une telle pratique porte fruit auprès des enseignants qui travaillent étroitement ensemble. Dans une équipe, les enseignants s'apprennent les uns aux autres des techniques d'enseignement et développent leur répertoire de stratégies. S'il était donné aux enseignants de bénéficier d'un programme d'entraînement systématique aux procédés d'observation, ils deviendraient les personnes idéales pour se donner réciproquement des *feedback*. Quant à eux et à leurs regroupements, ils s'opposent à l'idée de devenir les évaluateurs des autres enseignants, mais ils réagissent très favorablement et de manière enthousiaste lorsqu'on leur confie des responsabilités de développement du personnel enseignant.

Faire appel aux talents et aux habiletés des enseignants exige de procéder à certains ajustements, si l'on veut leur permettre de s'observer mutuellement dans leur classe, les y encourager et leur donner le temps requis pour les entretiens feedback. La supervision collégiale a aussi des implications pour la formation continue; les enseignants doivent développer les habiletés requises par l'observation systématique et les entretiens *feedback*.

Il est certain qu'il faut recourir à un peu d'imagination pour demander à des enseignants d'exercer un leadership en enseignement. D'une part, les enseignants qui exerceraient cette fonction auraient besoin d'un nom ou d'un titre; d'autre part, il faudrait aussi définir ces fonctions. Par exemple, on pourrait les nommer «maîtres-guides» et leur confier la responsabilité des stagiaires en formation initiale; on pourrait les appeler enseignants-assistants en leur demandant de s'occuper d'un certain nombre de classes où ils iraient observer les enseignants et les faire profiter d'entretiens *feedback*. La préoccupation de l'insertion professionnelle des nouveaux enseignants constitue tout un secteur à lui seul. On pourrait aussi penser à d'autres fonctions possibles en lien avec les programmes d'enseignement, la fonction conseil, les tests d'évaluation, et ainsi de suite. Dans certains États américains, on a commencé à utiliser le terme «enseignants-mentors» pour exercer ces fonctions.

Autres sources de *leadership en enseignement*

Autres administrateurs. Un directeur adjoint dans une école peut exercer l'une ou l'autre des fonctions dont on a parlé jusqu'ici. Des administrateurs œuvrant dans des bureaux centralisés de districts scolaires plus grands possèdent souvent les habiletés requises pour travailler avec des enseignants et pourraient profiter du temps dans les écoles, mais ils ont tendance à devenir isolés et confinés à leur bureau. Les superviseurs spécialisés dans une discipline, œuvrant dans de vastes districts scolaires, peuvent visiter les classes, faire des démonstrations de leçons, choisir ou recommander du matériel pédagogique, donner de la formation continue, et trouver d'autres façons d'entrer en interaction avec les enseignants à propos des programmes d'enseignement.

Élèves. Les élèves peuvent fournir des données utiles au processus de *feedback*. On peut se servir de questionnaires pour exploiter leurs perceptions, et d'interviews comme source de renseignements. Les élèves peuvent aussi faire office d'opérateur de prises de vue pour l'enregistrement vidéo de l'enseignant qui veut procéder à l'auto-analyse de son enseignement.

Auto-analyse. On ne s'est pas suffisamment servi de cette technique pourtant prometteuse. Theodore Parsons, dans les années soixante, a publié un guide pratique permettant de faire l'auto-analyse des enregistrements vidéo de soi-même[11]. De micro-leçons faites de modules d'apprentissage autodidacte à l'intention des enseignants qui veulent développer de nouvelles habiletés, font appel à l'auto-analyse des enregistrements vidéo de soi-même, guidée par un livre de référence, à titre de démonstration pratique de stratégie de *feedback*. Elles ont été très efficaces pour aider les enseignants à changer leur comportement en classe. L'accent mis récemment sur l'enseignement réflexif a fait renaître le besoin de l'auto-analyse.

Créer de nouveaux rôles pour les enseignants exige du soutien au niveau des politiques arrêtées par les décideurs, la coopération de l'administration, des programmes spéciaux de formation et une implication importante des enseignants. Quel que soit le nom retenu pour celui ou ceux qui exerceront ces rôles et quoi qu'il en soit de l'implantation de ces politiques, les techniques de supervision clinique demeureront essentielles.

437

Rôle du directeur d'école

Les cours de justice, les arbitres et les comités d'audition considèrent le directeur d'école comme la personne la plus apte à faire entendre ses jugements à propos de l'évaluation des enseignants. Dans certains territoires, un commissaire en est responsable en vertu de la loi ou des règlements, mais il peut déléguer cette responsabilité, habituellement au directeur d'école. Compte tenu de cette responsabilité, le directeur d'école se voit confier une tâche difficile, devant exercer la fonction de superviseur clinicien selon le modèle collégial et de critique constructif qu'on a préconisé. Nous connaissons des directeurs qui réussissent ce tour de force en maintenant un haut niveau de confiance et de respect mutuel avec leurs enseignants. Leur compétence en supervision clinique est en grande partie responsable de ce respect et de cette confiance mutuelle. En dépit des encouragements que prodiguent de tels directeurs, la majorité des enseignants n'ont pas l'impression de recevoir la sorte de supervision qu'ils souhaitent ou dont ils ont disent avoir besoin.

Notre réponse à cette situation actuelle comporte deux volets. En premier lieu, on a besoin d'un plus grand nombre de directeurs d'école, spécialement formés – et expérimentés pour ce faire – capables d'utiliser les techniques systématiques d'observation et d'entretien *feedback*. Devenus compétents, leurs activités d'évaluation peuvent se révéler une source importante de renseignements pour l'amélioration de l'enseignement. Ces activités d'évaluation peuvent faire partie de leur leadership en enseignement plutôt qu'être un simple rituel vide de toute signification réelle. En second lieu, les directeurs d'école doivent partager le leadership de l'école avec des enseignants et d'autres personnes qui assument de nouveaux rôles dans les programmes d'enseignement.

Les directeurs d'école sont conviés à jouer un nouveau rôle dans la gestion de la logistique relative à la mise en place de l'observation collégiale et à l'analyse de l'enseignement. Un autre rôle pourrait consister à mettre en place des programmes de formation continue ou des activités de développement professionnel du personnel, destinées à rendre les enseignants capables de développer toutes ces habiletés qui en feraient des collègues efficaces au sein d'un programme qui fait appel à l'observation et à l'analyse de l'enseignement par les pairs. Un autre rôle pour le directeur consistera à travailler avec des enseignants en probation (qui n'ont pas obtenu leur permanence) ou avec des enseignants qui préfèrent ne pas travailler avec des pairs.

En plus de ces nouveaux rôles, le directeur jouera encore celui d'évaluateur sommatif. Dans la plupart des districts scolaires, cette responsabilité exige au moins deux séances d'observation par année au cours desquelles un enseignant est évalué de manière formelle. Dans plusieurs écoles, cette pratique d'observations aussi fréquentes n'est pas respectée. Les renseignements qui nous sont communiqués en provenance de plusieurs parties du monde (à propos du nombre de fois où les évaluateurs visitent les enseignants dans leur classe), nous conduisent à l'évidence que les enseignants ne bénéficient pas de séances d'observation souhaitables ou prévues, et quand cette pratique est respectée, on ne considère pas le *feedback* de l'observateur comme vraiment utile. De là, il est évident que plusieurs directeurs d'école considéreraient leur présence en classe à titre d'observateurs tant pour l'évaluation formative que sommative, comme un nouveau rôle qui leur est imparti[12].

Un des rôles du directeur dont nous n'avons pas parlé est celui de membre d'un comité chargé de gérer un programme de soutien à un enseignant qui a été mis en probation, dans le cas où cette mise en probation a été décidée par ce directeur en question. Il existe souvent des conflits personnels dans de telles situations, et il est de beaucoup préférable qu'un administrateur «neutre» intervienne dans cette sorte de comité, comme on l'a suggéré dans le troisième chapitre.

Un rôle nécessaire consiste à surveiller et à encourager le processus d'observation par les pairs. Même si les enseignants qui ont participé à de tels programmes sont enthousiastes en raison de leurs effets bénéfiques, le nombre d'événements qui se produisent dans un calendrier scolaire tend à éroder ou à diminuer l'efficacité du processus (que l'on doit toujours poursuivre d'une manière consistante).

Conclusion

Durant de nombreuses années, nous avons soupesé la condition typique du directeur d'école qui doit jouer le double rôle de superviseur et d'évaluateur. Nous avons essayé de dire et d'écrire des choses qui peuvent rendre la situation plus tolérable. Il est probable que la meilleure façon de dépasser ce dilemme est de former des enseignants capables de se livrer entre eux à des périodes d'observation et de se donner mutuellement du *feedback* à des fins formatives, à l'occasion d'un programme de développement du personnel. L'évaluation formelle à des fins sommatives – embauche, promotion, permanence – relèverait de la responsabilité des administrateurs.

Une autre possibilité consisterait à utiliser un groupe d'administrateurs à titre de superviseurs, et un autre en qualité d'évaluateurs. Il serait normal que les directeurs de département dans les écoles de niveau secondaire ou collégial jouent le rôle de superviseur. Les données provenant des observations du superviseur ne seraient utilisées pour l'évaluation qu'avec l'approbation de l'enseignant et à sa demande.

Une autre voie alternative est l'évaluation par les pairs. Les enseignants, en plus de s'aider mutuellement les uns les autres, peuvent écrire des évaluations formelles et sommatives les uns pour les autres. Cette pratique s'est développée avec succès dans certains collèges de niveau junior, mais il est peu probable qu'elle s'établisse dans les établissements de niveau secondaire ou élémentaire. Les regroupements d'enseignants opposent des réticences au fait de voir les enseignants devenir des évaluateurs les uns des autres. Les règles qui président aux négociations des conventions collectives et des distinctions de nature légale entre enseignants et évaluateurs imposent des restrictions aux personnes qui jouent le rôle d'évaluateur.

Les notions que nous avons développées au sujet du leader en enseignement pour inclure d'autres personnes que le seul directeur d'école, imposent un nouveau partage des responsabilités. Pour le moment, l'évaluation restera sous la responsabilité du directeur dans la plupart des cas, mais des pressions croissantes se feront sentir pour faire de la supervision un exercice destiné à améliorer l'enseignement, en définissant peut-être de nouveaux rôles de leadership.

Nous avons soutenu que le nouveau rôle de leader en enseignement convenait au superviseur clinicien. Ce rôle, le directeur peut le partager avec d'autres. Des sujets tels que des orientations de programme ou la discipline à l'école constituent des thèmes importants. Quel que soit le leader en enseignement, on ne pourra jamais négliger les séances d'observation en classe non plus que les interactions avec les enseignants. Toutes nos analogies retiennent cette implication directe, qu'il s'agisse du mentor, du maestro, du *coach* ou du conseiller.

Notre expérience avec les directeurs d'école suggère l'idée qu'ils négligent souvent ce rôle, l'argument général étant le manque de temps. Il existe d'autres raisons. S'astreindre à des interactions avec les enseignants peut représenter un défi exigeant. Les enseignants adoptent souvent des attitudes défensives ou amères, et il arrive que les directeurs ne possèdent pas les qualités préalables ou les habiletés nécessaires à de bonnes relations.

Il peut s'agir des préalables suivants: un répertoire d'habiletés d'observation ou d'enregistrement des données, une connaissance pratique de plusieurs stratégies d'intervention, un ensemble d'habiletés de communication interpersonnelle, et des stratégies de *feedback* utilisables lors d'entretiens consécutifs aux séances d'observation en classe. Nous avons présenté plusieurs de ces techniques dans les chapitres qui précèdent. Notre recherche indique que ces techniques correspondent à ce que les enseignants souhaitent mais dont ils sont privés. Les études sur l'efficacité de l'école ont attaché une grande importance à l'efficacité du directeur. Cette efficacité du directeur dépend, dans une large mesure, du leadership dans l'enseignement. Il est possible de partager ce leadership avec d'autres.

Formation et pratique

Pour acquérir ces habiletés (on les a nommées des techniques) requises pour l'exercice des fonctions imparties à ces nouveaux rôles, directeurs d'école et enseignants ont besoin d'un programme de formation et de pratique. Nous en sommes venus à la conclusion que pour être adéquat, il faut organiser un programme de 20 à 30 heures de formation et un nombre égal d'heures de pratique (au moins dix séances d'observation à l'aide de différentes techniques, incluant au moins cinq cycles complets de supervision comportant la planification initiale et l'entretien *feedback*).

Il est fort utile qu'administrateurs et enseignants participent ensemble à ce type de programme de formation. Si cette formation est suscitée par le système scolaire, on allège d'autant les appréhensions des enseignants qui comprennent alors les buts visés et les effets qui peuvent en résulter. Les administrateurs dont la motivation pour devenir de meilleurs superviseurs serait «modérée» peuvent bénéficier de l'enthousiasme des enseignants qui peuvent les aider à compléter la distribution des tâches.

Nous suggérons que le programme de formation soit complété par au moins 20 heures de pratique. Les premières, cinq à dix séances d'observation (d'une durée d'environ 20 à 30 minutes), devraient être consacrées uniquement à la maîtrise de différentes techniques d'observation telles que les activités en classe, le mot à mot sélectif, les modèles d'interaction et les déplacements en classe. Les enseignants sont généralement disposés à laisser des collègues pratiquer dans leur classe leurs nouvelles habiletés. Ils sont même habituellement curieux de prendre connaissance des observations enregistrées, même si elles ne sont pas suivies d'entretien *feedback*. Lorsque les observateurs se sentent en confiance, alors l'entretien de planification et l'entretien *feedback* font l'objet de la pratique. Ces observateurs pratiquant ces nouvelles techniques se voient souvent récompensés par la réponse qu'ils recoivent des enseignants qui trouvent leur enregistrement systématique des observations en classe à la fois intéressant et pertinent.

Références

1. Thomas I. Ellis, «Teacher Competency: What Administrators Can Do», *ERIC Digest*, No. 9 (Eugene, OR: ERIC, *Clearinghouse on Educational Management,* 1984).

2. Des parties de ce chapitre sont des adaptations de l'article de Keith A. Acheson, «The Principal's Role in Instructional Leadership», *OSSC Bulletin 28*, No. 8 (avril 1985); et Keith A. Acheson et Stuart C. Smith, «It Is Time for Principals to Share the Responsability for Instructional Leadership with Others», *OSSC Bulletin 29,* No. 6 (février 1986). Ces deux articles proviennent de ERIC, *Clearinghouse on Educational Management,* Oregon School Study Council, University of Oregon, Eugene. ERIC/CEM sont subventionnés par le U.S. Department of Education. D'autres parties sont des adaptations d'un article de Keith A. Acheson, «A central Role for Principals», *OSSC Report 23*, No. 3 (printemps 1983), commandité par le Northwest Regional Educational Laboratory et reproduit avec son autorisation.

3. Arthur E. Wise, Linda Darling-Hammond, Milbrey W. McLaughlin, Harriet T. Bernstein, *Teacher Evaluation: A study of Effective Practices.* Ce document a été préparé pour le National Institute of Education, juin 1984, The Rand Corporation, Santa Monica, CA; Milbrey Wallin McLaughlin, «Teacher Evaluation and School Improvement», *Teachers College Record 86,* No. 1 (automne 1984).

4. Edwin Bridges, *Managing the Incompetent Teacher* (Eugene, OR: The ERIC, *Clearinghouse on Educational Management,* 2e éd., 1990).

5. Jo Ann Mazzarella, «The Principal's Role as an Instructional Leader», *ACSA School Management Digest,* série 1, No. 3 (1977).

6. Roland Barth, The Principal as Staff Developer, *Journal of Education* (printemps 1981): 144-62.

7. Paul Hersey et Kenneth Blanchard, *Management of Organizational Behavior: Utilizing Human Resources* (Englewood Cliffs, NJ: Prentice-Hall, 1982).

8. H.S. Broudy, «Didactics, Heuristics, ans Philetics», *Educational Theory* 22 (Été 1972): 251-61. On peut aussi trouver ce texte dans Ronald Hyman, *Teaching: Vantage Points for Study* (New York: Lippincott, 1974).

9. G. Polya, *How to Solve It* (Princeton, NJ: Princeton University Press, 1971).

10. Douglas MacGregor, (New York: McGraw-Hill, 1960).

11. Theodore Parsons, *Guided Self-Analysis System for Professional Development Education Series* (Berkeley: University of California Press, 1968).

12. Certains directeurs d'école se sentiront offusqués par notre septicisme. Nous ne possédons pas, à vrai dire, des données relatives à tous les directeurs d'école ni non plus sur la plupart d'entre eux. Par ailleurs, si l'on peut considérer comme représentatifs les quelques milliers d'entre eux que nous avons rencontrés, et plusieurs milliers de leurs enseignants qui ont répondu à notre enquête, alors il nous paraît justifié d'affirmer que plusieurs directeurs d'école ne considèrent pas le leadership en enseignement comme une préoccupation primordiale, excepté dans leurs réponses aux questionnaires.

Exercices

Items à choix multiples

Réponses à la page 448.

1. Si quelqu'un attribue les techniques de collecte de données de la Partie III à des psychologues tels que B.F. Skinner, les techniques de *feedback* de la Partie IV devraient être attribuées à:
   a. J.B. Watson.
   b. Sigmund Freud.
   c. Carl Rogers.
   d. David Ausubel.

2. Des énoncés suivants, choisissez la meilleure remarque pour revenir au sujet traité:
   a. Comment allez-vous?
   b. Comment va votre famille?
   c. Vous avez donné une bonne leçon.
   d. Examinons les données que j'ai recueillies.

3. Si un superviseur croit qu'un enseignant est alcoolique ou malade mentalement, il conviendrait de:
   a. Faire face au problème.
   b. Le référer.
   c. Lui prescrire une solution.
   d. Le conseiller.
   e. L'ignorer.

4. Les principales étapes du processus de *feedback* sont:
   a. Fournir des données.
   b. Analyser les données.
   c. Interpréter ce qui se passe.
   d. Prendre des décisions pour l'avenir.
   e. Toutes ces réponses sont bonnes.

5. Lorsqu'un enseignant demande au superviseur: «Qu'est-ce que vous feriez?», le superviseur devrait:

    a. Refuser de répondre.

    b. Décrire exactement ce qu'il faut faire.

    c. Donner plusieurs possibilités alternatives.

    d. Encourager l'enseignant à penser à plusieurs voies alternatives.

6. Parmi les énoncés suivants, lequel correspond aux notions d'influence et d'impact (par opposition au pouvoir et au contrôle):

    a. Demander aux enseignants de produire eux-mêmes l'enregistrement de leurs leçons.

    b. Demander aux enseignants de fournir leur préparation de classe.

    c. Remplir des évaluations qui ne sont pas vues par l'enseignant.

    d. Féliciter au mérite.

    e. Demander aux enseignants du *feedback* sur les entretiens de supervision.

7. Un comportement qui est directif ou non directif est:

    a. Dispenser un enseignement magistral.

    b. Donner des consignes.

    c. Féliciter.

    d. Poser des questions.

8. Deux comportements pris dans l'énumération que fait Spaulding en décrivant l'entretien idéal sont:

    a. Répondre à des stimuli internes.

    b. Contrôler.

    c. Transiger.

    d. Chercher de l'aide.

    e. Partager.

Problèmes

Les problèmes suivants ne comportent pas une seule bonne réponse. Voir les réponses aux pages 453-455. Vos réponses peuvent être différentes et être bonnes ou meilleures.

1. Pensez à un enseignant que vous connaissez qui éprouve des difficultés dans sa gestion de classe (discipline des élèves). Puis (a) énumérez différentes interventions qu'il pourrait essayer de faire. Ensuite (b) énoncez dans une phrase comment vous lui suggéreriez ces voies alternatives.

2. Identifiez une stratégie d'enseignement qui n'est pas contenue dans la liste de la page 381 – par exemple, une excursion à la campagne ou une réunion de comité – et inventez un plan «d'observation de soi» qu'un enseignant pourrait utiliser pour colliger des données à propos de la leçon.

3. Examinez les catégories suggérées par Spaulding page 386. Placez-les dans une première colonne sur une page divisée en trois colonnes. Dans la seconde colonne, suggérez (à l'aide d'une phrase brève) un comportement d'élève typique en classe qui correspond à chacune de ces catégories. Dans la troisième colonne, identifiez les comportements de l'enseignant lors de ses entretiens avec les superviseurs qui correspondent à chacune de ces catégories. Par exemple:

Liste de Spaulding.	Comportement des élèves (en classe).	Comportement de l'enseignant (entretien).
•	•	•
•	•	•
•	•	•
Correspond à un stimulus externe.	Distrait par un autre élève qui taille son crayon.	Interrompt l'entretien pour discuter avec un autre élève dans le corridor.
•	•	•
•	•	•
•	•	•

Réponses aux questions à choix multiples

Première partie

1*c*, 2*d*, 3*a*, 4*b*, 5*a*, 6*c*, 7*d*, 8*d*, 9*d*, 10*c*

Deuxième partie

1*e*, 2*e*, 3*c*, *e*; 4*e*, 5*a*, *b*, *c*; 6*e*, 7*b*, 8*a*, *d*

Troisième partie

1*d*, 2*c*, 3*b*, 4*c*, 5*a*, 6*c*, 7*a*, 8*d*, 9*b*, 10*d*

Quatrième partie

1*c*, 2*d*, 3*b*, 4*e*, 5*c*, *d*; 6*a*, *e*; 7*d*, 8*c*, *e*

Réponses aux problèmes

Première partie

1. Le superviseur pourrait commencer par reconnaître la détresse qu'éprouve l'enseignante *(technique 30),* et alors, lui demander de clarifier ce qui l'angoisse *(technique 31).* Si l'enseignante a l'impression que son enseignement est inadéquat, le superviseur pourrait commencer le cycle de la supervision clinique en recueillant des données d'observation qui l'aideront à analyser objectivement son enseignement. Si l'enseignante est angoissée en raison de problèmes personnels, alors le superviseur pourrait jouer le rôle de conseiller (cf. page 64) ou référer l'enseignant à un expert.

2. Le superviseur pourrait élargir le débat en discutant des différents rôles d'un superviseur auprès d'un stagiaire. Si les rôles du superviseur consistent à la fois à évaluer la performance du stagiaire en formation initiale et l'aider à améliorer ses habiletés, il pourrait discuter de ces deux rôles et montrer en quoi il se rapproche l'un de l'autre (cf. page 66). Un superviseur qui joue le rôle d'évaluateur pourrait apaiser les craintes de l'étudiant-maître en partageant avec lui les divers critères qui serviront à évaluer son efficacité (cf. page 145).

3. Il se pourrait fort bien, *jusqu'à un certain point*, que l'on naisse enseignant. Néanmoins, il est non moins clair qu'un enseignant peut s'améliorer, *jusqu'à un certain point*, grâce à un entraînement systématique (cf. pages 75-76). De plus, il est vrai que certains aspects de l'enseignement efficace échappent à l'analyse technique. Mais la plupart des éducateurs (même ceux qui critiquent le plus les méthodes analytiques)

peuvent identifier *quelques* techniques d'enseignement qui différencient les enseignants efficaces de ceux qui ne le sont pas. En d'autres termes, un des aspects du problème réside dans le fait que les deux hypothèses sont trop absolues.

Deuxième partie

1-2. Les réponses peuvent varier. Partagez votre réponse avec un ami.

3. Les réponses peuvent varier mais elles devraient se rapporter à:

   a. La sorte de leçon que vous enseignerez.
   b. Ce que vous ferez en votre qualité d'enseignant.
   c. Ce que les élèves feront.
   d. La préoccupation, au but et à l'objectif spécifique que vous aurez choisis.
   e. La sorte de données que vous recueillerez.

Troisième partie

1. Les techniques centrées sur des comportements spécifiques tels que le mot à mot sélectif et les activités, sont probablement impropres dans cette situation. Il serait préférable de s'arrêter à une technique du «grand angulaire», par exemple, le codage d'une anecdote ou un enregistrement audio ou vidéo. Bien que plus restrictive, l'*Analyse des interactions* de Flanders peut être utile. Ces techniques permettent à l'enseignant d'examiner son comportement et la façon dont les élèves y réagissent. En examinant ces enregistrements, l'enseignant peut développer une meilleure définition opérationnelle de ce que veut dire l'expression «se produire par hasard».

2. Une analyse de la tâche peut aider à déterminer le pourcentage du temps réel que les élèves consacrent à leurs activités d'apprentissage et celui où ils s'en éloignent. De plus, on peut

analyser ce temps où ils s'en éloignent en établissant des catégories (par exemple, être dans la lune, parler avec un voisin, etc.). Le superviseur peut aussi procéder à un enregistrement anecdotique limité aux élèves distraits et aux interactions de l'enseignant avec eux. Une autre technique d'observation particulièrement appropriée est le mot à mot sélectif dans lequel le superviseur enregistre tous les commentaires que fait l'enseignant à l'élève-problème.

3.1 *Inférences*

a. Les élèves qui se trouvent à l'avant de la classe interviennent plus souvent que ceux qui sont placés à l'arrière.

b. La plupart des questions de l'enseignant s'adressent à l'ensemble de la classe plutôt qu'à des élèves spécifiques.

c. Une plus grande proportion de filles répondent aux questions de l'enseignant.

d. Plusieurs élèves se sont mis à converser entre eux durant la leçon.

e. Au moins la moitié des élèves (10 sur 21) n'a pas participé à la leçon.

3.2 *Recommandations*

a. Demander aux élèves assis à l'arrière de la classe d'occuper les places libres se trouvant à l'avant de la classe.

b. L'enseignante doit se placer à un endroit de la classe où elle voit tous les élèves.

    c.   Si les élèves continuent d'échanger avec leur voisin, l'enseignant doit expliquer pourquoi ce comportement est inacceptable, ou encore, en faire changer quelques-uns de place.

    d.   Adresser plus de questions à des élèves spécifiques plutôt qu'à l'ensemble de la classe.

4.   *Mot à mot des feedback*

D'accord.

Une couple de milliards.

Six millions.

Seulement un milliard.

À peu près trois milliards.

D'accord, Marie est plus près de la réponse car il y a aujourd'hui plus de quatre milliards de personnes dans le monde.

D'accord, plusieurs d'entre vous sont tout près de la réponse.

Emploi minuté du temps

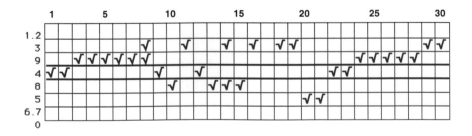

Quatrième partie

1. a. Les solutions peuvent varier. Des entretiens individuels avec les élèves sont généralement plus profitables que des remontrances faites publiquement. Il est plus valable d'investir dans des activités productives pour remplacer des comportements négatifs. Renforcer les comportements positifs constitue un outil puissant. Il existe plusieurs autres suggestions raisonnables.

    b. «Si j'étais à ta place, voici ce que j'essaierais»: cet énoncé n'est pas une bonne manière de commencer. Il vaut mieux dire: «Voici plusieurs possibilités; peux-tu en suggérer d'autres?»

2. Les réponses peuvent varier selon les stratégies adoptées. Vous êtes-vous arrêté à la possibilité d'utiliser des photographies, des listes de contrôle, du *feedback* de l'élève (questionnaires, rapports, évaluations), ou d'obtenir de l'aide des enseignants, des assistants, de d'autres personnes?

3. Les exemples suivants sont tirés des travaux de Spaulding. Les exemples de comportements d'enseignants aux cours d'entretien viennent de notre expérience; on pourrait facilement développer cette liste.

    Comportement agressif – attaque verbale ou physique directe, saisir, détruire:

    «Donne-moi ça.»
    «Sors d'ici.»

    Comportement négatif (inapproprié) cherchant à modifier une conduite – contrarier, gêner, déprécier, critiquer:

    «Tu ne sais pas sauter.»
    «Il ne t'est sûrement jamais arrivé d'enseigner à une classe comme celle-là.»

Manipuler et diriger les autres:

«Dis à Chantal de sortir de la voiture.»
«Tu dois t'occuper des élèves, pas des enseignants.»

Résister à l'autorité (ou remettre les choses à plus tard):

«Non, je ne le ferai pas.»
«Voudriez-vous répéter votre question?»

Activité centrée sur soi:

«Je pense que je vais faire une tarte.»
«J'aimerais enregistrer un vidéo moi-même.»

Prêter attention de manière profonde:

«Écouter attentivement lorsque l'enseignant donne des consignes.»
«Surveiller le superviseur pendant qu'il fait la démonstration d'une leçon.»

Partager et aider:

«L'enfant prend part avec empressement à l'activité ou à la conversation.»
«L'enseignant suggère diverses activités alternatives d'enseignement.»

Transiger:

«Les activités de l'élève sont marquées par un comportement où il donne et reçoit.»

Chercher de l'aide:

«Veux-tu m'aider à arranger cela.»
«Qu'est-ce que tu ferais?»

Suivre les consignes (passivement et de façon soumise):

«Faire les travaux exigés sans enthousiasme ou grand intérêt.»

«Essayer de mettre en oeuvre les suggestions du superviseur pour les activités mais sans entrain.»

Rechercher des stimuli extérieurs et y répondre:

«Se comporter de façon passive et facilement distraite».

«Écouter de manière impassible et se laisser distraire par tout ce qui se passe.»

Répondre à des stimuli internes:

«Être dans la lune.»

«Regarder fixement au loin.»

Se retirer physiquement ou éviter:

«S'éloigner de l'enseignant ou des autres enfants.»

«Manquer un rendez-vous prévu pour un entretien.»

INDEX

A

Acheson 129, 153, 443
Amidon 72, 73, 75, 79
analyse de l'enseignement 155, 157
analyse des interactions 332, 334, 336
   appliqué 274
   appliqués à leur tâche 269
Argyris 405
articulations 259, 261

B

Berliner 125, 292, 316
Blanchard 174, 191, 199, 425, 444
Blumberg 51, 72, 73, 75, 79, 80
Brophy 102, 109, 125, 126, 255, 263

C

catégories de décisions 170
Clark 115, 116, 127
coach 44, 131, 181, 429
comportement verbal 241, 277, 283, 329, 333, 340, 355
conseiller 393, 396, 411, 419, 421, 427, 428, 429, 431, 441
consultant 44, 64, 65, 70, 71, 78, 365, 368, 371, 373, 376, 381, 384, 385, 393

contexte 90, 147, 157, 158, 161, 172, 191, 226, 227, 241, 251, 256, 259, 266, 297
contexte d'enseignement 227

D

débit 161
débit verbal 48, 57, 169, 214 238, 276, 278, 281, 282, 285, 356
décision 57, 74, 115, 117, 122, 134, 141, 155, 157, 161, 221, 285, 366, 369, 411, 417
décisions reliées à leur carrière 63
déplacements 289, 290
déplacements en classe 284, 287
Doyle 112, 114, 121, 127, 128, 264

E

élaboration des objectifs 207
émotions 55, 86, 224, 399
enregistrement audio 306, 308
enregistrement vidéo 302, 304
enseignement de précision 87, 90
enseignement efficace 43, 44, 62, 81, 84, 86, 88, 122, 257
enseignement magistral 329, 331
enthousiasme 85, 100, 144, 190, 193, 200, 214, 215, 226, 230, 237, 332, 352, 423, 442

entretien de planification 56, 163, 221, 272

entretien *feedback* 58, 165, 172, 271, 274, 363, 365, 367, 368, 371, 373, 377, 380, 436

évaluation 66

évaluation de l'enseignement par les élèves 322

F

Flanders 86, 106, 124, 254, 255, 263, 332, 333, 334, 335, 336, 338, 340, 341, 343, 354

G

Gall 93, 100, 107, 124, 125, 126

gestion 403, 404, 408, 427, 438

gestion de classe 62, 109, 111, 113, 114, 137, 139, 146, 218, 257, 315, 345, 447

gestion du temps 417

H

Hunter 89, 115, 117, 118, 124, 127, 235, 258, 264, 295, 298, 299, 316

I

inquiétudes 208, 210, 211, 214

inspecteur 53, 66, 74, 414, 416, 430

instrument 138, 290, 342

instrument d'observation 224, 225

instruments d'évaluation 143, 352, 353

instruments d'observation 214, 225, 230, 278, 319, 350

J

journal de bord 311, 314

L

leader 420

leader en enseignement 416, 417, 426, 429, 431

leadership 174, 176, 182, 183, 191, 402, 407, 409, 415, 417, 424, 426, 430, 435, 436

listes de vérifications 319, 324, 328

M

mentor 44, 155, 159, 172, 190, 412, 425, 430, 431, 441

Mohlman 292, 316

O

objectif 52, 61, 74, 106, 132, 134, 135, 138, 146, 149, 157, 161, 162, 170, 205, 207, 216, 218, 411, 416, 427, 430

organisation 113, 130, 147, 168, 182, 183, 187, 188, 191, 198, 259, 331, 347, 349, 352, 396, 428

organisation scolaire 182

P

personnigramme 34, 238, 265

Peterson 109, 110, 115, 117, 126

pointage 338, 341, 342, 347

Q

questions de clarification 348, 389

R

renforcement 60, 133, 159, 218, 261, 428

rôle de l'analyste 176, 179, 181

Rosenshine 81, 85, 87, 89, 90, 93, 94, 124, 125, 126, 127

S

scénario 294, 295, 298

séances d'observation 56, 164, 222, 376, 434

sentiments 55, 72, 75, 86, 98, 101, 102, 130, 163, 164, 191, 201, 224, 240, 255, 311, 335, 337, 366, 371, 385, 398, 402, 424

Stallings 266, 269, 292, 319, 343, 355

standard de compétence 132

stratégie 394

stratégie d'enseignement 62

structure d'organisation 175

styles de leadership 198

styles d'enseignement 189, 190

styles directifs 385

styles non directifs 385

superviseur 388, 395, 396, 400, 401

superviseur clinicien 55, 70, 412

supervision 416

supervision clinique 54, 59, 320, 409

V

valorise 73

valoriser 86, 102, 376

Z

Zumwalt 345, 355

LES ÉDITIONS LOGIQUES

ORDINATEURS

VIVRE DU LOGICIEL par L.-Ph. Hébert, Y. Leclerc et Me M. Racicot

L'informatique simplifiée

CORELDRAW SIMPLIFIÉ par Jacques Saint-Pierre

dBASE IV SIMPLIFIÉ par Rémi Andriot

EXCEL 4.0 SIMPLIFIÉ POUR WINDOWS par Jacques Saint-Pierre

L'ÉCRIVAIN PUBLIC SIMPLIFIÉ (IBM) par Céline Ménard

L'ORDINATEUR SIMPLIFIÉ par Sylvie Roy et Jean-François Guédon

LES EXERCICES WORDPERFECT 5.1 SIMPLES & RAPIDES
par Marie-Claude LeBlanc

LOTUS 1-2-3 AVANCÉ par Marie-Claude LeBlanc

LOTUS 1-2-3 SIMPLE & RAPIDE (version 2.4) par Marie-ClaudeLeBlanc

MACINTOSH SIMPLIFIÉ - Système 6 par Emmanuelle Clément

MS-DOS 3.3 et 4.01 SIMPLIFIÉ par Sylvie Roy

MS-DOS 5 SIMPLIFIÉ par Sylvie Roy

MS-DOS 6 SIMPLIFIÉ par Sylvie Roy

PAGEMAKER 4 SIMPLIFIÉ (MAC)
par Bernard Duhamel et Pascal Froissart

PAGEMAKER 3 IBM SIMPLIFIÉ par Hélène Adant

PAGEMAKER 3 MAC SIMPLIFIÉ par Hélène Adant

SYSTÈME 7 SIMPLIFIÉ par Luc Dupuis et Dominique Perras

WINDOWS 3.1 SIMPLIFIÉ par Jacques Saint-Pierre

WORD 4 SIMPLIFIÉ (MAC) par Line Trudel

WORD 5 SIMPLE & RAPIDE (IBM) par Marie-Claude LeBlanc

WORDPERFECT 4.2 SIMPLE & RAPIDE par Marie-Claude LeBlanc

WORDPERFECT 5.0 SIMPLE & RAPIDE par Marie-Claude LeBlanc

WORDPERFECT 5.1 AVANCÉ EN FRANÇAIS par Patrick et Didier Mendes

WORDPERFECT 5.1 SIMPLE & RAPIDE par Marie-Claude LeBlanc

WORDPERFECT 5.1 SIMPLIFIÉ EN FRANÇAIS par Patrick et Didier Mendes

WORDPERFECT POUR MACINTOSH SIMPLIFIÉ par France Beauchesne

WORDPERFECT POUR WINDOWS SIMPLIFIÉ
par Patrick et Didier Mendes

Les Incontournables

LOTUS 1 2 3 par Marie-Claude Leblanc

MS-DOS 5 par Sylvie Roy

SYSTÈME 7 MACINTOSH par Dominique Perras et Luc Dupuy

WINDOWS 3.1 par Jacques Saint-Pierre

WORDPERFECT 5.1 par Patrick et Didier Mendes

WORD POUR WINDOWS par Patrick et Didier Mendes

Notes de cours

DOS 6.0 – Les fonctions de base

HARVARD GRAPHICS 1.02 POUR WINDOWS – Les fonctions de base

LOTUS 1-2-3, Cours 1 – Les fonctions de base

SYSTÈME 7, Cours 1 – Les fonctions de base

SYSTÈME 7 MACINTOSH – Les fonctions de base

WORDPERFECT POUR DOS, Cours 1 – Les fonctions de base

WORDPERFECT POUR DOS, Cours 2 – Les fonctions intermédiaires

WORDPERFECT POUR DOS, Cours 3 – Les fonctions avancées

WORDPERFECT POUR WINDOWS, Cours 1 – Les fonctions de base

WORDPERFECT POUR WINDOWS, Cours 2 – Les fonctions intermédiaires

WORD POUR WINDOWS, Cours 1 – Les fonctions de base

WORD POUR WINDOWS, Cours 2 – Les fonctions intermédiaires

Écoles

APPRENDRE LA COMPTABILITÉ AVEC BEDFORD (Tome 1)
par Huguette Brodeur

APPRENDRE LA COMPTABILITÉ AVEC BEDFORD (Tome 2)
par Huguette Brodeur

APPRENDRE LA DACTYLOGRAPHIE AVEC WORDPERFECT
par Yolande Thériault

APPRENDRE LE TRAITEMENT DE TEXTE AVEC
L'ÉCRIVAIN PUBLIC par Yolande Thériault

APPRENDRE LE TRAITEMENT DE TEXTE AVEC WORDPERFECT par
Yolande Thériault

HARMONIE-JAZZ par Richard Ferland

PERVENCHE (exercices de grammaire française) par Marthe Simard

Théories et pratiques dans l'enseignement

LES FABLES INFORMATIQUES par Francis Meynard

LA FORMATION DU JUGEMENT sous la direction de Michael Schleifer

LA FORMATION FONDAMENTALE sous la direction de C. Gohier

LA LECTURE ET L'ÉCRITURE
sous la direction de C. Préfontaine et C. Lebrun

LA PHILOSOPHIE ET LES ENFANTS par Marie-France Daniel

LE JEU LUDIQUE par Nicole De Grandmont

LE ROMAN D'AMOUR À L'ÉCOLE par Clémence Préfontaine

LE SAVOIR DES ENSEIGNANTS
sous la direction de C. Gauthier, M. Mellouki et M. Tardif

LES MODÈLES DE CHANGEMENT PLANIFIÉ EN
ÉDUCATION par Lorraine Savoie-Zayc

LECTURES PLURIELLES sous la direction de Norma Lopez-Therrien

ORDINATEUR, ENSEIGNEMENT ET APPRENTISSAGE
sous la direction de Gilles Fortier

PÉDAGOGIE DU JEU par Nicole De Grandmont

POUR UN ENSEIGNEMENT STRATÉGIQUE par Jacques Tardif

LE ROMAN D'AMOUR À L'ÉCOLE par Clémence Préfontaine

SOLITUDE DES AUTRES sous la direction de Norma Lopez-Therrien

TRANCHES DE SAVOIR par Clermont Gauthier

LE PLAISIR DE QUESTIONNER EN CLASSE DE FRANÇAIS
par Godelieve de Koninck

LA QUESTION DE L'IDENTITÉ
sous la direction de C. Gohier et M. Schleifer

LA GESTION DISCIPLINAIRE DE LA CLASSE par Jean-Pierre Legault

Formation des maîtres

DEVENIR ENSEIGNANT (Tome 1)
traduction de J. Heynemand et D. Gagnon

DEVENIR ENSEIGNANT (Tome 2)
traduction de J. Heynemand et D. Gagnon

LA SUPERVISION PÉDAGOGIQUE
traduction de J. Heynemand et D. Gagnon

Sociétés

ILS JOUENT AU NINTENDO... par Jacques de Lorimier

DIVORCER SANS TOUT BRISER par Me Françoise de Cardaillac

Enfance, jeunesse et famille

L'ABUS SEXUEL (tome 1 : L'intervention) par Pierre Foucault

LA CRÉATIVITÉ par Marie-Claire Landry

LA RELATION D'AIDE par Jocelyne Forget

LA VIOLENCE À L'ÉCOLE par Jacques Hébert

LE HARCÈLEMENT SEXUEL par Johanne de Bellefeuille

LE SUICIDE par Monique Séguin

Le champ littéraire

FEMMES ET POUVOIR – Dans la « cité philosophique » par G. Bouchard

Les dictionnaires

LE DICTIONNAIRE PRATIQUE DE L'ÉDITIQUE
par P. Pupier et A. Gagnon

LE DICTIONNAIRE PRATIQUE DES EXPRESSIONS QUÉBÉCOISES
par André Dugas et Bernard Soucy

LE VOCABULAIRE DES ADOLESCENTS ET DES
ADOLESCENTES DU QUÉBEC par Gilles Fortier

La parole et l'esprit

AU FIL DES JOURS par Roland Leclerc, ptre

DÉCOUVRIR L'ÉVANGILE SANS SE TROMPER par J. Wijngaards

FICTIONS

Autres mers, autres mondes

BERLIN-BANGKOK, roman, par Jean-Pierre April

C.I.N.Q., nouvelles, sous la direction de J.-M. Gouanvic

DEMAIN, L'AVENIR, nouvelles, sous la direction de J.-M. Gouanvic

DÉRIVES 5, nouvelles, sous la direction de J.-M. Gouanvic

ÉTRANGERS ! roman, par André Montambault

LA VILLE OASIS, roman, par Michel Bélil

LES GÉLULES UTOPIQUES, roman, par Guy Bouchard

LES MAISONS DE CRISTAL, récits, par Annick Perrot-Bishop

SF : 10 ANNÉES DE SCIENCE-FICTION QUÉBÉCOISE
nouvelles, sous la direction de J.-M. Gouanvic

SOL, nouvelles, sous la direction de J.-M. Gouanvic

LA VILLE OASIS, roman, par Michel Belil

VIVRE EN BEAUTÉ, nouvelles, par Jean-François Somain

ENFANTS

ZOÉ À LA GARDERIE par Isabelle Richard et Bruno Rouyère

ZOÉ EN AUTOMOBILE par Isabelle Richard et Bruno Rouyère

HUMOUR

L'humour par la bande

BUNGALOPOLIS, bande dessinée, par Jean-Paul Eid

Blague à part

COMME DISAIT CONFUCIUS... par Yves Taschereau

NE RIEZ PAS, ÇA POURRAIT ÊTRE VOTRE VOISIN!
par Claude Daigneault

AGENDA CROC 1994

PLAISIRS

ASTRO-SÉDUCTION par Véronique Charpentier

CUISINE SÉDUCTION par Andrée et Fernand Lecoq

HOROSCOPE 94 par Véronique Charpentier

LA CUISINE DE TOUS LES JOURS par Andrée et Fernand Lecoq

LA CUISINE DES WEEK-ENDS par Andrée et Fernand Lecoq

LE GUIDE DES PLAISIRS ÉROTIQUES ET SENSUELS
par Dr Ruth K. Westheimer et Dr Louis Lieberman

MON CHIEN, MODE D'EMPLOI par Éric Pier Sperandio

MON CHAT, MODE D'EMPLOI par Francine Boisvert

URGENCE CHAT par J. de Bellefeuille et Dr F. Desjardins mv

URGENCE CHIEN par J. de Bellefeuille, Dr G. E. Boyle mv et C. L. Blood